रज़ा
पुस्तक माला

काण्ट के दर्शन का तात्पर्य

दर्शन-शास्त्र

रज़ा फ़ाउण्डेशन | THE RAZA FOUNDATION

काण्ट के दर्शन का तात्पर्य

आचार्य कृष्णचन्द्र भट्टाचार्य

बाङ्ला से अनुवाद
मुकुन्द लाठ

भूमिका
अरविन्द कुमार राय

सम्पादन
अम्बिकादत्त शर्मा

राजकमल प्रकाशन

रज़ा पुस्तक माला : **दर्शन** | **अनुवाद**
प्रधान सम्पादक : अशोक वाजपेयी | सम्पादक : पीयूष दईया
राजकमल प्रकाशन प्रा.लि. और रज़ा फ़ाउण्डेशन का सह-प्रकाशन

ISBN-978-93-89577-64-8

मूल्य : ₹795

पहला संस्करण : 2020

प्रकाशक : राजकमल प्रकाशन प्रा. लि.
1-बी, नेताजी सुभाष मार्ग, दरियागंज
नई दिल्ली-110 002

शाखाएँ : अशोक राजपथ, साइंस कॉलेज के सामने, पटना-800 006
पहली मंज़िल, दरबारी बिल्डिंग, महात्मा गांधी मार्ग, इलाहाबाद-211 001
36 ए, शेक्सपियर सरणी, कोलकाता-700 017

वेबसाइट : www.rajkamalprakashan.com
ई-मेल : info@rajkamalprakashan.com

मुद्रक : यश प्रिंटोग्राफिक्स
नोएडा-201 301 (उत्तर प्रदेश)

KANT KE DARSHAN KA TATPARYA
by Aacharya Krishnachandra Bhattacharya
Translated by Mukund Lath

आमुख
अशोक वाजपेयी

आमुख

कलाओं में भारतीय आधुनिकता के एक मूर्धन्य सैयद हैदर रज़ा एक अथक और अनोखे चित्रकार तो थे ही उनकी अन्य कलाओं में भी गहरी दिलचस्पी थी। विशेषत: कविता और विचार में। वे हिन्दी को अपनी मातृभाषा मानते थे और हालाँकि उनका फ्रेंच और अँग्रेज़ी का ज्ञान और उन पर अधिकार गहरा था, वे फ्रांस में साठ वर्ष बिताने के बाद भी, हिन्दी में रमे रहे। यह आकस्मिक नहीं है कि अपने कला-जीवन के उत्तरार्द्ध में उनके सभी चित्रों के शीर्षक हिन्दी में होते थे। वे संसार के श्रेष्ठ चित्रकारों में, २०-२१वीं सदियों में, शायद अकेले हैं जिन्होंने अपने सौ से अधिक चित्रों में देवनागरी में संस्कृत, हिन्दी और उर्दू कविता में पंक्तियाँ अंकित कीं। बरसों तक मैं जब उनके साथ कुछ समय पेरिस में बिताने जाता था तो उनके इसरार पर अपने साथ नवप्रकाशित हिन्दी कविता की पुस्तकें ले जाता था : उनके पुस्तक-संग्रह में, जो अब दिल्ली स्थित रज़ा अभिलेखागार का एक हिस्सा है, हिन्दी कविता का एक बड़ा संग्रह शामिल था।

रज़ा की एक चिन्ता यह भी थी कि हिन्दी में कई विषयों में अच्छी पुस्तकों की कमी है। विशेषत: कलाओं और विचार आदि को लेकर। वे चाहते थे कि हमें कुछ पहल करनी चाहिये। २०१६ में साढ़े चौरानवे वर्ष की आयु में उनकी मृत्यु के बाद रज़ा फ़ाउण्डेशन ने उनकी इच्छा का सम्मान करते हुए हिन्दी में कुछ नयी क़िस्म की पुस्तकें प्रकाशित करने की पहल *रज़ा पुस्तक माला* के रूप में की है, जिनमें कुछ अप्राप्य पूर्व प्रकाशित पुस्तकों का पुनर्प्रकाशन भी शामिल है। उनमें गाँधी, संस्कृति-

चिन्तन, संवाद, भारतीय भाषाओं से विशेषत: कला-चिन्तन के हिन्दी अनुवाद, कविता आदि की पुस्तकें शामिल की जा रही हैं।

हिन्दी में दर्शन को लेकर मौलिक और अनूदित दोनों क़िस्म की सामग्री बहुत कम है। *रज़ा पुस्तक माला* का एक प्रयत्न यथासम्भव कुछ दार्शनिक सामग्री हिन्दी में उपलब्ध कराने का है। यह सामग्री अँग्रेज़ी के अलावा अन्य भारतीय भाषाओं से भी हिन्दी में लायी जा रही है। इसी क्रम में आचार्य कृष्णचन्द्र भट्टाचार्य की मूल बाङ्ला में काण्ट के दर्शन पर लिखित पुस्तक का विद्वान-कवि-रसिक मुकुन्द लाठ का हिन्दी अनुवाद प्रस्तुत करते हुए हमें प्रसन्नता है। दशकों पहले आचार्य भट्टाचार्य से हममें से कई का प्रथम परिचय उनके 'विचारों का स्वराज' निबन्ध और उस पर हुई बहस से हुआ था।

अशोक वाजपेयी
नवम्बर २०१९, नयी दिल्ली

अनुवादक के दो शब्द

मैंने अनुवाद में यथासम्भव आचार्य की पदावली को यों का यों रखा है। इसका एक बड़ा कारण यह है कि आचार्य ने पदावली को विशेष पारिभाषिक रूप दिया है। पदावली पारम्परिक दर्शन से प्रभावित है, इसलिए 'स्वीकृत' कही जानी चाहिये; फिर यह भी है कि अपनी परिभाषाओं को कृष्णचन्द्र जी खोलते भी चलते हैं। इसलिए सावधान पाठक के लिए उनकी पदावली समस्या खड़ी करने वाली नहीं होनी चाहिये। आचार्य का प्रतिपादन भी बड़ा कसा-गठा है, उसके विचार-सूत्र अपनी बुनावट में निबिड़ परस्परभाव के साथ आपस में गझिन गुँथे हुए हैं। इसलिए भी उनकी पदावली के साथ छेड़ करना मैंने उचित नहीं समझा। फिर भी कहीं-कहीं कोष्ठक में शब्द-विकल्प रखे हैं, जैसे 'वेदना' के लिए 'भावना' जो हिन्दी के अधिक अनुकूल जान पड़ सकता है। पर ऐसे शब्दान्तर भी शब्द के पहले प्रयोग के साथ ही यदा-कदा दिये हैं, बार-बार नहीं। इस निबन्ध के अनुवाद में यही मार्ग, मैं समझता हूँ, उचित है।

आपको याद न दिलाना होगा कि आचार्य कृष्णचन्द्र भट्टाचार्य ने स्वातन्त्र्य आन्दोलन के समय विचार के स्वातन्त्र्य—स्वराज—का उद्घोष किया था। अँग्रेज़ी में किया था, जो विचार की भाषा बन चली थी। और है। पर उनके कथन में सहज ही ऊह्य और व्यंजित था कि ऐसे स्वराज का मार्ग अपनी भाषा के ही द्वार की माँग करता है।

जो भी हो, आचार्य ने अपने निजी स्वतन्त्र, गम्भीर और तलग्राही दार्शनिक चिन्तन के लिए अँग्रेज़ी की ही राह ली। जहाँ काण्ट का प्रभाव सुविदित

है। प्रस्तुत निबन्ध में उन्होंने काण्ट के दर्शन का नितान्त स्वतन्त्र स्थापन-प्रतिपादन किया है, जो अपनी तरह से विलक्षण है। इसके लिए उन्होंने भाषा भी अपनी ही ली है। जहाँ तक मैं जानता हूँ, बाङ्ला में यह उनकी अकेली रचना है। पर इस एक रचना से ही स्पष्ट है कि वे अपने शेष चिन्तन को भी बाङ्ला में विदग्ध अभिव्यक्ति दे सकते थे। उन्होंने अन्यत्र चिन्तन के स्वराज का स्व-भाषा-मार्ग न अपनाया हो, पर उनके इस एक प्रौढ़ लेखन में भाषा की सम्भावनाओं का स्पष्ट, समृद्ध इंगित है।

आचार्य संस्कृत के निष्णात पण्डित थे। उनकी पदावली यहाँ स्वभावतः पुराने परिनिष्ठित शब्दों की ओर मुड़ती है। पर इस मार्ग पर वे स्वभावतः ही नहीं, 'स्वरसेन' चलते दिखते हैं। पुरानी पदावली रूढ़ ही नहीं है—जो कि कोई भी पदावली होती है—उसमें महत् लोच है। आचार्य इस पदावली को एक नयी दिशा, नयी व्याप्ति, नया आयाम देते हैं।

इस पुस्तक की मुझे जानकारी नहीं थी। मेरे मित्र प्रो. अम्बिकादत्त शर्मा ने इस ओर मेरा ध्यान दिलाया और पुस्तक मुझे भेजी। चाहा कि यह हिन्दी में भी हो।

मेरे अनुवाद में समय तो लगा, पर अब आपके सामने है।

मुकुन्द लाठ

क्रम

भूमिका

अनेक दार्शनिकों के सम्मुख यह समस्या उपस्थित होती है कि जिन प्रत्ययों के माध्यम से वे अपने दर्शन को व्यवस्थित करते हैं या आकार देते हैं, उनका तात्त्विक स्वरूप क्या है? क्या वे सत्य हैं, असत्य हैं या काल्पनिक हैं? भारतीय दार्शनिक नागार्जुन का पक्ष सर्वविदित है। उसने दो प्रकार के सत्यों का विभाजन किया है तथा अपने महत्त्वपूर्ण प्रत्ययों को संवृति-सत्य की कोटि में रखा है। परमार्थ के विषय में आर्यजन तूष्णींभाव रखते हैं। पाश्चात्य दार्शनिक विट्गेंस्टाइन ने जिस दर्शन का प्रतिपादन *ट्रैक्टेटस* में किया है, उसमें वे नागार्जुन के नज़दीक ही प्रतीत होते हैं। उनके अनुसार, जिन्होंने उनके दर्शन को समझ लिया है, उनके लिए उनके कथन निरर्थक हो गये हैं। यह प्रश्न काण्ट के भी दर्शन में खड़ा होता है। ज्ञाता की एकता, परमार्थ, स्वतन्त्रता, निरपेक्ष आदेश, ईश्वर आदि तत्त्वों के माध्यम से काण्ट ने अपने दर्शन को व्यवस्थित किया है। क्या ये तत्त्व काल्पनिक हैं या यथार्थ हैं? क्या इन सभी के बोध की प्रामाणिकता एक समान है या पृथक्-पृथक् है? क्या ये निश्चित हैं या सन्दिग्ध हैं? इन्हीं मूल-प्रश्नों का समाधान प्रो. के.सी. भट्टाचार्य ने अपने ग्रन्थ *काण्ट के दर्शन का तात्पर्य* में देने का प्रयास किया है।

२०वीं शती में काण्ट के प्रसिद्ध व्याख्याकार फाहिंगर (१८५२-१९३३) ने काण्ट के दर्शन में प्रतिपादित प्रमुख तत्त्वों—परमार्थ, स्वतन्त्रता आदि को उपयोगी काल्पनिक तत्त्व (Fiction) माना है। परिकल्पना (Hypothesis) और कल्पना में अन्तर है।

परिकल्पना यथार्थ होने के लिए मानी जाती है। उदाहरण के लिए, यदि

हम यह परिकल्पना करते हैं कि मानव पशुओं की सन्तान है तो अप्रत्यक्ष रूप से मानव के पूर्वजों के रूप में पशुओं को स्वीकार करते हैं। कल्पना के विषय में पूर्व निश्चितता रहती है कि ये यथार्थत: अभिव्यक्त नहीं हो सकते हैं। काण्ट के दर्शन में परमार्थ, विकल्प, स्वतन्त्रता आदि को काल्पनिक तत्त्व माना जा सकता है। काण्ट कहता है कि स्वतन्त्रता को बौद्धिक प्राणी के गुण के रूप में माना जा सकता है। फाहिंगर के अनुसार यहाँ 'माना जा सकता है' का अर्थ कल्पना है।[१]

भट्टाचार्य जी के अनुसार इस समस्या का समाधान एक अन्य प्रकार से भी किया जा सकता है। साधारणत: हम ज्ञानात्मक निश्चितता को ही महत्त्व देते हैं। उसी के तराजू में अन्य प्रकार की निश्चितताओं को तौलने का प्रयास करते हैं। ज्ञानेतर निश्चय को नहीं मानते हैं। इस प्रकार की समस्याएँ इस दोष का ही प्रतिफल हैं। इसलिए 'कृति परीक्षा' में वे इसका संकेत करते हुए कहते हैं कि

> साधारणत: ज्ञानेतर निश्चय को स्वीकार नहीं किया जाता है। लेकिन नीतिशास्त्र के प्रसंग में तथा सौन्दर्य–बोध के प्रसंग में ज्ञानेतर निश्चय प्रासंगिक हो जाता है।

मानव कर्मशील प्राणी है।[२] विभिन्न विश्वासों में भेद का आधार हमारे कार्मिक व्यवहार हैं। यदि कोई ३ साल का बालक २+३ = ६ कहता है, तो हम समझ जाते हैं कि उसे स्कूल भेजना चाहिये। किसी स्वादिष्ट भोजन का रसास्वादन प्रिय होने के कारण यदि हम, यह जानते हुए भी कि यह हानिकारक है, करते हैं तो हमारा निर्णय सुखात्मक अनुभूति से निर्धारित होता है। रूपाकर्षण से विवश होकर पाण्डु ने माद्री से सहवास किया। वह यह जानते थे कि इस सहवास के बाद उनके जीवन का अन्त हो जायेगा। इन उदाहरणों से यह अत्यन्त स्पष्ट है कि हमारे निर्णय का आधार, कहीं ज्ञानात्मक निश्चितता के कारण, कहीं सुख–दु:ख की संवेदना के कारण तथा कहीं कर्तव्य–बोध की निश्चितता के कारण, होता है। विभिन्न प्रकार के विश्वास और निर्णय अपने कार्मिक परिणामों से भेदित होते हैं। यदि ऐसा नहीं है, तो सी.एस. पर्स के अनुसार, इन विश्वासों और विचारों का भेद काल्पनिक है। काण्ट के दर्शन में तीनों परीक्षाओं का औचित्य, भट्टाचार्य जी के अनुसार, अनेक प्रकार की निश्चितताओं में भेद के कारण है।

२

काण्ट ने नैतिक विधान के क्षेत्र में कुछ तत्त्वों को श्रद्धा के आधार पर स्वीकार किया है। श्रद्धा पर आधारित ईश्वरीय विश्वास को ज्ञान नहीं कहा जा सकता है। इस प्रकार के प्रसंगों की व्याख्या, ज्ञान-निश्चय और ज्ञानेतर निश्चय के भेद के बिना नहीं किया जा सकता है। क्या ज्ञान-निश्चय, ज्ञानेतर निश्चय की अपेक्षा निर्बल है? काण्ट ने वैचारिक (Speculative) दृष्टि से निर्बल होते हुए भी ऐसे विश्वासों का समर्थन किया है जिनका आधार कार्मिक या सुख या दुःख की संवेदना है। विश्वासों को ग्रहण करने में विषयनिष्ठ (Objective) आधार के अतिरिक्त विषयीनिष्ठ (Subjective) आधार भी रहते हैं।[३] किसी कथन के विषय में धारणात्मक (Opining), विश्वासात्मक (Believing) तथा ज्ञानात्मक (Knowing) स्थिति सम्भव है। धारणा तब होती है जहाँ आत्मनिष्ठ और विषयनिष्ठ दोनों आधार संशयात्मक होते हैं। विश्वास तब होता है जब आत्मनिष्ठ आधार निःसंशयात्मक होता है लेकिन विषयनिष्ठ आधार अपर्याप्त होता है, क्योंकि इसके विषय में सार्वभौम सम्प्रेषण और सार्वभौम तार्किक सिद्धि के प्रदर्शन का आधार अपर्याप्त होता है। ज्ञान तब होता है जब विषयीनिष्ठ तथा विषयनिष्ठ दोनों आधार पर्याप्त होते हैं। श्रद्धा को समझने के लिए काण्ट के अनुसार, ज्ञान की भाषा अत्यन्त सबल तथा धारणा की भाषा अत्यन्त निर्बल है। इसके लिए विश्वास की भाषा उपयुक्त है। लेकिन नैतिक रूप से विश्वास-आधारित-तत्त्वों को समझने के लिए विश्वास का भी परिष्कार अपेक्षित है।

व्यावहारिक दृष्टि से विश्वास के दो प्रभेद सम्भव हैं—एक, दक्षता (Skill) की दृष्टि से, दूसरा, नैतिकता की दृष्टि से। प्रथम में हमारा लक्ष्य आगन्तुक या वैकल्पिक होता है, द्वितीय में निरपेक्षतः अनिवार्य होता है। प्रथम दृष्टि से दो प्रकार के विश्वास सम्भव हैं—उपयोगी (pragmatic) तथा सैद्धान्तिक (doctrinal)। कोई चिकित्सक किसी बीमारी को पकड़ने में असमर्थ होते हुए भी किसी मरीज़ को बचाने के लिए कुछ दवा का प्रयोग करने से नहीं हिचकता है। वह स्वयं जानता है कि उसका बीमारी सम्बन्धी ज्ञान अधूरा है तथा कोई दूसरा उससे बेहतर विकल्प हो सकता है। फिर भी उस क्रिया को करते समय उसका विश्वास व्यावहारिक विश्वास कहा जा सकता है।

सैद्धान्तिक विश्वास वहाँ होता है जहाँ हम अपने विश्वास की सत्यता के लिए कुछ भी दाँव पर लगाने के लिए तत्पर रहते हैं। उदाहरण के लिए, किसी को यह विश्वास हो सकता है कि किसी ग्रह पर मानव का अस्तित्व है। इसे सैद्धान्तिक विश्वास कह सकते हैं। जगत् की प्रयोजनता के आधार पर जब हम ईश्वर का विधान करते हैं, तो हमारा ईश्वरीय विश्वास सैद्धान्तिक विश्वास है। यह विश्वास भी विशुद्ध व्यावहारिक नहीं है। यहाँ पर हम उस सत्ता का पूर्ण कल्पनात्मक परिचय देने में असमर्थ होते हैं, यद्यपि उसके विज्ञान को अपने कर्मों के प्रदर्शक के रूप में स्वीकार कर सकते हैं। धर्म-शास्त्री इस विश्वास का धर्मशास्त्र में ईश्वर के विधान के लिए उपयोग करते हैं।

लेकिन यह सैद्धान्तिक विश्वास भी स्थिर विश्वास नहीं प्रतीत होता है। कभी-कभी प्रकृति के उपद्रवों को देखते हुए हमें संशय होता है कि शायद ईश्वर का अस्तित्व नहीं है। यद्यपि अन्त में पुनः हम अपनी मान्यता को दृढ़तापूर्वक पकड़ने का प्रयास करते हैं।

नैतिक विश्वास ही विशुद्ध व्यावहारिक विश्वास है। निरपेक्ष नैतिक आदेश हमारे लिए या किसी भी बौद्धिक प्राणी के लिए अकाट्य नियम है। इसी से सम्बन्धित होकर ईश्वर और भावी जीवन का विश्वास भी प्रतिष्ठित होता है। प्रत्येक बौद्धिक प्राणी के लिए नैतिक आदेश अकाट्य होता है, अत: यह अनिवार्य रूप से ईश्वर और अमरता के विश्वास को इस प्रकार बल देता है जिसे अन्य कोई भी परिस्थिति हराने में समर्थ नहीं है। यहाँ न तो नैतिक नियम में संशय के लिए अवकाश है, न ही ईश्वरीय विश्वास में। नैतिक नियम की **निश्चितता ज्ञानात्मक** है। यहाँ ईश्वरीय विश्वास और आत्मा की अमरता की निश्चितता, मननात्मक (contemplative) है, ज्ञानेतर है।

काण्ट निरपेक्ष नैतिक आदेश को गणितीय सत्यों की तरह अकाट्य मानते हैं। अत: जिस प्रकार गणित में धारणा के लिए कोई स्थान नहीं है, उसी प्रकार नैतिकता के क्षेत्र में भी धारणा की कोई भूमिका नहीं है। ईश्वरीय विश्वास धारणा नहीं है। काण्ट के अनुसार यह नहीं कहना चाहिये कि 'यह नैतिक रूप से निश्चित है कि ईश्वर आदि है'; अपितु यह कहना चाहिये 'मैं नैतिकत: निश्चित हूँ'।[४] यह निश्चितता तार्किक नहीं, नैतिक है। यह विषयीनिष्ठ है लेकिन यह निरपेक्ष नैतिक आदेश से इस प्रकार

सम्बन्धित है कि इसका त्याग असम्भव है, क्योंकि जिससे इसका सम्बन्ध है उसका त्याग असम्भव है।

काण्ट के अनुसार मात्र एक ही स्थिति ऐसी है जिसमें ईश्वर की श्रद्धा-विषयक मान्यता से दूर हो सकते हैं। ऐसी स्थिति तब होगी जब हम नैतिक सिद्धान्त में विश्वास नहीं करते हैं। लेकिन वह व्यक्ति भी निश्चितता के साथ यह प्रतिपादित करने में समर्थ नहीं होगा कि ईश्वर, अमरता आदि का अस्तित्व नहीं है। अत: ऐसी स्थिति में ईश्वर से भयभीत होने के लिए उसके पास पर्याप्त कारण है। यह निषेधात्मक विश्वास नैतिकता और अच्छे विचारों के लिए आधार बन सकता है। काण्ट के अनुसार ईश्वर में विश्वास के लिए कुछ सीमा तक नैतिक होना प्रारम्भिक शर्त है।

काण्ट की यह मान्यता अनेक पूर्वी और पाश्चात्य धर्माचार्यों की मान्यता के अनुकूल है। आचार्य शंकर ने ब्रह्म-जिज्ञासा के पूर्व शमदमादिसाधन-संपत् की चर्चा की है। जैन और बौद्ध धर्म में भी नैतिक मान्यताओं की चर्चा है। 'नैतिकता अतीन्द्रिय ज्ञान के द्वार को खोलती है'—यह मान्यता अनेक धर्मों का सार है। काण्ट के अनुसार यह श्रद्धा-वृत्ति को दिशा देती है।

प्रसिद्ध जर्मन कवि शिलर (१७५९-१८०५) ने इस महत्त्वपूर्ण तथ्य की तरफ़ ध्यान आकर्षित किया है कि काण्ट ने निरपेक्ष नैतिक आदेश के माध्यम से जिस नैतिकता की चर्चा की है उसका बीज सदा से मानव के हृदय में रहा है। सभी संस्कृतियों में इस तरह के उपदेश दिखायी पड़ते हैं कि 'जो अपने लिए प्रतिकूल लगे, उसका दूसरे के लिए आचरण नहीं करना चाहिये।' काण्ट ने इसे दार्शनिक शब्दावली के माध्यम से इस प्रकार उपस्थित किया है कि यह परिचित सिद्धान्त अपरिचित-सा लगता है। काण्ट के अनुसार, कोई भी नैतिक सिद्धान्त, सभी बौद्धिक प्राणियों के लिए बाध्यकारी होना चाहिये। काण्ट हचेसन, ह्यूम आदि के सिद्धान्तों से भली-भाँति परिचित था तथा उनके दोषों को दूर करना चाहता था। अधिकांश नैतिकवादियों ने जिस प्रकार से नैतिक सिद्धान्त की व्याख्या की है, उससे यह खेल-कूद के नियमों की तरह वैकल्पिक प्रतीत होता है। काण्ट का 'निरपेक्ष आदेश' का सिद्धान्त वैकल्पिकता के दोष को दूर करने का एक सराहनीय प्रयास है।

३

भट्टाचार्य जी ने अपने अन्य निबन्धों में काण्ट के दर्शन की कुछ बिन्दुओं पर आलोचना की है। 'दर्शन की अवधारणा' नामक निबन्ध में काण्ट के अज्ञेयवाद की तथा एक अन्य निबन्ध में काण्ट के स्वलक्षण या परमार्थ की आलोचना की है। लेकिन इस पुस्तक में वे काण्ट के दर्शन का तात्पर्य निकालने में तल्लीन दिखायी पड़ते हैं। भट्टाचार्य जी ने पुस्तक का उपसंहार करते हुए स्पष्ट किया है कि उन्होंने विश्लेषणात्मक दृष्टि से विचार किया है। अर्थात् काण्ट क्या कहना चाहता है, उसी को स्पष्ट करने का प्रयास किया है। इसलिए उन्होंने काण्ट के अन्य व्याख्याकारों की तरह छिद्रान्वेषण का प्रयास नहीं किया है।

पुस्तक की भाषा अत्यन्त कसी हुई है। पुस्तक बंगाली में है तथा इसका शब्दशः अनुवाद प्रो. मुकुन्द लाठ ने किया है। काण्ट की व्याख्या करते समय भट्टाचार्य जी ने अनेक ऐसे प्रश्न उठाये हैं जो काण्ट के पाठकों के मन में उठते हैं लेकिन वे उस पर ध्यान नहीं देते हैं। उदाहरण के लिए काण्ट के दर्शन में तीन विशुद्ध प्रत्यय या विज्ञान या भट्टाचार्य जी के शब्दों में काष्ठा (idea) माने गये हैं—आत्मा, जगत् और ईश्वर। आत्मा और ईश्वर को विज्ञान के रूप में स्वीकार करने में कोई कठिनाई नहीं है। लेकिन जगत् को इस कोटि में क्यों रखा गया है? इस पर अधिकांश टीकाएँ मौन हैं। क्या बुद्धि के विकल्प परिमित विषयों पर ही घटित होते हैं या सम्पूर्ण जगत् पर? भट्टाचार्य जी ने यह दिखाने का प्रयास किया है कि बुद्धि-विकल्प सम्पूर्ण जगत् पर नहीं, अपितु परिमिति परिधि वाले विषयों पर घटित होते हैं। अतः जगत् की गणना विज्ञान के रूप में की गयी है। काण्ट के जिज्ञासु पाठकों को अनेक ऐसे प्रश्न दिखायी पड़ सकते हैं।

कभी-कभी भट्टाचार्य जी ऐसे निष्कर्ष निकालते हुए प्रतीत होते हैं, जिससे काण्ट के पाठक सहमत नहीं होंगे। उदाहरण के लिए, कभी-कभी ऐसा प्रतीत होता है कि भट्टाचार्य जी काण्ट की ईश्वर सम्बन्धी धारणा को विश्वात्मा के नज़दीक लाना चाहते है। काण्ट ने **संवेदनात्मक-बुद्धि की परीक्षा** में स्पिनोज़ा के सिद्धान्त का खण्डन करते हुए इस विकल्प को निरस्त किया है। कुछ व्याख्याकारों का मत है कि काण्ट के दर्शन में आत्मा और प्रकृति में व्याप्त एक आधारभूत तत्त्व की तरफ़ संकेत मिलते

हैं;[5] लेकिन काण्ट स्पष्ट रूप से इस सम्भावना से पीछा छुड़ाते हुए प्रतीत होते हैं। भट्टाचार्य जी की एक अन्य मान्यता से भी काण्ट के सभी पाठक सहमत नहीं हो सकते हैं। चाहिये (ought) का बोध, आत्मबोध से अभिन्न है। यह मान्यता भी काण्ट के पाठकों को खटक सकती है। लेकिन हमें यह ध्यान रखना चाहिये कि भट्टाचार्य जी की व्याख्या का उद्देश्य काण्ट के दर्शन के लक्ष्य को पकड़ना है। भट्टाचार्य जी ने भारतीय दर्शन की शब्दावली का भरपूर प्रयोग किया है। अत: जहाँ काण्ट को पढ़ते समय ऐसा लगता है कि हम 'बुद्धि-लोक' में हैं; वहीं भट्टाचार्य जी के इस ग्रन्थ को पढ़ते समय ऐसा लगता है कि हम 'आत्मलोक' में हैं।

प्रो. मुकुन्द लाठ ने इस ग्रन्थ का अनुवाद करते समय भट्टाचार्य जी के द्वारा प्रयुक्त शब्दों को उसी प्रकार रहने दिया है। मैंने हिन्दी में जो शब्दावली प्रचलित है उसी का प्रयोग किया है, जिससे हिन्दी के पाठकों को इस पुस्तक का रसास्वादन सरलतापूर्वक उपलब्ध हो सके। भट्टाचार्य की पुस्तक को समझने के लिए कुछ महत्त्वपूर्ण निष्कर्षों का यहाँ पर उल्लेख किया जा रहा है—

(१) 'वस्तु' शब्द का प्रयोग 'विषय' और 'विषयी' दोनों के लिए किया गया है। इस पुस्तक के अँग्रेज़ी अनुवादक ने 'वस्तु' का अनुवाद 'reality' किया है।[6] लेकिन मैंने इस शब्द को यथावत् रहने दिया है 'object' के लिए 'विषय' तथा 'subject' के लिए 'विषयी', शब्द का प्रयोग हुआ है।

(२) ज्ञान, क्रिया और प्रकाश दोनों रूप वाला है। काश्मीर शैवदर्शन की भाषा में वह प्रकाश और विमर्श रूप है। भट्टाचार्य जी के अनुसार काण्ट इन दोनों रूपों में ज्ञान को मान्यता देता है।

(३) ज्ञानात्मक कथन में विधेय विशेषण होता है; मननात्मक (contemplative) कथन में विशेष्य होता है। भट्टाचार्य जी ने 'contemplation' का अनुवाद 'ध्यान' किया है, मैंने 'मनन' किया है।

(४) मननात्मक निश्चितता ज्ञानात्मक निश्चितता से न श्रेष्ठ है, न कनिष्ठ। दोनों का क्षेत्र पृथक्-पृथक् है तथा महत्त्व समान है। रहस्यवाद में मननात्मक निश्चितता दूसरे श्रेणी की निश्चितता होती है।

(५) मनन के भी भट्टाचार्य जी ने दो भेद किये हैं—श्रद्धात्मक मनन तथा आनन्दात्मक मनन। श्रद्धात्मक मनन में आत्मा आलम्बन होती है,

आनन्दात्मक मनन में आलम्बन—कोई अन्य विषय होता है।

(६) विभिन्न प्रकार की निश्चितताओं की परीक्षा एक प्रकार से नैतिकता का मनन है या श्रद्धात्मक मनन है तथा श्रद्धात्मक मनन, आत्मज्ञान का विस्तार है।

इस ग्रन्थ के अर्थ को समझने में आने वाली कठिनाई को दूर करने के लिए कुछ महत्त्वपूर्ण शब्दों की सूची देना आवश्यक प्रतीत होता है जिनका बहुलता से इस ग्रन्थ में प्रयोग हुआ है तथा जिनके स्थान पर हिन्दी में प्रचलित शब्दावली का प्रयोग किया गया है :

क्रम	अँग्रेज़ी शब्द	भट्टाचार्य जी द्वारा प्रयुक्त शब्द	भूमिका में प्रयुक्त हिन्दी शब्द
१.	Will	कृति	सदिच्छा, संकल्प या पूतेच्छा
२.	Transcendental	अतिविषयक	प्रागानुभविक
३.	Judgement	अध्यवसाय	कथन या निर्णय
४.	Category	प्रकार	विकल्प या पदार्थ
५.	Schema	सूत्राकार	आकार
६.	Principle	सौत्र अध्यवसाय	आनुभविक सिद्धान्त
७.	Idea	काष्ठा	विशुद्ध-प्रत्यय या विज्ञान
८.	Contemplation	ध्यान	मनन
९.	Sublime	महाभाव	महाभाव या उदात्त

इसके अतिरिक्त अन्य अप्रमुख शब्दों का प्रयोग करते समय या हिन्दी रूपान्तरण करते समय भी मैंने भट्टाचार्य जी के शब्दों की ओर संकेत दिये हैं। 'Contemplation' का प्रयोग काण्ट ने अपनी तृतीय परीक्षा—**संवेदनात्मक बुद्धि की परीक्षा** या **भावनात्मक बुद्धि की परीक्षा** में बहुलता से किया है। **शुद्ध-बुद्धि की परीक्षा** या **व्यावहारिक बुद्धि की परीक्षा** में इसका उतना प्रयोग दिखायी नहीं पड़ता है। 'Contemplation' का उदाहरण देते समय काण्ट एक स्थल पर लाइबनिज़ का उल्लेख करता है कि किस प्रकार 'कन्टेमप्लेशन' की अवस्था में सूक्ष्मदर्शी से एक कीड़े का परीक्षण करके, उसे पुनः उसी अवस्था में रख दिया। क्योंकि उसे ऐसा

महसूस हुआ कि कीड़े ने उसे शिक्षा दी। 'कन्टेम्प्लेशन' के लिए 'ध्यान' शब्द का प्रयोग अत्यन्त सबल प्रतीत होता है। अत: मैंने इसका अनुवाद 'मनन' किया है। इस शब्द का प्रयोग भट्टाचार्य जी ने भी अपने अँग्रेज़ी निबन्धों में किया है। 'कन्टेम्प्लेशन' की अवस्था में हम उपयोगितावादी दृष्टि से ऊपर उठते हैं तथा ज्ञानेतर तत्त्वों में रस लेते हैं।

काण्ट का दर्शन मुख्यत: तीन परीक्षाओं के माध्यम से अभिव्यक्त हुआ है। अत: निश्चितता की परीक्षा भी तीन प्रकार से फलित होती है। वस्तु, ज्ञात और अज्ञात दोनों स्थितियों में सम्भावित है। अत: व्यक्तता ज्ञातता का ही नामन्तर है। लेकिन ज्ञातता से पूर्व वस्तु अज्ञातता या अव्यक्तता की अवस्था हो सकती है। काण्ट ने व्यक्त और अव्यक्त दोनों प्रकार के पदार्थों के निश्चय की चर्चा की है। निश्चय के प्रकार को निम्नांकित प्रकार से दर्शाया जा सकता है :

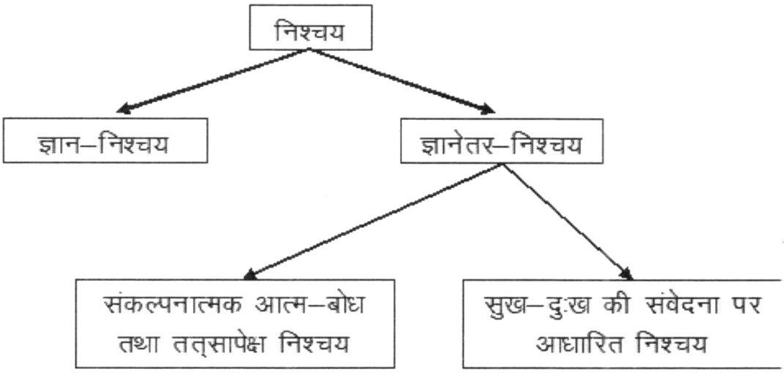

काण्ट ने ज्ञान–निश्चय का विचार **शुद्ध–बुद्धि की परीक्षा** में, संकल्पगर्भित ज्ञानेतर–निश्चय का विचार **व्यावहारिक बुद्धि की परीक्षा** में तथा सुख या दु:ख गर्भित ज्ञानेतर–निश्चय का विचार तृतीय परीक्षा में किया है। भट्टाचार्य जी ने अपने इस ग्रन्थ में द्वितीय निश्चय का विचार सर्वप्रथम कृतिपरीक्षा या संकल्प परीक्षा में किया है; ज्ञान निश्चय का विचार द्वितीय खण्ड में तथा संवेदना गर्भिता ज्ञानेतर निश्चय का विचार तृतीय खण्ड में किया है। ग्रन्थ का अन्तिम खण्ड 'निश्चय संग्रह' निश्चयों का विवरण देता है।

इस प्रकार यह ग्रन्थ चार खण्डों में विभाजित है—कृति परीक्षा या धर्म परीक्षा, ज्ञान परीक्षा, वेदना परीक्षा तथा निश्चय संग्रह। मैंने **कृति परीक्षा**

और संवेदना परीक्षा में भट्टाचार्य जी के मत के विवेचन के पूर्व, इन विषयों पर काण्ट के दर्शन के आधार पर सामान्य परिचय देने का प्रयास किया है। अतः इन दोनों खण्डों में प्रत्येक खण्ड को दो भागों में विभाजित किया गया है। भाग 'अ' में सामान्य परिचय तथा भाग 'ब' में भट्टाचार्य जी के मत का विवेचन किया गया है। हिन्दी में काण्ट के नैतिक विचार तथा सौन्दर्य सम्बन्धी विचार उतने पठन-पाठन में नहीं है इसलिए उन पर अलग से कुछ कहने का प्रयास किया गया है, जिससे पाठकों को भट्टाचार्य जी के मत को समझने में सहायता मिले। **शुद्ध-बुद्धि की परीक्षा** में प्रतिपादित विषय अधिक पठन-पाठन में है तथा हिन्दी में अनेक विद्वानों ने इस दिशा में कार्य किया है। प्रो. सी.डी. शर्मा, प्रो. संगम लाल पाण्डेय, प्रो. सभाजीत मिश्र आदि का प्रयास स्तुत्य है। भट्टाचार्य जी ने ज्ञान परीक्षा में जो ज्ञान का विचार किया है वह **शुद्ध-बुद्धि की परीक्षा** में प्रतिपादित विचारों पर ही आधारित है। इसलिए इस खण्ड में मैंने अलग से कुछ नहीं कहा है। प्रसंगवश ही कुछ कहने का प्रयास किया है। अन्तिम खण्ड सभी का सार है। अतः वहाँ भी केवल भट्टाचार्य जी के विचारों के परिष्कार की दृष्टि से ही कुछ कहा गया है।

(१) कृति परीक्षा या धर्म परीक्षा का भावार्थ

इस खण्ड को मैंने दो भागों में विभाजित किया है। प्रथम खण्ड में काण्ट के नैतिक दर्शन का सामान्य संक्षिप्त परिचय देने का प्रयास किया गया है तथा द्वितीय भाग में भट्टाचार्य द्वारा विवेचित कृतिपरीक्षा का परिष्कृत भावार्थ दिया गया है। इस खण्ड में मुख्यतः हमने नैतिक दर्शन के महत्त्व को तथा सिद्धान्त और व्यवहार के भेद का, आदेश के प्रकारों का तथा निरपेक्ष नैतिक आदेश के विभिन्न सूत्रों का, निरपेक्ष आदेश के महत्त्व का तथा इस पर उठाये गये आक्षेपों का, काण्ट के द्वारा नैतिकता के क्षेत्र में की गयी कापरनिकस क्रान्ति का, जॉन राल्स (१९२१-२००२) द्वारा सामाजिक, राजनैतिक परिप्रेक्ष्य में काण्ट के नैतिक सिद्धान्तों को संविदावाद का आधारभूत सिद्धान्त मानने का, स्टोइकों से काण्ट के मत की भिन्नता का, नैतिकता की पूर्वमान्यताओं का, विशेषतः स्वतन्त्रता का तथा **ओपस् पोस्टयुमम्** में प्रतिपादित काण्ट के नैतिक विचारों का विवेचन किया है।

काण्ट के नैतिक दर्शन पर हिन्दी में नीतिशास्त्र पर प्रचलित पुस्तकों के सभी लेखकों—प्रो. संगम लाल पाण्डेय, प्रो. बी.एन. सिंह आदि ने अपने-अपने ढंग से विवेचन किया है। प्रो. संगम लाल पाण्डेय काण्ट के प्रति उदार दृष्टि रखते हैं। लेकिन समयानुसार दार्शनिक साहित्य के विस्तार के कारण उस विस्तृत साहित्य के आलोक में काण्ट के नीति दर्शन पर विचार आवश्यक प्रतीत होता है। इसी दृष्टि से हमने भाग (अ) में काण्ट के नैतिक दर्शन पर कुछ विचार प्रस्तुत किया है, जिससे पाठकों को भट्टाचार्य जी के मत को सम्यक् रूप से समझने में सहायता मिल सके।

भाग (अ)

काण्ट के दर्शन का तात्पर्य नामक ग्रन्थ का प्रारम्भ कृति परीक्षा से इसलिए किया गया है कि भट्टाचार्य जी, काण्टीय दर्शन में प्रतिपादित आत्मा के स्वरूप को पकड़ना चाहते हैं। नैतिक संकल्प में हमें आत्मा की यथार्थता का निश्चय होता है तथा ज्ञानात्मक अवस्था में हमें विषय का निश्चय होता है। काण्ट, भट्टाचार्य जी के अनुसार, वेदान्त की तरह आत्मा को निष्क्रिय नहीं मानता है या अभेदात्मक सत्‌रूप नहीं मानता है। वह आत्मा की अनुभूति का भी खण्डन करता है। आत्मा काण्ट के लिए एक सक्रिय चेतना है या सचेतन क्रिया या स्वतन्त्रता है।[७] ज्ञानात्मक और संकल्पनात्मक व्यापारों में उसका यही रूप दिखायी पड़ता है। अतिविषयक या प्रागानुभविक या ट्रान्सडेंटल का स्थूलदृष्टि से यह अर्थ किया जा सकता है कि प्रागानुभविक वह है जिसके बारे में हम निश्चित हैं कि वह विषय के कारण नहीं है। विषय (Object) वह तत्त्व (Content) है, जो चेतना से भिन्न है। अतः ट्रान्सडेन्टल या अतिविषय-तत्त्व वह तत्त्व है, जो चेतना से भिन्न नहीं है, जो 'स्व-चेतनता' में स्व के रूप में अवस्थित है। काण्ट के लिए, स्वतन्त्र या चेतनात्मक क्रिया के रूप में आत्मा ही अतिविषय है। जिस प्रकार तैरने की कला तैरने से भिन्न नहीं है, उसी प्रकार काण्ट की संकल्पनात्मक आत्मा संकल्प से भिन्न नहीं है।

काण्ट ने **शुद्ध-बुद्धि की परीक्षा** में अनेक स्थलों पर आत्मा के ज्ञान का निषेध किया है। आत्मा या प्रागानुभविक ज्ञाता या अतिविषयक ज्ञाता का

विचार होता है, ज्ञान नहीं। ज्ञान के लिए विचार के साथ, इन्द्रिय-संवेदन की भी आवश्यकता होती है। आत्मा का संवेदन नहीं होता है, अतः आत्मा का ज्ञान नहीं होता है। भट्टाचार्य जी ने इसका समाधान इस प्रकार किया है कि व्यावहारिक क्षेत्र में ज्ञान के लिए संवेदन की आवश्यकता अनिवार्य नहीं है। व्यावहारिक निश्चितता तथा सैद्धान्तिक निश्चितता क्रमशः व्यावहारिक ज्ञान और सैद्धान्तिक ज्ञान में पृथक्-पृथक् कारणों के कारण है। **शुद्ध-बुद्धि की मीमांसा** के क्षेत्र में सैद्धान्तिक प्रकरण है, अतः ज्ञान के लिए इन्द्रिय-संवेदन ज्ञान की निश्चितता के लिए आधार प्रदान करता है, उसकी प्रमात्मकता का निरूपक बनता है। लेकिन व्यावहारिक क्षेत्र में या संकल्पात्मक क्षेत्र में प्रमात्मक आधार के लिए इन्द्रिय संवेदन अनिवार्य घटक नहीं है। यहाँ आत्मा का स्वतन्त्रता के रूप में बोध होता है।[८] अतिविषयक या प्रागानुभविक का अर्थ ही है—सचेतन-क्रियाशील आत्मा या स्वतन्त्रता। जिस प्रकार सैद्धान्तिक क्षेत्र में विषय के प्रमात्मक ज्ञान के लिए निरूपक के रूप में इन्द्रिय-संवेदनों के द्वारा प्रस्तुत संवृत्तीय विषय निरूपक होते हैं, उसी प्रकार व्यावहारिक क्षेत्र में या नैतिक क्षेत्र में विचार को ज्ञान में ढालने के लिए स्वतन्त्र संकल्प के माध्यम से उसकी चरितार्थता निरूपक होती है। यहाँ ध्यान देने की बात है कि अनुभववादियों ने ज्ञान के दो स्रोत माने हैं—बाह्य संवेदन तथा अन्तर्वेदन। *लेकिन संकल्पात्मक आत्मा का ज्ञान नहीं होता है; संकल्पात्मक आत्मा का बोध या प्रमात्मक ज्ञान संकल्पात्मक क्रिया करने से होता है।*[९]

अतः काण्ट का यह कथन—बुद्धि-विकल्पों के बिना संवेदन अन्धे हैं तथा संवेदनों के बिना बुद्धि-विकल्प शून्य है—मात्र सैद्धान्तिक प्रमात्मक ज्ञान के क्षेत्र में मान्य है।[१०] सैद्धान्तिक क्षेत्र में जो कार्य संवृत्तीय विषय करते हैं, वही कार्य नैतिक क्षेत्र में संकल्पात्मक क्रिया करती है। बुद्धि-आकार या विचार दोनों में समान होते हैं, लेकिन निरूपक दोनों क्षेत्रों में पृथक्-पृथक् होते हैं—सैद्धान्तिक क्षेत्र में संवृत्तीय विषय जो इन्द्रिय-संवेदन के माध्यम से दिये जाते हैं तथा व्यावहारिक क्षेत्र में संकल्पात्मक क्रिया जो आत्मा से अभिन्न होती है।[११]

उपर्युक्त विचार, भट्टाचार्य जी ने काण्ट पर लिखे गये अपने अँग्रेज़ी निबन्ध में, अभिव्यक्त किया है। **काण्ट के दर्शन का तात्पर्य**, नामक ग्रन्थ में इस दृष्टि में और परिष्कार किया गया है। यह परिष्कार निश्चितता के दो

प्रकारों—ज्ञानात्मक निश्चितता और मननात्मक निश्चितता में भेद के कारण प्रतिफलित हुआ है। एक ही आत्मा विषय (Object) और अविषय (Subject) दोनों रूप से बोधित होती है। अविषयात्मक आत्मा को कर्तव्यतारूप (ought) माना गया है तथा विषयात्मक आत्मा को संकल्परूप (will) माना गया है। प्रथम रूप में आत्मा का प्रमात्मक ज्ञानात्मक निश्चय होता है, तथा द्वितीय रूप में मननात्मक बोध या ध्यानात्मक बोध रूप निश्चय (contemplative certainty) होता है। भट्टाचार्य जी कहते हैं,

> धर्म-स्वरूप आत्मा निश्चयेन ज्ञेय वस्तु भी है और ध्येय वस्तु भी। पर **आत्म-ज्ञान** में आत्मा, अविषय-भाव लिये प्रतीत होती है, जबकि आत्मध्यान में आत्मा विषय भाव लिये प्रतीत होती है।

इस विषय का विस्तार आगे किया जायेगा। इसके पूर्व इस विषय को समझने के लिए काण्ट के नैतिक सिद्धान्त का संक्षिप्त विवरण अपेक्षित है।

१

काण्ट के अनुसार हमारे जितने भी सैद्धान्तिक और व्यावहारिक बुद्धि के प्रश्न हैं, उन्हें तीन प्रश्नों में समाहित किया जा सकता है[१२]—

१. मैं क्या जान सकता हूँ?

२. मुझे क्या करना चाहिये?

३. मुझे क्या आशा करनी होगी?

प्रथम प्रश्न का उत्तर काण्ट ने **शुद्ध-बुद्धि की परीक्षा** में दिया है तथा शेष दो प्रश्नों का उत्तर **व्यावहारिक बुद्धि की परीक्षा** में दिया गया है। परीक्षाओं का मूल उद्देश्य जड़वाद, भाग्यवाद, अनीश्वरवाद, अतार्किक स्वतन्त्र चिन्तनवाद, कट्टरवाद तथा अन्धविश्वासवाद को जड़ से उखाड़ना है; क्योंकि इनका दुष्प्रभाव व्यापक है;[१३] तथा विज्ञानवाद और सन्देहवाद को भी परास्त करना है। "व्यवहार का अर्थ 'वह सब कुछ है' जो स्वतन्त्रता के द्वारा है।"[१४] मानव बुद्धि के दो विषय हैं—प्रकृति और स्वतन्त्रता; अतः बुद्धि, दो प्रकार के नियमों को प्रदान करती है—प्राकृतिक नियम तथा नैतिक नियम। प्रथम का आधार है—'जो है (all that is)' तथा द्वितीय

का आधार है—'जिसे होना चाहिये (what ought to be)। अत: *प्राकृतिक तत्त्वमीमांसा* के अतिरिक्त *नैतिक तत्त्व मीमांसा* भी सम्भव है क्योंकि इसके सिद्धान्त अनुभव निरपेक्षरूप से हमारी सभी क्रियाओं को अनिवार्य बनाते हुए व्यवस्थित करते हैं।[१५] *मानव बुद्धि के सारभूत लक्ष्यों की ओर ले जाने वाले समस्त ज्ञान के सम्बन्ध के विज्ञान को दर्शन कहते हैं।*[१६]

सारभूत लक्ष्य दो प्रकार के हो सकते हैं—चरम लक्ष्य या साध्यरूप लक्ष्य तथा उपलक्ष्य या साधनभूतलक्ष्य। प्रथम लक्ष्य को विषयित करने वाला दर्शन नैतिक दर्शन है। अत: प्राचीन विद्वानों ने 'दार्शनिक' का मुख्य अर्थ 'नैतिकवादी' के ही अर्थ में किया है; और आज भी हम उसे ही वास्तविक दार्शनिक कहते हैं जो कम ज्ञान रखते हुए भी बुद्धि के द्वारा स्व को संयमित रखता है।[१७]

हम ऊपर प्रदर्शित कर चुके हैं कि व्यवहार का अर्थ काण्ट के अनुसार वह सब कुछ है जो संकल्प की स्वतन्त्रता के कारण है। सामान्यत: जिसे हम व्यावहारिक (practical) समझते हैं, वह काण्ट के अनुसार सैद्धान्तिक (theoratical) क्षेत्र के विषय हैं। हमें दो प्रकार के व्यवहार में भेद करना चाहिये—तकनीकीय व्यवहार और नैतिक व्यवहार। तकनीकीय व्यवहार वास्तव में सैद्धान्तिक क्षेत्र के विषय है। अत: कलात्मक नियम तथा स्वसुख का वर्धन करने वाले नियम सैद्धान्तिक हैं, क्योंकि वे स्वतन्त्रता पर अवलम्बित न होकर कारण कार्य के उपाय से संचालित होते हैं; इन्हें सैद्धान्तिक वैज्ञानिक ज्ञान से व्यवस्थित किया जा सकता है। अत: किसी घर को किस प्रकार सजाना चाहिये, क्या भोजन लेना चाहिये, सुखी रहने के लिए कैसे अपनी रुचियों पर अंकुश लगाना चाहिये आदि विषय सैद्धान्तिक क्षेत्र में आते हैं।[१८] केवल स्वतन्त्रता में उत्स रखने वाले नैतिक नियम ही व्यावहारिक है। यद्यपि सैद्धान्तिक बुद्धि और व्यावहारिक बुद्धि के क्षेत्र पृथक्-पृथक् हैं, फिर भी व्यावहारिक बुद्धि को शुद्ध-बुद्धि के क्षेत्र में किसी अर्थ में घुसपैठ का अधिकार है, क्योंकि स्वतन्त्र संकल्प की अभिव्यक्तिरूप हमारे कर्म का क्षेत्र इन्द्रिय जगत् होता है। अत: इस जगत् का प्राकृतिक विधान स्वतन्त्रता के विधान के साथ संगतिपूर्ण प्रतीत होता है।[१९]

काण्ट के दर्शन में सार्वभौम नैतिक नियम (moral law) के सम्मान को वही महत्त्व दिया गया है, जो बौद्ध-धर्म में 'धम्मं शरणं गच्छामि' को दिया गया है। इस सम्मान (respect for the moral law) के अभाव में

हमारे कर्म बाह्य दृष्टि से नैतिक होते हैं, लेकिन आन्तरिक दृष्टि से दूषित होते हैं। अत: कर्तव्य, काण्ट के अनुसार, कर्म की अनिवार्यता है जो सार्वभौम नैतिक नियम के सम्मान से उद्‌भूत है। जिस प्रकार काण्ट ने इस तत्त्व पर बल दिया है, उसी प्रकार भट्टाचार्य जी ने इसका सूक्ष्म विश्लेषण किया है। अन्तर मात्र इतना है कि काण्ट के ग्रन्थों में बुद्धि और उसके समानार्थक पर्यायों का अनेक स्थलों पर साक्षात्कार होता है, जबकि भट्टाचार्य जी के विवेचन में आत्मा और उसके पर्यायों की बहुलता को लिये हुए भारतीय दर्शन की शब्दावली की सुगन्ध वर्तमान है।

सम्मान का अधिकारी व्यक्ति होता है, पदार्थ नहीं। पदार्थों के प्रति राग हो सकता है। हमारा प्रेम किसी पालतू पशु के प्रति हो सकता है, लेकिन पदार्थ और पालतू पशु सम्मान के अधिकारी नहीं होते हैं। हम किसी विषय का गुणगान कर सकते हैं; किसी व्यक्ति में अनुराग रखते हुए सम्मान दिये बिना गुणगान कर सकते हैं; हमारा 'मस्तक' उसके आगे झुक सकता है लेकिन 'मन' नहीं। इसके विपरीत, किसी सामान्य व्यक्ति में नैतिकता का बल देखते ही हमारा मन हमारी इच्छा के विपरीत उसके आगे झुक जाता है, यद्यपि हम अपने हाव-भाव से ऐसा प्रदर्शित करते हैं कि हम उससे बहुत ऊपर हैं? ऐसा इसलिए होता है कि हम उसके चरित्र में नैतिक विधान को चरितार्थ होते हुए देखते हैं जो हमारे दम्भ (self-conceit) को झकझोरता है। शिक्षा, दीक्षा आदि के द्वारा हम व्यक्ति का गुणगान कर सकते हैं। ज्योंही हमें यह पता लगता है कि जिसे हम सम्मान देते हैं उसका चरित्र दूषित है तो वह हमारी नज़रों से गिर जाता है। हमारा गुणगान चलता रहता है, लेकिन सम्मान देने से हम कतराते हैं।[२०]

काण्ट के अनुसार सम्मान प्रदर्शित करने का मुख्य हेतु सार्वभौमिक नैतिक नियम है जिसे मानवीय बुद्धि निरपेक्ष नैतिक आदेश के रूप में पहचानती है। प्रकृति में सब कुछ नियमानुसार घटित होता है। मात्र बौद्धिक प्राणियों में वह सामर्थ्य होती है कि वे नियमों के प्रत्यय या विचार के अनुसार कार्य कर सकते हैं।[२१] अमरूद का फल पेड़ से पृथ्वी पर गुरुत्वाकर्षण के नियम के अनुसार गिरने के लिए बाध्य है; लेकिन यदि मानव किसी पेड़ पर बैठा है, तो बैठा भी रह सकता है तथा उतर भी सकता है। इस प्रकार का वैकल्पिक विचार यह प्रदर्शित करता है कि हम संकल्पवान् प्राणी हैं। विचारपूर्वक कर्म में प्रवृत्ति, बुद्धि का लक्षण है; इसलिए संकल्प वास्तव

में व्यावहारिक बुद्धि है। किसी विषयनिष्ठ सिद्धान्त का वह प्रत्यय जो संकल्प के लिए आवश्यक है, वह बुद्धि की आज्ञा (command) है और इस आज्ञा का सूत्रीकरण आदेश है। पैटन का कहना है कि काण्ट ने इस भेद का कोई उपयोग नहीं किया है; इसलिए इस भेद का कोई महत्त्व नहीं है। व्यावहारिक सिद्धान्त से तात्पर्य अनेक व्यावहारिक नियमों (practical rules) से है, जिनसे संकल्प का सामान्यत: निश्चय किया जा सकता है। वे नियम (maxims) वैयक्तिक होते हैं जिन्हें कर्त्ता मात्र स्व संकल्प के लिए प्रामाणिक मानता है; तथा विषयनिष्ठ सार्वभौम नियम (objective or practical laws) वे होते हैं जो प्रत्येक बौद्धिक प्राणी के संकल्प के लिए प्रामाणिक होते हैं।

सभी आदेशों की अभिव्यक्ति 'चाहिये (ought)' शब्द से होती है। दैवीय संकल्प में ये आदेश वर्णनात्मक-सार्वभौम नियम होते हैं। मानव संकल्प के सन्दर्भ में ये आदेशात्मक रूप ग्रहण करते हैं, क्योंकि हमारी संकल्पन की शक्ति हमारी अपूर्णता से प्रभावित होती है।[२२]

आदेशों का वर्गीकरण मुख्यत: दो वर्गों में किया जा सकता है—सहेतुक आदेश (hypothetical imperatives) तथा अहेतुक आदेश या निरपेक्ष आदेश (categorical imperative)। प्रथम आदेश वहाँ होता है जहाँ हम कर्म को इसलिए शुभ कहते हैं कि वह हमें स्वचयनित लक्ष्य को प्राप्त करता है; निरपेक्ष आदेश में कर्म लक्ष्यनिरपेक्ष रूप से शुभ होता है। विभिन्न आदेशों का वर्गीकरण निम्नांकित रूप से किया जा सकता है—

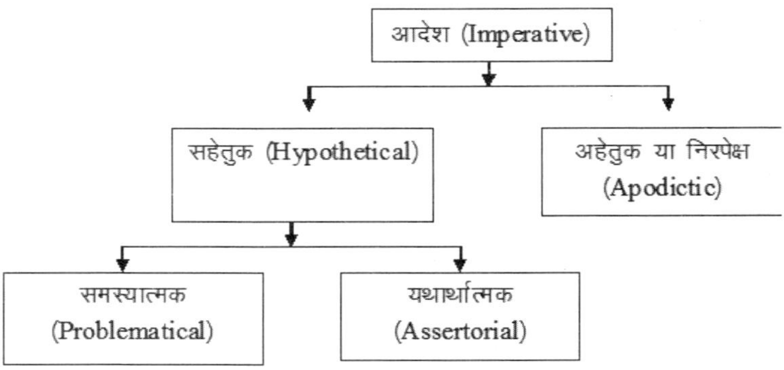

समस्यात्मक आदेश में लक्ष्य सम्भावित रहता है। माता-पिता अपने बच्चों को अनेक प्रकार की शिक्षा देते है। वे उसे चिकित्सा विज्ञान की भी शिक्षा

देते हैं तथा कलात्मक शिक्षा भी देते है, क्योंकि लक्ष्य सम्भावित रहता हैं। उनका पुत्र चिकित्सक भी बन सकता हैं या कलात्मक विद्या में अध्यापक भी हो सकता है। यथार्थात्मक वहाँ होता है जहाँ लक्ष्य निश्चित हो सकता है, जहाँ लक्ष्य निश्चित रूप से संज्ञात रहता है। वह सहेतुक आदेश जिसमें हम अपने सुख को बढ़ाने के लिए कर्म का चयन करते हैं, यथार्थात्मक कहे जाते हैं। कोई मनुष्य यदि स्वसुख को बढ़ाने के लिए साधन कर्म को चयन करने में कुशलता दिखाता है, तो उसे चतुर (prudent) कहते हैं। अहेतुक आदेश सार्वभौम–विषयनिष्ठ–अनिवार्यता गर्भित होता है तथा अपने मन के विपरीत भी उसे मानना पड़ता है। तीनों प्रकार के आदेशों में स्पष्ट भेद करने के लिए समस्यात्मक आदेश को कुशलता के नियम के रूप में, यथार्थात्मक आदेश को चतुरता के उपदेश के रूप में तथा अहेतुक आदेश को नैतिकता के सार्वभौम नियम के रूप में लिया जा सकता है। प्रथम प्रकार के आदेश तकनीक से सम्बन्धित हैं, दूसरे प्रकार के आदेश व्यवहार (pragmatic) से सम्बन्धित हैं तथा तृतीय प्रकार के आदेश नैतिकता से सम्बन्धित हैं।'[२३]

समस्यात्मक आदेश और चतुरता के आदेश में मात्र इतना भेद है कि प्रथम में लक्ष्य सम्भावित रहता है तथा द्वितीय में लक्ष्य दिया गया रहता है, लेकिन दोनों में इच्छित लक्ष्य की प्राप्ति के लिए कर्म का चयन किया जाता है। *इसलिए दोनों प्रकार के आदेश विश्लेषणात्मक हैं,* क्योंकि लक्ष्य इच्छित है। इसके विपरीत *निरपेक्ष आदेश अनुभव निरपेक्ष संश्लेषणात्मक व्यावहारिक कथन है* (a priori, a synthetic, practical proposition) है।[२४] यह अनुभवनिरपेक्ष है, क्योंकि अनुभव के माध्यम से अमूर्तिकरण के द्वारा इसे नहीं बनाया गया है। संश्लेषणात्मक है, क्योंकि यह लक्ष्य निरपेक्ष है।

नैतिकता का निरपेक्ष आदेश कर्त्ता से यह अपेक्षा करता है कि उसका वैयक्तिक या आत्मनिष्ठ सिद्धान्त (maxim) अवश्य ही निरपेक्ष नैतिक आदेश के अनुकूल होगा। काण्ट ने **नैतिकता की तत्त्वमीमांसा के मूल सिद्धान्त** में निरपेक्ष आदेश को निम्नांकित रूप से सूत्रित किया है। पैटन ने अपनी पुस्तक **निरपेक्ष आदेश** में इसे जिस प्रकार प्रस्तुत किया है,[२५] उसी प्रकार से यहाँ उसका वर्णन किया जा रहा है :

१. प्रथम सूत्र : सार्वभौम विधान का सूत्र (Formula of Universal Law):

तुम केवल उसी नियम के आधार पर कर्म करो जिसके माध्यम से तुम उसी समय इच्छा कर सको कि वह एक सार्वभौम विधान हो (Act only on that maxim whereby thou canst at the same time will that it should become a universal law)।

१. (a) प्रकृति-विधान का सूत्र (Formula of the Law of Nature):-

इस प्रकार कर्म करो मानो तुम्हारे कर्म का नियम तुम्हारी इच्छा के माध्यम से प्रकृति का एक सार्वभौम विधान होने वाला हो (Act as if the maxim of thy action were to become by thy will a universal law of nature)।

२. द्वितीय सूत्र : स्वयं साहस का सूत्र (Formula of the End in itself)।

अतः इस प्रकार कर्म करो कि मनुष्यता का व्यावहारिक उपयोग, चाहे तुम्हारे मानवीय-रूप[२६] में या किसी अन्य के रूप में, प्रत्येक उदाहरण में, साध्य के रूप में हो, कभी मात्र साधन के रूप में नहीं (So act as to treat humanity, whether in thine own person or in that of any other, in every case as an end, never as means only)।

३. तृतीय सूत्र : स्वतन्त्रता का सूत्र (The Formula of Autonomy)

अतः इस प्रकार कर्म करो कि तुम्हारी इच्छा उसी समय अपने को अपने

नियम के माध्यम से अपने को सार्वभौम विधान बनाने वाली समझ सके (so act that your will can regard itself at the same time as making universal law through its maxim)।

३ (a) साध्यों के राज्य का सूत्र (The Formula of the Kingdom Ends)

अतः इस प्रकार कर्म करो कि मानो तुम सदा अपने नियम के माध्यम से साध्यों के एक सार्वभौम राज्य के विधायक सदस्य हो (so act as if you were always through your maxim a law making member in a universal kingdom of ends)।

पैटन के अनुसार प्रथम सूत्र और तृतीय सूत्र में भेद इतना नगण्य है कि इस पर ध्यान देने की उतनी आवश्यकता नहीं है। **व्यावहारिक बुद्धि की परीक्षा** में काण्ट ने तृतीय सूत्र को स्थान दिया है। सूत्र १(a), २ तथा ३(a) को, इनके सहायक सूत्रों के रूप में ले सकते हैं, क्योंकि व्यावहारिक उपयोग में इनसे सहायता मिलती है। प्रथम सूत्र नैसर्गिक रूप से अनुभूति मात्र के अनुकूल है। काण्ट का कहना है कि निरपेक्ष नैतिक आदेश एक है। तीन प्रकार से सूत्रीकरण, आत्मनिष्ठ रूप से किसी पहलू को अधिक स्पष्ट करना है; वस्तुनिष्ठ दृष्टि से उनमें एकता है। प्रो. संगमलाल पाण्डेय ने अपने ग्रन्थ **नीतिशास्त्र का सर्वेक्षण** में इन सूत्रों का भगवद्गीता के सिद्धान्तों से तुलना करते हुए अच्छा विवेचन किया है।

काण्ट के निरपेक्ष नैतिक आदेश की निम्नांकित विशेषताएँ ध्यातव्य हैं—

१. यह एक अनुभव निरपेक्ष व्यावहारिक कथन है।[२७]

२. यह पूतेच्छा या दैवीय इच्छा के लिए वर्णनात्मक सार्वभौम नियम है, क्योंकि पूतेच्छा, विशुद्ध शुभ संकल्परूप वाली होती है। जहाँ इच्छा पूर्णतः शुभता के न होने के कारण अपूर्ण होती है, वहाँ नैतिक निरपेक्ष सार्वभौम नियम आदेश के रूप में प्रगट होता है। मानवीय इच्छा के लिए इसी कारण यह एक आदेशात्मक सार्वभौम नियम है।[२८]

३. निरपेक्ष नैतिक आदेश की सार्वभौमिकता या अनिवार्यता आकार के

कारण है, विषय (content) के कारण नहीं।[२९]

४. सार्वभौम नैतिक निरपेक्ष आदेश का ज्ञान ही नैतिक कर्म का अभिप्रेरक होता है; जब हमारे कर्म इस अभिप्रेरक से संचालित होते हैं तभी वे नैतिक कर्म होते हैं।[३०]

काण्ट के आलोचकों ने काण्ट के नैतिक सिद्धान्त पर मुख्य आक्षेप यह लगाया है कि यह एक आकारिक सिद्धान्त है तथा व्यवहार से इसका ताल-मेल नहीं है। यह आक्षेप अज्ञान के कारण प्रतीत होता है। काण्ट ने **नैतिकता की तत्त्वमीमांसा के मूल सिद्धान्त** में इसकी व्यावहारिकता को दिखाने के लिए चार उदाहरण दिये हैं। यहाँ मात्र तृतीय उदाहरण का ही उल्लेख व्यावहारिकता को स्पष्ट करने के लिए दिया जा रहा है। किसी मनुष्य में प्रतिभा है जिसको शिक्षा के माध्यम से विकसित करके वह अनेक प्रकार से उपयोगी बन सकता है। लेकिन उस मनुष्य के पास पर्याप्त सुख सुविधा है जिसका उपभोग करते हुए जीवन काट सकता है। ऐसी स्थिति में जब कर्तव्य कर्म का प्रश्न उपस्थित होगा तो बौद्धिक प्राणी होने के आधार पर *सार्वभौम विधान का सूत्र* उसे प्रथम विकल्प को चयन करने के लिए अभिप्रेरित करेगा।

काण्ट के द्वारा प्रतिपादित यह सिद्धान्त किसी न किसी रूप में सभी प्रधान संस्कृतियों में पाया जाता है। प्रथम शताब्दी में हिलेल नाम के महान सन्त यहूदी धर्म में हो गये हैं। उनसे किसी ने सम्पूर्ण तोराह पढ़ाने का आग्रह किया। उसके उत्तर में उन्होंने कहा कि 'जो तुम्हारे लिए घृणास्पद हो वह अपने पड़ोसी के लिए न करो।' यही तोराह है। शेष 'उस पर टीका' है।[३१] भारतीय परम्परा में भी 'धर्म सर्वस्व' के रूप में इस सिद्धान्त का इस प्रकार वर्णन किया गया है कि जो अपने लिए प्रतिकूल हो, उसका दूसरे के लिए आचरण नहीं करना चाहिये (आत्मनः प्रतिकूलानि परेषां न समाचरेत्)। काण्ट ने इसी अभिप्राय को निरपेक्ष आदेश के सूत्र से इस प्रकार सूत्रित किया है कि उसका सूत्रीकरण निर्दोष हो तथा बुद्धि के आदेश के रूप में अभिव्यक्त हो। काण्ट अरस्तू के इस विचार को स्वीकार करता है कि हम अपने अधिकांश नैतिक आचरण मुख्यतः दूसरे के आचरणों से या महान् पुरुषों के आचरणों के माध्यम से ग्रहण करते हैं। नैतिक शिक्षण के लिए उदाहरण सहायक हो सकते है; लेकिन विशुद्ध नैतिक आचरण के लिए नैतिकता के निरपेक्ष आदेश को संज्ञान में लेना आवश्यक

है। यह नियम स्वतन्त्रता के साथ-साथ अवैयक्तिकता और सामाजिक आदर्श को भी महत्त्व देता है। इसका सार है—(१) अपने लिए चिन्तन करो; (२) अन्य सभी की दृष्टि से चिन्तन करो; तथा (३) संगतिपूर्ण चिन्तन करो।[३२] इस प्रकार से विचार करने की प्रक्रिया वास्तव में स्वतन्त्रता के विधान को निरपेक्ष नैतिक आदेश के माध्यम से चरितार्थ करने की प्रक्रिया है। जिस प्रकार सुकरात ने मेनो में यह दिखाया है कि समस्त ज्ञान पुनर्स्मरण है, अतः हम अत्यन्त मूर्ख ग़ुलाम को भी नया ज्ञान नहीं प्रदान करते हैं, अपितु उसके अन्दर पहले से ही वर्तमान ज्ञान को अभिव्यक्त करने में सहायक होते हैं; उसी प्रकार काण्ट मानता है कि नैतिकता के सिद्धान्त के ज्ञान के लिए शिक्षित होना आवश्यक नहीं है। अत्यन्त विपरीत सामाजिक, आर्थिक परिस्थितियों में भी प्रत्येक मानव में इसकी ज्योति रहती है। अतः वह अपने कर्मों के लिए उत्तरदायी है।[३३] काण्ट नैतिकता के सूत्र की सरलता के ऊपर स्वयं आश्चर्य व्यक्त करता है तथा अपने ग्रन्थों में अनेक बार इसके सरल स्वाभाविक रूप का उल्लेख करता है : 'उसी नियम के आधार पर आचरण करो जो सार्वभौम विधान भी बन जाय (act upon a maxim that can also hold as a universal law)।' वह **नैतिकता की तत्त्व मीमांसा** में कहता है : "The simplicity of this law in comparison with the great and various consequences that can be drawn from it are astonishing at first, as much also its authority to command without appearing to carry any incentive with it.'

२

काण्ट ने **नैतिकता की तत्त्वमीमांसा के मूल सिद्धान्त** में आत्म-प्रेम के कारण किये जाने वाले कर्मों को नैतिक आदेश से संचालित कर्मों से भिन्न माना है। ईसाई धर्म में चतुरता या दक्षता (prudence) को एक मानवीय सद्‌गुण के रूप में स्थान दिया गया है। ऐसा प्रतीत होता है कि काण्ट का नैतिकता सिद्धान्त अत्यन्त संकुचित है, क्योंकि उसके दर्शन में इन मूल्यों का स्थान नहीं है। लेकिन काण्ट के मत को ठीक से समझने के लिए उसके अन्य ग्रन्थों की तरफ़ भी ध्यान देना आवश्यक है। हमने उल्लेख

किया है कि किसी प्रकार **भावनात्मक बुद्धि की परीक्षा** में *व्यावहारिक उपदेशों* के महत्त्व को काण्ट ने सैद्धान्तिक क्षेत्र का विषय माना है, क्योंकि यहाँ हम कारण-कार्य भाव के माध्यम से व्यवस्था करने का प्रयास करते हैं। काण्ट के मत को ठीक से समझने के लिए स्वतन्त्रता और कारण-कार्य भाव के क्षेत्र को पृथक्-पृथक् करना आवश्यक है। जिसे हम चतुरता का सद्‌गुण कहते हैं, काण्ट के अनुसार वह तकनीकीय व्यवहार (technically practical) का उदाहरण है। हमें नैतिक दृष्टि से व्यवहार (moral practical) तथा तकनीकीय व्यवहार में भेद करना चाहिये। जॉन राल्स ने इस तथ्य पर बल दिया है कि अँग्रेज़ी में उपलब्ध साहित्य भी नैतिकता पर काण्ट के मत का विवेचन करते समय उसके अन्य ग्रन्थों को देखने का प्रयास नहीं करते हैं; तथा मात्र **नैतिकता की तत्त्व मीमांसा के मूल सिद्धान्त** तथा **व्यावहारिक बुद्धि की मीमांसा** के आधार पर ही काण्ट के मत का विवेचन करने का प्रयास करते हैं। काण्ट के मत को ठीक से समझने के लिए उसके अन्य ग्रन्थों पर भी निगाह रखना आवश्यक है।[३४] ऊपर हमने दिखाने का प्रयास किया है कि किस प्रकार जिन प्रश्नों को उपयोगितावादी नैतिक प्रश्न बनाते हैं, काण्ट उन्हें सैद्धान्तिक बुद्धि की समस्या मानता है। यह विचार उसने स्पष्ट रूप से **भावनात्मक बुद्धि की परीक्षा** में अभिव्यक्त किया है।

प्रो. नित्यानन्द मिश्र ने, **नीतिशास्त्र (सिद्धान्त और प्रयोग)** नामक ग्रन्थ में काण्ट के दर्शन पर फ्रेंकेना के उदाहरण का उल्लेख करते हुए कुछ आलोचना की है।[३५] 'अँधेरे में अकेला रहने पर सीटी बजाना चाहिये', क्या इसे नैतिक कर्तव्य माना जा सकता है? स्पष्ट है इसका उत्तर नकारात्मक होगा। उन्होंने यह निष्कर्ष निकाला है कि सामान्यीकरण पर आधारित यह सिद्धान्त कोई वस्तुपरक कार्य निर्देश नहीं दे सकता है।

सीटी बजाने का कर्म कर्तव्य कर्म है कि नहीं इसका उत्तर देने के लिए इस प्रश्न को भी स्पष्ट करना आवश्यक है कि यदि यह केवल आनन्द या लीला बुद्धि से किया गया प्रश्न है तो इसका उत्तर देने के लिए, जैसा कि भट्टाचार्य जी ने कहा है, नैतिक सिद्धान्त को लाने की अपेक्षा नहीं है। इस प्रश्न का उत्तर पाने के लिए कर्त्ता को निर्धारित करना होगा कि यह प्रश्न किस परिस्थितिवश उठाया जा रहा है। कल्पना करें कि कोई घर में बीमार है, जिसके मेरे सीटी बजाने से जान जाने का संकट है। ऐसी स्थिति में यह

नैतिक प्रश्न हो सकता है। इसी प्रकार यदि चिकित्सक ने हमें परामर्श दिया है कि उच्च स्वर से न चिल्लायें, तो यह प्रश्न काण्ट के अनुसार तकनीकीय ढंग से व्यावहारिक प्रश्न है। यहाँ हम उसकी सलाह को मान भी सकते हैं, तथा यदि यह मानते हैं कि उसका ज्ञान अधूरा है तो उसकी सलाह नहीं भी मान सकते हैं। अतः प्रश्नकर्त्ता प्रश्न को किस रूप में उठाता है—इस निश्चय के बिना इस प्रश्न का नैतिक दृष्टि से विचार करना उचित प्रतीत नहीं होता है। एक ही प्रश्न किसी परिस्थिति विशेष में नैतिक प्रश्न होता है। एक ही प्रश्न किसी परिस्थिति विशेष में नैतिक दृष्टि से उदासीन प्रश्न हो सकता है या तकनीकीय व्यावहारिक प्रश्न हो सकता है। काण्ट ने **नैतिकता की तत्त्वमीमांसा के मूल सिद्धान्त** नामक ग्रन्थ में जिन प्रश्नों को सहेतुक आदेश के अन्तर्गत रखा था, उन सभी प्रश्नों को **भावनात्मक बुद्धि की परीक्षा** में सैद्धान्तिक क्षेत्र में रखा है। यह ठीक भी प्रतीत होता है क्योंकि घर को किस प्रकार सजाया जाय? वर्तमान परिस्थिति में अपने बच्चे को कैसी दक्षता चाहिये? अधिक से अधिक सुख प्राप्त करने के लिए किस संसाधन का चयन करना चाहिये आदि प्रश्नों का उत्तर बिना वैज्ञानिक ज्ञान के देना संगतिपूर्ण नहीं होगा।[३६] अतः इन प्रश्नों का उत्तर सैद्धान्तिक क्षेत्र का विषय है। इस प्रकार *उपयोगितावाद, भावनात्मक बुद्धि की परीक्षा की दृष्टि में, एक नैतिक विकल्प प्रस्तुत नहीं करता है, अपितु* सैद्धान्तिक विकल्प प्रस्तुत करता है। **नैतिकता की तत्त्वमीमांसा के मूल सिद्धान्त** का प्रकाशन १७८५ में हुआ, **व्यावहारिक बुद्धि की परीक्षा** का प्रकाशन १७८८ में तथा **भावनात्मक बुद्धि की परीक्षा** का प्रकाशन १७९० में हुआ। अतः काण्ट के नीतिशास्त्र पर विचार करते समय **भावनात्मक बुद्धि की परीक्षा** में प्रतिपादित मत पर ध्यान देना आवश्यक है।

काण्ट के समर्थकों का मानना है कि जिस प्रकार ज्ञान के क्षेत्र में काण्ट ने 'कापरनिकस जैसी क्रान्ति' की है, उसी प्रकार नैतिकता के क्षेत्र में भी कापरनिकस जैसी क्रान्ति की है।[३७] काण्ट ने यह दिखाने का प्रयास किया है कि 'नैतिक शुभ' को नैतिकता के निरपेक्ष आदेश के अभाव में परिभाषित नहीं किया जा सकता है। शुभ को परिभाषित करते समय हम सामान्यतः इच्छा के विषय के रूप में परिभाषित करना चाहते हैं। ऐसी स्थिति में इच्छा के साथ विषय का आगन्तुक सम्बन्ध ही सम्भव है, अनिवार्य नहीं।

कोई विषय किसी परिस्थिति में हमें प्रिय लगता है, अन्य परिस्थिति में अप्रिय लगता है। 'नैतिक शुभ' अनिवार्य लक्ष्य होना चाहिये। लेकिन इच्छा के विषय के माध्यम से 'नैतिक शुभ' को परिभाषित करने वाले सभी प्रयास 'नैतिक शुभ' को सापेक्ष शुभ के रूप में ही ग्रहण कर सकते हैं। इसके अतिरिक्त एक अन्य कठिनाई है। इच्छा वैयक्तिक होती है। अनेक सन्दर्भों में यह अविचारित रमणीय पदार्थ के लिए लालायित होती है। इच्छित विषय को प्राप्त करने का हमारा सूत्र अनेक स्थलों में सार्वभौम न होकर वैयक्तिक होता है। अतः इच्छा का विषय निरपेक्ष नैतिक शुभ, नैतिकता के निरपेक्ष नैतिक आदेश के अभाव में, नहीं हो सकता है।

इस समस्या से छुटकारा हम पूर्णता को आदर्श बनाकर नहीं कर सकते हैं। पूर्णता (perfection) की चर्चा किसी पदार्थ या गुण के सापेक्ष खड़ी होती है। किसी चाकू की पूर्णता उसकी तेज़ धार में देखी जा सकती है। मानव के सन्दर्भ में भी हम देखते हैं कि सबमें अलग-अलग गुणों के कारण विशेषता होती है। किसी में बौद्धिक बल होता है, किसी में शारीरिक बल तथा किसी में कलात्मक बल होता है। इन सभी की पूर्णता अलग-अलग प्रकार से होगी। पुनः ये सभी पूर्णताएँ संकल्प के शुभ न होने पर अपूर्ण कही जायेंगी। नैतिक सद्गुण की भी स्थिति इस प्रकार की होगी। सत्य बोलना सद्गुण है। किसी सभा में अचानक मात्र किसी के सम्मान को धक्का पहुँचाने के लिए सत्य बोलना नैतिक नहीं कहा जायेगा। अतः काण्ट पूर्णता के विकल्प को नैतिकता के निरपेक्ष आदेश के अभाव में शुभ मानने को तैयार नहीं है। यदि हम काण्ट के विकल्प को नहीं मानते हैं, तो शुभ को इच्छा के विषय के रूप में स्वीकार करने के अतिरिक्त हमारे पास अन्य विकल्प नहीं है। जॉन सिल्बर, जो इस दृष्टि के पक्षधर हैं, यह मानते हैं कि काण्ट ने नीतिशास्त्र में 'कापरनिकस क्रान्ति' की है। उन्होंने यह दिखाने का प्रयास किया है कि हम 'इच्छा का विषय', 'इच्छा का विषय होना चाहिये' इसमें भेद करके भी काण्ट के आक्षेप से नहीं बच सकते हैं। काण्ट की दृष्टि के अभाव में, एपीक्यूरस को यह निष्कर्ष निकालना पड़ा कि सद्गुणी व्यक्ति ग़रीबी में भी सुखी है। यदि काण्ट के सिद्धान्त को नहीं मानते हैं, तो नैतिक और नैतिकेतर शुभ में भेद नहीं किया जा सकता है।[३८]

२०वीं शताब्दी में जॉन राल्स ने आधुनिक, सामाजिक एवं राजनैतिक

परिप्रेक्ष्य में काण्ट के विचारों को सशक्त ढंग से रखा है। वह स्पष्टत: कहते हैं कि 'शुभ के प्रत्यय को औचित्य के प्रत्यय से पूर्व परिभाषित नहीं किया जा सकता है'[३९] जैसा कि पूर्णतावादियों और उपयोगितावादियों ने करने का प्रयास किया है। अत: वे भी अप्रत्यक्ष रूप से सहमत हैं कि काण्ट ने नीतिशास्त्र में कापरनिकस जैसी क्रान्ति की है। लाक, रूसो और काण्ट के सिद्धान्तों के आधार पर सामाजिक-संविदा (Social contract) के सिद्धान्त को उन्होंने उपयोगितावाद के विरोध में खड़ा किया है। उनका संविदावाद परम्परागत संविदावाद से भिन्न है क्योंकि यह ऐतिहासिक स्थिति पर आधारित नहीं है। यह शुद्ध कल्पनात्मक स्थिति पर आधारित है, जिसके आधार पर न्याय के स्वरूप का स्पष्टीकरण किया जा सकता है। जिस प्रकार विज्ञान में तरंग आदि 'माडलों' का प्रयोग करके सूक्ष्म पदार्थों को समझने का प्रयास किया जाता है; उसी प्रकार की स्थिति सामाजिक, आर्थिक और राजनैतिक हलचल को समझने के लिए संविदा-सिद्धान्त की जान पड़ती है।

काण्ट के निरपेक्ष आदेश में वे न्याय का सूत्र पाते हैं।[४०] उनकी यह व्याख्या युक्तियुक्त है कि नैतिकता का निरपेक्ष आदेश मानव को स्वतन्त्र तथा समान बौद्धिक प्राणी मानकर नैतिकता का विधान करता है। इस नियम की प्रामाणिकता इस पर निर्भर नहीं है कि उस मानव की क्या इच्छा हैं। सहेतुक आदेश मानव की इच्छा पर निर्भर है। अत: न्याय के सिद्धान्त पर अमल करने का अर्थ है कि निरपेक्ष आदेश के आधार पर क्रिया करना चाहे हमारा लक्ष्य कुछ भी हो। जॉन राल्स, काण्ट के उन नीतिशास्त्रीय ग्रन्थों को संविदावाद का पोषक मानते हैं, जिसका सृजन काण्ट ने **शुद्ध-बुद्धि की परीक्षा** के बाद किया है। अत: **नैतिकता की तत्त्वमीमांसा के मूल सिद्धान्त** तथा इसके बाद आने वाले अन्य नीतिशास्त्रीय ग्रन्थ, उनके अनुसार संविदावाद के पोषक हैं।[४१] हम इस विवाद के जाल को तूल न देते हुए मात्र इतना कह सकते हैं कि जॉन राल्स ने काण्ट के ग्रन्थों के आधार पर जो उपर्युक्त निष्कर्ष निकाले हैं, वे काण्ट के दर्शन के प्रतिकूल नहीं हैं।

काण्ट ने यह स्वीकार किया है कि एक समय था, जब वह ज्ञान में अपने को वरिष्ठ तथा अनपढ़ों को हेय दृष्टि से देखता था। ज्ञान पिपासा की तुष्टि को ही मानव का लक्ष्य मानता था। रूसो के प्रभाव से उसकी दृष्टि

में परिवर्तन आया। उसने मानवता का आदर करना सीखा। वह समझ गया कि मेरा मूल्य एक श्रमिक की अपेक्षा नगण्य है, यदि उसकी दृष्टि मानवता के अधिकारी सदस्य के रूप में अन्यों को मूल्य नहीं प्रदान करती है। काण्ट की दृष्टि में प्रत्येक मानव का मूल्य अमूल्य है। इसे किसी से विस्थापित नहीं किया जा सकता है। अत: काण्ट ने करुणा, दया, दान आदि सद्गुणों की बहुत प्रशंसा नहीं की है। वह यह मानता था कि समाज में जो 'न्याय-रहित' अवस्था व्याप्त है, उसकी पूर्ति के लिए यह प्राकृतिक प्रेरणा है। करुणा आदि समाज में ऋण को चुकाने वाले भाव हैं; ऐसा ऋण, जिसका हमको भान ही नहीं होता है। भावनाप्रधान नैतिक शास्त्री जैसा इन सद्गुणों को बढ़ा-चढ़ा कर दिखाते हैं, वैसा नहीं है।

यह प्रदर्शित किया जा चुका है कि पैटन के अनुसार निरपेक्ष नैतिक आदेश के पाँच सूत्रों में से, सूत्र १ तथा ३ मुख्य सूत्र हैं; अन्य सूत्रों का महत्त्व मूर्त परिस्थितियों में उपर्युक्त दो सूत्रों के व्यावहारिक प्रयोग को सरल बनाना है। जॉन राल्स के अनुसार, काण्ट के नैतिक सिद्धान्त को समझने के लिए सार्वभौमिकता और सामान्यता के स्थान पर बौद्धिक प्राणी के रूप में मानवीय समानता और स्वतन्त्रता को अधिक महत्त्व देना चाहिये। ऐसी स्थिति में जिन्हें पैटन ने अपसूत्र माना है, वे अधिक महत्त्वपूर्ण हो जाते हैं। कुछ व्याख्याकार ऐसा मानते हैं कि सभी सूत्रों में एकार्थता नहीं है। ऐसी स्थिति में बेहतर विकल्प यही प्रतीत होता है कि इस विषय में काण्ट के मत को ही स्वीकार किया जाय। काण्ट ने स्पष्ट रूप से **नैतिकता की तत्त्व मीमांसा के मूल सिद्धान्त** में यह कहा है कि निरपेक्ष नैतिक नियम एक है; त्रिसूत्री के माध्यम से आत्मनिष्ठ दृष्टि से, किसी विशेष पहलू को किसी सूत्र में अधिक स्पष्ट किया गया है।

काण्ट का उपर्युक्त विचार सत्य प्रतीत होता है। प्रथम सूत्र न केवल मानव को अपितु मानवेतर बौद्धिक प्राणियों को भी अपने घेरे में ले लेता है। इसलिए सार्वभौमिकता तथा अनिवार्यता का स्पष्ट संकेत इस सूत्र से मिलता है। काण्ट, मानव को बौद्धिक प्राणी मानता है। अत: द्वितीय सूत्र में स्पष्ट रूप से मानव को साध्य के रूप ग्रहण करने का आग्रह किया गया है। ३(a) में भी, कुछ इसी प्रकार की झलक है। अत: समाजशास्त्री और राजनीतिशास्त्र के विद्वान इन सूत्रों को अधिक महत्त्व दे सकते हैं। लेकिन काण्ट के अनुसार सभी सूत्रों में तीन धर्म हैं[४३]—(१) उनमें आकार

है, जिसके माध्यम से सामान्यीकरण सम्भव है; (२) उसमें विषय या द्रव्य (matter) है, जो साध्य स्वरूप है (काण्ट ने इच्छा के विषय के रूप में साध्य को नैतिकता का आधार बनाने पर आपत्ति की है; स्वयं मानव या मानवता को साध्य बनाने पर नहीं, क्योंकि बौद्धिक प्राणी के रूप में वह स्वयं साध्य है); (३) सभी मानवों द्वारा चयनित लक्ष्यों में संगति, जिसके कारण वे प्रकृति में सम्भावित साध्य बन सकें। आकार के कारण 'एकता', द्रव्य के कारण 'अनेकता' तथा 'साध्यों' के सम्भावित समुदाय के कारण 'सम्पूर्णता' के माध्यम से निरपेक्ष नैतिक आदेश अभिव्यक्त होता है।

जॉन राल्स ने संविदा सिद्धान्त के माध्यम से काण्ट की, इस दृष्टि को 'मनुष्य स्वयं साध्य है, साधन नहीं', को स्पष्ट करने का जो प्रयास किया है, वह स्तुत्य है।[४४] सामाजिक परिप्रेक्ष्य में इस कथन का क्या अर्थ है कि मनुष्य स्वयं साध्य है, साधन नहीं? यदि मानव को साध्य मानते हैं, तो राल्स के अनुसार इसका अर्थ है कि समाज की मूल संरचना में प्रत्येक मानव ने संविदा के आधार पर यह बन्धन स्वेच्छा से इसलिए स्वीकार किया है कि समाज जिन सिद्धान्तों को स्वीकार करेगा उसके माध्यम से स्वतन्त्र, समान, नैतिक, बौद्धिक प्राणी के रूप में प्रत्येक मानव के हितों की सुरक्षा को समान महत्त्व देगा।[४५] इसके विपरीत, यदि मनुष्य को साधन मानते हैं, तो इसका अर्थ यह होगा कि समाजिक नियम इस प्रकार के होंगे कि बहुसंख्यकों की उच्च अभिलाषाओं की पूर्ति के लिए कुछ लोगों के हितों का बलिदान किया जा सकता है।[४६] इस प्रकार 'मनुष्य साध्य है' इस अमूर्त सिद्धान्त को, जॉन राल्स ने सामाजिक एवं राजनैतिक परिप्रेक्ष्य में मूर्त रूप देने का प्रयास किया है।

काण्ट के नैतिक सिद्धान्तों की संविदा—सिद्धान्त के माध्यम से की जाने वाली व्याख्या को सन्देह की दृष्टि से देखा जा सकता है। लेकिन इस तथ्य से इनकार नहीं किया जा सकता है कि जॉन राल्स ने काण्ट के दर्शन को समझने के लिए एक मूर्त परिप्रेक्ष्य दिया है तथा साथ ही साथ उपयोगितावादी सिद्धान्तों को कड़ी टक्कर दी है।

काण्ट के दर्शन के सामाजिक और राजनैतिक विचारों का विचार करते समय इस तथ्य को नहीं भूलना चाहिये कि संकल्प की स्वतन्त्रता का बोध निरपेक्ष नैतिक आदेश की बाध्यता के कारण है।[४७] निरपेक्ष नैतिक

आदेश के आकारिक स्वरूप के कारण अनेक नीतिशास्त्री इसकी उपेक्षा करते हुए प्रतीत होते हैं। वे भूल जाते हैं कि आकार की व्यापकता द्रव्य (matter) के लिए अधिक स्थान प्रदान कर सकती है ठीक उसी प्रकार जैसे देश की शून्यता ठोस द्रव्यों के लिए अधिक स्थान प्रदान करती है। इसी प्रकार किसी विशेष द्रव्य की स्थिति एक प्रकार से अन्य द्रव्यों के लिए संकट प्रदान कर सकती है। यह तथ्य अधिक स्पष्ट हो जाता है जब हम देखते हैं कि काण्ट ने किस प्रकार **नैतिकता की तत्त्वमीमांसा** में संकीर्ण कर्तव्य (narrow duties) और उदार कर्तव्य (wide duties) में भेद किया है। संकीर्ण कर्तव्य बाध्यकारी ('strict' or 'rigorous' or 'perfect') होते हैं; इनके द्वारा उपस्थित किये गये नैतिक कर्म को न करने से निरपेक्ष नैतिक आदेश के साथ विसंगति दिखायी पड़ती है। ये मुख्यत: निषेधात्मक होते हैं (जैसे किसी से लिये गये ऋण को लौटाने का वादा करके नहीं तोड़ना चाहिये)। लेकिन उदार कर्तव्यों के विस्तार में सम्पूर्ण बाध्यता का अभाव रहता है तथा उसमें कर्त्ता की स्थिति की सापेक्षता की भूमिका मुखरित रहती है। यहाँ बाध्यता की सीमा अनिश्चित होती है। काण्ट इस प्रकार के कर्तव्यों को अनिश्चित कर्तव्य (indetermined duties) कहता है। इन्हें काण्ट अपूर्ण कर्तव्य भी (imperfect duties) कहता है। दूसरों के प्रति प्रेम का व्यवहार कर्तव्य हो सकता है लेकिन इसे किसी सीमा तक ले जाना चाहिये, इसके निर्धारण में नैतिक नियम मौन है।[४८] ऐसा प्रतीत होता है कि काण्ट के अनुसार मुख्यत: जहाँ न्याय का उल्लंघन होता है, वहाँ नैतिकता का नियम कठोरता लिये अभिव्यक्त होता है, जहाँ दूसरे को सुख देने का प्रसंग है या स्वगुणों को उन्नत करने का प्रसंग है, वहाँ नैतिक नियम में व्यक्ति की स्थिति की अपेक्षा से विस्तार और घटाव का विकल्प रहता है।

भारतीय दर्शन में अभ्यास-दशा और अनभ्यास-दशा का जो भेद किया गया है, वह काण्ट के नैतिक दर्शन की व्याख्या के लिए सुगम्य आधार प्रदान करता है। अभ्यास दशा में हम स्वभावत: नैतिकता के निरपेक्ष आदेश के अनुसार व्यवहार करते हैं, अत: हम ऐसी मानसिक स्थिति में नहीं होते हैं कि अपने कर्तव्य कर्म को निरपेक्ष आदेश के तराजू पर तौलते हुए कर्म करते हैं। अनभ्यास दशा में ही यह प्रसंग उपस्थित होता है। इसके अतिरिक्त काण्ट कभी यह नहीं कहता है कि कर्तव्य कर्म करते हुए भावना

या संवेग के रहने पर दोष उत्पन्न होता है। काण्ट अपने दर्शन को स्टोइको के दर्शन में पृथक करते हुए कहता है कि इन ग्रीक विचारकों का मुख्य दोष यह था कि ये अनैतिकता का स्रोत मानव की भावना या संवेगों में देखते थे तथा संन्यासीवत् व्यवहार को प्रमुखता देते थे। काण्ट का मत, इस मत से भिन्न है। अनैतिकता का मूल सूत्र संवेग और वासनाओं में न होकर उन सिद्धान्तों में हैं, या उन सूत्रों में है जो हमारे कार्य को निर्धारित करते हैं। यह अत्यन्त महत्त्वपूर्ण तथ्य है। हम यह नहीं कह सकते हैं कि हमसे भिन्न मत रखने वाले इसलिए भिन्न मत रखते हैं कि उनमें इन्द्रिय-निग्रह कम है। मत-विभिन्नता का मुख्य कारण सैद्धान्तिक मतभेद है। काण्ट ने इसलिए अनैतिकता या मूल दोष (radical evil) का स्रोत ऐसे सूत्रों में देखने का प्रयास किया है जो निरपेक्ष आदेश को कर्तव्य कर्म का निर्धारक नहीं मानते हैं। काण्ट संवेगों और भावनाओं को उपयोगी मानता है। वह यह भी मानता है कि उनको हटाना या नष्ट करना हानिकारक होगा।[५०] नैतिकता में हमारा प्रयास नैतिकता के साथ उनकी संगति बैठानी में होनी चाहिये। अतः जर्मन विचारक शिलर का व्यंग्य ठीक नहीं है। शिलर कहते हैं, 'जिस मित्र से हम प्रेम करते हैं, उसका हम प्रेम से स्वागत करेंगे। लेकिन अफ़सोस! यह संवेगों के कारण है, अतः कर्तव्यता मुझे इसे करने से रोकती है, यद्यपि प्रेम मुझे आनन्दित करता है।' शिलर कहता है—"The friends whom I love I gladly would serve, but to this inclination incites me; And so I am forced from virtue to swerve since my act, through affection, delights me."[५१]

अतः जिस मित्र से तुम प्रेम करते हो उसे प्रथम बुरा कहने का प्रयास करो, अन्य किसी प्रकार से मैं तुमको मार्गदर्शन नहीं दे सकता; जिन कर्मों का संकेत कर्तव्यता कर रही है, मात्र उसे उचित रूप से तुम घृणा के साथ ही कर सकते हो—The friends whom thou lovest thou must first seek to scorn, for to no other way can I guide thee; This alone with disgust thou canst rightly perform the acts to which duty would lead thee.

इस प्रकार के आक्षेपों का निराकरण, अभ्यास दशा और अनभ्यास दशा में भेद के द्वारा तथा काण्ट के मत को ठीक से हृदयंगम करने के पश्चात्, कठिन नहीं है।

काण्ट यह मानता है कि सर्वोच्च सामाजिक शुभ एक व्यक्ति के प्रयास से सम्भव नहीं है। काण्ट एक नैतिक कुल (Ethical Commonwealth) के आदर्श की कल्पना करता है जिसका भूमि पर अवतरण सभी व्यक्तियों के द्वारा इस लक्ष्य की प्राप्ति के लिए सामूहिक प्रयास के अतिरिक्त, करण के रूप में ईश्वरीय सहायता की अपेक्षा से सम्भव है।[५२]

काण्ट इस प्रश्न की वैधता को स्वीकार करता है कि जिस प्रकार शुद्ध-बुद्धि की परीक्षा में 'शुद्ध' शब्द विशेषण है उसी प्रकार इसे व्यावहारिक बुद्धि की परीक्षा में भी इसे विशेषण होना चाहिये। काण्ट का समाधान है कि इस ग्रन्थ का मूल उद्देश्य शुद्ध व्यावहारिक बुद्धि के अस्तित्व को प्रदर्शित करना है तथा इसके लिए व्यावहारिक बुद्धि की आलोचना या परीक्षा की गयी है। परीक्षा यदि सफल है तो शुद्ध-व्यावहारिक बुद्धि की आलोचना का प्रसंग उपस्थित नहीं होता है क्योंकि निरपेक्ष नैतिक आदेश के माध्यम से स्वयं को अभिव्यक्त करते हुए अपनी तथ्यता की पुष्टि करती है।[५३]

३

काण्ट के अनुसार—स्वतन्त्रता, आत्मा की अमरता तथा ईश्वर की सत्ता शुद्ध-व्यावहारिक बुद्धि की पूर्व मान्यताएँ हैं। यहाँ 'पूर्वमान्यता' शब्द एक भ्रम पैदा करता है। ऐसा प्रतीत होता है कि 'स्वतन्त्रता', आत्मा की अमरता तथा ईश्वर के रूप में तीन पूर्वमान्यताओं के बिना हमारा नैतिकता के साथ परिचय नहीं होता है। तथ्य इसके विपरीत है। निरपेक्ष नैतिक आदेश के कारण ही स्वतन्त्रता से हमारा परिचय होता है तथा 'आत्मा की अमरता' और 'ईश्वर की सत्ता' की पूर्वमान्यता के लिए भी यह आधार का कार्य करता है। इस प्रकार नैतिकता, काण्ट के अनुसार, इन पूर्वमान्यताओं के माध्यम से धर्म के क्षेत्र में निसर्गतः प्रवेश करती है।

काण्ट के अनुसार जिस अर्थ में 'पूर्वमान्यता' (postulate) का प्रयोग यहाँ किया गया है, वह इसके गणितीय प्रयोग से भिन्न है। काण्ट ने स्पिनोज़ा की पद्धति को दर्शन के लिए अनुपयुक्त बताया है। गणित में प्रत्यय परिभाषाओं के माध्यम से दिये जाते हैं तथा पूर्वमान्यताओं का

उपयोग उनके क्षेत्र में वैध क्रिया को निर्धारित करता है। उदाहरण के लिए, बिन्दु और रेखा की परिभाषा देने के बाद यूक्लिड के तन्त्र में एक 'पूर्वमान्यता' यह कहती है कि किसी बिन्दु से किसी अन्य बिन्दु तक रेखा खिंची जा सकती है। यहाँ पूर्वमान्यता, स्वत:सिद्ध तथ्यों में क्रिया करने का विधान विषयगत आधार पर निश्चयतापूर्वक करती है। लेकिन व्यावहारिक क्षेत्र में पूर्वमान्यता का कार्य ऐसे दो तत्त्वों (सद्‌गुण और सुख) को जोड़ना है, जिनकी स्वत:सिद्धता नहीं दिखायी पड़ती है। उदाहरण के लिए, जगत् में हम अनिवार्य रूप से यह विधान नहीं कर सकते हैं कि जो जितना सद्‌गुणी होगा, उतना ही सुखी होगा। अत: पूर्वमान्यता का कार्य नैतिक क्षेत्र में गणित से भिन्न है।[५४] इन दोनों को जोड़ने के लिए 'ईश्वर' का पूर्वमान्यता के रूप में विधान किया गया है। यहाँ पूर्वमान्यता के विधान का आधार विषयीगत होता है, क्योंकि कर्त्ता के कर्तव्य कर्म ही, पूर्वमान्यता को आधार प्रदान करते हैं।

'पूर्वमान्यता' को काण्ट, अनिवार्य परिकल्पना (necessary hypothesis) कहता है, लेकिन यहाँ भी 'परिकल्पना' का अर्थ विज्ञान में प्रयुक्त इसके अर्थ से भिन्न है। विज्ञान में जो परिकल्पित तत्त्व है वह ज्ञान का विषय हो सकता है, लेकिन 'अनिवार्य परिकल्पना' कभी भी ज्ञान के रूप में अवतरित नहीं होगी। यह तत्त्व के बोध के लिए ज्ञान के प्रकार से एक भिन्न प्रणाली है, लेकिन उससे किसी भी अर्थ में निम्न श्रेणी की नहीं है।

बेक ने सुन्दर ढंग से दिखाया है कि किस प्रकार काण्ट की मान्यता विलियम जेम्स की मान्यता से भिन्न है। जेम्स में ईश्वरीय विश्वास बुद्धि की विफलता के फलस्वरूप माना गया है, जबकि काण्ट के दर्शन में वह बुद्धि की सफलता का परिचायक है।

उपर्युक्त तीनों पूर्वमान्यताओं में स्वतन्त्रता की पूर्वमान्यता की स्थिति अन्य दोनों से भिन्न है। स्वतन्त्रता का वर्गीकरण काण्ट ने तथ्यात्मक विषय के अन्तर्गत किया है, जबकि आत्मा की अमरता और ईश्वर की सत्ता का वर्गीकरण श्रद्धात्मक विषय के अन्तर्गत किया गया है। काण्ट के अनुसार बोधात्मक विषयों का तीन वर्गों में वर्गीकरण सम्भव है—धारणात्मक विषय, तथ्यात्मक विषय तथा श्रद्धात्मक विषय।[५५] ऐसे विषय जो इन्द्रिय संवेदन के विषय के रूप में कल्पित किये जाते हैं, लेकिन इन्द्रियों के संवेदन की एक निश्चित सीमा के कारण प्रत्यक्ष नहीं होते हैं, धारणात्मक

हैं। काण्ट इसके उदाहरण के रूप में भौतिकविदों द्वारा मान्य 'एथर' की परिकल्पना को मानता है। ऐसे प्रत्यय जिनके विषय संवेदन के माध्यम से दिये जा सकते हैं, वे तथ्यात्मक विषय हैं; इसके अतिरिक्त गणितीय परिमाणात्मक धर्म तथा स्वतन्त्रता का विज्ञान (idea of freedom) भी इसी के अन्तर्गत है। ऐसे विषय जिन्हें अनुभव निरपेक्ष ढंग से सोचा जा सकता है तथा जिनकी संगति कर्तव्य के साथ होती है, श्रद्धात्मक विषय हैं। जगत् में सर्वोच्च शुभ का अवतरण स्वतन्त्रता के कारण सम्भव होगा। अत: सर्वोच्च शुभ तथा इसको मूर्तरूप से घटित करने के लिए आत्मा की अमरता तथा ईश्वर की सत्ता श्रद्धात्मक विषय है। ऐसे विषय जिन्हें हम दूसरे के अनुभव के आधार पर स्वीकार करते हैं, वे मूलत: अनुभव पर ही आधारित हैं। अत: वे तथ्यात्मक विषय हैं। ऐसे विषय जो विज्ञान, भूगोल तथा इतिहास आदि में परिकल्पित है लेकिन भविष्य में ज्ञान के विषय हो सकते हैं, वे श्रद्धात्मक विषय नहीं हैं। इसी प्रकार रहस्यवादियों का ईश्वर भी श्रद्धात्मक विषय नहीं है, क्योंकि वे उसकी सत्ता मूलत: अतीन्द्रियानुभूति के आधार पर व्यवस्थित करते हैं। काण्ट का ईश्वर श्रद्धात्मक विषय है।

इस प्रकार तीनों पूर्वमान्यताओं में स्वतन्त्रता की स्थिति, आत्मा की अमरता और ईश्वर की सत्ता से भिन्न है। इसका विवेचन, आत्मा की अमरता और ईश्वर की सत्ता की प्रासंगिकता प्रदर्शित करने के बाद किया जायेगा।

'आत्मा की अमरता' और ईश्वर की सत्ता का विधान 'आशा (hope)' की समस्या के समाधान के लिए किया गया है। काण्ट ने **शुद्ध-बुद्धि की परीक्षा** में बुद्धि की अभिरुचि तीन प्रश्नों के सन्दर्भ में वर्णित की है— (१) हम क्या जान सकते हैं? (२) हमें क्या करना चाहिये? तथा (३) मुझे क्या आशा करनी चाहिये? प्रथम प्रश्न सैद्धान्तिक है, द्वितीय प्रश्न व्यावहारिक है तथा तृतीय प्रश्न व्यावहारिक और सैद्धान्तिक दोनों हैं। यहाँ व्यावहारिक बुद्धि, ईश्वर और आत्मा की अमरता से सम्बन्धित सैद्धान्तिक प्रश्न के समाधान के लिए सूत्र प्रदान करती है।

समस्त आशा की पूर्ति सुख के लक्ष्य को प्राप्त करने से होती है। सुख का अर्थ समस्त इच्छाओं की परिमाणात्मक, गुणात्मक तथा कालिक दृष्टि से सन्तुष्टि है। अत: अनन्तजीवन भी सुखात्मक सन्तुष्टि का एक महत्त्वपूर्ण आधार है। यदि सुख हमारे नैतिक कर्म करने का अभिप्रेरक बनता है, तो काण्ट ऐसे नैतिक नियम को कुशल नियम (law of prudence) की

संज्ञा देता है। लेकिन यदि कोई ऐसा नियम जो यह दिखाता है या जो हमें यह बताता है कि सुख की योग्यता के अनुरूप होने के लिए हमें किस प्रकार का नैतिक व्यवहार करना चाहिये, तो काण्ट इसे नैतिक नियम कहता है। प्रथम मार्ग अनुभवात्मक है, क्योंकि हम अनुभव से ही जानते हैं कि हमारी इच्छाएँ क्या हैं तथा उनकी सन्तुष्टि कैसे होगी। द्वितीय मार्ग विशुद्ध अनुभव निरपेक्ष बुद्धि का मार्ग है जो इच्छाओं का वर्णन नहीं करती है, अपितु केवल अनुभव निरपेक्ष रूप से यह विधान करती है कि स्वतन्त्रता पर आधारित कर्तव्य-कर्म के साथ सुख की संगति कैसे होगी।

काण्ट के अनुसार पूर्ण शुभ के अन्तर्गत 'सद्‌गुण और सुख' दोनों तत्त्व होते हैं।[५६] यहाँ दो सम्भावनाएँ हैं। प्रथम, यदि दोनों के मध्य त्रिभुज और उसकी तीन भुजाओं के सदृश विश्लेषणात्मक सम्बन्ध हो या दोनों में तादात्म्य सम्बन्ध विश्लेषणात्मक सम्बन्ध, या दोनों में तादात्म्य सम्बन्ध हो, तो सद्‌गुण के लिए पृथक् विधान व्यर्थ होगा, 'क्योंकि सुख के लिए किया गया प्रयत्न सद्‌गुण के लिए भी किया गया प्रयत्न है। प्राचीन ग्रीक दर्शन में, इस विषय में दो मत थे। लेकिन दोनों परमशुभ में इन्हें दो पृथक्-पृथक् तत्त्व के रूप में स्वीकार करने को तैयार नहीं थे। एपिक्यूरस के अनुयायी यह मानते थे कि 'सुख के विधान से अवगत होने का अर्थ है सद्‌गुण के विधान से अवगत होना' तथा स्टोइक यह कहते थे कि 'स्वसद्‌गुण से परिचित होने का अर्थ है सुख से परिचित होना।' एपिक्यूरस के अनुयायी मानते थे कि सुख ही पूर्ण शुभ है तथा स्टोइक मानते थे कि सद्‌गुण ही पूर्णशुभ है।

काण्ट के अनुसार सद्‌गुण और सुख दो भिन्न तत्त्व हैं। जगत् पर दृष्टिपात् करने पर स्पष्ट हो जाता है कि सद्‌गुणी व्यक्ति अनेक उदाहरणों में सुखी नहीं दिखायी पड़ते हैं। दोनों के मध्य संश्लेषणात्मक सम्बन्ध है। यह संश्लेषणात्मक सम्बन्ध दो प्रकार से घटित हो सकता है। प्रथम विकल्प है कि सुख के लिए किया गया प्रयत्न सद्‌गुणात्मक वृत्ति को जन्म देता है, द्वितीय विकल्प है कि सद्‌गुणात्मक प्रयत्नात्मक वृत्ति ही सुख को जन्म देती है। प्रथम विकल्प को काण्ट पूर्णतः अस्वीकार करता है। द्वितीय विकल्प पूर्णतः असत्य नहीं है। इसकी असत्यता की प्रतीति लौकिक जगत् में दिखायी पड़ती है। लेकिन यह मानने में कोई विसंगति नहीं है कि बौद्धिक पारमार्थिक सत् के रूप में भी मेरा अस्तित्व है तथा निरपेक्ष

नैतिक आदेश के माध्यम से अनिवार्यतः (अपरोक्ष रूप से न सही) परोक्ष रूप से (प्रकृति के बौद्धिक सृष्टिकर्ता के माध्यम से) सुख का कारण होता हूँ। मात्र सुख, हमारी बुद्धि के लिए पूर्ण शुभ नहीं है। बुद्धि, सुख का अनुमोदन तभी करती है, जब हम नैतिकता के अनुपालन से सुखोपभोग की योग्यता अर्जित करते हैं। मात्र नैतिकता, सुख के लिए योग्यता की स्थिति है, सुख प्राप्ति की स्थिति नहीं है। हम कर्म के कर्त्ता हैं, प्रकृति के कर्त्ता नहीं हैं। प्रकृति हमें अनिवार्यतः सुख प्रदान करेगी, इसका निश्चयपूर्वक विधान नहीं किया जा सकता है। अतः कार्मिक योग्यता को सुखोपभोग के साथ जोड़ने के लिए पूर्वमान्यता के रूप ईश्वर की सत्ता माननी पड़ती है। यह सत्ता अवश्य ही सर्वशक्तिमान् (omnipotent) माननी पड़ेगी, क्योंकि सर्वशक्तिमान् सत्ता की इच्छा के अनुकूल संपूर्ण प्रकृति तथा नैतिकता के साथ इसका सम्बन्ध संगतिपूर्ण हो; सर्वज्ञ (omniscient) होगी, जिससे वह हमारे अन्तर्तम भावों और नैतिक योग्यता को जान सके तथा सर्वत्र (omnipresent) होगी जिससे वह सर्वोच्च शुभ की आवश्यकता के अनुसार सभी आवश्यकताओं की पूर्ति कर सके, वह नित्य आदि होगी, जिससे प्रकृति और स्वतन्त्रता का सम्बन्ध सदा संगतिपूर्ण रह सके।

काण्ट यह प्रदर्शित करने का प्रयत्न करता है कि ईश्वर की सत्ता का विधान नैतिक आधार पर ही सम्भव है। सत्तामूलक तर्क और सृष्टिमूलक तर्क का खण्डन **शुद्ध-बुद्धि की परीक्षा** में किया गया है। सृष्टि के आधार पर ईश्वर का विधान करने के लिए, काण्ट के अनुसार, हमें समस्त जगत् को यथावत् जानना पड़ेगा। हमें यथावत् ज्ञान, मात्र इस जगत् का नहीं अपितु सभी सम्भावित जगतों का भी होना चाहिये। इसके लिए हमें सर्वज्ञ होना होगा। हम सर्वज्ञ नहीं है। सृष्टि के विषय में वैज्ञानिक ज्ञान आधा-अधूरा है। इस आधे-अधूरे ज्ञान के आधार पर ईश्वर का विधान ठीक नहीं है। प्रयोजनमूलक तर्क भी जगत् के कारण को एक ज्ञानी, शुभ और शक्तिमान् सत्ता के रूप में सिद्ध कर सकता है; लेकिन वह कारण सर्वज्ञ, सकल रूप से शुभ तथा सर्वशक्तिमान आदि है, मात्र नैतिकता के सूत्र को ही पकड़ने पर समझ में आता है। अतः ईश्वर की सत्ता शुद्ध-व्यावहारिक-बुद्धि की पूर्वमान्यता के रूप में ही ग्राह्य प्रतीत होती है।

जिस प्रकार कार्मिक योग्यता को सुख के साथ जोड़ने के लिए ईश्वर की पूर्वमान्यता अपेक्षित है, उसी प्रकार उस पूर्ण शुभ को अनुभवात्मक रूप से

यथार्थ में ढालने के लिए आत्मा की अमरता की पूर्वमान्यता भी अपेक्षित है। पूर्ण शुभ को प्राप्त करने के लिए हमारे संकल्प को पूर्णतः पूतसंकल्प (Holywill) होना चाहिये। लेकिन हमारे संकल्प का स्वरूप ऐसा नहीं है। अतः अनन्तजीवन की आवश्यकता है जिससे हम निरन्तर प्रगति करते हुए अपने संकल्प को नैतिक नियम के अनुरूप अपने संकल्प को पूत बना सके जिससे पूर्ण शुभ हमारे लिए यथार्थतः साक्षात्कार के रूप में घटित हो सके। यदि आत्मा की अमरता को पूर्वमान्यता के रूप में ग्रहण नहीं करते हैं, तो नैतिक नियम पर, कृति-असाध्य-विषय के विधान का आरोप लगाया जा सकता है जिससे नैतिक नियम की पवित्रता नष्ट हो जायेगी।

शुद्ध व्यावहारिक बुद्धि की पूर्वमान्यताओं (स्वतन्त्रता, आत्मा की अमरता और ईश्वर की सत्ता) में स्वतन्त्रता की स्थिति दोनों से भिन्न है। अन्तिम दो पूर्वमान्यताएँ मुख्यतः हमें क्या आशा करनी चाहिये?' इस प्रश्न के समाधान के लिए आवश्यक है, लेकिन स्वतन्त्रता की स्वीकृति 'मुझे क्या करना चाहिये' इस प्रश्न के समाधान के लिए भी आवश्यक है। काण्ट के अनुसार स्वतन्त्रता, नैतिक नियम के अस्तित्व (ratio essendi) के लिए आवश्यक है तथा नैतिक नियम, स्वतन्त्रता के ज्ञान (ratio cognoscendi) के लिए आवश्यक है।[५७] यदि नैतिक नियम के साथ हमारा परिचय नहीं होता तो स्वतन्त्रता की हमारी संकल्पना का औचित्य नहीं होता। इसलिए स्वतन्त्रता की गणना तथ्यात्मक विषय में की गयी है। इसकी विस्तृत चर्चा **व्यावहारिक बुद्धि की परीक्षा** के प्रथम भाग (विश्लेषणात्मक खण्ड) में अधिक दिखायी पड़ती है; लेकिन पूर्वमान्यताओं की चर्चा करते समय द्वितीय खण्ड में भी इसको भूलाया नहीं गया है। स्वतन्त्रता की पूर्वमान्यता के रूप में रखने का क्या रहस्य है? बेक ने इसका समाधान यह दिया है कि स्वतन्त्रता की दो पृथक्-पृथक् भूमिकाएँ हैं—एक, नैतिक नियम के सन्दर्भ में, द्वितीय, परमशुभ के सन्दर्भ में।[५८] स्वतन्त्रता को द्वितीय सन्दर्भ के आधार पर ही पूर्वमान्यता के रूप में ग्रहण किया गया है। इस पूर्वमान्यता के बिना 'परम शुभ' मात्र स्वप्न होगा। अतः तृतीय प्रश्न के सन्दर्भ में स्वतन्त्रता, पूर्वमान्यता के रूप में प्रकट होती है, जबकि द्वितीय प्रश्न का उत्तर देते समय तथ्यात्मक विषय के रूप में प्रगट होती है। बेक का यह समाधान उचित प्रतीत होता है।

काण्ट के अनुसार विशुद्ध नैतिक नियम और स्वतन्त्रता इस प्रकार एक-दूसरे से अपृथक् रूप से सम्बन्धित है कि यह कहना अधिक उचित होगा कि व्यावहारिक स्वतन्त्रता का अर्थ संकल्प की ऐसी निरंकुशता है जिस पर मात्र विशुद्ध नैतिक नियम का अंकुश है। काण्ट के अनुसार अनेक चिन्तक यह विश्वास करते हैं कि यह एक आनुभविक सिद्धान्त है, एक मनोवैज्ञानिक धर्म है, जिसका सुगम बोध आत्मा के गहन अध्ययन से सम्भव है। लेकिन काण्ट इसे अस्वीकार करता है। भट्टाचार्य जी के शब्दों में हमें स्वतन्त्रता का बोध आन्तरिक संवेदना से नहीं होता है। काण्ट के अनुसार जो इसे मनोवैज्ञानिक धर्म मानते हैं वे हमें उस रहस्य से वंचित कर देते हैं जिसे व्यावहारिक बुद्धि, निरपेक्ष नैतिक आदेश के माध्यम से उद्घाटित करती है।[५९] अतः संकल्प की स्वतन्त्रता, स्वनियम का शासन (autonomy) है;[६०] यह संकल्प का वह धर्म है, जिसमें यह धर्म स्वनियम स्वरूप होता है तथा स्वनियम नैतिकता का निरपेक्ष आदेश है। स्वतन्त्रता का अर्थ नियम से मुक्तता नहीं है, बुद्धि कभी भी नियम मुक्त नहीं हो सकती है। स्वतन्त्रता का अर्थ ऐसे स्वनियम से संचालित होना है, जो अटल है। यह अटल नैतिक, नियम-निरपेक्ष आदेश का नियम है जिसका उत्स सार्वभौमिकता में है। काण्ट इस बात को स्वीकार करता है कि हम मनुष्यों के लिए इसकी व्याख्या करना असम्भव है कि नैतिकता के लिए हम सार्वभौमिकता के सूत्र में अभिरुचि क्यों रखते हैं।

स्वतन्त्रता को निषेधात्मक और भावात्मक दोनों अर्थों में काण्ट ने व्याख्यायित किया है। **शुद्ध-बुद्धि की परीक्षा** में काण्ट ने यह दिखाने का प्रयास किया है कि प्रकृति में पायी जाने वाली यान्त्रिक कारणता के अतिरिक्त एक अन्य प्रकार की कारणता सम्भव है। इस कारणता का उत्स स्वतन्त्रता में है। काण्ट ने **शुद्ध-बुद्धि की परीक्षा** में यह प्रदर्शित किया है कि एक ही घटना को एक दृष्टि से मात्र प्रकृति के अनिवार्य कारण-कार्य के उदाहरण के रूप में ले सकते हैं, तथा दूसरी दृष्टि से इसे स्वतन्त्रता के कारण का कार्य मान सकते हैं। व्यावहारिक स्वतन्त्रता की यह पूर्व मान्यता है कि यद्यपि कोई घटना घटी हुई है, लेकिन उसके विषय में हम सोच सकते हैं कि इसे घटित नहीं होना चाहिये था। ऐसा सोचते समय इस घटना के कर्त्ता में हम स्वतन्त्रता की परिकल्पना करते हैं। अतः एक ही घटना को प्राकृतिक व्यवस्था के अंग के रूप में तथा स्वतन्त्रता के फल के

रूप में देखने में विरोध नहीं है।'[६१]

निषेधात्मक रूप से स्वतन्त्रता का अर्थ वह शक्ति है, जो स्वच्छन्द रूप से किसी सन्तान परम्परा या अवस्था को जन्म देती है। इस अर्थ में स्वतन्त्रता निषेधात्मक है, स्वच्छन्द (spontaneous) है। यह प्रकृति के नियमों से मुक्त है। भावात्मक अर्थ में स्वतन्त्रता का अर्थ स्वनियम से शासित (autonomy) होना है।[६२]

बेक के अनुसार, **व्यावहारिक बुद्धि की परीक्षा** के लेखन के पूर्व काण्ट के दर्शन में दो पृथक्-पृथक् स्वतन्त्रता की परिकल्पनाएँ दिखायी पड़ती हैं। एक का उत्स **शुद्ध-बुद्धि की परीक्षा** में है। यहाँ स्वतन्त्रता को स्वच्छन्दता के रूप में लिया गया है। दूसरे का उत्स **नैतिकता की तत्त्वमीमांसा की मूलभूत मान्यताएँ** में है जहाँ स्वतन्त्रता को संकल्प के स्वराज के नियम के रूप में लिया गया है। **व्यावहारिक-बुद्धि की परीक्षा** में इन दोनों का समन्वय किया गया है।

मुझे यह विचार सत्य प्रतीत नहीं होता है। क्योंकि काण्ट ने स्वच्छन्दता (spontaneity) का प्रयोग केवल स्वतन्त्रता के ही प्रसंग में नहीं किया है, अपितु अन्य स्थलों पर भी किया है। 'प्रत्ययों के विश्लेषण' नामक अध्याय में काण्ट ने यह कहा है कि प्रत्यय विचार की स्वच्छन्दता (spontaneity) पर आधारित है।[६३] जहाँ कहीं काण्ट ने इस शब्द का प्रयोग किया है उसके बाद नियमों का उल्लेख किया है। अत: यह नहीं कहा जा सकता है कि स्वतन्त्रता के प्रसंग में इस शब्द का उल्लेख करते समय काण्ट को नियम याद नहीं आये होंगे, लेकिन उसका प्रसंग वहाँ उपस्थित नहीं था। उसका प्रसंग **नैतिकता की तत्त्वमीमांसा की मूल मान्यताएँ** में खड़ा हुआ। अत: वहाँ इसका उल्लेख किया गया है। स्वतन्त्रता का अर्थ 'संकल्प के स्वराज का नियम' यह **शुद्ध-बुद्धि की परीक्षा** से अलग हटकर एक नया आविष्कार नहीं है, अपितु स्पष्टीकरण है।

यदि ऐसा है तो क्या कारण है कि काण्ट ने **व्यावहारिक बुद्धि की परीक्षा** तथा उसके बाद में आने वाले ग्रन्थों में दो प्रकार के संकल्पों (will) का भेद किया है? एक प्रकार का संकल्प (wille) स्वराज का नियम देने के अर्थ में स्वतन्त्र है, तथा द्वितीय प्रकार का संकल्प (willkur) विकल्पों के चयन की स्वतन्त्रता है। बेक के अनुसार, द्वितीय प्रकार के संकल्प का

स्त्रोत शुद्ध-बुद्धि की परीक्षा में है क्योंकि काण्ट के अनुसार स्वतन्त्रता का अर्थ है—सद्य: एक नयी सन्तान परम्परा को जन्म देना। प्रथम का स्त्रोत नैतिकता की तत्त्वमीमांसा की मूल सिद्धान्त में है।

हमने ऊपर संकेत किया है कि काण्ट ने जब कभी भी स्वच्छन्दता (spontaneity) का प्रयोग किया है, तो उसे अनियमात्मक रूप से व्याख्यायित नहीं किया है। अत: दोनों प्रकार के संकल्प के विधान का स्त्रोत अन्यत्र देखना चाहिये। मेरी समझ से दो प्रकार से संकल्प के भेद करने का कारण अशुभ की समस्या है। यदि संकल्प बौद्धिक है तथा शुद्ध-व्यावहारिक बुद्धि है, तो हम निन्दनीय कर्म क्यों करते हैं? काण्ट ने शुद्ध-बुद्धि की परीक्षा में जो उत्तर दिया है उससे ऐसा प्रतीत होता है कि हम इन्द्रिय-वासनाओं के दबाव में आ जाते हैं, अत: हम अपने बौद्धिक स्वरूप के कारण निर्णय नहीं ले पाते हैं। ''स्वतन्त्रता, व्यावहारिक अर्थ में संकल्प का इन्द्रिय-वासनाओं से मुक्त होना है।'' शुद्ध-बुद्धि की परीक्षा के बाद में विरचित ग्रन्थों में काण्ट ने निरन्तर स्पष्ट करने का प्रयास किया है कि मात्र इन्द्रिय-वासनाएँ ही हमारे अशुभ कर्मों के लिए उत्तरदायी नहीं हैं।[६४] इसका सबसे सुन्दर स्पष्टीकरण धर्म मात्र बुद्धि की मर्यादा के अन्दर (**Religion Within the Limits of Reason Alone**) नामक ग्रन्थ में किया गया है। मनुष्य नैतिक प्राणी है। अत: यह सम्भव नहीं है कि किसी मानव की अन्तर्चेतना में नैतिकता के निरपेक्ष आदेश के नियम का स्पन्दन न हो। लेकिन संकल्प जो चयनिकारूप वाला है (willkur) वह अन्य अभिप्रेरकों या अन्य कारणों के कारण अन्य सूत्र को प्रमुख मार्ग दर्शक नैतिक नियम मानकर प्रवृत्त होता है, तथा सर्वोच्च नैतिक नियम को उससे निर्धारित मानता है तो अशुभ को जन्म देता है। अत: काण्ट के दर्शन में विकल्पों के चयन को लेकर जो संकल्प का स्वरूप 'विल्लक्युर (willkur) में प्रतिपादित किया गया है, उसका मुख्य प्रयोजन अशुभ की समस्या की व्याख्या करना है। काण्ट कहता है कि

> अच्छे मनुष्य और बुरे मनुष्य में भेद अभिप्रेरकों के कारण नहीं, अपितु अभिप्रेरकों के मध्य संगति के कारण है। बुरा आदमी वह है जो निरपेक्ष आदेश को अन्य आदेशों के उपांग के रूप में स्वीकार करता है। अच्छा आदमी वह है जो निरपेक्ष आदेश को अभिप्रेरक के रूप में स्वीकार करता है।[६५]

संकल्प, सर्वोच्च नैतिक नियम के विधायक के रूप में (wille), शुद्ध व्यावहारिक बुद्धि है। वैकल्पिक चयन की स्वतन्त्रता रूप में (willkur) वह स्वतन्त्रतापूर्वक नवीन सन्तान परम्परा को जन्म देता है। लेकिन यहाँ भी इसकी क्रिया नियम मुक्त नहीं होती है। नैतिक नियम के दो अंश हैं— आकार और विषय। विषय प्राकृतिक क्षेत्र से आते हैं, लेकिन आकार सार्वभौमिक रूप से बुद्धि प्रदत्त होता है। यदि स्वतन्त्र विकल्पात्मक इच्छा (willkur) किसी नियम को मात्र विषय के आधार पर स्वीकार करती है, तो भी यह स्वतन्त्र लक्षण वाली होती है, क्योंकि इसकी स्वतन्त्रता नैतिक हेतु—फलात्मक आदेशों में भी झलकती है; लेकिन कर्म अशुभ होते हैं। वैकल्पिक स्वतन्त्रता, शुभ मूल्य का पर्याय नहीं है, जैसा कि हम अनेक अस्तित्ववादी दार्शनिकों के दर्शन में पाते हैं। वैकल्पिक स्वतन्त्र अशुभ और शुभ दोनों को जन्म देने में समर्थ है। शुभ का सृजन तब होता है जब हम मात्र कर्तव्य-बोध से निरपेक्ष आदेश की सार्वभौमिकता को महत्त्व देते हैं। ऐसी स्थिति में हमारी इच्छा स्वतन्त्र विधायिका एवं स्वच्छन्द है।

बेक ने सुन्दर ढंग से स्पष्ट किया है कि वैकल्पिक इच्छा (willkur), विधायिका इच्छा (will) के आदेश को मानते हुए भी स्वतन्त्र हो सकती है, क्योंकि वे दोनों पृथक्-पृथक् दो स्रोत नहीं हैं, अपितु व्यावहारिक बुद्धि के दो आयाम हैं। नैतिकता के सर्वोच्च नियम के ग्रहण के लिए वैकल्पिक इच्छा को बाहर की यात्रा छोड़कर अन्दर की यात्रा करनी पड़ती है। अतः वैकल्पिक इच्छा जब स्वतन्त्र विधायिका इच्छा का साक्षात्कार और वरण करती है, तो शुभ कर्मों को जन्म देती है। स्वतन्त्र इच्छा ही एक अर्थ में विधायिका (wille) तथा दूसरे अर्थ में चयनिका (willkur) है।[६६]

वैकल्पिक स्वतन्त्रता के अधिकांश प्रसंगों में हमारा चयन देश, काल, परिस्थितिवश अथवा स्वार्थ के कारण होता है। ऐसे चयन से जो कर्मों का ताना-बाना खड़ा करते हैं, वे बन्धनात्मक ही होते हैं। लेकिन जब कर्तव्य कर्म की दृष्टि से विचार करते हैं, तो हम देश-काल व्यक्ति आदि के बन्धनों से ऊपर उठते हैं तथा यथार्थ स्वतन्त्रता की तरफ़ अग्रसर होते हैं। गीता के शब्दों में, दैवीय सम्पदा यथार्थ मोक्ष प्रदान करने वाली होती है (दैवी सम्पद् विमोक्षाय)। इसका कारण यह है कि दैवीय सम्पदा का

आकार सार्वभौम होता है। कृष्णमूर्ति ने भी 'व्यक्ति' और मानव का जो भेद किया है, उसमें भी मूल दृष्टि यही है। व्यक्ति, देश, काल, जाति, राष्ट्र का दास होता है या उससे परिच्छिन्न होकर प्रवृत्त होता है; लेकिन मानव इन विशेषणों से युक्त होते हुए भी इनसे मुक्त होकर प्रवृत्त होता है।[६७]

४

काण्ट के नीतिशास्त्र की चर्चा अधूरी रहेगी जब तक ओपस पोस्ट्युमम् (Opus Postumum) में प्रतिपादित काण्ट के विचारों पर दृष्टिपात न किया जाय। इस ग्रन्थ का अधिकांश भाग १८०० ई० के बाद का है। काण्ट के कुछ व्याख्याकारों के अनुसार इस ग्रन्थ के अवलोकन से ऐसा प्रतीत होता है कि काण्ट के विचारों में अभूतपूर्व परिवर्तन हुआ है। यहाँ हम थियोडर एम. ग्रीन के विचारों का उल्लेख करेंगे जिसका प्रतिपादन उन्होंने **धर्म मानव बुद्धि की मर्यादा के अन्दर** नामक ग्रन्थ की भूमिका में किया है। इस ग्रन्थ में पूर्वमान्यताओं की चर्चा नहीं है। नैतिकता की पूर्वमान्यताओं को महत्त्व **शुद्ध-बुद्धि की परीक्षा, व्यावहारिक बुद्धि की परीक्षा** तथा **भावनात्मक बुद्धि की परीक्षा** में दिया गया है। काण्ट ईश्वर की सत्ता नैतिकता की पूर्वमान्यता के माध्यम से सिद्ध करता है। एडिक्स, जिसने इस ग्रन्थ को १९२० में सम्पादित किया उसके अनुसार इसका मुख्य कारण यह है कि काण्ट के दर्शन में पूर्ण शुभ की अवधारणा (सद्गुण के अनुपात में सुख) में सुखवाद का प्रवेश हो गया था तथा काण्ट अपने नीतिशास्त्र को सुखवाद के सिद्धान्तों से मुक्त करना चाहता था। केवल इतना ही नहीं अपितु सद्गुणी व्यक्ति नैतिकता के निरपेक्ष आदेश के माध्यम से ओपस पोस्ट्युमम् के अनुसार, 'साक्षात् ईश्वरीय सत्ता के सम्पर्क में रहता है। मुख्यत: ये दोनों तत्त्व—पूर्वमान्यताओं का अभाव तथा निरपेक्ष आदेश का साक्षात् ईश्वर गर्भित होना **व्यावहारिक बुद्धि की परीक्षा** की मान्यताओं से भिन्न है।'[६८]

धर्म मात्र बुद्धि की मर्यादा के अन्दर की प्रस्तावना में सिल्वर ने स्क्रैडर के मत का उल्लेख करते हुए एडिक्स के विचारों की अपर्याप्तता को प्रदर्शित किया है। स्क्रैडर के अनुसार इस ग्रन्थ में काण्ट ने विभिन्न स्थलों

पर जो टिप्पणियाँ की हैं उसको काण्ट के सम्पूर्ण दर्शन के परिप्रेक्ष्य में देखना चाहिये। यह भ्रान्त धारणा है कि काण्ट के दर्शन में सुख का कोई स्थान नहीं है। काण्ट इसे कर्म के अभिप्रेरक रूप में ही अस्वीकार करता है। एडिक्स का मुख्य आक्षेप यह है कि काण्ट यह प्रतिपादित करता है कि ईश्वर की सिद्धि के लिए कोई साक्ष्य नहीं है। स्क्रैडर के अनुसार, काण्टीय दर्शन की यह मान्यता है कि ईश्वर की सिद्धि के लिए सैद्धान्तिक तर्क या साक्ष्य अपूर्ण है। अत: यहाँ कोई नयी बात नहीं कही गयी है। जहाँ तक यह कहा गया है कि काण्ट निरपेक्ष आदेश को ईश्वर–गर्भित मानता है, उसके विषय में यह कहा जा सकता है कि ओपस् पोस्ट्युमम् में भी काण्ट ने निरन्तर इस तथ्य पर बल दिया है कि ईश्वर, ज्ञान का विषय नहीं होता है; उसका परोक्ष सूत्र नैतिकता के निरपेक्ष आदेश के माध्यम से मिलता है।[६९]

ओप्स पोस्ट्युमम् ग्रन्थ प्रकाशित है तथा सर्वसुलभ है।[७०] १८५० ई० के आस–पास यह विचार तेजी से उभर कर सामने आया कि इस ग्रन्थ में काण्ट के वृद्धावस्था के लक्षण परिलक्षित होते हैं। केनोफिशर के अनुसार, इस ग्रन्थ में कुछ भी नूतन नहीं है तथा इसके अतिरिक्त इसमें प्रतिपादित विचारों में काण्ट के वृद्धावस्था की झलक वर्तमान है।[७१]

इस विवाद में न पड़ते हुए कि इस ग्रन्थ को कितना महत्त्व देना चाहिये हम इस प्रश्न पर विचार करेंगे कि क्या इस ग्रन्थ में काण्ट की नैतिक मान्यताओं में आमूल परिवर्तन दिखायी पड़ता है? अथवा काण्ट के दर्शन की कौन सी मूल नैतिक मान्यता है जिसका प्रतिपादन इस ग्रन्थ में दिखायी पड़ता है?

काण्ट के नैतिक दर्शन का सर्वोच्च्च शिखर नैतिकता का निरपेक्ष आदेश है। उसका स्थान यहाँ भी पूर्णत: यथावत् सुरक्षित रखा गया है। काण्ट के नैतिक दर्शन का दूसरा मूलमन्त्र है कि नैतिकता के अन्य प्रत्ययों (स्वतन्त्रता आदि) के लिए नैतिकता का निरपेक्ष आदेश ही कुंजी है। इस कुंजी की महिमा का भी यहाँ यथावत् मण्डन है। अत: स्क्रैडर का मत सही प्रतीत होता है कि काण्ट के दर्शन की मूल मान्यताओं का यहाँ निषेध नहीं दिखायी पड़ता है।

एक तथ्य अवश्य विचारणीय है कि यहाँ ईश्वर को पकड़ने का प्रयास निरपेक्ष आदेश के माध्यम से बिना पूर्वमान्यताओं के उपयोग के किया है।

काण्ट कहता है कि ईश्वर वह सत्ता है, जिसे केवल अधिकार है, लेकिन कोई कर्तव्य नहीं है और वह 'परसन' है 'जो स्वयं पूर्णतः पवित्र है।'[७२] मानव वैश्विक नागरिक के रूप में दैवीय शासन के अन्तर्गत है, अतः अनिवार्यतः दोनों (अधिकार और कर्तव्य) अवस्था में रहता है।'' काण्ट के अनुसार, प्रत्येक निरपेक्ष आदेश में यह पहले से ही अन्तर्निहित है कि सभी मानवीय कर्तव्य आदेशित दैवीय आदेश हैं। काण्ट ने इस ग्रन्थ में भी इस तथ्य पर पुनः-पुनः बल दिया है कि स्वतन्त्रता का पता निरपेक्ष आदेश से मिलता है। नैतिकता का निरपेक्ष आदेश, स्वतन्त्रता से प्रारम्भ नहीं होता है, अपितु स्वतन्त्रता के साथ पड़ाव पाता है।[७३] काण्ट इस तथ्य का पूर्णतः निषेध करता है कि हमें ईश्वर की साक्षात् अनुभूति होती है।[७४]

जिनका परिचय मात्र तीन परीक्षाओं से है, उन्हें **ओपस् पोस्ट्युमम्** में प्रतिपादित नैतिकता सम्बन्धी विचार अटपटे दिखायी पड़ सकते हैं। लेकिन जिन्होंने **धर्म मानव-बुद्धि की मर्यादा के अन्दर**, नामक ग्रन्थ का थोड़ा भी अध्ययन किया है, उन्हें इस ग्रन्थ में **धर्म मानव बुद्धि की मर्यादा** के विचारों की ही पुष्टि होती हुई दिखायी पड़ती है।

धर्म मानव-बुद्धि की मर्यादा के अन्दर नामक ग्रन्थ में काण्ट ने दो प्रकार के धर्मों का भेद किया है—प्रकाशित धर्म तथा प्राकृतिक धर्म। प्रकाशित धर्म (revealed religion) वह है, जहाँ हम अपने कर्तव्य-कर्म को इस प्रकार स्वीकार करते हैं कि यह दैवीय प्रकाशन पर आधारित है। प्राकृतिक धर्म वह है, जहाँ हमें कर्तव्य-कर्म का ज्ञान पहले होता है, तथा उसे दैवीय आदेश के रूप में बाद में स्वीकृति देते हैं।[७५] यदि कोई प्राकृतिक धर्म को ही नैतिक दृष्टि से अनिवार्य मानता है तो वह बुद्धिवादी है; यदि दैवीय प्रकाशना के सिद्धान्त का पूर्णतः निषेध करता है तो वह प्रकृतिवादी है; यदि कोई दैवीय प्रकाशना को स्वीकार करता है लेकिन इसे यथार्थतः स्वीकार करना धर्म के लिए आवश्यक नहीं है—ऐसा मानता है तो वह विशुद्ध-बुद्धिवादी है। यदि कोई मात्र दैवीय प्रकाशना के आधार पर ही धर्म को स्वीकार करता है तो वह अधिप्रकृतिवादी (Super-naturalist) है।

इस वर्गीकरण के आधार पर काण्ट को विशुद्ध बौद्धिकवादी कह सकते हैं। काण्ट दैवीय प्रकाशन के मूल्य को स्वीकार करता है, *लेकिन उनका वास्तविक मूल्य वहीं तक है जहाँ तक वे बौद्धिक-विश्वास के साथ संगति रखते हैं।* ऐतिहासिक दृष्टि से उनका महत्त्व है। इतिहास के विशेष

सन्दर्भ में उन्होंने मानव को सत्य पथ पर चलने में सहायता की। लेकिन दैवीय प्रकाशन, ऐतिहासिक है, आनुभविक है; अतः उसमें सार्वभौमिकता का अभाव है। धर्म एक है, विश्वास अनेक हैं। काण्ट एक ऐसे नैतिक राज्य की कल्पना करता है कि जहाँ पादरी और सामान्य मानव के मध्य भेद समाप्त हो जायेगा, क्योंकि ईश्वर की वाणी साक्षात् मानव के नैतिक चेतना के विकास से सुनायी पड़ने लगेगी।[७६] काण्ट का स्वर स्पष्ट है। ईश्वर को स्वीकार करने का रास्ता कर्तव्य कर्म के बोध के बाद दिखायी पड़ता है। **ओपस् पोस्ट्युमम्** में इस मत का कहीं भी खण्डन दिखायी नहीं पड़ता है।

भाग (ब)

काण्ट के अनेक व्याख्याकार यह मानते हैं कि काण्ट के आलोचनात्मक दर्शन का श्रीगणेश **शुद्ध-बुद्धि की परीक्षा** से होता है तथा अन्त **भावनात्मक बुद्धि की परीक्षा** से होता है। काण्ट ने १७९० में **भावनात्मक बुद्धि की परीक्षा** में इस प्रकार का मत व्यक्त किया था। भट्टाचार्य जी की व्याख्या में निश्चितता का विचार करते समय इन्हीं तीन परीक्षाओं को ध्यान में रखा गया है। निश्चितता में भेद का प्रसंग सर्वप्रथम **व्यावहारिक बुद्धि की परीक्षा** की समस्याओं को लेकर उत्पन्न होता है, इसलिए भट्टाचार्य जी ने सर्वप्रथम कृति परीक्षा से ही **काण्ट के दर्शन का तात्पर्य** नामक ग्रन्थ को प्रारम्भ किया है।

इस विचार का उल्लेख किया गया है कि भट्टाचार्य जी के अनुसार, काण्ट के लिए प्रमात्मक ज्ञान सैद्धान्तिक और व्यावहारिक दो प्रकार का है। प्रमात्मक ज्ञान में दो तत्त्व होते हैं—विचार+कुछ अन्य (thinking + something else)। यह 'कुछ अन्य' **शुद्ध बुद्धि की परीक्षा** में इन्द्रिय संवेदन से गृहीत सामग्री है तथा व्यावहारिक नैतिक ज्ञान के क्षेत्र में स्वयं संकल्प व्यापार है। विचार दोनों में है, अतः काण्ट के दर्शन में संकल्प अचेतन मन का स्पन्द नहीं है जैसा फिक्टे मानता है, अपितु सचेतन स्वतन्त्रता है।[७७] काण्ट के दर्शन में सदिच्छा शुद्ध-व्यावहारिक बुद्धि है।

नैतिकता का विचार करते समय काण्ट के दर्शन में सचेतनकर्ता की भूमिका

अत्यन्त महत्त्वपूर्ण है। भट्टाचार्य जी का विश्लेषण, काण्ट के विचारों के मूल अभिप्राय के अनुकूल है। भट्टाचार्य जी कहते हैं कि कर्तृज्ञानात्मक कर्म को कृति कहा जाता है। कर्म मात्र में कर्तृत्व ज्ञान नहीं होता है। मैं कर्म कर रहा हूँ, इस ज्ञान में यदि 'मैं क्यों कर रहा हूँ, इसका ज्ञान रहता है तो यह कर्म कर्तृत्व ज्ञानात्मक कर्म कहा जायेगा। काण्ट कहता है कि सभी प्रकार के कर्मों को करने के लिए यह जानना आवश्यक नहीं है कि वे उचित या अनुचित हैं। भट्टाचार्य जी ने इसका उदाहरण दिया है कि यदि मैं कोई कर्म आनन्द या लीलाबुद्धि से सम्पादित कर रहा हूँ, तो ऐसे कर्म को कर्तृत्व ज्ञानात्मक कर्म या कृति कहकर नहीं स्वीकारा जा सकता है। काण्ट कहता है कि नैतिक क्रिया के सम्बन्ध में पूर्णनिश्चितता होनी चाहिये कि मैं उचित कर्म कर रहा हूँ।[७८] अतः अन्तर्चेतना का अर्थ है स्वनिर्णय की नैतिक बुद्धि जो अपने मूल्यांकन से विशेषित है।

काण्ट के नैतिक दर्शन का विवेचन करते समय हिन्दी के ग्रन्थों में 'कृति' शब्द का प्रयोग दिखायी नहीं पड़ता है। संकल्प (will) को कभी 'सदिच्छा' कभी 'शुभेच्छा' या 'शुभ संकल्प' या 'पूतेच्छा' आदि से व्याख्यायित किया गया है। भट्टाचार्य जी द्वारा कृति प्रयोग न्याय, वैशेषिक और मीमांसा दर्शन की याद दिलाता है। कृति का अर्थ 'प्रयत्न' है। प्रशस्तपाद ने गुण प्रकरण में कृति का दो प्रकार से वर्गीकरण किया है : (१) जीवनपूर्वक तथा (२) इच्छा–द्वेषपूर्वक। जीवनपूर्वक प्रयत्न के अन्तर्गत वे व्यापार हैं जो कर्ता के ज्ञान के बिना भी जीवन धारण के लिए आवश्यक हैं। आधुनिक वैज्ञानिक शब्दावली में इसे अनैच्छिक क्रिया कह सकते हैं। इच्छा और द्वेषपूर्वक प्रयत्न वहाँ होता है जहाँ हम हित प्राप्ति अथवा अहित के परिहार के लिए विचारपूर्वक प्रवृत्त होते हैं। प्रो. नारायण मिश्र ने अपनी '**वैशेषिक दर्शन**' नामक पुस्तक में यह संकेत दिया है कि कुछ नव्य–नैयायिक केवल दूसरे प्रकार की कृति को ही मान्यता देते हैं।[७९] इसलिए भट्टाचार्य जी ने भी इसी परिपाटी का अवलम्बन लेते हुए 'कर्तृज्ञानात्मक कर्म' को कृति कहा है। यदि हम जीवनपूर्वक प्रयत्न को भी कृति के अन्दर मानते हैं, तो कृति का प्रत्यय शॉपेनहावर के 'इच्छा' (will) के प्रत्यय के नज़दीक पहुँच जाता है। शॉपेनहावर कहता है कि संकल्पजनित क्रियाएँ और शारीरिक व्यवहार दो पृथक्–पृथक् आयाम नहीं हैं; वे एक हैं।[८०] शरीर के अंग पूर्णतः मुख्य इच्छाओं के अनुरूप होते हैं, जिनके माध्यम से स्वसंकल्प

अभिव्यक्त होता है।

भट्टाचार्य जी के अनुसार कर्तृज्ञानात्मक कर्म को कृति कहा जाता है। इस प्रकार के कर्म में यह बोध छुपा रहता है, मैं कर्म को क्यों कर रहा हूँ। अर्थात् कर्म-प्रवर्तना का अभिप्रेरक तत्त्व क्या है। अभिप्रेरक तत्त्व दो हो सकते हैं—कर्तव्यता की बुद्धि या फल-कामना। यदि प्रथम तत्त्व अभिप्रेरक है, तो प्रवर्तना स्वतन्त्र (autonomous) होती है। यदि फल कामना अभिप्रेरक है, तो प्रवर्तना परतन्त्र (heteronomous) होती है। जहाँ स्वतन्त्र प्रवर्तना होती है वहाँ कर्ता को यह पूर्ण निश्चित रहता है कि यहाँ प्रवर्तना फल कामना के कारण नहीं है।

कर्तव्यता की बुद्धि या चाहिये (ought) (भट्टाचार्य जी इसे विधि बुद्धि कहते हैं) को स्वतन्त्र संकल्प से पृथक् करके नहीं देखा जा सकता है; लेकिन जहाँ प्रवर्तना परतन्त्र होती है, वहाँ फल का ज्ञान और फल कामना में भेद किया जा सकता है। अत: परतन्त्र कृति में आत्मा का शुद्ध-ज्ञान नहीं होता है। परतन्त्र कृति में जिस आत्मा की प्रतीति होती है वह कामनायुक्त होती है। अत: उसका ज्ञान शुद्ध आत्मा का ज्ञान नहीं है। लेकिन जब हम कर्तव्य-बोध से कर्म करते हैं तो कर्तव्यता के बोध में शुद्ध-आत्मा का ज्ञान होता है। 'चाहिये' (ought)' शुद्ध-आत्मा से भिन्न नहीं है, तथा इसका स्वरूप स्वतन्त्र संकल्पात्मक है।

'चाहिये' (ought) अँग्रेज़ी व्याकरण के अनुसार सकर्मक क्रिया है। सकर्मक क्रिया वहाँ होती है जहाँ क्रिया कर्ता तक सीमित न रहते हुए, कर्ता से किसी अन्य की तरफ़ अग्रसर होती है या प्रवर्तित होती है। कोई क्रिया अकर्मक होती है जब वह कर्ता तक ही अपने आपको सीमित रखती है। संस्कृत-व्याकरण के अनुसार जब फल और व्यापार दोनों एक ही में रहते हैं, तब धातु अकर्मक होती है; जब फल और व्यापार के आश्रय पृथक् पृथक् होते हैं, तो धातु सकर्मक होती है।

भर्तृहरि ने इस विषय पर प्रकाश डाला है कि सकर्मक धातु कब अकर्मक होती है। सकर्मक धातु के अकर्मक होने का कारण, कर्म की अविवक्षा भी हो सकती है।[८१] जहाँ 'चाहिये' का प्रयोग केवल 'कर्तव्य के लिए कर्तव्य कर्म' करने के अर्थ में हो रहा है, वहाँ 'चाहिये' का फल और व्यापार का आश्रय कर्ता ही है। लेकिन जब हम फल कामना से कर्म करते

हैं तो व्यापार कर्ता में होता है, लेकिन फल कर्म में विवक्षित रहता है। जहाँ 'कर्तव्य कर्म' की दृष्टि से कर्म विवक्षित है, वहाँ 'चाहिये' कर्ता से भिन्न नहीं है। इस दृष्टि से भट्टाचार्य जी के मत को समझा जा सकता है कि वह क्यों 'चाहिये' को आत्मा से भिन्न नहीं मानते हैं। इसी रहस्य की तरफ़ भट्टाचार्य जी ने संकेत दिया है जब वह कहते हैं कि 'काण्ट के मत में कृति-निरपेक्ष आत्मा का ज्ञान नहीं होता है।' अत: कर्तव्य-कर्म के सम्पादन में ही शुद्ध-आत्मा तथा स्वराज्य-नियम रूप स्वतन्त्रता का ज्ञान होता है।

काण्ट के दर्शन का तात्पर्य के अँग्रेज़ी अनुवादक ने कृति का अर्थ संकल्प (will) और कर्तव्य (duty) दोनों अर्थों में लिया है।[८२] काण्ट द्वारा प्रतिपादित इति कर्तव्यता का सिद्धान्त भारतीय दर्शन की दृष्टि से प्रभाकर के कृति सम्बन्धी मत की याद दिलाता है। प्रभाकर मत की विशेषता है कि यह मत इष्ट साधनता को बिल्कुल महत्त्व नहीं देता है जैसा कि नैयायिक मानते हैं। न्याय मत की विशेषता है कि इस मत में कर्म में प्रवृत्ति के लिए केवल इच्छा को ही नहीं, अपितु द्वेष को भी प्रेरक माना जाता है। काण्ट के मत में इस प्रकार की स्थिति नहीं बनती है क्योंकि प्रवृत्ति चाहे इच्छा के कारण हो या द्वेष के कारण हो—दोनों प्रसंगों में निरपेक्ष आदेश का सार्वभौमिक आकार हमारा मार्गदर्शक बनने में सक्षम है। काण्ट का मत प्रभाकर के इस मत के साथ साम्यता रखता है कि नैतिक कर्म इष्टसिद्धि के लिए नहीं, वरन् विशुद्ध कर्तव्यपालन के लिए किया जाता है। प्रभाकर मत और न्यायमत का भारतीय नीतिशास्त्र की दृष्टि से सुन्दर विवेचन प्रो. नित्यानन्द मिश्र ने अपने **नीतिशास्त्र** नामक ग्रन्थ में किया है। जिज्ञासु पाठकों को इस विषय में उसे अवश्य देखना चाहिये।

भट्टाचार्य जी के अनुसार कर्म को कर्तव्य की दृष्टि से सम्पादित करते समय इस प्रकार का बोध भी रहता है कि यह कर्म परतन्त्र प्रवर्तना या फलेच्छा आदि के कारण नहीं है। क्योंकि ज्योंही अपने कर्तव्य सूत्र (maxim) को निरपेक्ष आदेश रूप सार्वभौमिक आकार में कसने का प्रयास करते हैं, उसी क्षण का उसका एक आयाम कर्तव्य-कर्म की दिशा निर्धारित करता है, तथा इसके साथ ही हम इस निष्कर्ष पर पहुँच जाते हैं कि इस प्रवर्तना का अभिप्रेरक तत्त्व परतन्त्र नहीं है। जब हम परतन्त्र प्रवर्तना से कर्म करते हैं तो इस प्रकार निरपेक्ष नैतिक आदेश को परखने के लिए उपयोग में नहीं लाते हैं; अत: परतन्त्र प्रवर्तना में स्पष्टत: स्वतन्त्र

प्रवर्तना का बोध नहीं भी हो सकता है। भट्टाचार्य की दृष्टि से काण्ट को इस प्रकार की यह दृष्टि अत्यन्त महत्त्वपूर्ण है, क्योंकि एक तरफ़ इसमें आत्मा के विषय के रूप में ज्ञान होने का बीज है तो दूसरी तरफ़ इसमें नैतिकता के निरपेक्ष आदेश के सम्मान के लिए भी बीज मिलता है।

भट्टाचार्य जी का मुख्य ध्यान निश्चितता के प्रकारों के विवेचन पर है। सामान्यतः प्रमात्मक बोध के अतिरिक्त अन्य प्रकार की निश्चितता को स्वीकार नहीं किया जाता है। लेकिन नैतिकता के क्षेत्र में मननात्मक निश्चितता (contemplative certainity) का भी प्रसंग उठता है। जब आत्मा का अ-विषय के रूप में बोध होता है तो वहाँ ज्ञानात्मक निश्चितता है, तथा जब आत्मा का विषय के रूप में बोध होता है तो वहाँ मननात्मक निश्चितता है। मननात्मक निश्चितता में आत्मा विषय रूप में इसलिए बोधित होती है कि यहाँ विशुद्ध नैतिकता के पालन में हम नैतिकता के निरपेक्ष आदेश के प्रति सम्मान प्रदर्शित करते हैं, सम्मान प्रदर्शित करने के व्यापार में आत्मा को विषय रूप में ही लेना पड़ता है (निरपेक्ष आदेश स्वतन्त्रप्रवर्तना में आत्मा से अभिन्न है) क्योंकि सम्मान प्रदर्शित करने के लिए किंचित् भेद आवश्यक है।

काण्ट का मूल सिद्धान्त है कि कर्तव्य-कर्म अनिवार्यतः नैतिकता के सार्वभौम नियम के प्रति सम्मान के कारण सम्पन्न होते हैं। जब नैतिकता का सार्वभौम नियम हमारे कर्तव्य-कर्म का अभिप्रेरक बनता है तो वह हमारी मनमानी ऐन्द्रिक वासनाओं और मानसिक दुर्बलताओं के विरुद्ध में भी कार्य करता है। इन्द्रिय वासनाओं और मानसिक भावनाओं की सन्तुष्टि सुख कहला सकती है। इसे स्वार्थ कहा जायेगा जब हम इस प्रकार के सुख को अधिक मात्रा में चाहते हैं, या दम्भ (self-conceit) कहा जायेगा यदि नैतिकता के निरपेक्ष आदेश के साँचे में कसे बिना ही इसे स्वीकार किये हुए हैं। नैतिक नियम, स्वार्थमूलक वासनाओं पर अंकुश लगाने के कारण तथा दर्प को विनष्ट करने के कारण सम्मान का विषय बनता है।[१३] यह एक दृष्टि से हमें शर्मिन्दा करता है (क्योंकि हमारी वासनाओं तथा दर्प को स्पष्ट कर देता है), लेकिन दूसरी दृष्टि से यह सम्मान का विषय बनता है क्योंकि यह हमारे महत्त्व को हमारी दृष्टि में उठाता है। अतः नैतिकता के नियम के प्रति सम्मान की संवेदना मनोवैज्ञानिक संवेदना नहीं है (क्योंकि नैतिक नियम संवेदनाओं पर अंकुश लगाता है), अपितु अनुभव निरपेक्ष

संवेदना स्वरूप हैं तथा इससे जो सन्तुष्टि मिलती है उसे ऐन्द्रिक सन्तुष्टि से भिन्न बौद्धिक सन्तुष्टि (rational self-contentment) कह सकते हैं या भट्टाचार्य जी के शब्दों में आत्म-प्रसाद कह सकते हैं।

भट्टाचार्य जी मानते हैं कि क्रियात्मक संकल्प से आत्मज्ञान भिन्न नहीं है, आत्मज्ञान से विधिज्ञान भिन्न नहीं है तथा विधिज्ञान या कर्तव्यज्ञान से इति कर्तव्यता भिन्न नहीं है। अत: कृत्यात्मक शुद्ध आत्मा और कर्तव्य रूप विधि में कोई भेद नहीं है।

लेकिन जहाँ स्वतन्त्रकृति या संकल्प में शुद्धता का ज्ञान, आत्मसम्मान रूपी अनुभवनिरपेक्ष सम्वेदना के साथ मिला रहता है, वहाँ स्वतन्त्र आत्मा का बोध मिश्र ज्ञान कहा जा सकता है। यहाँ आत्मा एक ही साथ शासिता और शासित दोनों रूपों में अभिव्यक्त होती है। हम पहले प्रदर्शित कर चुके हैं कि काण्ट ने कृति या संकल्प की दो रूपों की कल्पना की है— विधायिका रूप संकल्प शक्ति (wille) तथा चयनिका रूप संकल्प-शक्ति (willkur)। विधायिका रूप संकल्प-शक्ति शुद्ध-व्यावहारिक बुद्धि है, निरपेक्ष आदेशरूप है, जिसे भट्टाचार्य जी शुद्ध आत्मा कहते हैं। चयनिका रूप संकल्प-शक्ति चयन की दृष्टि से स्वतन्त्र है यद्यपि यह अपने मूल स्वरूप में उससे अभिन्न है। लेकिन चयन की प्रक्रिया में इसका व्यापार कभी मूल स्वरूप के अनुकूल होता है तथा कभी नहीं होता है। इसका व्यापार मूल स्वरूप के अनुकूल उस समय नहीं होता है जब यह निरपेक्ष आदेश से विसंगति रखने वाले किसी सूत्र को अपना मार्गदर्शक मन्त्र मान लेती है या आत्मप्रेम या स्वपूर्णता के अहंकार के कारण या इन्द्रिय-दबावों के कारण अपना मार्गदर्शक सूत्र निरपेक्ष आदेश के विपरीत पृष्ठभूमि से चयन करती है। लेकिन जब यह निरपेक्ष आदेश के साथ संगति रखते हुए तथा उसका सम्मान करते हुए दास की भाँति मार्गदर्शक सूत्र को पकड़ती है तो यह अपने स्वातन्त्र्य की यथार्थ अनुभूति करती है। अत: विशुद्ध स्वातन्त्र्य की अवस्था में संकल्प-शक्ति शासिका और शासिता दोनों रूपों में अभिव्यक्त होती है। शासिताभाव का रहस्य है निरभिमानत्व तथा प्रभुभाव का रहस्य आत्म-प्रसाद में है। निरभिमान आत्म-प्रसाद का ही नाम आत्म-सम्मान है। आत्म-सम्मान के दो रूप हैं—निरभिमानत्व और आत्म-प्रसाद, तथा स्वातन्त्र्य की अयथार्थ अनुभूति के भी दो रूप हैं—स्वातन्त्र्याभिमान और स्वातन्त्र्य विलास या धर्माभिमान तथा धर्मविलास क्योंकि यथार्थ

स्वातन्त्र्य, कर्तव्य रूप धर्म के अनुपालन में है। आत्मा आत्मज्ञान में अविषयरूप होती है; लेकिन सम्मान की सम्वेदना में यह विषय बनती है तथा इसका मननात्मक बोध ही होता है। विषय-बोध का कारण अनुभव निरपेक्ष आत्म-सम्मान की सम्वेदना है। यह मनोवैज्ञानिक सम्वेदना नहीं है। अतः भट्टाचार्य जी इसे कल्पनात्मक सम्वेदना कहते हैं। मननात्मक निश्चितता ज्ञान नहीं है, तथा इसे ज्ञान के रूप में स्वीकार करने की स्थिति कर्तव्य के अशुद्ध बोध से निष्पन्न होती है, जिसका कारण नैतिक दर्प (moral pride) हो सकता है। नैतिक दर्प की तरह नैतिक विलास (moral enjoyment) भी एक धर्म प्रतिकूल वेदना है। नैतिकता के अनुपालन में जो सन्तुष्टि मिलती है उसे काण्ट बौद्धिक आत्मा की सन्तुष्टि (rational self-contentment) कहता है। नैतिक विलास की स्थिति वह होती है, जहाँ हम अपने को नियन्त्रित न रखते हुए सुख में निमग्न रहते हैं। भट्टाचार्य जी के अनुसार नैतिक दर्प में जहाँ आत्मा का मनन होता है, वहाँ हम ज्ञान मानते हैं; नैतिक विलास में जहाँ आत्मा का ज्ञान होता है, वहाँ मनन मानते हैं।

आत्मा की स्वतन्त्र कारणता दो प्रकार के कार्यों को जन्म देती है—प्राकृतिक तथा अप्राकृतिक। प्राकृतिक कार्य कालिक क्षेत्र में घटित होता है। उदाहरण के लिए, कर्तव्य प्रेरणा से प्रेरित होकर जब हम किसी को क़र्ज़ लौटाते हैं तो प्राकृतिक कार्य 'क़र्ज़ चुकता' के रूप में घटित होता है। अप्राकृतिक कार्य आत्मा की अवस्था प्राप्ति से सम्बन्धित है। यह प्राप्ति पुण्य के रूप में होती है। यह अपुण्य के रूप में तब होगी जब हम कर्तव्य-कर्म नहीं करेंगे। यह प्राप्ति यद्यपि इच्छित नहीं होती है, लेकिन इससे इनकार नहीं किया जा सकता है कि आत्मा में एक शुभ धर्म इसके कारण प्रतिष्ठित होता है। आत्मा पूर्ण होने के लिए सद्‌गुण निरन्तर एकत्रित करती रहती है। अतः इस सद्‌गुण की निश्चितता से दो अन्य निश्चितताओं का रहस्य मिलता है—जगत् अनन्तकालात्मक है और आत्मा अनन्तकाल-व्यापी है। यह भी निश्चित होता है कि पूर्ण शुभ में सद्‌गुण के समानुपाती सुख भी होना चाहिये, लेकिन यह आत्मा के कारण नहीं, अपितु ईश्वर के कारण सम्भव होता है। इस प्रकार हम पाते हैं कि नैतिक भावना से तीन मननात्मक निश्चितताएँ अप्राकृतिक तत्त्वों के विषय में होती हैं—आत्मा की स्वतन्त्र कारणता, आत्मा का अमरत्व तथा ईश्वर की सिद्धि।

'सद्गुण के अनुरूप अप्राकृतिक आत्मकल्याण की स्थिति' में विश्वास, श्रद्धा है। आत्मसम्मान परिपूर्ण होकर श्रद्धारूप हो जाता है। कर्तव्य-कर्म करने में जो एक अभूतपूर्व सन्तुष्टि होती है, उसे बौद्धिक आत्म-प्रसाद कहा जा सकता है। यह सुख-दु:ख से परे की अवस्था है। अहंकारवश जहाँ मनन होता है वहाँ हम ज्ञान मानते हैं तथा जहाँ ज्ञान होता है वहाँ हम मनन मानते हैं तो महान् अनर्थ की प्राप्ति होती है। ऐसी स्थिति में वैज्ञानिक ज्ञान श्रद्धात्मक होगा तथा धार्मिक ज्ञान—ईश्वर, आत्मा आदि का ज्ञान यथार्थ होगा। इस प्रकार धार्मिक अन्धविश्वास तथा हठवादिता के साथ-साथ वैज्ञानिक ज्ञान को भी संशयात्मक रूप में ही स्वीकार करना पड़ेगा। अत: प्रमात्मक बोध और मननात्मक बोध की सीमा और क्षेत्र को समझना, काण्ट के दर्शन की दृष्टि से अत्यन्त आवश्यक है। कृति परीक्षा या स्वतन्त्र संकल्प की परीक्षा से यह स्पष्ट है कि विषय सांवृतिक दृष्टि से ही यथार्थ है। यदि वे परमार्थत: यथार्थ होते तो स्वतन्त्र कारणता रूप संकल्प के माध्यम से प्राकृतिक अथवा अप्राकृतिक कर्मों का सम्पादन सम्भव नहीं होता। लेकिन इस विषय में युक्तियुक्त निश्चय प्रमाण के द्वारा परीक्षा के पश्चात् ही किया जा सकता है। अत: कृति परीक्षा के बाद, ज्ञान परीक्षा की चर्चा भी आवश्यक हो जाती है। कृति-परीक्षा का उपसंहार करते हुए भट्टाचार्य जी कहते है,

> अतएव धर्म-परीक्षा या कृति-परीक्षा से अगर विषय की आभासात्मक वस्तुता का निश्चय जागता भी है तो भी यह निश्चय भ्रम है या नहीं इस बात का निर्णय करने के लिए धर्म-निरपेक्ष स्वतन्त्र ज्ञान-परीक्षा प्रयोजनीय है।

(२) ज्ञान परीक्षा का भावार्थ

इस खण्ड में आचार्य ने **शुद्ध-बुद्धि की परीक्षा** के आधार पर ज्ञान का स्वरूप, ज्ञान की प्राप्ति में देश-काल की भूमिका एवं स्वरूप, विकल्पों का तात्त्विक तथा अतिविषयक निगमन, आकारिकरण, अनुभवात्मक सिद्धान्त, प्रज्ञा के विज्ञानों का स्वरूप एवं द्वन्द्वात्मक भ्रम का विवेचन करते हुए, ज्ञान और ज्ञानेतर निर्णय के भेद को स्पष्ट किया है। अधिकांश विश्वविद्यालयों में दर्शन के स्नातक और स्नातकोत्तर स्तर पर **शुद्ध-बुद्धि**

की परीक्षा से सम्बन्धित विषय पाठ्यक्रम में हैं। अतः इन विषयों का अलग से परिचय नहीं दिया गया है। मुख्यतः भट्टाचार्य जी के विचारों का ही स्पष्टीकरण किया गया है तथा प्रसंगानुसार ही अन्य व्याख्याकारों के मतों का उल्लेख किया गया है।

१

आचार्य शंकर ने अध्यासभाष्य का प्रारम्भ करते हुए विषयी और विषय का स्पष्ट भेद किया है। अनेक पाश्चात्य दार्शनिकों ने भी विषयी और विषय (Subject & Object) का भेद किया है। यहाँ यह प्रश्न खड़ा होता है कि विषयी और विषय दोनों को निर्देशित करने के लिए एक सामान्य शब्दावली का प्रयोग सम्भव है अथवा नहीं? भट्टाचार्य जी मानते हैं कि सम्भव है। अतः उन्होंने 'वस्तु' शब्द का प्रयोग दोनों का निर्देश करने के लिए किया है। आचार्य शंकर ने भी अध्यास की सम्भावना को प्रदर्शित करने के लिए यह स्वीकार किया है कि विषयी एकान्तिक रूप से अविषय नहीं है। भट्टाचार्य जी ने इस समस्या का और स्पष्ट समाधान देने का प्रयास किया है तथा एक सामान्य शब्द 'वस्तु' का प्रयोग दोनों के लिए किया है। अतः 'वस्तु' और 'विषय' में भेद है। 'वस्तु' 'विषय' भी हो सकता है अथवा 'अविषय' भी हो सकता है। **काण्ट के दर्शन का तात्पर्य** नामक ग्रन्थ में इस भेद को सर्वत्र ध्यान में रखना चाहिये। इस 'शब्द' के प्रयोग का महत्त्व दूरगामी परिणाम लिये हुए है। काण्ट के दर्शन में *प्रागानुभविक ज्ञाता की एकता* को हम 'अविषय' तो कह सकते हैं, लेकिन 'अ-वस्तु' नहीं कह सकते हैं।

यदि विषय और विषयी दोनों के लिए वस्तु का प्रयोग हो सकता है तो इन दोनों के ज्ञान में भी समानता का प्रतिपादन आसान हो जाता है। अतः भट्टाचार्य जी के अनुसार दोनों प्रकार के ज्ञानों का सामान्य धर्म है : वस्तुता निश्चय। अँग्रेज़ी अनुवादक ने इसका अनुवाद *ascertainment of reality* किया है। वस्तुता के स्पष्टीकरण के लिए भट्टाचार्य जी ने एक अन्य नये शब्द *'है सही'* का चयन किया है जो बाङ्ला के 'बटे' शब्द का नज़दीकी अर्थ कहा जा सकता है। इसकी स्थिति 'है' और 'नहीं है' की अपेक्षा

गुरुत्वहीन है। भट्टाचार्य जी का कहना है कि नैतिक नियम या विधि के लिए 'अस्तित्व' शब्द का प्रयोग अधिक गुरुत्व लिये हुए है। इसकी अपेक्षा 'है सही' या वस्तु का प्रयोग अधिक सार्थक है क्योंकि नैतिक नियम अ-वस्तु नहीं है। अत: भट्टाचार्य जी मानते हैं कि जो 'है' अथवा 'नहीं है' दोनों के लिए 'है तो सही' या 'यह नहीं है सही' का प्रयोग किया जा सकता है। अत: वस्तुता निश्चय को 'है-सही' निश्चय या विधान निश्चय कहा जा सकता है। काण्ट के मत में ज्ञान का अर्थ है— 'विधान-निश्चय'।

प्रमाणमीमांसीय दृष्टि से, काण्ट के अनुसार, विषय तीन प्रकार से उपस्थित हो सकते हैं—सम्भावित रूप से, यथार्थ रूप से तथा अनिवार्य रूप से। सम्वेदन के माध्यम से जो विषय ग्रहण किये जाते हैं वे आगन्तुक होते हैं, वे हो भी सकते हैं तथा नहीं भी हो सकते हैं; लेकिन वे बुद्धि के नियमों की सीमा का उल्लंघन नहीं करते हैं। अत: यह कहा गया है कि काण्ट के दर्शन में ज्ञान का अर्थ है— *विधान निश्चय*। आगन्तुक विषयों को अनिवार्यत: *'है'* और *'नहीं है'* नहीं कहा जा सकता है लेकिन *'है सही'* या *'नहीं है सही'* कहने में कोई बाधा नहीं है।

२

काण्ट की प्रसिद्ध उक्ति है कि समस्त ज्ञान अनुभव से प्रारम्भ होता है, लेकिन इससे यह निष्कर्ष नहीं निकलता है कि समस्त ज्ञान अनुभव से उत्पन्न होता है। विषय की ज्ञान प्रक्रिया में, ज्ञाता की भूमिका होती है। अनुभव के विषय देश-काल-परिच्छिन्न होते हैं। ज्ञान में बुद्धि-विकल्प (प्रकार) की भी भूमिका होती है। संक्षेप में विषय में प्रतीत होने वाले संवेदनात्मक तत्त्व (दैशिक और कालिक तत्त्व) तथा बुद्धि-विकल्प ज्ञाता के द्वारा आरोपित होते हैं। जिस प्रकार सोने से आभूषण के निर्माण के लिए शुद्ध-सोने में कुछ अन्य पदार्थ को मिलाना पड़ता है, उसी प्रकार सम्वेदना-सामग्री ज्ञान के विषय रूप में तभी सम्भव होती है, जब वह सामग्री देश-काल तथा बुद्धि-विकल्पों से गुम्फित होती है। इसलिए ज्ञात होने वाले विषय संवृतीय हैं, ज्ञाता सापेक्ष है तथा आभास है। इसी रहस्य

को भट्टाचार्य जी अपनी भाषा में कहते हैं कि काण्ट के दर्शन में ज्ञान क्रिया और अक्रिया दोनों है। क्रिया, इसलिए कि संवृतीय विषय में भासित होने वाले अनेक विशेषण ज्ञाता के द्वारा निर्मित या आरोपित हैं; लेकिन उसकी प्रतीति विषय रूप में होती है। अतः ज्ञान, काण्ट के दर्शन में, क्रिया और प्रकाश दोनों है। काश्मीर शैव दर्शन की शब्दावली में काण्ट के अनुसार, ज्ञान विमर्श और प्रकाश दोनों है।

काण्ट ने, भट्टाचार्य जी के अनुसार, क्रिया शब्द का प्रयोग व्यापक अर्थ में किया है।[८४] आत्मा का संकल्पन भी क्रिया है तथा आत्मा का ज्ञान भी क्रिया है। काण्ट ने क्रिया का कोई सामान्य लक्षण नहीं दिया है, लेकिन उसकी विवेचना से यह साफ़ झलकता है कि जहाँ कहीं नियत-घटकत्व होता है, वहाँ काण्ट ने क्रिया का प्रयोग किया है (सम्वेदन सामग्री में देश-काल बुद्धि-विकल्प आदि नियत घटकत्व है, इनके बिना सम्वेदन-सामग्री ज्ञान का विषय नहीं बनती है, तथा ये उसके अनिवार्य अंग हैं)। जिस घटक पदार्थ का घटकत्व नियत अथवा अवश्यम्भावी होता है, उसे क्रिया कहते हैं। यद्यपि क्रिया घटित फल क्रिया से भिन्न होता है (यदि ऐसा नहीं होगा तो ज्ञान, विषय का प्रकाश नहीं कर पायेगा), फिर भी क्रिया को उसके फल से भिन्न नहीं कहा जा सकता है। काण्ट के अनुसार चेतना *निर्माणक (constructive)* है। काण्ट के अनेक प्रसिद्ध-व्याख्याकार ऐसा मानते हैं।[८५]

भट्टाचार्य जी ने काण्ट के ज्ञान तत्त्व की जो व्याख्या की है, उसकी तुलना कुमारिल के मत से की जा सकती है। कुमारिल के अनुसार ज्ञान, क्रिया है। जिस प्रकार पकाने का व्यापार कर्ता के कारण है, लेकिन फल (मुलायम आदि होने के अर्थ में) चावल में दिखायी देता है, उसी प्रकार ज्ञान आत्मा में उत्पन्न होता है लेकिन उसका फल वस्तुनिष्ठ होता है। वस्तु के प्रकाशित होने पर वस्तुनिष्ठ-ज्ञातता के माध्यम से ज्ञान का आत्मा में निश्चय होता है। इसी प्रकार भट्टाचार्य जी कहते हैं कि फल, ज्ञानरूपी क्रिया से भिन्न है, लेकिन क्रिया फल से भिन्न नहीं है। ज्ञातता वस्तु में प्रगट होती है, लेकिन वह वस्तुता से भिन्न है। वस्तु की ज्ञातता, वस्तु की प्रकाश-विशिष्टता के कारण है। वस्तु के सन्दर्भ में इसे आगन्तुक धर्म कहा जा सकता है, क्योंकि ज्ञान के सन्दर्भ में ही बाह्य-वस्तु ज्ञातता से युक्त होती है। आत्मा की स्थिति इससे भिन्न है। बाह्य-वस्तु ज्ञात होने के पूर्व अज्ञात

हो सकती है, लेकिन आत्मा रूप वस्तु के लिए यह सम्भव नहीं कि वह नितान्त अज्ञात हो, लेकिन आत्मा के प्रकाश में भी पूर्णतर प्रकाश की आकांक्षा के कारण ज्ञातता और वस्तुता का भेद हो सकता है। इसलिए भट्टाचार्य जी कहते हैं कि प्रकाश, वस्तुता की अपेक्षा रखता है तथा वस्तुता ज्ञातता से भिन्न है। प्रकाशक के रूप में ज्ञान अक्रिया है तथा जनक के रूप में क्रिया है।[८६]

३

नैतिक क्षेत्र में कृति स्वरूप या संकल्प स्वरूप आत्मा जिस प्रकार दो प्रकार से प्रवृत्त होती है—स्वतन्त्र रूप से तथा परतन्त्र रूप से, उसी प्रकार विषय—ज्ञान के क्षेत्र में भी एक ही आत्मा बुद्धि और इन्द्रिय इन दो शक्तियों के माध्यम से प्रवृत्त होती है। दो प्रकार से प्रवृत्त होते हुए भी आत्मा एक कैसे रहती है, यह दोनों क्षेत्रों में अज्ञेय है। किन्तु आत्मा के द्वैरूप्य का अपलाप नहीं हो सकता है; यह अनुभव सिद्ध है। बुद्धि की क्रिया को भट्टाचार्य जी ने अध्यवसाय (निर्णय या कथन) कहा है, तथा इन्द्रिय क्रिया को ग्रहण कहा है।

यहाँ प्रश्न होता है कि ज्ञान की मूल सामग्री क्या है? क्या उसका भी जनक विषयी या आत्मा है अथवा कुछ अन्य है? काण्ट के अनुसार उसका जनक कुछ अन्य है। यह कुछ अन्य, विषयी या आत्मा से भिन्न है। इसे अनात्म पदार्थ कहा जा सकता है। इस अर्थ में काण्ट का दर्शन हेगल आदि विज्ञानवादियों के दर्शन से भिन्न है। भट्टाचार्य जी इस सामग्री को उपादान कहते हैं। इस उपादान पदार्थ का कोई आकार या प्रकार नहीं है, लेकिन यह नितान्त अव्यक्त भी नहीं है। इसके बारे में यही रीति होती है कि 'यह बस प्राप्त है' इसके साथ-साथ यह निश्चय कल्पना भी होती है कि वह पदार्थ जो बाह्येन्द्रिय के द्वारा प्राप्त है, वह नितान्त अव्यक्त अनात्मवस्तु द्वारा इन्द्रिय पर दिया गया अभिघात रूप है। यह सर्वविदित है कि काण्ट देश को बाह्येन्द्रिय के आकार तथा काल को आन्तरिक इन्द्रिय के आकार के रूप में लेता है। न्यूटन ने देश को ईश्वर के इन्द्रिय के रूप में देखा था जिसके माध्यम से ईश्वर जगत् के पदार्थों का ज्ञान प्राप्त करता

है; काण्ट ने देश को मानव के बाह्येन्द्रिय और काल को आन्तरिक इन्द्रिय के रूप में लिया।

ज्ञान–सामग्री के ग्रहण के बाद ग्रहण क्रिया, देशाकार के माध्यम से विषयाकार का रूप देती है। काण्ट के दर्शन में दो बिन्दु अत्यन्त महत्त्वपूर्ण हैं— प्रागानुभविक निगमन[८७] (transcendental deduction) तथा दूसरा आकारीकरण (schematism)। प्रागानुभविक निगमन की दिशा प्रत्यय से उपादान की तरफ़ होती है, तथा आकारीकरण की दिशा उपादान से प्रत्यय की ओर होती है। काण्ट के दर्शन में यह समस्या उठती है कि उपादान अबौद्धिक होने पर बुद्धि का विषय कैसे बनता है? उपादान और प्रत्यय दोनों नितान्त भिन्न हैं। दोनों को जोड़ने वाला तत्त्व क्या है? उपादान बौद्धिक प्रत्ययों से भिन्न है, अतः वे उस अर्थ में बौद्धिक नहीं है जिस अर्थ में प्रत्यय है। आकारीकरण के माध्यम से काण्ट दिखाता है कि बौद्धिकता का अर्थ उपादान के सम्बन्ध में संरचनात्मक क्रमता को लेकर है। इस दृष्टि से काल की उपयोगिता देश की अपेक्षा अधिक है। देश और काल दोनों सम्वेदन के द्वार हैं लेकिन काल, देश की अपेक्षा व्यापक है। मानसिक संवेग मात्र कालिक होते हैं, दैशिक नहीं होते हैं, लेकिन जो उपादान दैशिक होते हैं, वे कालिक भी होते हैं। पुनः काल के स्वरूप का सम्वेदन–परीक्षा में विवेचन करते हुए काण्ट ने कहा है कि हम अनुभव निरपेक्ष रूप से कह सकते हैं कि काल में एक दिशा होती है, विभिन्न काल पूर्वापर क्रम में व्यवस्थित होते हैं; देश की तरह साथ–साथ नहीं होते हैं। अतः काल में क्रमिक व्यवस्था का सूत्र प्राप्त होता है। काल केवल देश में जो दिया गया है उसका आकार साधन मात्र नहीं है, अपितु वह माध्यम है जिसके माध्यम से जो देश में दिया गया है वह चेतना की प्रत्ययात्मक प्रक्रिया के लिए प्रस्तुत किया जाता है।[८८] इस प्रकार सम्वेदन परीक्षा में काण्ट ने यह प्रदर्शित करने का प्रयास किया है कि देश और काल, इन्द्रिय सम्वेदन से प्राप्त उपादान के अनुभव निरपेक्ष नियमित घटक बनकर उपादान सामग्री को चेतना की प्रत्ययात्मक प्रक्रिया के लिए योग्य बनाते हैं। उपादान सामग्री में जो सम्बन्ध और व्यवस्था नियमित रूप से दिखायी पड़ती है, उनका स्रोत देश–काल की ग्रहण–क्रिया है।

भट्टाचार्य जी के अनुसार, सर्वप्रथम उपादान सामग्री देश के द्वारा ग्रहण

होकर देशाकार का रूप लेती है। देशाकार विषय को, आन्तरिक इन्द्रिय पुनः उपादान के रूप में लेकर काल के आकार से संयुक्त करती है।[८९] बाह्येन्द्रिय और आन्तरिक इन्द्रिय की प्रतीति में महत्त्वपूर्ण भेद है— बाह्येन्द्रिय की प्रतीति है कि यह उपादान-सामग्री, अव्यक्त-विषय-वस्तु के अभिघात या दबाव के कारण है। लेकिन आन्तरिक इन्द्रिय, बाह्येन्द्रिय से प्राप्त देशाकारित उपादान-सामग्री पर कार्य करती है। अतः उसकी प्रतीति यह होती है कि यह अभिघात बुद्धिरूप आत्मा द्वारा प्रदत्त आन्तरिक अभिघात है। इस तरह इन्द्रिय की सहायता से बुद्धि, अव्यक्त वस्तु द्वारा उपादान में आकार-प्रकार रूपी व्यक्तता की नियमित घटक बनती है और आभासात्मक विषय-वस्तु को प्रकाशित करती है। अनुभव निरपेक्ष ज्ञान की सम्भावना की व्याख्या के लिए, विषय को ज्ञानतन्त्रात्मक मानना पड़ता है।

४

ज्ञान के स्वरूप को स्पष्टतः समझने के लिए शुद्ध-बुद्धि की परीक्षा के अध्यायों के क्रम से परिचित होना आवश्यक है। स्थूल रूप से शुद्ध-बुद्धि की परीक्षा में अध्यायों के विभाजन का क्रम निम्नांकित है—

क्रम अगले पृष्ठ पर—

शुद्ध-बुद्धि की परीक्षा

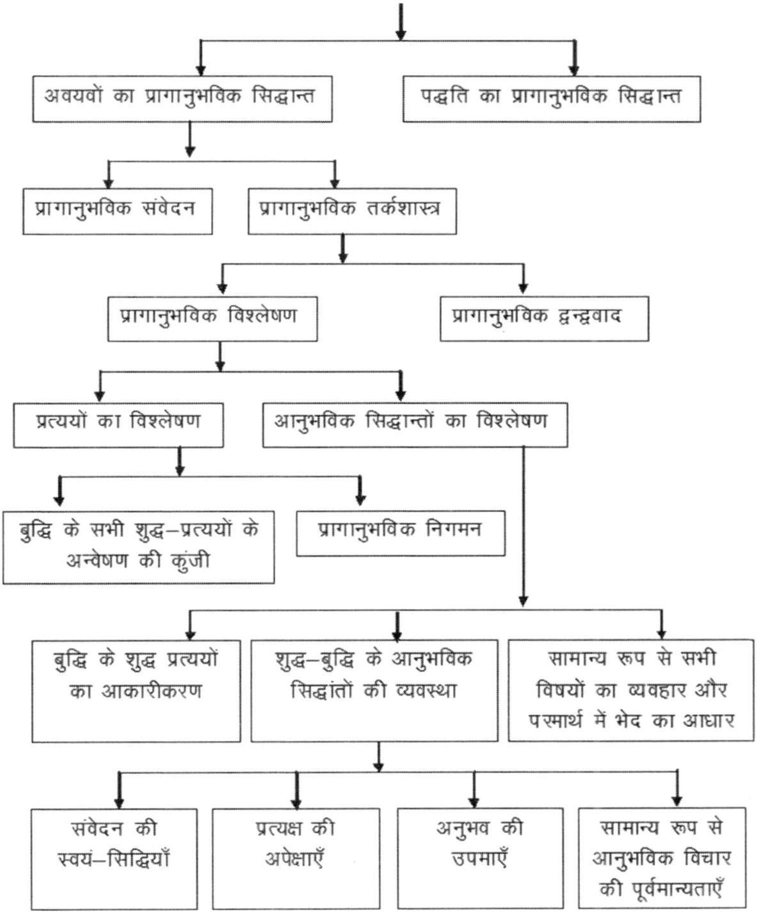

उपर्युक्त वर्गीकरण से स्पष्ट है कि काण्ट के दर्शन में प्रागानुभविक या अतिविषय (transcendental) की धारणा अत्यन्त महत्त्वपूर्ण है। यह धारणा न केवल अनुभव निरपेक्ष (a priori) की धारणा से भिन्न है, अपितु मनोवैज्ञानिक धारणा से भी भिन्न है। अतिविषय, अनुभव निरपेक्ष है, लेकिन सभी अनुभव निरपेक्ष प्रत्यय अतिविषय नहीं हैं।

काण्ट ने 'विषय' का प्रयोग मुख्यत: दो अर्थों में किया है। प्रथम अर्थ में विषय वह पदार्थ है जो हमारे सम्वेदन का कारण है। भट्टाचार्य जी के शब्द में, यह अव्यक्त अनात्मवस्तु है, जिसके द्वारा इन्द्रिय पर अभिघात होता है। यह विषय ज्ञानात्मक क्रिया के लिए मूल उपादान का कार्य करता है, लेकिन वह विषय जो ज्ञान के द्वारा प्रकाशित होता है, वह मात्र आकारात्मक है, प्रत्ययात्मक नियम स्वरूप है, जिसके कारण प्रत्याक्षात्मक विधेय एक सूत्र में गुम्फित होते हैं। विषय मात्र सम्वेदनों का संघात नहीं है। उदाहरण के लिए 'आम के फल' में रूप, रस, रंग, ठोसपन आदि धर्म हैं, ये धर्म विधेय हैं? लेकिन उद्देश्य क्या है? सामान्यत: दार्शनिक उद्देश्य को द्रव्य रूप में लेते हैं लेकिन यहाँ उद्देश्य अतिविषयक या प्रागानुभविक (transcendental) ज्ञाता द्वारा निष्पादित वह सूत्राकार है जिसके कारण ये धर्म विषयगत धर्म हैं। काण्ट इस विषय को अतिविषयक विषय (transcendental object) कहता है। ज्ञान, ज्ञानात्मक क्रिया के फल रूप में इसी विषय को प्रकाशित करता है। इस विषय की अवधारणा के अभाव में सन्देहवादी सन्देह नहीं कर सकता है। उदाहरण के लिए, जब हम कहते हैं कि रूप, रस, रंग आदि संस्कारों से पृथक् आम नामक विषय नहीं है तो यहाँ हम आम नामक विषय से क्या समझते हैं? अनुभव में यह 'आम के फल' के रूप में विषय की एकता की जो प्रतीति होती है, उसकी क्या व्याख्या होगी? काण्ट के अनुसार उसकी व्याख्या का सूत्र प्रत्ययात्मक नियम में है जिसके कारण हम इन संस्कारों को विषयगत एकता के सूत्र में ढालते हैं। यह मात्र (X) है, अतिविषयक विषय है।[१०] सामान्यत: दार्शनिक इस प्रसंग में मूल उपादान के रूप में विषय को पाने का प्रयास करते हैं। अत: उनके दर्शन का अन्त सन्देहवाद में होता है या उन्हें कहना पड़ता है कि मैं नहीं जानता हूँ कि वह क्या है (I know not what)? कापरनिकस क्रान्ति का, काण्ट के अनुसार, मूल सूत्र है कि *'ज्ञान विषयतन्त्रात्मक नहीं है'* अपितु *'विषय ज्ञानतन्त्रात्मक है।'* यदि ज्ञान को विषय पर निर्भर मानते हैं तो अनुभव निरपेक्ष ज्ञान की सम्भावना नहीं बनती है। गणितीय ज्ञान तथा वैज्ञानिक ज्ञान अनुभव निरपेक्ष ज्ञान है। अतिविषय वह है जो अनुभवनिरपेक्ष होते हुए भी ज्ञान की निष्पन्नता के लिए प्रमाणमीमांसीय दृष्टि से, आवश्यक नियत घटक के रूप में प्रकार्य करता है। अत: देश, काल और बुद्धि-विकल्पों को अतिविषय या प्रागानुभविक कहा जा सकता है। अतिविषय तत्त्वों के विषय में यह निश्चित होना आवश्यक है कि

इनका स्रोत इन्द्रिय-संवेदनात्मक नहीं है, तो भी ये अनुभव निरपेक्ष रूप से अनुभवात्मक विषयों से सम्बन्धित होते हैं।[९१]

अतिविषयक तत्त्व मनोवैज्ञानिक तत्त्वों से भिन्न है। मनोवैज्ञानिक तत्त्व एक अर्थ में पूर्णतः वैयक्तिक होते हैं। यदि किसी व्यक्ति को शिरोवेदना हो रही है तो उसकी अनुभूति उस व्यक्ति को ही होती है। अन्य व्यक्ति को नहीं होती है। अतिविषयक तत्त्वों का बोध आत्मनिष्ठ होते हुए भी अन्तर्वैयक्तिक होता है। अतिविषयक आत्मनिष्ठता, विषयनिष्ठता, सार्वभौमिकता और अनिवार्यता लिये होती है। प्रो. मोहन्ती के अनुसार काण्ट के दर्शन को समझने के लिए यह दृष्टि अत्यन्त आवश्यक है।[९२]

प्रागानुभविक सम्वेदन परीक्षा में काण्ट ने सम्वेदन के शुद्ध-घटकों के स्वरूप का विवेचन किया है। सम्वेदन दो प्रकार के हो सकते हैं—शुद्ध और आनुभविक या मिश्र। मिश्र सम्वेदन में सम्वेदन के समानुपाती विषय का भी सम्वेदन होता है। शुद्ध-सम्वेदन देश और काल का होता है। देश सभी बाह्य सम्वेदनों के लिए अनिवार्य शर्त है, काल सभी बाह्य और आन्तरिक सम्वेदनों के लिए अनिवार्य शर्त है। बाह्य विषयगत-काल-सम्बन्ध के सार्थ तद्वत देश-सम्बन्ध का प्रत्यक्ष युगपद् होता हैं। अतः कुछ दार्शनिक आकार को देशाकार मात्र कहते हैं और कुछ कालाकार मात्र कहते हैं, लेकिन भट्टाचार्य जी के अनुसार यह ठीक नहीं है। अतः एक प्रकार से भट्टाचार्य जी, सापेक्षता सिद्धान्त से असहमति व्यक्त करते हुए प्रतीत होते हैं। मापक की दृष्टि से काल को देश के माध्यम से या देश को काल के माध्यम से मापा जा सकता है। जैसे हृदय की धड़कन को रेखाचिह्न के माध्यम से निरूपित किया जा सकता है या मापा जा सकता है। लेकिन यह नहीं कहा जा सकता है कि हृदय-स्पन्दन का अनुभव तथा रेखाचित्र के द्वारा इसकी प्रतीति, दोनों एक हैं। आइनस्टाइन का सिद्धान्त जो देश और काल को जोड़ने का प्रयास करता है, मापक की दृष्टि से सही है, लेकिन इससे अनुभूति का निषेध नहीं किया जा सकता है।[९६]

प्रागानुभविक तर्कशास्त्र, सामान्य तर्कशास्त्र से भिन्न है। सामान्य तर्कशास्त्र विषय निरपेक्ष विचार के आकारों का अध्ययन करता है। अतिविषयक तर्कशास्त्र वह विज्ञान है जो ज्ञान की उत्पत्ति, क्षेत्र और वस्तुनिष्ठ-प्रामाणिकता

का अध्ययन करता है। अतिविषयक तर्कशास्त्र का वह भाग जो बुद्धि के शुद्ध प्रत्यययात्मक अवयवों का और ऐसे आनुभविक सिद्धान्तों का विश्लेषण करता है, जिसके बिना किसी विषय का ज्ञान सम्भव नहीं है, उसे अतिविषयक विश्लेषण कहा गया है। यह सत्य का तर्कशास्त्र है। अतिविषयक तर्कशास्त्र का वह भाग जिसमें बुद्धि अनुभवातीत क्षेत्र में इन प्रत्ययों और सिद्धान्तों का प्रयोग करती है, उसे प्रागानुभविक द्वन्द्ववाद कहा जाता है। अतिविषयक द्वन्द्ववाद, द्वन्द्वात्मक भ्रमों के तर्क की एक आलोचना है।

अतिविषयक विश्लेषण की प्रथम पुस्तक में काण्ट ने दो मुख्य प्रश्नों का क्रमशः उत्तर देने का प्रयास किया है। प्रथम प्रश्न है कि वे कौन से अनुभव निरपेक्ष प्रत्यय या प्रकार या बुद्धि-विकल्प हैं जिनके माध्यम से बुद्धि का प्रकार्य सम्पन्न होता है, तथा इनका अन्वेषण कैसे सम्भव है? द्वितीय प्रश्न है कि बुद्धि-विकल्पों के प्रयोग का औचित्य क्या है? क्या इनके प्रकार्य के बिना ज्ञान असम्भव है?

काण्ट ने प्रथम प्रश्न का विवेचन जिस अध्याय में किया है उसका नाम *बुद्धि के सभी शुद्ध-प्रत्ययों के अन्वेषण की कुंजी है*। इसे सामान्यतः *बुद्धि-विकल्पों का तात्त्विक निगमन* कहा जाता है। तात्त्विक निगमन और अतिविषयक निगमन में भेद, प्रो. मोहन्ती के अनुसार यह है कि तात्त्विक निगमन में चिन्तन की धारा अग्रगामी (Progressive) है, जबकि अतिविषयक निगमन में पृष्ठगामी (regressive) है। द्वितीय प्रश्न का उत्तर अतिविषयक निगमन के माध्यम से देने का प्रयास काण्ट ने किया है। इस अंश की विवेचना करते समय भट्टाचार्य जी की शब्दावली में नव्यन्याय की शब्दावली की झलक अधिक है। अतः इस शब्दावली का सामान्य रूप से परिचय अपेक्षित है।

५

भारतीय दर्शन में, ज्ञान के सन्दर्भ में निर्विकल्पक और सविकल्पक ज्ञान का भेद प्रतिष्ठित है। काण्ट के दर्शन में ज्ञान को सविकल्पक ज्ञान के ही अर्थ में लेना चाहिये। सविकल्पक ज्ञान में विषय को ग्रहण करने वाला

ज्ञान विशेषणयुक्त होता है। उदाहरणार्थ, 'गो' के सविकल्पक प्रत्यक्ष में तीन घटक होते हैं। 'गोत्व', 'समवाय सम्बन्ध' तथा 'गो'। 'गो' विशेष्य है, गोत्व-विशेषण है तथा समवाय-सम्बन्ध है। यदि 'गोत्व' का ज्ञान 'गो' में न माना जाय तो विभिन्न 'गो' को एक जाति के अन्तर्गत नहीं रखा जा सकता है। चाहे हम सामान्य को मानते हों या न मानते हों। अपरिचित के उपस्थित होने पर उसकी प्रत्यभिज्ञा बिना किसी सामान्य सदृश धर्म को माने बिना असम्भव है। प्रत्यय, जैसा कि प्लेटो का मानना है, सामान्यता को लिये हुए रहते हैं। इसीलिए, किसी अपरिचित मानव को भी मानव या अपरिचित 'गो' को भी 'गो' कहते हैं। अतः गो में गोत्व को मानना पड़ता है। इसी प्रकार 'वस्तु' में वस्तुता, विशेषण में विशेषणता और विशेष्य में विशेष्यता आदि के लिए भी तर्क प्रस्तुत किया जा सकता है। सविकल्पक प्रत्यक्ष में 'गो' में जो विषयता होती है उसे विशेष्यता, गोत्व में होती है उसे विशेषणता तथा सम्बन्ध में जो होती है उसे संसर्गता कहते हैं। न्यायदर्शन में ज्ञान सविषयक होता है। सविकल्पक प्रत्यक्ष से भिन्न अन्य सभी ज्ञान (अनुमान आदि) सविकल्पक विशिष्ट विषयक ही होते हैं। अतः उनमें भी विषयता की तीन श्रेणियाँ—विशेष्यता, विशेषणता तथा संसर्गता होती है। इन विषयताओं को, स्वरूप सम्बन्ध से ही उपस्थित माना जाता है। स्वरूपसम्बन्ध सम्बन्धी के रूप वाले ही होते हैं लेकिन सम्बन्ध को प्रदर्शित कर देते हैं। अतः 'विषय' में विषयता तथा 'विधेय' में विधेयता उसी विषय रूप और उसी विधेय रूप होते हैं।

विशेषण को ही प्रकार कहा जाता है। 'सुन्दर पुष्प' है। यहाँ 'सुन्दर' विशेषण या प्रकार है। भट्टाचार्य जी ने 'प्रकार' शब्द का प्रयोग काण्ट के दर्शन में बुद्धि-विकल्पों (categories) के लिए किया है। हिन्दी में किसी ने 'बुद्धि-विकल्प' तथा किसी ने 'पदार्थ' शब्द का प्रयोग किया है। किसी वस्तु का ज्ञान की दृष्टि से विचार करने पर तीन तत्त्व दिखायी पड़ते हैं—'आकार', 'प्रकार' और वस्तुता। प्रकारता दो तरह की है—आकार के रूप में तथा वैचारिक प्रकार के रूप में या बुद्धि-विकल्प के रूप में। मुख्यतः प्रकारता को द्वितीय अर्थ में ही लिया गया है। प्रथम के लिए आकार का प्रयोग किया गया है। देश और काल विषय को आकार देते हैं तथा बुद्धि-विकल्पों के कारण उनका कथनात्मक या निर्णयात्मक ज्ञान होता है।

६

हम जानते हैं कि बुद्धि-विकल्पों के अन्वेषण के लिए काण्ट ने निर्णयों (judgements) का विश्लेषण किया है। इसी के आधार पर बुद्धि-विकल्पों को पकड़ने का प्रयास किया है। बुद्धि को निर्णयों का संकाय कहा जा सकता है।[९४] बुद्धि को निषेधात्मक रूप से ज्ञान के असंवेदनात्मक संकाय के रूप में देखा जा सकता है। बुद्धि प्रत्ययों के माध्यम से ज्ञान में योगदान देती है। प्रत्यय, संवेदनात्मक तत्त्व के बिना शून्य है तथा संवेदन, प्रत्ययों के बिना अन्धे हैं। अत: दोनों के सहयोग से ज्ञान का फल प्राप्त होता है। ऐन्द्रिक संवेदनों का ग्रहण होता है, प्रत्ययों का विधान होता है। प्रत्यय, बुद्धि की सक्रियता (Spontaneity) पर आधारित है। संवेदनों का विषय के साथ सम्बन्ध साक्षात् होता है, प्रत्ययों का विषय के साथ सम्बन्ध, परोक्ष होता है। अत: निर्णयों के माध्यम से विषय का परोक्ष ज्ञान होता है, क्योंकि वे प्रत्ययात्मक होते हैं। निर्णय, विषय के निरूपण का निरूपण है।

भट्टाचार्य जी ने काण्ट के निर्णय सम्बन्धी विचार का जो विश्लेषण किया है उसकी झलक प्रो. मोहन्ती द्वारा काण्ट के दर्शन पर विरचित पुस्तक में दिखायी पड़ती है, यद्यपि इस प्रसंग में उन्होंने भट्टाचार्य जी के मत का उल्लेख नहीं किया है। काण्ट के पूर्ववर्ती विचारक यह मानते थे कि निर्णयात्मक कथन का कार्य दो प्रत्ययों को जोड़ना है।[९५] 'घोड़ा काला है' यहाँ घोड़ा और काला दोनों प्रत्यय हैं। 'घोड़ा' उद्देश्य है तथा 'काला' विधेय है। काण्ट के अनुसार प्रत्यय सम्भावित निर्णयात्मक कथनों के विधेय होते हैं। काण्ट का मत, फ्रेगे के मत से मेल खाता है। फ्रेगे के अनुसार भी 'घोड़ा काला है' यहाँ काला विधेय है, लेकिन 'घोड़ा' विधेय नहीं है, यह विषय का नाम है। यदि हम निर्णय को केवल प्रत्यय रूप में विश्लेषित करते हैं, अर्थात् उद्देश्य और विधेय दोनों को प्रत्यय रूप से लेते हैं, तो विषयनिष्ठ सत्य की व्याख्या नहीं कर सकते हैं। हम अपने मन में एक प्रत्यय को दूसरे प्रत्यय से जोड़ सकते हैं और ऐसी स्थिति में सत्य आत्मनिष्ठ होगा। अत: उद्देश्य के स्थान पर देश-कालाकारित विषय को रखना पड़ेगा। काण्ट के अनुसार निर्णय विषय का परोक्ष ज्ञान है अर्थात् यह इसके निरूपण का निरूपण है *(Judgement is therefore the mediate knowledge of an object, that is, the representation of a represementation of it)*। यहाँ प्रथम निरूपण प्रत्यय के लिए है तथा द्वितीय निरूपण देश-कालाकारित विषय के लिए है।

भट्टाचार्य जी ने भी निर्णय का विश्लेषण इसी प्रकार से किया है।[९६] वे इसके लिए (निर्णय के लिए) अध्यवसाय शब्द का प्रयोग करते हैं। अध्यवसाय को वाक्यानुपाती ज्ञान कहा जा सकता है। भाषा में अध्यवसाय रूप ज्ञान 'यह विषय इस प्रकार का है' इस तरह के वाक्य से अभिव्यक्ति पाता है। 'यह विषय' उद्देश्य है तथा 'इस प्रकार का है' विधेय है। 'यह विषय' का अर्थ है, 'यह प्रत्यक्ष या प्रत्यक्ष योग्य आकारित विषय'। 'इस प्रकार का है', इस विशेषणपद का अर्थ होता है 'इस जातीय आकार का है'। बुद्धि-विकल्पों को भट्टाचार्य जी ने बौद्ध-जाति कहा है। सामान्यत: हम जाति को व्यक्ति के माध्यम से पकड़ते हैं—'मनुष्यत्व' जाति मनुष्य में रहती है। लेकिन बौद्धिक जाति का आश्रय व्यक्ति नहीं होता है। वास्तव में बौद्धिक जाति (Categories) ही यथार्थ जाति है।[९७] व्यक्ति में जो जाति दिखायी पड़ती है उसे इसका प्रतिबिम्ब कहा जा सकता है। यह सम्बन्ध रूप है तथा सम्बन्ध तत्त्व निराकार और अप्रत्यक्ष होता है। अत: दैशिक और कालिक सम्बन्ध को भी भट्टाचार्य जी आभासीय सम्बन्ध के रूप में लेते हैं। जब हम कहते हैं कि 'अमुक विषय में सार्वभौम परिमाण है' तो यहाँ 'अमुक विषय' विशेष्य है तथा 'सार्वभौम परिमाण' विशेषण है। विशेषण को ही प्रकार या बुद्धि-विकल्प कहा गया है। किसी कथन में इसकी अभिव्यक्ति के लिए 'सभी' पद का व्यवहार होता है। लेकिन 'सभी' यह बौद्ध जाति का निरूपक है, यह व्यक्ति में नहीं रहता है, यह सम्बन्ध रूप है ठीक उसी तरह, जैसे कोई धागा पुष्प न होते हुए भी सभी पुष्पों को एक सूत्र में पिरोकर माला का रूप देता है। 'इस व्यक्ति में यह सम्बन्ध है', ऐसे ज्ञान में व्यक्ति, सम्बन्ध के अंग के रूप में ही प्रतीत होता है, आश्रय के रूप में नहीं। बौद्ध-जाति को इसी अर्थ में सम्बन्ध रूप माना गया है। प्रकार वह तत्त्व है जो विधेयता सन्दर्भ में ही प्रगट होता है। इस सम्बन्ध से निरपेक्ष होकर इसका कोई अर्थ नहीं होता है। विधेयता सम्बन्धात्मक विषय मात्र ही ज्ञात विषय होता है। अतएव ज्ञातता को विषय का प्रकार-भेद नहीं कहा जा सकता है। विधेयता सम्बन्ध के नाना भेद स्वीकार किये जा सकते हैं। इन भेदों के आधार पर ही प्रकार के मूल भेद किये गये हैं।

७

भट्टाचार्य जी ने जिस प्रकार से बुद्धि-विकल्पों की व्याख्या की है, उसे समझने के लिए काण्ट के द्वारा किये गये निर्णयों और बुद्धि-विकल्पों के वर्गीकरण तथा उसके द्वारा दिये गये उदाहरणों का अवलोकन आवश्यक है। निर्णय के माध्यम से बुद्धि के प्रकार्य को चार वर्गों में रखा जा सकता है, तथा प्रत्येक वर्ग के अन्तर्गत तीन चरण हो सकते हैं—

१	२	३	४
परिमाण	**गुण**	**सम्बन्ध**	**ज्ञातता**
सार्वभौम	विधानात्मक	निरपेक्ष	समस्यात्मक
विशेष	निषेधात्मक	सापेक्ष	तथ्यात्मक
एकाकी	अनन्तात्मक	वैकल्पिक	अनिवार्य

सामान्यत: तर्कशास्त्री परिमाणात्मक तर्कवाक्यों को सार्वभौम और विशेष में विभाजित करते हैं, लेकिन प्रमाणमीमांसीय दृष्टि से एकाकी तर्कवाक्य या निर्णय को सार्वभौम के अन्तर्गत रखना ठीक नहीं है। परिमाण की दृष्टि से एकाकी निर्णय का सार्वभौम के साथ वही सम्बन्ध है जो इकाई का अनन्त के साथ है। अत: दोनों को ज्ञान की दृष्टि से पृथक्-पृथक् रखना आवश्यक है। किसी भी निर्णय में गुण अवश्य होता है। वह विधानात्मक हो सकता है अथवा निषेधात्मक हो सकता है। काण्ट ने एक अन्य प्रकार को भी मान्यता दी है जिसे वह अनन्तात्मक कहता है। काण्ट इसका उदाहरण देता है कि 'आत्मा अ-मरणशील है।' इस निर्णय का विधान करने में हमने आत्मा को एक ऐसे वर्ग में रख दिया है जो अनन्त है। यद्यपि यह निर्णय विधानात्मक है। लेकिन फिर भी यह सामान्य विधानात्मक निर्णय से भिन्न है।

सम्बन्ध, किसी निर्णय में तीन प्रकार से सम्बन्धित हो सकते हैं : (अ) उद्देश्य विधेय के रूप में, (ब) हेतु फल के रूप में तथा (स) भेदात्मक विकल्प के रूप में जो एक-दूसरे के विरोधी होते हुए भी एक साथ मिलकर समस्त ज्ञान को किसी विषय में नि:शेषात्मक रूप से बोधित करते हैं। (अ) के उदाहरण के रूप में हम कह सकते हैं—'जल शीतल है'। (ब) का उदाहरण है—'यदि पूर्ण न्याय है, तो दुराचारी दुष्ट दण्डित

होंगे।' इस निर्णय के द्वारा केवल तार्किक पहलू का विचार किया गया है। उपर्युक्त हेतु और फल की सत्यता का निर्धारण नहीं किया गया है। (स) का उदाहरण है—'विश्व की सत्ता शुद्ध यदृच्छा के कारण है या आन्तरिक अनिवार्यता के कारण है या किसी बाह्य कारण के कारण है।' ये तीनों विकल्प एक-दूसरे से भिन्न हैं, एक-दूसरे के विरोधी हैं, लेकिन एक साथ मिलकर विश्व की सत्ता के कारण के विषय में सभी सम्भावित उत्तर को प्रस्तुत कर रहे हैं।

निर्णयों में ज्ञातता (modality) का प्रकार्य, अन्य भेदों से पूर्णतः भिन्न है।[१८] इसका विशेष लक्षण यह है कि यह निर्णय के विषय का अंग नहीं बनता है जैसा परिमाण, गुण आदि में होता है। निर्णय के समग्र विषय (content) का अन्तर्भाव परिमाण, गुण तथा सम्बन्धवाचक पदों से हो जाता है। ज्ञातता का प्रकार्य ज्ञाता के बोध के सापेक्ष निर्णय को प्रस्तुत करना है। अतः इसका महत्त्व संयोजक (copula) के मूल्य का सामान्य विचार के सम्बन्ध को लेकर है। 'यह बालक खिलाड़ी बन सकता है' या 'यह बालक खिलाड़ी है' दोनों निर्णयों में परिमाण एकाकी है, गुण-विधानात्मक तथा सम्बन्ध उद्देश्य विधेयात्मक है। दोनों कथनों का विषय, परिमाण, गुण तथा सम्बन्ध की दृष्टि से समान है। लेकिन ज्ञान की दृष्टि से एक सम्भावित या समस्यात्मक है तथा द्वितीय तथ्यात्मक है।

काण्ट के अनुसार समस्यात्मक निर्णय, एक तार्किक सम्भावना को अभिव्यक्त करते हैं, तथ्यात्मक, तार्किक तथ्य या सत्य को अभिव्यक्त करते हैं। अतः हेतुफलात्मक न्यायवाक्य में मुख्य निर्णय समस्यात्मक होता है, अमुख्य निर्णय तथ्यात्मक होता है तथा अनिवार्य निर्णय में हम यह प्रतिपादित करते हैं कि तथ्यात्मक निर्णय, बुद्धि के नियमों के द्वारा अनिवार्य रूप से निर्धारित होता है जिससे अनिवार्य रूप से अनुभव निरपेक्षतः निष्कर्ष को निगमित होता है। 'यदि पूर्ण न्याय है, तो सभी दुराचारी दुष्ट दण्डित होंगे। पूर्ण न्याय है। अतः सभी दुराचारी दुष्ट दण्डित होंगे?' प्रथम निर्णय समस्यात्मक है, द्वितीय निर्णय तथ्यात्मक है तथा इन दोनों निर्णयों के आधार पर अनिवार्यतः अनुभव निरपेक्ष रूप से निष्कर्ष का विधान अनिवार्य है। इसी प्रकार से वैकल्पिक न्याय वाक्य में समस्यात्मक, तथ्यात्मक और अनिवार्य निर्णयों का प्रदर्शन किया जा सकता है।

काण्ट निर्णयों के विभिन्न प्रकारों को बुद्धि के इन शुद्ध-प्रत्ययों के अन्वेषण के लिए साधन के रूप में लेते हैं। सभी शुद्ध-प्रत्ययों को काण्ट, अरस्तू की शब्दावली का प्रयोग करते हुए, बुद्धि-विकल्प (Categories) कहते हैं। ये १२ बुद्धि-विकल्प निम्नांकित हैं—

परिमाण	गुण	सम्बन्ध	ज्ञातता
एकता	भाव	द्रव्य-गुण	सम्भावना-असम्भावना
अनेकता	अभाव	कारण-कार्य	अस्तित्व-अनस्तित्व
पूर्णता	सीमा	अन्योन्याश्रय	अनिवार्यता-आगन्तुकता

इन बुद्धि-विकल्पों के कारण विभिन्न प्रकार के निर्णय सम्भव होते हैं। सत्ता की दृष्टि से बुद्धि-विकल्प पहले आते हैं, लेकिन ज्ञान की दृष्टि से निर्णयों का बोध पहले होता है। काण्ट, बुद्धि-विकल्पों के विधान के लिए अरस्तू को श्रेय देता है, लेकिन साथ ही यह कहता है कि उसके द्वारा विकल्पों का विभाजन एक निश्चित सिद्धान्त पर आधारित नहीं है। अरस्तू के वर्गीकरण में विकल्पों के साथ उपविकल्पों की भी गणना मूल विकल्पों में की गयी है। उदाहरण के लिए, उसके दिये गये विकल्प-क्रिया और अक्रिया को कारणता की कोटि में रखा जा सकता है। काण्ट के द्वारा विकल्पों का निगमन एक ठोस सिद्धान्त पर आधारित है।

उपर्युक्त विवेचन से स्पष्ट है कि ज्ञातता का विकल्प, परिमाण, गुण और सम्बन्ध के विकल्प से भिन्न है। भट्टाचार्य जी के अनुसार सम्भाव्यता, अस्तित्व और अनिवार्यता को ज्ञातता के प्रकार-भेद के रूप में लिया जा सकता है ? इस प्रकार इस दृष्टि से परिमाण, गुण और सम्बन्ध के विकल्पों के तीन भेद (सम्भाव्य आदि भेद) स्वीकार किये जा सकते हैं। इनकी कुल संख्या ९ होती है तथा ज्ञातता के तीन प्रकारों को लेकर इनकी संख्या १२ हो जाती है। इन १२ प्रकारों को विधेयता सम्बन्ध का मूल प्रकार कहा जा सकता है।

भट्टाचार्य जी ने काण्ट द्वारा किये गये विकल्पों के वर्गीकरण को भारतीय दृष्टि से देखने का प्रयास किया है। विधेयता सम्बन्ध, आर्थिक सम्बन्ध है। वाक्य में उद्देश्य अर्थ के साथ विधेय अर्थ के चार सम्बन्ध सूचित होते हैं—व्याप्य-व्यापक सम्बन्ध, धर्मि-धर्म सम्बन्ध, कारण-कार्य सम्बन्ध तथा विषय-विषयि सम्बन्ध। परिमाण, गुण, सम्बन्ध और ज्ञातता

रूपी विकल्पों के माध्यम से क्रमशः इन्हीं का विवेचन किया गया है। अतः इन अर्थों के शाब्दिक रूप के चार नाम हैं—व्याप्यता, धर्मिता, कारणता तथा ज्ञातता।[११]

परिमाणात्मक विकल्प के अन्तर्गत काण्ट, भट्टाचार्य जी के अनुसार व्याप्य-व्यापक सम्बन्ध का विवेचन करता है। 'सभी मनुष्य मरणशील हैं' इसका अर्थ है कि 'जिसमें जिसमें मनुष्यत्व है, वह वह मरणशील है।' यहाँ मनुष्यत्व व्याप्य है तथा मरणशीलता व्यापक है। अतः सार्वभौम परिमाण सार्वभौम व्याप्ति को, विशेष परिमाण विशेष व्याप्ति को तथा एकाकी परिमाण एकाकी व्याप्ति को अभिव्यक्त करता है।

इसी प्रकार धर्मि-धर्म सम्बन्ध भी तीन प्रकार का है। किसी धर्मी में अमुक धर्म है (जैसे अग्नि में प्रकाश है), अमुक धर्म नहीं है (वायु में रूप नहीं है) या धर्मी में अमुक धर्माभाव है (अन्धकार में अ-प्रकाश है)।

कारण-कार्य सम्बन्ध भी तीन प्रकार से उपलब्ध होता है क्योंकि कारण तीन प्रकार से उपस्थित हो सकता है—उपादान कारण के रूप में, निमित्त कारण के रूप में तथा अन्योन्याश्रय कारण के रूप में। साधारणतः कारण-कार्य की चर्चा करते समय निमित्त कारण को ही ध्यान में रखते हैं। निमित्त कारण वह है जो गति प्रदान करता है। जब एक गेंद दूसरी गेंद को टक्कर देती है तथा दूसरी गेंद लुढ़कती है तो प्रथम गेंद दूसरी गेंद में गति का निमित्त कारण होती है। लेकिन धर्मी-धर्म सम्बन्ध को भी कारण-कार्य के सम्बन्ध के रूप में देखा जा सकता है। चीनी मिठास का कारण है। यहाँ चीनी उपादान कारण है। प्रत्येक क्रिया के तुल्य तथा विपरीत एक प्रक्रिया होती है। यह न्यूटन के गति का नियम है। यहाँ कारण अन्योन्याश्रय रूप है। जब चाकू से तरकारी काटते हैं तो चाकू निमित्त कारण है। लेकिन काटने की क्रिया में चाकू की धार में तीव्रता कम होती है। अतः तरकारी भी चाकू में परिवर्तन का निमित्त कारण है। इस प्रकार दोनों एक-दूसरे का निमित्त कारण बनते हैं लेकिन दोनों स्व में परिवर्तन का आधार होने से उपादान कारण होते हैं। अतः भट्टाचार्य जी कहते हैं कि उपादान कारण तथा निमित्त कारण दोनों का अन्तर्भाव अन्योन्याश्रय कारण में होता है।

भट्टाचार्य जी ने यह प्रदर्शित करने का प्रयास किया है कि ज्ञातता-प्रकार

मात्र अनुमानात्मक होता है। ज्ञातता दो रूप से उपस्थित होती है—स्फुट रूप से तथा अस्फुट रूप से। स्फुट रूप से ज्ञातता वहीं होती है जहाँ निर्णयों में व्याप्यता, धर्मिता और कारणता का स्फुट ज्ञान होता है। स्फुट ज्ञाततारूप प्रकारक सम्बन्ध के तीन भेद हैं—सम्भावना, अस्तित्व और अनिवार्य।[१००] ज्ञातता का अनिवार्य प्रकार आनुमानिक है। इसका निरूपण काण्ट के द्वारा दिये गये उदाहरण से स्पष्ट है। भट्टाचार्य जी कहते हैं कि अनुमानात्मकत्व-ज्ञान इस अवश्यम्भाव ज्ञान का नामान्तर मात्र है। लेकिन सम्भावना और अस्तित्व को भी अनुमान रूप से दिखाया जा सकता है। यह भट्टाचार्य जी की अपनी सूझ है। काण्ट के उदाहरण से स्पष्ट नहीं है। सम्भावना, भट्टाचार्य जी के अनुसार व्याप्ति की ही सम्भावना है। अतः इसे अनुमानात्मक कहा जा सकता है। अस्तित्व को भी अनुमान के आकार में रखा जा सकता है—जिस वस्तु का प्रत्यक्ष होता है, उसका अस्तित्व होता है, इस वस्तु का प्रत्यक्ष हो रहा है अतः इसका अस्तित्व है। प्रथम कथन व्याप्ति का प्रदर्शन करता है, द्वितीय कथन पक्ष (इस वस्तु) धर्मता को तथा निष्कर्ष अनुमितिपरक ज्ञान है। अतः ज्ञातता प्रकार के प्रत्येक प्रकार में व्याप्ति, पक्षधर्मता और अनुमिति इस भेद त्रय को स्वीकार करना आवश्यक है। भट्टाचार्य जी के अनुसार इस त्रित्व सूत्र का अवलम्बन करें तो न केवल प्रकार विभाग सिद्ध होता है अपितु यह भी सिद्ध हो जाता है कि १२ मूल प्रकार परस्पर सापेक्ष है तथा इनके अतिरिक्त अन्य कोई प्रकार नहीं है। इन द्वादश प्रकारों के अनुरूप बुद्धिक्रिया भी द्वादश प्रकार की हो जाती है।

उपर्युक्त वर्णित द्वादश प्रकार से ज्ञान तभी होता है जब वे देश-कालाकार परिच्छिन्न विषय के प्रति प्रयुक्त होते हैं, लेकिन जब उनका विषय देश-काल निरपेक्ष होते हुए भी परिच्छिन्न हो तो वहाँ प्रकार कल्पना निश्चित नहीं होती है, अलीक मात्र होती है। अतः यह स्पष्ट हो जाता है कि काण्ट ने जगत् की गणना विज्ञान (*idea*) के रूप में क्यों की है। ये कहा जा सकता है कि आत्मा और ईश्वर को विज्ञान कहना उचित है। ये देश-काल निरपेक्ष विषय है। लेकिन जगत् विज्ञान नहीं है। हमें जगत् का प्रत्यक्ष होता है। काण्ट के अनुसार ऐसा नहीं कहा जा सकता है क्योंकि जगत् सम्भाव्यतः अनन्त है। उपर्युक्त १२ प्रकार के विकल्प सीमित विषयों पर ही घटित होते हैं।[१०१] अतः जगत् विज्ञान है।

८

उपर्युक्त विवेचन से यह निष्कर्ष निकलता है कि सभी निर्णय जो ज्ञात विषय का वर्णन करते हैं, उनका उद्देश्य विषय तथा विधेय प्रकार या विकल्प होते हैं, लेकिन इसका प्रमाण क्या है कि विषय के प्रति, परिच्छिन्न विषय के प्रति और देश-कालाकार परिच्छिन्न-विषय के प्रति प्रयुक्त न होने पर विकल्प या प्रकार ज्ञात नहीं हो सकता है। काण्ट ने विषय, विषय ज्ञान और विषय की ज्ञातता के पक्ष में इस त्रिविध प्रयुज्यता को स्वतन्त्र रूप से प्रमाणित किया है। उन्होंने इसे प्रकार-ज्ञानोपपत्ति और प्रकार ज्ञाततोपपत्ति (Subjective and Objective deduction of cateogries) के नाम से अभिहित किया है।

प्रागानुभविक निगमन या अतिविषयक निगमन का प्रतिपादन काण्ट ने **शुद्ध-बुद्धि की परीक्षा** के दोनों संस्करणों में भिन्न-भिन्न प्रकार से किया है। प्रथम संस्करण (१७८१) में प्रतिपादित निगमन को आत्मनिष्ठ अतिविषयक निगमन तथा द्वितीय संस्करण (१७८१) के निगमन को विषयनिष्ठ निगमन कहा जाता है। काण्ट के अनुसार दोनों संस्करणों में भेद यह है कि दूसरे संस्करण में पाठकों को होने वाली भ्रान्तियों और अस्पष्टता को दूर करने का प्रयास किया गया है। इस प्रकार दोनों संस्करणों के अतिविषयक निगमन में कोई अर्थात्मक भेद नहीं है, क्योंकि शुद्ध-बुद्धि की परीक्षा की संरचना इस प्रकार की है कि इसके किसी अंग में परिवर्तन करने पर पूरी संरचना में ही नहीं अपितु मानव बुद्धि में भी व्याघात को पालना होगा। लेकिन व्याख्याकारों में मतभेद है। शॉपेनहावर ने पाठकों से यह अनुरोध किया कि वे समय नष्ट किये बिना प्रथम संस्करण की पुस्तक को प्राप्त करने का प्रयास करें। वे व्याख्याकार जिनका झुकाव विज्ञान की तरफ़ है, वे द्वितीय संस्करण में प्रतिपादित अतिविषयक निगमन को ही महत्त्व देते हैं। भट्टाचार्य जी के अनुसार प्रथम में विकल्पों के ज्ञान की उपपत्ति तथा द्वितीय में विकल्पों के ज्ञातता की उपपत्ति को प्रदर्शित करने का प्रयास किया गया है।

काण्ट के दर्शन की मूल मान्यता है कि ज्ञान, बुद्धि-विकल्प और इन्द्रिय संवेदनों के सहयोग से होता है। बुद्धि-विकल्पों का विषय-निष्ठ-निगमन इसलिए सम्भव होता है कि इनके प्रयोग के बिना अनुभव की सम्भावना

नहीं दिखायी पड़ती है। इन्हें, अनुभव की सम्भावना का अनुभव निरपेक्ष शर्त के रूप में मानना पड़ता है। यहाँ अनुभव का अर्थ ज्ञान प्राप्ति है। बुद्धि-विकल्प इस अर्थ में आत्मनिष्ठ है कि वे परमार्थ स्वलक्षणों का ज्ञान नहीं देते हैं। लेकिन वे विषयनिष्ठ (objective) इस अर्थ में हैं कि वे समस्त अनुभव की सम्भावना की शर्त है। शुद्ध-सम्वेदन तथा बुद्धि के शुद्ध-प्रत्यय (बुद्धि-विकल्प) ज्ञान के प्रमुख तत्त्व हैं। विषय के प्रत्ययों की संगति अनिवार्यतः अनुभव के साथ प्रदर्शित करने के लिए दो मार्ग हैं—या तो अनुभव, प्रत्ययों की सम्भावना का विधान करे या प्रत्यय, अनुभव की सम्भावना का विधान करे। प्रथम विकल्प न तो बुद्धि-विकल्पों के विषय में न इन्द्रिय संवेदनाकारों (देश-काल) के विषय में सम्भव है, क्योंकि वे अनुभव निरपेक्ष है। इसलिए केवल एक ही मार्ग सम्भावित होता है कि बुद्धि-विकल्प अनुभव के लिए सम्भावित आधार है।

इन दोनों के मध्य मध्यम मार्ग यह है कि विधाता ने जन्म से ही हमारे बौद्धिक प्रत्ययों को इस तरह नियोजित किया है कि उनकी संगति प्रकृति के नियमों के साथ होती है जिसके कारण अनुभव प्रसूत होता है। काण्ट के अनुसार यह विकल्प भी उचित नहीं है। पहले तो, इस पूर्वमान्यता पर ही आक्षेप किया जा सकता है। इसके अतिरिक्त, बुद्धि के नियमों के विषय में, उदाहरण के लिए, कारण-कार्य के नियम को लेकर अनिवार्यतः विषयगत विधान नहीं किया जा सकता है, अपितु यह कहना पड़ेगा कि विधाता ने हमें इस प्रकार बनाया है कि हम किसी अन्य प्रकार से देख ही नहीं सकते हैं। अतः एकमात्र विकल्प यही है कि बुद्धि विकल्प अनुभव को निर्धारित करते हैं। यदि हम काण्ट के बुद्धि विकल्पों को नहीं मानते हैं तो भी इससे काण्ट का अतिविषयक निगमन अप्रभावित रहता है। इस वैकल्पिक आधार का विरोध रहस्यवादी आधार लेकर किया जा सकता है या इस आधार पर किया जा सकता है कि ज्ञान अप्रत्ययात्मक होता है, लेकिन ऐसी स्थिति में हम वैज्ञानिक ज्ञान और सामान्य अनुभव की व्याख्या नहीं कर सकते हैं।

काण्ट ने जिस ज्ञान की व्याख्या का प्रयास किया है वह इन्द्रिय पर आधारित सविकल्प ज्ञान है। यहाँ यह प्रश्न उपस्थित होता है कि बुद्धि-विकल्पों के प्रागानुभविक या अतिविषयक निगमन का मूल आधार वाक्य क्या है? काण्ट के अनुसार समस्त अतिविषयक निगमन का मूल आधार है कि

'संवेदन प्रदत्तों के संघात (manifold) काल में ज्ञान होता है।' ज्ञान का निरूपण करने वाले तत्त्वों का स्रोत चाहे बाह्य हो अथवा आन्तरिक हो, वे सभी कालिक होते हैं और काल आन्तरिक इन्द्रिय का आकारिक रूप हैं। असम्बद्ध संवेदन प्रदत्तों का संघात कैसे सम्भव है? काण्ट के अनुसार यह संघात्मक या व्यूहात्मक रूप संश्लेषणात्मक क्रिया का फल है जो दो चरणों में होती है। प्रथम चरण में अज्ञात स्रोत से आने वाले संवेदनों को एक क्रम-बद्ध संघात का रूप दिया जाता है। यह कार्य देश-काल के स्तर पर होता है जिसे काण्ट सामुदायिक या संघात्मक प्रकार्य (synopsis) कहता है[१०२] लेकिन यह संघात्मक प्रकार्य तब तक ज्ञान नहीं हो पाता है जब तक इनका उपयोग सक्रियात्मक चेतना के तीन प्रकार के संश्लेषणों से घटित प्रकार्य के रूप में नहीं हो जाता है। ये तीन प्रकार के संश्लेषण हैं—संवेदन में ग्रहण, कल्पना में पुनरोत्पादन तथा प्रत्यय के माध्यम से प्रत्यभिज्ञा।

इस प्रकार संवेदन प्रदत्तों के संघात का कालिक बोध तब तक नहीं हो सकता है जब तक हम संश्लेषण को नहीं मानते हैं। संश्लेषणात्मक कार्य के आधार पर काण्ट, एक तरफ़ अतिविषयक ज्ञाता की एकता को सिद्ध करता है तथा दूसरी तरफ़ ज्ञात विषय की एकता को, तथा इन दोनों के माध्यम से यह प्रतिपादित करने का प्रयास करता है कि बुद्धि-विकल्प

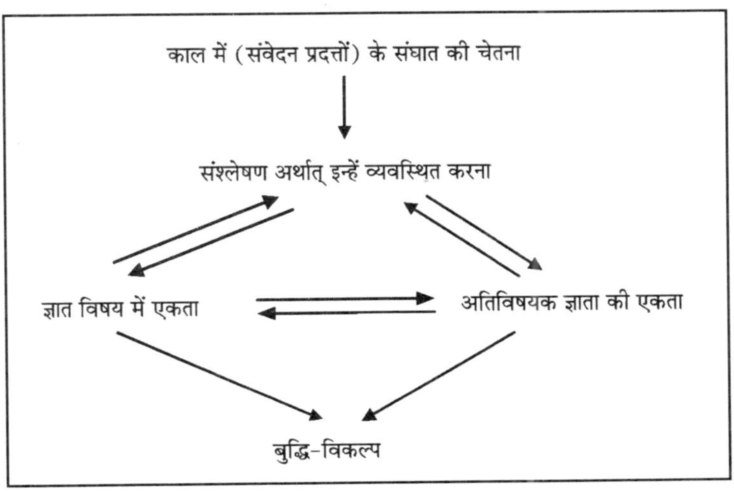

अनुभव की अनिवार्य शर्त है। इसे, ए.सी. यूविंग ने निम्नांकित चित्र के माध्यम से प्रदर्शित करने का प्रयास किया है।[१०३]

काण्ट ने संश्लेषण के प्रकारों का विवेचन अतिविषयक निगमन के प्रथम संस्करण में क्रमबद्ध रूप से किया है। ग्रहण, पुनरोत्पादन तथा प्रत्यभिज्ञा संश्लेषण के तीन पहलू हैं जो विषय के ज्ञान के लिए अनिवार्य हैं। हमारा ज्ञान कालिक होता है। काल में हमें संवेदन प्रदत्तों के संघात का ज्ञान होता है। इस संघातिक प्रदत्तों के अवयव, काल में एक–दूसरे के बाद क्रम में ही व्यवस्थित होते है। अत: ज्ञान के लिए मात्र संवेदन प्रदत्तों का बोध नहीं, अपितु सांघातिक श्रेणी की एकता का बोध आवश्यक है जिसमें अनेक अवयव होते हैं। यह कैसे सम्भव है? संवेदन–प्रदत्त एक–दूसरे के बाद आते हैं तथा अनेक अवसरों पर जब तक एक की प्राप्ति हो दूसरा नष्ट हो जाता है। ऐसी स्थिति में संवेदनों की कल्पना में ही संवेदनों को संरक्षण सम्भव है। काण्ट के अनुसार कल्पना का मुख्य प्रकार्य संवेदन में उस विषय को उपस्थित करना है जो उपस्थित नहीं है। पुनरोत्पादन अनियमित नहीं होता है, अन्यथा जहाँ किसी प्राकृतिक संख्या की संख्या का पुनरोत्पादन होना हो वहाँ किसी समय बौद्धिक संख्या का तथा कभी काल्पनिक संख्या का पुनरोत्पादन होगा। अनुभव अनिवार्यत: नियमित आभासों के पुनरोत्पादन पर व्यवस्थित है। लेकिन ग्रहण और पुनरोत्पादन भी ज्ञान की दृष्टि से अपर्याप्त है। ज्ञान को अन्तर्वैयक्तिक और विषयनिष्ठ होने के लिए विषय को प्रत्यभिज्ञेय होना पड़ेगा जो प्रत्ययों के माध्यम से ही सम्भव होता है। काण्ट इस संश्लेषण को *प्रत्यय में प्रत्यभिज्ञेय* कहता है।

इन तीन प्रकार के संश्लेषणों से काण्ट एक तरफ़ ज्ञात विषय में एकता को प्रतिष्ठित करता है तथा दूसरी तरफ़ अतिविषयक ज्ञाता की एकता को। 'यह वही पुस्तक है जिसे मैं कल पढ़ रहा था।' यहाँ पुस्तक का जो विषयात्मक प्रत्यय है, वही एकता का सूत्र है। इसी प्रकार यदि ज्ञाता की एकता नहीं मानते हैं तो हमारा पुस्तक का प्रत्यभिज्ञेय ज्ञान निष्पन्न नहीं होता है। स्वचेतना की एकता विषय की एकता को तथा विषय की एकता स्व–चेतनता की एकता को प्रतिपन्न करती है। स्ट्रासन के अनुसार विषय–निष्ठ एकता स्व–चेतना के पूर्व होती है तथा इसे सम्भव बनाती है। लेकिन काण्ट के मत को यूविंग ने जिस प्रकार चित्र में दिखाया है वही काण्ट का

मत प्रतीत होता है। दोनों एक-दूसरे को प्रतिपन्न करते हैं। हम पहले ही यह प्रदर्शित कर चुके हैं कि काण्ट के अनुसार चेतना निर्माणक (constructive) है, अतः संश्लेषणरूपी निर्माण क्रिया के माध्यम से चेतना एक तरफ़ अपना परिचय देते हुए निर्माण फलरूपी विषय का भी परिचय देती है। संश्लेषण, ज्ञाता की एकता और विषय की एकता, दोनों से प्रतिपन्न होता है तथा दोनों को प्रतिपन्न करता है जैसा कि चित्र में दिखाया गया है।

काण्ट ने अतिविषयक निगमन में एक उदाहरण के माध्यम से यह स्पष्ट करने का प्रयास किया है कि किस प्रकार अति-विषयक ज्ञाता की एकता और विषय की एकता विकल्प के प्रयोग के लिए मार्ग प्रशस्त करते हैं।[१०४] इसके लिए हम किसी घर का उदाहरण ले सकते हैं जिसके संगतपूर्ण रूपों (manifold) का देश में प्रत्यक्ष होता है (पूरे घर की एक साथ झलक नहीं मिलती है, अतः उसके झलकों के संश्लेषण की आवश्यकता होती है) लेकिन देशाकार से अमूर्तिकरण के माध्यम से उस संश्लेषणात्मक एकता का अनुसरण[१०५] करें जिसका उत्स बुद्धि में है, तो हमें 'परिमाण' नाम के बुद्धि-विकल्प की प्राप्ति होती है जो संवेदन-सामान्य में समान अवयवों को एक सूत्र में पिरोता है।

भट्टाचार्य जी ने प्रथम संस्करण में प्रतिपादित आत्मनिष्ठ संश्लेषण का मुख्य लक्ष्य प्रकार ज्ञानोपत्ति ही माना है। आत्मनिष्ठ संश्लेषण में प्रत्यक्ष (ग्रहण) स्मृति (पुनरोत्पादन) और प्रत्यभिज्ञा का विवेचन, मुख्यतः किया गया है। प्रकार-प्रत्यभिज्ञा स्मृति की अपेक्षा रखती है और स्मृति प्रत्यक्ष की अपेक्षा करती है। वाक्य में विधेय पद द्वारा जो अभिहित होता है, उसे व्यापक अर्थ में प्रकार कहा जा सकता है। यह प्रकार यदि विषय-प्रकार न हो तो वाक्यानुपाती प्रत्यय को विषय ज्ञान का नाम नहीं दिया जा सकता है। विषय-प्रकार होने का लक्षण प्रत्यभिज्ञेत्व है।[१०६] जब हम कहते हैं कि 'घर विषय है' तो यहाँ घर का विधेय होने से 'विषय' प्रकार है या बुद्धि-विकल्प है। जिस प्रकार के विषय में यह अनुभव हो कि यह 'अप्रत्यभिज्ञेय है' तो वह विषय नहीं होता है। जब हम देश-काल की सीमा का उल्लंघन करके पदार्थों का ज्ञान प्राप्त करना चाहते हैं, तो हमें ज्ञान नहीं होता है। इस तथ्य को भट्टाचार्य जी इस तरह से रखते हैं कि यह सम्भव है कि प्रकार प्रत्यभिज्ञेय हो लेकिन फिर भी ज्ञेय न हो। इसका कारण क्या है? इसका

कारण भट्टाचार्य जी के अनुसार, यह है कि यहाँ प्रकार-बुद्धि, स्मारक बुद्धि की अपेक्षा नहीं करती। विषय के परिच्छिन्न होने पर ही सादृश्य आदि स्मारकों का प्रत्यय सम्भव होता है। अपरिच्छिन्न विषय, जैसे जगत् आदि का किसी से सादृश्य आदि की बात निरर्थक है यदि अपरिच्छिन्न विषय अथवा देश-कालातीत परिच्छिन्न विषय (आत्मा) प्रत्यभिज्ञेय हो, तो ऐसा विषय ज्ञात नहीं हो सकता है पर उसे निरर्थक भी नहीं कहा जा सकता है। क्योंकि यह ज्ञान हमें नहीं होता है कि देशकालातीत परिच्छिन्न विषय या अपरिच्छिन्न विषय जैसा कुछ नहीं है। हाँ, इतना अवश्य कह सकते हैं कि विषय के प्रयुक्त प्रकार का हमें ज्ञान नहीं होता है। इस प्रकार भट्टाचार्य जी, बुद्धि-विकल्पों के आत्मनिष्ठ निगमन का पर्यवसान, बुद्धि-विकल्प ज्ञानोपत्ति के निरूपण में ही मानते हैं।[१०७]

विषयनिष्ठ निगमन में भट्टाचार्य जी के अनुसार, काण्ट ने प्रकार ज्ञातता की उपपत्ति पर प्रकाश डाला है। ज्ञातता का विचार, वस्तुता सापेक्ष है।[१०८] वस्तुता विषय में भी होती है तथा अविषय में भी होती है। ज्ञाता या आत्मा की ज्ञातता सप्रकारक या बुद्धि-विकल्प से घटित नहीं होती है। यह समस्त बुद्धि-विकल्पों का विषय नहीं बनता है। भट्टाचार्य जी के अनुसार कृत्यात्मक आत्मज्ञान में विषय के ज्ञाता आत्मा की साक्षात् प्रत्यभिज्ञा होती है। अतः यहाँ इस प्रत्यभिज्ञा के कारण विषय-प्रकार ज्ञान निष्प्रयोजन है। ज्ञातता ऐसा पदार्थ है जो वस्तुनिष्ठ होता है। व्यक्तता और प्रकाश इसके नामान्तर हैं। यह विषय-वस्तु और अ-विषयवस्तु दोनों का प्रकाश करता है। लेकिन अविषय ज्ञाता को यह निष्प्रकारक रूप से तथा विषय को यह सप्रकारक रूप से प्रकाशित करता है।[१०९]

काण्ट के अनेक व्याख्याकारों ने आत्मनिष्ठ निगमन को मनोवैज्ञानिक दृष्टि से उपादेय माना है तथा विषयगत निगमन को दर्शन की दृष्टि से। लेकिन काण्ट दोनों में अर्थतः भेद नहीं मानता है। अतः प्रो. मोहन्ती की यह टिप्पणी सारगर्भित है कि समझ में नहीं आता है कि आत्मनिष्ठ निगमन कहाँ समाप्त होता है और विषयनिष्ठ निगमन कहाँ प्रारम्भ होता है।[११०] अर्थात् दोनों में स्पष्ट विभाजक रेखा नहीं पायी जाती है। अतः उन्होंने विषयनिष्ठ निगमन में अतिविषयक विषय (transcendental object) का जो विवेचन किया है उसका विवेचन काण्ट ने आत्मनिष्ठ निगमन में किया है।

मुझे काण्ट का मत ही उचित प्रतीत होता है। आत्मनिष्ठ निगमन का प्रारम्भ संश्लेषण के प्रकारों के विवेचन से प्रारम्भ किया गया है तथा समापन ज्ञाता की एकता से परिचय कराने के साथ होता है। विषय-निष्ठ निगमन का प्रारम्भ ज्ञाता के स्वरूप के स्पष्टीकरण से प्रारम्भ होता है तथा समापन संश्लेषण के साथ होता है। ज्ञाता की एकता, स्वरूप और औचित्य का जितना विस्तृत विवेचन विषयनिष्ठ निगमन में दिया गया है, उतना आत्मनिष्ठ निगमन में नहीं है। विषयनिष्ठ निगमन वास्तव में ज्ञाता की एकता, स्वरूप और औचित्य पर एक विस्तृत निबन्ध है।

विषयनिष्ठ निगमन की उपस्थापना करते हुए काण्ट ने जिस प्रत्यय को कुंजी बनाया है वह है—संयोजन (combination)। संवेदनों के संघात का ग्रहण होता है, लेकिन ये संघात पूर्ण ज्ञान रूप नहीं है। ज्ञान के लिए इनका संयोजन आवश्यक है, यह संयोजन सक्रियता (spontanity) का लक्षण है अतः इसका उत्स बुद्धि में है। संयोजन के अन्दर तीन प्रमुख प्रत्यय होते हैं—संघात, संश्लेषण और संघात की एकता। इसे निम्नांकित रूप से प्रदर्शित किया जा सकता है—

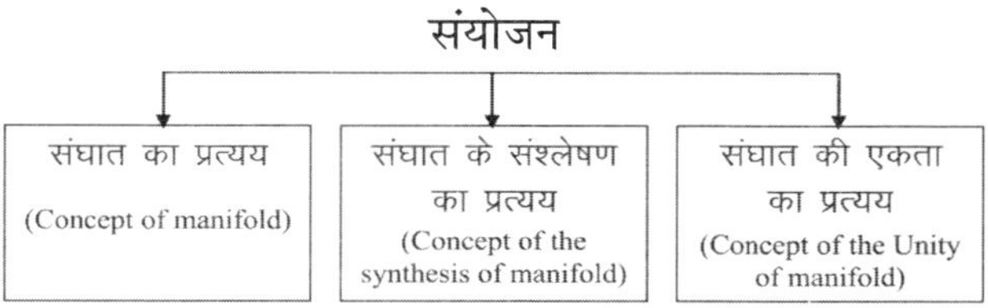

अतः संयोजन को संघात की संश्लेषणात्मक एकता का निरूपण कहा जा सकता है।[१११] यह एकता विकल्पों के द्वारा उपस्थापित एकता नहीं है। बुद्धि-विकल्प, निर्णयों के माध्यम से एकता की तरफ़ पूर्व नियोजित होते हैं। अतः इसका उत्स, विषयी की स्वतन्त्र स्वक्रिया में होता है जो विकल्प के पूर्व है।

यह एकता इस प्रकार की होती है कि इसमें गुणात्मक पूर्णता होती है। विकल्पों की अनेकता के माध्यम से जो विभिन्न निर्णयों में एकता फलित होती है, उस एकता का मूल बिन्दु विषयी की एकता में होता है। जिस प्रकार किसी कहानी या नाटक में पाये जाने वाली एकता का सूत्र उसके लेखक में होता है, उसी प्रकार विकल्पात्मक तथा संश्लेषणात्मक एकता का मूल सूत्र विषयी की एकता में होता है।

इस विषयी (subject) को काण्ट शुद्ध ज्ञाता या मूल ज्ञाता (original apperception) कहता है। यदि यह न हो तो संघातात्मक प्रतिभास जो संवेदन के माध्यम से दिये जाते हैं उन्हें हम अपना नहीं कह सकते हैं, क्योंकि ऐसी स्थिति में वे स्वचेतना से सम्बन्धित नहीं होंगे। हम दिये गये प्रतिभासों को एक चेतना में एकीकृत करते हैं, अतः हमारे लिए सतत् प्रतिभास पटल पर स्वचेतना की एकता को अवधारण करना सम्भव होता है। अतः मूल ज्ञाता की विश्लेषणात्मक एकता संश्लेषणात्मक एकता की पूर्वमान्यता पर आधारित है। इस प्रकार मूल ज्ञाता का सिद्धान्त मानवीय ज्ञान के सम्पूर्ण क्षेत्र का शीर्षस्थ शिखर है। काण्ट कहता है,

> The principle of apperception is the highest principle in the whole sphere of human knowledge.[112]

काण्ट निर्णयों के विश्लेषण से यह प्रदर्शित करने का प्रयास करता है कि अतिविषयक ज्ञाता या शुद्ध-ज्ञाता के माध्यम से ज्ञान की विषयनिष्ठता की व्याख्या किस प्रकार की जा सकती है। हम यह प्रदर्शित कर चुके हैं कि चेतना का मनोवैज्ञानिक आयाम, अतिविषयक आयाम से भिन्न है। अतिविषयक आयाम अन्तर्विषयी आयाम होता है। मनोवैज्ञानिक आयाम वैयक्तिक होता है। दो प्रकार के निर्णयों का भेद किया जा सकता है।[११३] यदि किसी निर्णय में प्रत्ययों के मध्य सम्बन्ध या उद्देश्य और विधेय के मध्य सम्बन्ध केवल स्मृति या पुनरोत्पादक कल्पना पर व्यवस्थित है तो वहाँ निर्णय आत्मनिष्ठ होता है तथा प्रामाणिकता आत्मनिष्ठ होती है। विषयनिष्ठ निर्णय वहाँ होता है जहाँ विषय के माध्यम से विषयनिष्ठ एकता शुद्ध-ज्ञाता की क्रिया का प्रतिफल होती है। विषयनिष्ठ निर्णयों में 'है' क्रिया का यही अर्थ है। काण्ट दो प्रकार के निर्णयों में स्पष्ट भेद करता है। ये दो निर्णय हैं—(१) 'जब मैं इस पदार्थ को उठाता हूँ तो मुझे भार की प्रतीति होती है'; (२) 'इस पदार्थ में भार है।' प्रथम निर्णय में हेतु और फल के मध्य सम्बन्ध आत्मनिष्ठ प्रामाणिकता को सूचित करता है, तथा द्वितीय में विषयनिष्ठ प्रामाणिकता को सूचित करता है। प्रथम ज्ञान पुनरोत्पादक स्मृति ज्ञान पर आधारित है, द्वितीय ज्ञान प्रत्यभिज्ञात्मक अनिवार्य विषय ज्ञान पर प्रतिष्ठित है, जो किसी व्यक्ति-विशेष की आत्मनिष्ठता से निरपेक्ष होकर विषयाश्रित होने से सबके लिए प्रामाणिक है। इस प्रकार का ज्ञान विशुद्ध-ज्ञाता की अनिवार्य एकता के द्वारा विषय के माध्यम से किये

गये अनिवार्य संश्लेषण का प्रतिफल है।[११४] भट्टाचार्य जी के अनुसार विषय के अवश्यम्भाव ज्ञान के बिना विषय की प्रत्यभिज्ञा नहीं हो सकती है। अवश्यम्भाव, प्रकार की स्फुट ज्ञातता का ही नाम है, ज्ञातता ज्ञान ही प्रत्यभिज्ञा है। पुनरोत्पादक संश्लेषण के स्तर पर स्मृति की क्रिया के फलस्वरूप आत्मनिष्ठ निर्णय ही प्राप्त होते हैं।[११५]

काण्ट के अनुसार ज्ञान के तीन स्रोत हैं—इन्द्रिय, कल्पना और स्व-चेतन ज्ञाता (appeception)। तीनों का आधार अनुभव निरपेक्ष है लेकिन तीनों की सहभागिता अनुभवात्मक ज्ञान में होती है। इन्द्रिय के माध्यम से आभासों का प्रत्यक्ष होता है, कल्पना के माध्यम से पुनरोत्पादन होता है तथा स्व-चेतन ज्ञाता पुनरोत्पादित आभासों को प्रत्यभिज्ञेय बनाता हुआ एकता को प्रतिष्ठित करता है। काण्ट के दर्शन के ये दो सन्देहरहित तथ्य हैं : (a) संश्लेषण वास्तव में कल्पना का प्रकार्य है; तथा (b) कल्पनात्मक संश्लेषण प्रत्ययों के द्वारा अधीन बनाया जाता है। कल्पना, संवेदन और बुद्धि के मध्य, सेतु का कार्य करती है।[११६]

काण्ट **शुद्ध-बुद्धि की परीक्षा** में इस प्रश्न पर बारम्बार विचार करता है कि किस प्रकार विषयनिष्ठ ज्ञान को आत्मनिष्ठ ज्ञान से पृथक किया जा सकता है। संवेदन परीक्षा में भी संवेदन का विवेचन करते हुए उसने आभास के अन्तर्गत दो प्रकार के संवेदनों का भेद किया है—एक वह जो सभी भावों के लिए प्रामाणिक है तथा द्वितीय वह जो किसी विशेष अवस्था में किसी व्यक्ति के लिए प्रामाणिक है।[११७] अतिविषयक विषयनिष्ठ निगमन में, निर्णयों के विषय में यह चिन्ता हमें विशुद्ध ज्ञाता से परिचय कराती है। यहाँ दो प्रकार के निर्णयों का भेद किया गया है—एक, वह जो आत्मनिष्ठ है तथा मात्र दो प्रकार के संश्लेषण पर व्यवस्थित है—ग्रहण और पुनरोत्पादन तथा द्वितीय, वह जो विषयनिष्ठ है तथा तीन प्रकार के संश्लेषण पर व्यवस्थित है—ग्रहण, पुनरोत्पादन तथा प्रत्यभिज्ञा। काण्ट की आलोचना में यह कहा जा सकता है कि यह विवेचन मनोवैज्ञानिक आधार पर व्यवस्थित है। अत: **किसी भविष्यकालिक तत्त्वमीमांसा की भूमिका** (१७८३) नामक ग्रन्थ में शुद्ध-विज्ञान की सम्भावना को प्रदर्शित करने के लिए काण्ट ने अनुभव (experience) और प्रत्यक्ष (perception) का भेद किया है। प्रत्यक्षात्मक कथन आत्मनिष्ठ होते हैं। अनुभवात्मक कथन विषयनिष्ठ होते हैं।[११८] सभी अनुभवात्मक कथन या निर्णय प्रत्यक्षात्मक (empirical)

होते हैं, लेकिन सभी प्रत्यक्षात्मक निर्णय अनुभवात्मक निर्णय नहीं होते हैं। प्रत्यक्षात्मक निर्णय साक्षात् इन्द्रिय-प्रत्यक्ष पर व्यवस्थित होते हैं। अनुभवात्मक निर्णय में प्रत्यक्षात्मक घटक के अतिरिक्त ऐसे अनुभव निरपेक्ष प्रत्यय होते हैं जिनका स्रोत प्रत्यक्ष संवेदन नहीं अपितु शुद्ध-बुद्धि होती है। हमारे सभी निर्णयों का प्रारम्भ प्रत्यक्ष में होता है तथा वे हमारे लिए प्रामाणिक होते हैं। लेकिन जब वे प्रत्ययों के माध्यम से विषय का निर्देश करते हैं तभी वे सभी के लिए प्रामाणिक होते हैं। *विषयनिष्ठ प्रामाणिकता तथा अनिवार्य सार्वभौम प्रामाणिकता एक ही आधार पर प्रतिष्ठित है।*

इस प्रकार काण्ट अतिविषयक संश्लेषण में इस प्रश्न का उत्तर देने का प्रयास करता है कि शुद्ध-प्राकृतिक विज्ञान कैसे सम्भव है? इसका अर्थ है कि काण्ट भली-भाँति इस तथ्य से अवगत है कि विज्ञान में कथनों के अनेक स्तर हैं। केवल शुद्ध-प्राकृतिक विज्ञान के ही निर्णय ही अनुभव निरपेक्ष संश्लेषणात्मक हैं। विज्ञान में अन्य दूसरे प्रकार के भी निर्णय हैं। **शुद्ध-बुद्धि की परीक्षा** की इसी प्रकार की व्याख्या ही शुद्ध-बुद्धि के निष्कर्षों को **भावनात्मक बुद्धि की परीक्षा** के निष्कर्षों के साथ संगतिपूर्ण बना सकती है।

मारबर्ग सम्प्रदाय के नव्य काण्टवादियों ने विशेषतः हरमन कोहेन (१८४२-१९१८) ने काण्ट के द्वारा प्रतिपादित ज्ञान सम्बन्धी विचार की व्याख्या के लिए काण्ट के ग्रन्थ **किसी भविष्यकालिक तत्त्वमीमांसा की भूमिका** में प्रतिपादित विचार को अधिक महत्त्व दिया है। अपने उत्तरवर्ती ग्रन्थ **शुद्ध ज्ञान के तर्कशास्त्र** में काण्ट के ज्ञान सम्बन्धी विचार को पारिमार्जित करते हुए काण्टीय वैचारिक सरणी को आगे बढ़ाने का प्रयास किया है। कोहेन के अनुसार ज्ञान की उत्पत्ति इन्द्रिय संवेदन बुद्धि-विकल्पों के सहयोग से मानना ठीक नहीं है। इस प्रकार कोहेन ने आकार और संवेदन-सामग्री के मनोवैज्ञानिक भेद से छुटकारा पा लिया है। कोहेन ने बुद्धि विकल्पों की अपेक्षा काण्ट के दर्शन में निर्णय को महत्त्व दिया है। काण्ट ने विचार का तादात्म्य, निर्णय के साथ स्थापित किया है, लेकिन इस तादात्म्य का तात्पर्य निकालने में किसी ने रुचि नहीं ली। निर्णय, विचार के उत्पादन की प्रक्रिया है क्योंकि यह ऐसे संघातों का एकीकरण करता है जो बाहर से नहीं दिये जाते हैं। निर्णय का प्रकार्य संश्लेषण है लेकिन यह संश्लेषण संघातों को जोड़ना (composition) नहीं है। यह संश्लेषणात्मक

एकता उतनी ही विभाज्यता को लिए है जितनी एकता है। जिस प्रकार द्रव्य-भेद के होने पर भी ऊर्जा का संरक्षण होता है, उसी प्रकार एकता, निर्णय के संघात में और संघात एकता में संरक्षित होता है।

सामान्यतः, एकता और संघात के संरक्षण (conservation) को व्याघातिक माना जा सकता है। ऐसा इसलिए कि हम विचार के द्वारा किये गये उत्पादन को पूर्ण या अन्तिम उत्पादन के रूप में लेते हैं तथा उत्पादक प्रक्रिया को अतीत का खेल समझते हैं। लेकिन यह उत्पादन क्रिया सतत् गतिशील और अनागत सन्दर्भ में विस्तार के भाव को लिये रहती है।[११९] एकीकरण को, घटना के रूप में न लेकर, एक योजनात्मक कार्य (task) के आदर्श में देखना चाहिये।

विषयगत एकता वह फल है जिसे सभी निर्णय या गणितीय विज्ञान और प्रकृति के वर्णनात्मक विज्ञान अपने लक्ष्य के रूप में देखते हैं या प्राप्त करते हैं। इसका अर्थ यह नहीं है कि प्रत्ययात्मक दृष्टि से यह प्रक्रिया अपने लक्ष्य को प्राप्त कर चुकी है। प्रत्यय किसी विधा के अंग के रूप में खुले हुए हैं तथा निरन्तर गतिशील हैं। प्रत्यय मूलतः एक प्रश्न है, अतः यह भविष्य के लिए कार्मिक क्षितिज (task) है। इस प्रकार काण्ट की अतिविषयक पद्धति (transcendental method) की पूर्णता द्वन्द्वात्मक पद्धति को गले लगाने से चरितार्थ होती है।[१२०] निर्णय, विभाग और एकता का सहसम्बन्ध (co-relation) है। हेगेलवादियों ने इसे द्वन्द्ववाद को विरोधों के समन्वय के रूप में लिया है जिसमें पक्ष और प्रतिपक्ष के विरोध का निषेध करते हुए समन्वय होता है। कोहेन के अनुसार यह समन्वय कृत्रिम है। सहसम्बन्ध संरक्षण है। एकता, विभाग में और विभाग, एकता में संरक्षित (conserved) होता है।

काण्ट की अतिविषयक पद्धति का प्रारम्भ इस सूत्र से होता है कि समस्त ज्ञान अनुभव से प्रारम्भ होते हैं लेकिन वे सभी अनुभव प्रसूत नहीं होते हैं। अतिविषयक पद्धति अनुभव की सम्भावना के अनुभव निरपेक्ष आयामों का प्रदर्शन है। कोहेन ने अनुभव का अर्थ प्राकृतिक विज्ञान को लिया। कोहेन ने काण्ट के अतिविषयक विज्ञानवाद के दो रूपों में भेद किया है : (a) पद्धतीय दृष्टि से यह विज्ञानवाद आलोचनात्मक विज्ञानवाद है; (b) विषय की दृष्टि से आकारिक विज्ञानवाद है। कोहेन ने मुख्यतः प्रथम अर्थ को ही काण्ट के दर्शन के मुख्य तात्पर्य के रूप में ग्रहण किया है।

इस अर्थ में आलोचनात्मक विज्ञानवाद का सूत्र प्लेटो के दर्शन में देखा जा सकता है। प्लेटो के विज्ञान, बौद्धिक अनुभूति के विषय न होकर परिकल्पना (Hypothesis) हैं, जिसके माध्यम से बुद्धि अपना परिचय देती है। प्लेटो की परिकल्पना से प्रारम्भ होकर, लाइबनित्ज के अनन्तात्मक द्रव्य तथा काण्ट की अतिविषयक पद्धति के माध्यम से एक ऐसे विज्ञानवाद का विकास हुआ है, जिसे कोहेन मानक विज्ञानवाद (classical idealism) कहता है तथा अपने को इसका उत्तराधिकारी मानता है। इस प्रकार का विज्ञानवाद, विज्ञान की व्याख्या पूर्वमान्यता और आधार (ground) पर स्थित होकर करता है। विज्ञानवाद, विज्ञान के आधार के रूप में विषयनिष्ठ मूल्य रखता है। इसलिए विज्ञानवाद को बुद्धिवाद से अलग नहीं किया जा सकता है। *विज्ञानवाद, पद्धतीय बुद्धिवाद (methodical rationalism) है।*

मानक विज्ञानवाद का मुख्य विरोधी भावनात्मक विज्ञानवाद (romantic idealism) है। इसके अन्तर्गत कोहेन ने, अरस्तू, शापेनहावर, फिक्टे, शेलिंग, हेगल आदि को रखा है। इस प्रकार का विज्ञानवाद विज्ञान से अपना सम्बन्ध तोड़ लेता है[१२१] तथा तत्त्वमीमांसीय निरपेक्ष तत्त्व की एकता के रूप में तत्त्व को प्राप्त करने का प्रयास करता है। विज्ञान की तथ्यता का निषेध करना, और किसी ज्ञान की चर्चा करना ये परस्पर विरोधी मूल्य है। अत: कोई भी बौद्धिकवादी इसे स्वीकार नहीं कर सकता है। इस प्रकार कोहेन, अतिविषयक पद्धति की पूर्णता द्वन्द्ववाद में मानते हुए भी हेगेल के दर्शन से अपने दर्शन को भिन्न मानता है।

हमने उल्लेख किया है कि काण्ट के दर्शन में नव्यकाण्टवादी कोहेन के अनुसार निर्णय का महत्त्व, बुद्धि-विकल्पों से अधिक है। बुद्धि-विकल्प, विज्ञान की ऐतिहासिक विकास यात्रा में गतिशील और परिवर्तनशील है, लेकिन निर्णय के प्रकार्य में भिन्नता नहीं आती है। अत: दर्शन की दृष्टि से, तथा विज्ञान की दृष्टि से निर्णय का महत्त्व अधिक है।

किसी भविष्यकालिक तत्त्वमीमांसा की भूमिका नामक ग्रन्थ में काण्ट ने अतिविषयक ज्ञाता को महत्त्व नहीं दिया है। अत: कोहेन का विचार कुछ सीमा तक सहनीय है, लेकिन **शुद्ध-बुद्धि की परीक्षा** के द्वितीय संस्करण में निर्णय के सम्बन्ध में काण्ट ने ज्ञाता की भूमिका को महत्त्व दिया है। अत: निर्णय की व्याख्या के लिए ज्ञाता की एकता महत्त्वपूर्ण है

तथा भट्टाचार्य जी ने भी इसी दृष्टि से विवेचन किया है। काण्ट ने आनुभविक ज्ञाता (empirical apperception) और अतिविषयक ज्ञाता (transcendental apperception) में भेद किया है। आनुभविक ज्ञाता आन्तरिक इन्द्रियरूप है। इसके माध्यम से हमें चित्त की अवस्थाओं का बोध होता है। ह्यूम का कथन सत्य है कि चित्त की अवस्थाओं के बोध में हमें किसी नित्य आत्मा का संवेदन नहीं होता है। आन्तरिक इन्द्रिय चित्त की अवस्थाओं से परिचय कराती है। जो निरन्तर परिवर्तनशील होती है। विशुद्ध-ज्ञाता आन्तरिक इन्द्रिय से प्राप्त सामग्री को संश्लेषित करता है। इसका मुख्य कार्य संश्लेषण करना है। इसकी एकता विश्लेषणात्मक है क्योंकि इसका बोध हमें इन्द्रिय-संवेदन से नहीं होता है। इसकी एकता संश्लेषणात्मक है, क्योंकि इसकी एकता अखण्डित रहती है; लेकिन संश्लेषणात्मक प्रकार्य के बिना इस स्व-संवेदन रूप ज्ञाता का विचार नहीं हो सकता है इसलिए इसकी विश्लेषणात्मक एकता की सम्भावना संश्लेषणात्मक एकता के प्रकार्य पर व्यवस्थित है। काण्ट के अनुसार शुद्ध-ज्ञाता का भाव विचार होता है, ज्ञान नहीं होता है। विषयात्मक ज्ञान के लिए इन्द्रिय संवेदन और विचार दोनों की आवश्यकता होती है। अतः इसका वैचारिक बोध होता है। यदि इसके द्वारा संश्लेषणात्मक प्रकार्य नहीं किया जाता तो इसका बोध भी नहीं हो पाता। अतिविषयक ज्ञाता का मुख्य प्रकार्य संश्लेषण करना है। निगमन के माध्यम से काण्ट ने यही प्रतिपादित किया है कि एकता, प्रत्यय और चेतना तीनों संगुम्फित हैं।[१२२]

काण्ट के अनुसार ज्ञाता का विचार होता है तथा विषय का ज्ञान होता है। भट्टाचार्य जी ने सप्रकारक ज्ञातता और निष्प्रकारक ज्ञातता का भेद किया है। सप्रकारक ज्ञातता विषय की होती है। लेकिन प्रकारक बुद्धि द्वारा सर्वत्र ज्ञान नहीं होता है। ज्ञातता, वस्तुनिष्ठ होती है। वस्तु विषय और अ-विषय दोनों हो सकती है। विषय ज्ञात और अज्ञात भी हो सकता है। अतः ज्ञातता उसका आगन्तुक धर्म है, लेकिन आत्मरूप वस्तु के लिए यह सम्भव नहीं कि वह नितान्त अज्ञात हो। आत्मज्ञान में ज्ञान की क्रिया आत्मस्वरूप संकल्प (कृति) से अभिन्न है।[१२३] (जैसे तैरने का ज्ञान और तैरने की कला अभिन्न है) तथा विषय-ज्ञान में ज्ञान-क्रिया संकल्प (कृति) से भिन्न है। (क्योंकि संवेदन की आवश्यकता होती है और

यह संवेदन हमारी इच्छानुसार नहीं होता है) कृति-स्वरूप आत्मा का अनुभव ही विषय-ज्ञाता आत्मा की प्रत्यभिज्ञा है। अतः विषयनिष्ठ निगमन का मुख्य प्रयोजन सप्रकारक ज्ञातता और निष्प्रकारक ज्ञातता की व्यवस्था करना है।

विषय का ज्ञान जब निर्णय के माध्यम से अभिव्यक्त होता है, तो उसमें प्रकार बोध या बुद्धि विकल्पों का बोध होता है। हमें यह बोध होता है कि अमुक निर्णय से प्रगटित विषय सम्बन्धात्मक विकल्प या किसी अन्य विकल्प के माध्यम से दिये गये हैं। अर्थात् विषय-ज्ञान की प्रगटता इस तथ्य में होती है कि 'प्रकार बाह्य विषय-निष्ठ है'। इसके साथ यह भी ज्ञान होता है कि बाह्य या देशाकार विषय की कालाकार विषय के रूप में प्रतीति न हो, तो प्रकार उसमें भासित नहीं हो सकता है। अतएव निर्णय से होने वाले ज्ञान में देशाकार, कालाकार तथा प्रकार कल्पना यौगपद्य स्वीकार करना पड़ता है। यह यौगपद्य, फल ज्ञान रूप है। ज्ञान के क्रियात्मक रूप में इन्द्रिय-प्राप्त-उपादान में देशाकार की कल्पना, कालाकार की कल्पना तथा प्रकार कल्पना को क्रमशः स्वीकार करना पड़ता है।[१२४] यदि आत्मा से भिन्न तत्त्व के द्वारा मूल उपादान की प्राप्ति को नहीं स्वीकार करते हैं तो काण्ट के दर्शन में संवृतीय या व्यावहारिक अनुभवात्मक पदार्थों का अस्तित्व वंध्यापुत्र की तरह होगा। अतः यहाँ तीनों कल्पनाओं को अलीक नहीं कहा जा सकता है। यह भी कहा जा सकता है कि देशाकार-कल्पना में कालाकार कल्पना और कालाकार कल्पना में बुद्धि-विकल्प या प्रकार कल्पना अस्फुट रूप में या अविभक्त भाव से विद्यमान रहती है। आत्मा, अभिव्यक्ति की प्रक्रिया में जिस रूप का स्वागत, निष्क्रिय बनते हुए करती है, उसे काल कहा जाता है। बुद्धि में तरंगित प्रकार-सम्बन्धी विचार कालिक आकार के माध्यम से ग्रहण के पूर्व ही कालिक आकार की अपेक्षा रखते हैं। इसी आकांक्षा को आकार का सूत्राकार (schema) कहा गया हैं।[१२५] चार विकल्पों के अनुरूप चार प्रकार के कालिक आकार उपलब्ध होते हैं तथा इनसे युक्त विषय आकारीकृत विषय होते हैं। शुद्ध-काल, कालिक विषय की आकांक्षा रखता है, तथा इसका कालिक विषय के साथ स्वरूप सम्बन्ध होता है। स्वरूप सम्बन्ध सम्बन्धी के ही स्वरूप वाले होते हैं, लेकिन सम्बन्ध को प्रदर्शित कर देते हैं। चार विकल्पों के अनुरूप चार कालिक आकार क्रमशः इस प्रकार हैं—कालिक-श्रेणी,

कालिक-विषय, कालिक-क्रम तथा कालिक-क्षेत्र। इन चार प्रकार के कालिक आकारों के भेद के अनुरूप चार प्रकार के विकल्प चार प्रकार के आनुभविक सिद्धान्त या सौत्र अध्यवसाय (principle) को प्रतिफलित करता है। ये चार सिद्धान्त हैं—संवेदन की स्वयंसिद्धियाँ, प्रत्यक्ष की अपेक्षाएँ, अनुभव की उपमाएँ तथा सामान्यतः आनुभविक विचार की पूर्वमान्यताएँ। इन आनुभविक सिद्धान्तों के माध्यम से काण्ट यह सिद्ध करना चाहता है कि सभी आनुभविक सिद्धान्त मात्र अनुभव की सम्भावना के लिए अनुभव निरपेक्ष सिद्धान्त हैं।

९

विषय के वैकल्पिक ज्ञान के लिए विषय का देश और कालाकार से विशिष्ट होना आवश्यक है। यदि देश और काल की सीमा का उल्लंघन करके विकल्पों का प्रयोग करते हैं तो हमें निश्चित या अनिश्चित विषय का ज्ञान नहीं होता है, लेकिन यह बोध निरर्थक भी नहीं होता है तथा उसके अनस्तित्व का विधान भी नहीं होता है, क्योंकि अनस्तित्व के विधान के लिए भी ज्ञान की आवश्यकता होगी। काण्ट के अनुसार बुद्धि (understanding) और प्रज्ञा (reason) में भिन्नता है।

बुद्धि, बुद्धि-विकल्पों का स्रोत है, प्रज्ञा विज्ञान का स्रोत है। बुद्धि-विकल्पों के माध्यम से जो अनुभवात्मक कथन होते हैं उनका निदर्शन अनुभव में सम्भव होता है; विज्ञान (idea) वह अनिवार्य प्रत्यय है जिसके अनुरूप विषय अनुभव में नहीं दिये जा सकते हैं। तत्त्वमीमांसा के क्षेत्र में काण्ट के अनुसार, बुद्धि-विकल्प और विज्ञान का भेद **शुद्ध-बुद्धि की परीक्षा** का एक अत्यन्त महत्त्वपूर्ण अनुदान है।[१२६] काण्ट ने प्लेटो की इसलिए आलोचना की है कि वह प्रत्येक विषय का विज्ञान मानता है। इस प्रकार उसके दर्शन में बुद्धि-विकल्प और विज्ञान का भेद नहीं किया गया है। काण्ट के अनुसार निरपेक्ष विज्ञान तीन हैं—आत्मा, जगत् तथा ईश्वर। इन्हें विज्ञान के रूप में न लेकर जब कोई दार्शनिक इनके अनुरूप विषय का विधान करता है तो प्रज्ञा के क्षेत्र में भ्रम उत्पन्न होता है। **शुद्ध-बुद्धि की परीक्षा** का उद्देश्य तत्त्वमीमांसा के क्षेत्र में इन अनिवार्य भ्रमों का निराकरण करना

है। काण्ट ने अतिविषयक तर्कशास्त्र के द्वितीय भाग—अतिविषयक द्वन्द्ववाद में इन भ्रमों का निराकरण करते हुए इन तत्त्वों को विज्ञान के रूप में मान्यता दी है। द्वन्द्ववाद का अर्थ द्वन्द्वात्मक भ्रमों की आलोचना करना है।

प्रज्ञा की सन्तुष्टि निरपेक्ष तत्त्वों (unconditioned) के विधान से होती है। काण्ट ने तीन प्रकार के न्याय वाक्यों के माध्यम से उपर्युक्त तीन निरपेक्ष विज्ञानों का विधान किया है। निरपेक्ष न्याय-वाक्य के माध्यम से निरपेक्ष विषयी (subject) के रूप में आत्मा का विधान, हेतुफलात्मक न्याय-वाक्य के माध्यम से आभास के हेतुओं की निरपेक्ष श्रेणीबद्ध एकता के रूप में जगत् का विधान तथा वैकल्पिक न्याय-वाक्य के माध्यम से सामान्यत: विचार के सभी विषयों के शर्तों की निरपेक्ष एकता के रूप में ईश्वर का विधान किया है। बौद्धिक मनोविज्ञान का विषय चिन्तनशील विषयी है। वैश्विक शास्त्र (cosmology) का विषय जगत् है तथा धर्मशास्त्र (theology) का विषय ईश्वर है।

भट्टाचार्य जी ने इन तीनों विज्ञानों का विधान ज्ञातता के आधार पर किया है। तीन प्रकार की ज्ञातता का उल्लेख किया जा चुका है—सम्भाव्य, यथार्थ तथा अनिवार्य। 'यदि A है ,तो B है'—यह सम्भावना का सूत्र है। 'B है'—यह यथार्थता का सूत्र है तथा यदि 'A है' तो 'B है', 'A है', अत: 'B है'—यह अनिवार्यता का सूत्र है। ये तीनों प्रकार अनुमिति के हो सकते हैं। सम्भावना-अनुमिति को उपादान कारणता की, अस्तिता—अनुमिति को निमित्त कारणता की तथा अवश्यम्भाव—अनुमति को अन्योन्याश्रय कारणता की ज्ञातता कहा जा सकता है। इन तीनों के आधार पर 'हेतु के हेतु' या 'कारण के कारण' के अन्वेषण की प्रक्रिया में तीन प्रवाह की उपपत्ति हो सकती है। एक एक प्रवाह का निश्चय, एक एक निरतिशय (unconditionalh) विषय के रूप में होता है। उपादान-प्रवाह का अन्तिम बिन्दु निरतिशय आत्मा के रूप में, निमित्त कारणता का प्रवाह का अन्तिम बिन्दु निरतिशय जगत् के रूप में तथा अन्योन्याश्रय कारणता के प्रवाह का अन्तिम बिन्दु ईश्वर के रूप में होता है। ये तीनों काष्ठाभूत विषय (ideas) या विज्ञान हैं। ये अज्ञेय हैं पर ध्येय हैं।[१२७]

भट्टाचार्य जी के अनुसार ये तीनों विषय मननात्मक ध्यान के विषय हैं। लेकिन जब मननात्मक ध्यान के आधार पर इनका ज्ञान मानते हैं तो आत्मा के विषय में चार प्रकार के दोष, जगत् के विषय में चार प्रकार के सत्प्रति-

पक्षात्मक दोष तथा ईश्वर के विषय में तीन प्रकार के दोष उत्पन्न होते हैं। काण्ट के अनुसार आत्मा सम्बन्धी चार दोष (paralogisms) निम्नांकित हैं :

१. आत्मा द्रव्य है।

२. गुण की दृष्टि से सरल है।

३. संख्या की दृष्टि से यह एक है।

४. यह दैशिक विषयों के साथ सम्बन्धित है।

प्रथम के आधार पर आत्मा के अभौतिकीयता का विधान, द्वितीय के आधार पर नित्यता का विधान, तृतीय के आधार पर बौद्धिक द्रव्य का विधान होता है। ये तीनों यह सिद्ध करते हैं कि आत्मा की सत्ता आध्यात्मिक है। चतुर्थ से यह सिद्ध होता है कि चिन्तनशील द्रव्य के रूप में शरीर में स्थित होता है तथा जीवन का सूत्र है। काण्ट ने दिखाया है कि इन चार कथनों की सिद्धि नहीं की जा सकती है, अतः आत्मा विज्ञान है।

काण्ट के अनुसार जब बुद्धि–विकल्पों का प्रयोग देश–काल की सीमा का उल्लंघन करके किसी विषय के ज्ञान के लिए करते हैं, तो वह यथार्थ ज्ञान नहीं होता है, दोषपूर्ण ज्ञान होता है। काण्ट के अनुसार बुद्धि–विकल्प चार प्रकार के हैं—परिमाण, गुण, सम्बन्ध तथा ज्ञातता। भट्टाचार्य जी ने इनका नाम दिया है—व्याप्यता, धर्मिता, कारणता तथा ज्ञातता। भट्टाचार्य जी के अनुसार आत्मा की एकता का विधान, व्याप्यता का; सरलता का विधान, धर्मिता का, द्रव्य का विधान् कारणता का तथा विषयता सम्बन्ध से देह–रूपी आत्मा से सम्बन्ध ज्ञातता का विधान है। इस प्रकार भट्टाचार्य जी प्रदर्शित करते हैं कि किस प्रकार आत्मा, जो देश और काल में नहीं है, उस पर इन चारों विकल्पों के माध्यम से ज्ञान का आभास होता है।[१२८]

जगत् के विषय में भी काण्ट ने चार प्रकार के सत्प्रतिपक्षात्मक दोषों की ओर संकेत किया है। ये चार सत्प्रतिपक्षात्मक दोष निम्नांकित हैं :

	पक्ष	प्रतिपक्ष
१.	जगत् देश और काल में आदि है (शान्त है)।	जगत् देश और काल में अनन्त है।
२.	जगत् के प्रत्येक पदार्थ सरल पदार्थों से निर्मित हैं।	जगत् में कुछ भी सरल नहीं है, सब यौगिक है।

३. जगत् में ऐसे कारण हैं जो स्वतन्त्र रूप वाले हैं।	जगत् में स्वतन्त्रता नहीं है, अपितु सब कुछ प्रकृति रूप है।
४. जगत् की कारण शृंखला का अनिवार्य सत्ता एक अंग है।	जगत् की कारण शृंखला में कुछ भी अनिवार्य नहीं है, सब कुछ आगन्तुक है।

यहाँ भी भट्टाचार्य जी यह प्रदर्शित करते हैं किस प्रकार चारों विकल्प यहाँ ज्ञान का भ्रम पैदा करते हैं। प्रथम सत्प्रतिपक्ष व्याप्तता को लिये हुए है, द्वितीय धर्मिता सम्बन्ध को, तृतीय कारणता सम्बन्ध को तथा चतुर्थ ज्ञातता सम्बन्ध को लिये हुए है। जगत्, व्याप्यता सम्बन्ध से ससीम या असीम है, धर्मिता सम्बन्ध से अविभाज्य या विभाज्य अंशों द्वारा घटित है, कारणता सम्बन्ध से सनिमित्त या निर्निमित्त प्रवाह है तथा ज्ञातता सम्बन्ध से सोपपादक अथवा निरूपपादक प्रवाह है।

ईश्वर के विषय में भी तीन प्रमुख तर्क दिये गये हैं। ईश्वर व्याप्यता सम्बन्ध में जगदात्मा है। प्रयोजनमूलक तर्क यही सिद्ध करने का प्रयास करता है। कारणता सम्बन्ध से आत्मपूर्ण भाव रूप से ज्ञेय है। सृष्टिमूलक तर्क यही प्रदर्शित करता है। इस प्रकार भट्टाचार्य जी यह प्रदर्शित करते हैं कि किस प्रकार विकल्पों का प्रयोग करके हम ऐसे विषयों को ज्ञेय सिद्ध करते हैं जो वास्तव में ध्येय हैं।

भट्टाचार्य जी के अनुसार ज्ञातता को वस्तुता की अपेक्षा होती है लेकिन वस्तुता को ज्ञातता की अपेक्षा नहीं होती है। आत्मा और जगत् वास्तविक प्रतीत होते हैं, इसलिए यह प्रतीति होती है कि वे ज्ञेय हैं पर उनका वस्तुता प्रत्यय उनकी ज्ञेयता प्रत्यय की अपेक्षा नहीं करता है। एकमात्र ईश्वर का प्रत्यय ऐसा है कि ज्ञेयता प्रत्यय से उसका वस्तुता प्रत्यय उभरता है। ईश्वर के लिए दिये गये सत्तामूलक तर्क का यही अभिप्राय है। ईश्वर की सत्ता उसके विचार मात्र से सिद्ध होती है। सृष्टिमूलक तर्क में जगत् को कार्य के रूप में लिया जाता है। कार्य के सम्बन्ध में यह जिज्ञासा स्वाभाविक है कि इसका कारण क्या है। नव्य न्याय की भाषा में इसका निरूपक क्या है? निरूपक के बिना निरूप्य अपूर्ण है। अत: सृष्टिमूलक तर्क को भट्टाचार्य जी अपूर्णतापूरक प्रमाण कहते हैं। जगत् की कल्पना विषय भावेन होती है। अत: इसमें व्याप्त अन्योन्यकारणता, उपाय-उपेय सम्बन्ध तथा विभिन्न विषयों के मध्य संगतिपूर्ण व्यवस्था की कल्पना भी उदित होती है। ईश्वर

का अर्थ है जगत् विशेषित या जगत् सम्बलित आत्मा। ईश्वर के ऐसे प्रतिपादन को प्रयोजनमूलक तर्क कहा जाता है। अत: सत्तामूलक प्रमाण में ज्ञेयता, सृष्टिमूलक प्रमाण में अपूर्णता और प्रयोजनमूलक प्रमाण में जगत्, ईश्वर की वस्तुता के प्रयोजक हैं।[१२९]

काण्ट के अनुसार आत्मा, जगत् और ईश्वर ज्ञेय नहीं है। भट्टाचार्य जी के अनुसार, इनमें से प्रत्येक, मनन या ध्यान का विषय है जो मुख्यत: दो प्रकारों में विभक्त किया जा सकता है। सम्मानात्मक मनन या श्रद्धात्मक ध्यान तथा आनन्दात्मक मनन या आनन्दात्मक ध्यान। जहाँ आत्मा आलम्बन होती है, वहाँ मुख्यत: सम्मानात्मक मनन होता है; जहाँ आनन्दात्मक ध्यान होता है वहाँ अनात्मा मुख्यत: विषय होता है।

भट्टाचार्य जी ने ज्ञान परीक्षा का उपसंहार करते हुए कहा है कि जो श्रद्धात्मक मनन का आलम्बन होता है उसका अभिमानत: श्रेय के रूप में भ्रम होता है उसी प्रकार जो मुख्यत: आनन्दात्मक मनन का विषय है, उसका धर्मविलासवशत: ज्ञेय के रूप में भ्रम होता है। भट्टाचार्य जी के अनुसार मनन या ध्यान चार प्रकार का हो सकता है—शुद्धसम्माननात्मक मनन, मुख्य सम्मानात्मक मनन, शुद्ध आनन्दात्मक मनन तथा मुख्य आनन्दात्मक मनन। मुख्य कहने का अभिप्राय यह है कि वहाँ गौड़ भाव से दूसरे प्रकार का भी मनन रहता है। उदाहरण के लिए, ईश्वर के सृष्टिमूलक तर्क और प्रयोजनमूलक तर्क को जब ध्यान का विषय बनाया जाता है तो प्रथम में ईश्वर की पूर्णभावेन कल्पना में जगत् विषय की कल्पना गौड़ रहती है, पर द्वितीय तर्क में जब ईश्वर की जगदात्मभावेन कल्पना होती है तो जगत् की कल्पना मुख्य होती है। अत: प्रथम के आधार पर किया गया मनन या ध्यान मुख्यत: आत्मालम्बन वाला मनन या ध्यान है तथा द्वितीय के आधार पर किया गया मनन विषयालम्बन वाला मनन या ध्यान है। सत्तामूलक तर्क के आधार पर किया गया मनन शुद्ध आत्मालम्बन वाला मनन या ध्यान है।[१३०]

काण्ट की निश्चय परीक्षा का उद्देश्य मुख्यत: उपर्युक्त भ्रमों का निवारण करना है। केवल विचार से भी भ्रमों के निवारण से भी श्रेय की सिद्धि होती है। अद्वैत वेदान्त में 'दशमस्तु' का उदाहरण इसका प्रमाण है। भट्टाचार्य जी के अनुसार इस प्रकार भ्रम निवारण, धर्मबुद्धि की शुद्धि या नैतिक विचारों की शुद्धि का साधन बनता है। श्रद्धात्मक ध्यान अथवा मनन, आत्मज्ञान का ही विस्तार करता है। अत: निश्चय परीक्षा भी ज्ञानरूप है।

(३) वेदना परीक्षा का भावार्थ

इस खण्ड को भी कृति परीक्षा की तरह दो भागों में विभाजित किया गया है। भाग 'अ' में काण्ट की संवेदनात्मक या भावनात्मक बुद्धि की परीक्षा का संक्षिप्त सार दिया गया है तथा भाग 'ब' में भट्टाचार्य जी के विचारों का परिष्कृत सार दिया गया है।

भाग 'अ' में प्रयोजनता के भेद का निरूपण सौन्दर्य के स्वरूप का निरूपण, अनुचिन्तनात्मक निर्णयों का वर्णन, प्रतिभा का स्वरूप, सौन्दर्य एवं महाभाव के विषयों में भेद तथा महाभाव का विवेचन, सुन्दर और उदात्त के ऊपर काण्ट के एक अन्य ग्रन्थ **सुन्दर और उदात्त की संवेदना पर पर्यवेक्षणाएँ** के आधार पर विवेचन तथा प्रयोजनता के स्वरूप का निरूपण किया गया है। भाग 'ब' में वेदना परीक्षा का परिष्कृत सार दिया गया है।

भाग (अ)

आत्मा के अनुभव के द्वारों को, काण्ट के अनुसार, तीन भागों में विभक्त किया जा सकता है—ज्ञान का द्वार, सुख और दु:ख के संवेदन का द्वार तथा इच्छा (संकल्प) का द्वार। काण्ट इन तीनों को एक सामान्य धरातल पर एकीकृत करने के पक्ष में नहीं है। ज्ञान का क्षेत्र बुद्धि का क्षेत्र है। सुख और दु:ख की वेदना का क्षेत्र भावनात्मक बुद्धि का क्षेत्र है। इच्छा या संकल्प का क्षेत्र प्रज्ञा या व्यावहारिक बुद्धि का क्षेत्र है। इन तीनों बुद्धियों के तीन मूल मन्त्र हैं।[१३१] बुद्धि ज्ञान-प्राप्त करने के लिए नियमों का विधान करती है। **शुद्ध-बुद्धि की परीक्षा** में काण्ट ने यह दिखाया है कि किस प्रकार बुद्धि अपने विकल्पों के द्वारा संवेदनों का समन्वय करके ज्ञान उपलब्ध करती है। बुद्धि का मन्त्र नियमानुकूल विधान है (Comformity to law)। भावनात्मक बुद्धि प्रयोजनता के लक्ष्य को अपना मूल मन्त्र बनाती है। प्रज्ञा या व्यावहारिक बुद्धि का मूल मन्त्र निरपेक्ष आदेश के रूप में नैतिक नियम को प्रयोजनता से अभिन्न मानना है (purposiveness which is at the same time law)।

भावनात्मक बुद्धि का मूल मन्त्र प्रयोजनता (purposiveness) है। प्रयोजनता

के मुख्यत: दो भेद हैं—आकारनिष्ठ प्रयोजनता तथा विषयनिष्ठ प्रयोजनता (formal purposiveness and objective purposiveness)। जहाँ हम सुख-दु:ख की संवेदना से प्रयोजनता का आकलन करते हैं, वहाँ आकारिक या आत्मनिष्ठ प्रयोजनता होती है; जहाँ हम गणितीय आकृतियों या प्राकृतिक पदार्थों या विषयों में पायी जाने वाली उपयोगिता के आधार पर प्रयोजनता का विधान करते हैं वहाँ विषयनिष्ठ प्रयोजनता होती है। **भावनात्मक बुद्धि की परीक्षा** नामक ग्रन्थ को काण्ट ने दो भागों में विभक्त किया है—सौन्दर्यात्मक कथनों की परीक्षा (Critique of the Esthetical Judgement) तथा उपयोगी कथनों की परीक्षा (Critique of the Teleological Judgement)। प्रथम खण्ड में प्रथम प्रकार की प्रयोजनता पर आधारित सौन्दर्यात्मक कथनों का विवेचन है तथा द्वितीय खण्ड में द्वितीय प्रकार की प्रयोजनता पर आधारित गणितीय आकृतियों का तथा प्राकृतिक पदार्थों की प्रयोजनता का विवेचन है। प्रयोजनता के भेद को निम्नांकित प्रकार से प्रदर्शित किया जा सकता है—

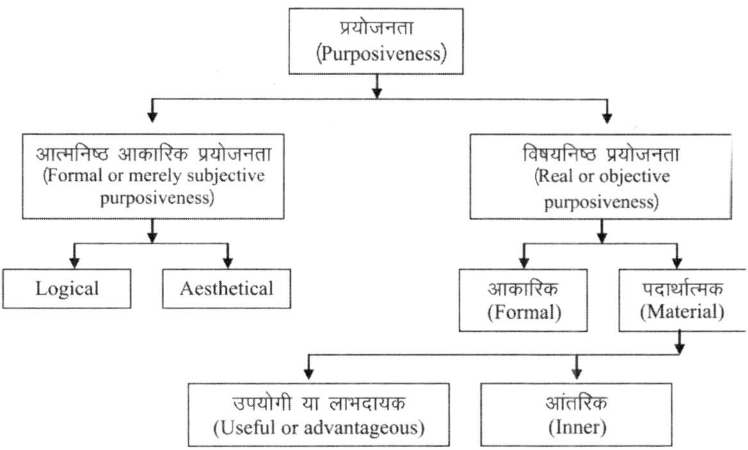

प्रयोजनता को काण्ट प्रकृति में अन्तर्व्याप्त नियम के रूप में नहीं लेता है। प्रयोजनता को, भावनात्मक बुद्धि, एक मार्गदर्शक सूत्र के रूप में लेती है। अत: इसको अभिव्यक्त करने वाले कथन अनुचिन्तनात्मक कथन (reflective judgment) होते हैं। ये मानव को यान्त्रिक कारणता से पृथक् प्राकृतिक अनुसन्धान या अन्वेषण के लिए अन्य विकल्प उपस्थित करते

हैं। ये नियामक हैं। यदि इन्हें हम प्रकृति में अन्तर्व्याप्त (consitutive) नियम के रूप से ग्रहण करते हैं तो द्वन्द्वात्मक जाल में फँस जाते हैं। बुद्धि, ज्ञान के क्षेत्र में जिन कथनों को उपस्थित करती है वे वैकल्पिक कथन (Determinant Judgement) होते हैं, क्योंकि वे प्रकृति में अन्तर्व्याप्त नियम की अभिव्यक्त करते हैं।

२

कलात्मक अनुभूतियाँ संवेदना का विषय हैं। संवेदना का विभाजन दो प्रकार से किया जा सकता है—आत्मनिष्ठ संवेदना तथा विषयनिष्ठ संवेदना। 'कमल नीला है'—यह कथन विषयनिष्ठ संवेदना का उदाहरण है, क्योंकि नीला रंग कमल का विधेय है। 'कमल सुन्दर है'—यह कथन आत्मनिष्ठ संवेदना का उदाहरण है। उससे होने वाली सुख की अनुभूति अनुभवकर्त्ता के सापेक्ष है। अनुभूति हमें विषय का ज्ञान प्रदान नहीं करती है। यह उस विषय के प्रति हमारी संवेदना को अभिव्यक्त करती है। बेकन कहता है, That is the best part of beauty which a picture cannot express; no, nor the first sight of the eye.[132] अत: कलात्मक कथन या सौन्दर्यात्मिक कथन ज्ञानात्मक न होकर शुद्ध आत्मनिष्ठ संवेदना को अभिव्यक्त करते हैं।

३

विषय की अनुभूति जो इन्द्रियों को प्रिय लगती है तथा सौन्दर्यात्मक अनुभूति में भेद है। इन्द्रियों को प्रिय लगने वाली अनुभूति के सम्बन्ध में अनुभवकर्ताओं के मूल्यांकन में भिन्नता अपेक्षित है। एक ही भोजन एक को रुचिकर तथा दूसरे को अरुचिकर प्रतीत होता है। इन्द्रियों को प्रिय लगने वाले विषयों में हमा़री रागात्मक या लोभात्मक वृत्ति कार्य करती है। उनसे उत्पन्न सुख को हम सुख कह सकते हैं। सौन्दर्यानुभूति के क्षण में हम सात्त्विक या तटस्थ भाव में स्थित रहते हैं। सौन्दर्यानुभूति में मननात्मक आनन्द रहता है। मनन का प्रयोग काण्ट ने उन्हीं स्थलों पर किया है जहाँ

हम सात्त्विक तटस्थ भाव में स्थित रहकर विषय पर विचार करते हैं या उसकी अनुभूति का आनन्द लेते हैं। काण्ट के अनुसार इन्द्रियों को प्रिय लगने वाले विषय, सुन्दर विषय तथा शुभ की अनुभूति से जनित सन्तुष्टि में भेद है। इन्द्रियों को प्रिय लगने वाले विषय रुचिकर होने से रागात्मक सन्तुष्टि प्रदान करते हैं, सुन्दर विषय मात्र आह्लादकारी होते हैं तथा (विराग-विशिष्ट-भूमि में) जिसे हम अनुमोदित करते हैं, या जिसे हम विषयनिष्ठ मूल्य के रूप में अनुकूल समझते हैं, वह शुभ होता है।[१३३]

यह कहने में कोई अतिशयोक्ति नहीं है कि काण्ट के अनुसार सौन्दर्यानुभूति मानव का व्यावर्तक लक्षण है। सौन्दर्यानुभूति मात्र मानव को होती है। इन्द्रियों को प्रिय लगने वाले रुचिकर विषयों के प्रति राग मानव तथा अन्य पशुओं में भी होता है। निरपेक्ष नैतिक आदेश सभी बुद्धिमान प्राणियों के लिए होता है। अत: वे मानवेतर सत्ताएँ जो मानव से ऊपर हैं उन पर भी घटित होता है। अत: सौन्दर्यानुभूति मानव का व्यावर्तक लक्षण है। उपर्युक्त तीनों प्रकार से मिलने वाले सुखों में केवल सौन्दर्यानुभूति से होने वाला सुख मुक्त आनन्द होता है क्योंकि इसमें अनुभवकर्ता का कोई स्वार्थ नहीं होता है। रुचिकर विषयों में वैयक्तिक स्वार्थ रहता है तथा नैतिक अनुपालन में आध्यात्मिक स्वार्थ रहता है। अत: काण्ट के अनुसार सौन्दर्यानुभूति में प्रयोजनहीन प्रयोजनता होती है। 'सुन्दरता मात्र आनन्दानुभूति के लिए होती है; उसका अन्य कोई प्रयोजन नहीं होता है।'

४

सौन्दर्य की अभिव्यक्ति करने वाले कथन अनुचिन्तनात्मक होते हैं। लेकिन जहाँ राग के कारण विषयी में सुख की अनुभूति होती है उस अनुभूति को अभिव्यक्त करने वाले कथन नितान्त अनुभवकर्ता के सापेक्ष होने से सार्वभौम नहीं होते हैं। सौन्दर्यात्मक कथनों की निम्नांकित विशेषताएँ हैं—

(अ) सौन्दर्यानुभूति को अभिव्यक्त करने वाले कथन अनुचिन्तनात्मक (reflective) होते हैं। ये कथन अनुभवकर्ता की विशेष अनुभूति पर आधारित होते हैं। विशेष अनुभूति पर आधारित होते हुए भी अनुभवकर्ता यह भाव रखता है कि इसका अनुमोदन सभी मानवों के द्वारा होना चाहिये। इस

सार्वभौमिकता का कारण न संवेदन है, न प्रत्यय है, अपितु सभी मानवों में अनुभवात्मक शक्ति सामर्थ्य की समानता है। ये कथन 'तार्किक कथनों की तरह' सार्वभौम एवं अनुभव निरपेक्ष संश्लेषणात्मक होते हैं, लेकिन तार्किक कथनों में विषयनिष्ठ सार्वभौमिकता होती है, जबकि सौन्दर्यात्मक कथनों में आत्मनिष्ठ सार्वभौमिकता होती है।

(ब) सौन्दर्यविधान का आधार न तर्क होता है, और न ही बहुमत होता है। यदि किसी मनुष्य को कोई विषय सुन्दर नहीं प्रतीत होता है तो वह तर्क या बहुमत के आधार पर सुन्दर नहीं कहेगा।

(स) सौन्दर्यात्मक अनुभूति वाले कथन विषयनिष्ठ तार्किक कथन नहीं होते हैं। अतः न्यायवाक्य के माध्यम से सौन्दर्य का अनुमान नहीं हो सकता। सार्वभौमिक सौन्दर्य की सम्प्रेषणता के लिए काण्ट, बुद्धि की अपेक्षा संवेदनात्मक अनुभूति को अधिक महत्त्व देता है।[१३४] जिसके द्वारा हम सौन्दर्य की अनुभूति करते हैं उसे काण्ट 'टेस्ट' कहता है। इसे हम सहृदयात्मक बुद्धि भी कह सकते हैं। 'टेस्ट' अनुभूत्यात्मक पहलू का वह द्वार है जो हमारी अनुभूति को प्रत्ययों के बिना ही सार्वभौम सम्प्रेषण की क्षमता से युक्त करता है। सार्वभौम सम्प्रेषण दो प्रकार से हो सकता है— बुद्धि के द्वारा और हृदय के द्वारा। हृदय, प्रत्ययों के व्यवहार के बिना ही अनुभव निरपेक्ष ढंग से संवदेनों को सम्प्रेषित करने की क्षमता रखता है।[१३५] भारतीय वाङ्मय में न केवल साहित्य में अपितु धर्म और आत्मा के ज्ञान के क्षेत्र में भी हृदय की भूमिका महत्त्वपूर्ण मानी गयी है। मनु ने जिस धर्म को प्रकाशित किया है, वह न केवल बुद्धि से अपितु हृदय से भी जाना गया है।[१३६] उपनिषदों में अनेक बार 'हृदा मनीषा' का व्यवहार हुआ है। श्वेताश्वेतर उपनिषद् के व्याख्यान में आचार्य शंकर ने 'हृदा' का अर्थ 'शुद्ध-बुद्धि' किया है।[१३७] मुझे ऐसा प्रतीत होता है कि काण्ट ने 'टेस्ट' का प्रयोग मुख्यतः इसी अर्थ में किया है।

५

सौन्दर्यानुभूति का आनन्द लेने के लिए 'टेस्ट' या 'सहृदयता' पर्याप्त है। लेकिन सुन्दर कला के निर्माण के लिए असामान्य प्रतिभा (genius) की

आवश्यकता होती है। कलाकृति के दो प्रकार हैं—यान्त्रिक कला तथा सौन्दर्यात्मक कला। सौन्दर्यात्मक कला के भी दो भेद हैं—मनोरंजनात्मक कला (pleasent art) तथा ललित कला (fine art)। मनोरंजनात्मक कला का उद्देश्य क्षणिक सुख प्रदान करता है। खाने के टेबल पर बैठकर कोई व्यक्ति मनोरंजक कहानी से लोगों का चित्त बहलाता है। यह मनोरंजक कला का उदाहरण है। इस कला का रसास्वादन इन्द्रिय भोग है। लेकिन ललित कला का रसास्वादन अनुचिन्तनात्मक होता है। यह कलात्मक कृति इस प्रकार की होती है कि यह प्रकृति की कृति प्रतीत होती है।[१३८] इस प्रकार की कला के निर्माण के लिए नियमों का विधान नहीं किया जा सकता है।[१३९] प्रकृति असामान्य प्रतिभावान् कलाकार के सृजित कला के माध्यम से नियम को व्यक्त करती है। कलाकार प्रकृति का वरद पुत्र होता है।[१४०] यान्त्रिक कला और विज्ञान के लिए असामान्य प्रतिभा की आवश्यकता नहीं होती है। क्योंकि वहाँ निर्माण पूर्वज्ञात नियम से संचालित होता है, लेकिन ललित कला के क्षेत्र में प्रतिभावान् कलाकार की कृति नियम के मर्यादा का अतिक्रमण करती है। यहाँ कलाकार की कृति में प्रयोजन होता है, लेकिन प्रयोजन का स्वरूप अनिश्चित होता है। प्रतिभावान् कलाकार की कृति को देखकर बुद्धि मूक हो जाती है, ऐसे कलाकार की मानसिक शक्ति में बुद्धि और कल्पना दोनों का उचित व्यवहार दिखायी पड़ता है, लेकिन कलाकार की कल्पना बुद्धि की सन्धि को मानते हुए भी इस प्रकार से सृजन करती है कि बुद्धि के प्रत्ययों के लिए द्वार बन्द होता सा दिखायी पड़ता है। अवर्णनीय होते हुए भी सार्वभौम सम्प्रेषण की क्षमता से युक्त होना प्रतिभावान् कलाकार की कला का विशिष्ट लक्षण है।[१४१] इसी को काण्ट कला की आत्मा कहता है। इसके अभाव में कोई कला आत्मारहित निर्जीव शरीर मात्र होती है। आत्मा संवेदनों से संकुचित नहीं होती है; आत्मा अपने अनुचिन्तात्मक सामर्थ्य से संवेदनों से अतीत होते हुए मानव मात्र को विभोर करने में समर्थ होती है। ऐसी आत्मा का दर्शन महान् कलाकारों की कृतियों में दिखायी पड़ता है। मानव हृदय की धड़कन में अद्‌भुत समानता है। महान् कलाकारों की कृतियाँ, सहृदय मानव के धड़कन को पकड़ लेती हैं। काण्ट ने कला के क्षेत्र में असामान्य प्रतिभा का जो विवेचन किया है वो प्लेटो की धारणा के क़रीब है। प्लेटो भी मानता है कि कलाकार नैसर्गिक रूप से कला को जन्म देते हैं, उसे सचेतनात्मक व्यक्त ढंग से कला के नियमों का ज्ञान नहीं रहता

है। प्लेटो इसे 'दैवीय पागलपन (Divine madness) कहता है।[१४२] लेकिन जहाँ प्लेटो इसे हेय दृष्टि से देखता है, वहीं काण्ट इसे आदर की दृष्टि से देखता है।

६

सौन्दर्य का आलम्बन बनने वाले विषय परिच्छिन्न आकार वाले होते हैं; उदात्तभाव या भट्टाचार्य जी की शब्दावली में, महाभाव (Sublime) को अभिव्यक्त करने वाले विषय अपरिच्छिन्न आकार वाले होते हैं। काण्ट के अनुसार "महाभाव वह भाव है जो निरपेक्षत: वृहत् होता है (we call that sublime which is absolutely great)।"[१४३] प्रसिद्ध ब्रिटिश राजनीतिज्ञ और लेखक एडमण्ड बर्क ने १७६३ में On Sublime and Beautiful नाम की एक पुस्तक प्रकाशित की। काण्ट ने **भावनात्मक बुद्धि की परीक्षा** में बर्क के विचारों का आदरपूर्वक उल्लेख किया है। बर्क अनुभववादी है; काण्ट प्रागानुभववादी है। लेकिन अनेक स्थलों पर दोनों में सहमति प्रतीत होती है। काण्ट बर्क की निम्नांकित मान्यताओं को सहमति प्रदान करते हैं—

(अ) न केवल ज्ञानात्मक क्षेत्र में, अपितु भावनात्मक या संवेगात्मक क्षेत्र को लेकर भी मानव-जाति में अद्‌भुत सहमति है। काण्ट के अनुसार जहाँ असहमति दिखायी पड़ती है, वहाँ नोक-झोंक (quarrel) है, विवाद (controversy) नहीं है।[१४४]

(ब) सुन्दरता वह गुण है जिसके कारण हम उस गुण के धारक से प्रेम करते हैं। प्रेम, लोभ से भिन्न है। लोभ में आकर्षण के कारण किसी विषय को प्राप्त करने की प्रबल भावना होती है। स्त्री-पुरुष के प्रसंग में प्रेम और लोभ दोनों मिले रहते हैं। इस प्रकार का प्रेम, रागात्मक प्रेम का उदाहरण है। शुद्ध प्रेम का क्षेत्र अत्यन्त व्यापक है। इस क्षेत्र के अन्तर्गत पशु, पक्षी, जड़ जगत् सभी का अन्तर्भाव हो जाता है। शुद्ध सौन्दर्यानुभूति मननात्मक अवस्था का प्रतीक है।

(स) सौन्दर्य के विषय परिच्छिन्न आकार वाले होते हैं; उदात्तभाव या महाभाव के विषय विस्तृत आकार वाले होते हैं। पुरानी अँग्रेज़ी भाषा में

'dar' के साथ 'ling' के प्रयोग का यही औचित्य था। 'ling' को ऐसे व्यक्तियों या विषयों के नाम के साथ जोड़ा जाता है, जिनसे हम प्रेम करते हैं। darling का अर्थ है little dear। बर्क का कथन ध्यान देने योग्य है। माता-पिता अपनी सन्तानों का नाम प्रेम के कारण छोटा कर देते हैं। इसके विपरीत राजा-महाराजा बड़े-बड़े नाम रखते हैं। बड़े-बड़े नाम रखने के पीछे मुख्य अभिप्राय यही रहता है कि मात्र उनके नाम के बृहदाकार के कारण ही लोगों में भय व्याप्त हो (Dread Majesty)। बर्क के अनुसार महाभाव के आश्रय वाले विषय समुद्री-तूफ़ान, भूचाल, अँधेरी रात में बिजली का कड़कड़ना, सूनामी आदि हैं। महाभाव के आश्रित विषय इस प्रकार के होते हैं कि उनके उपस्थित होने पर मानव-बुद्धि इन्द्रियों सहित विकल अवस्था में पहुँच जाती है तथा किंकर्तव्यविमूढ़ हो जाती है। ईश्वर भी महाभाव का आश्रय है, क्योंकि वह असीम है। यद्यपि हम ईश्वर में अनेक शुभ भावों की कल्पना करते हैं लेकिन उसकी असीम शक्ति का आतंक और भय हमें अपने घेरे में लेने के लिए सक्षम होता है। सभी धर्मों के धर्मग्रन्थों में ऐसी अनेक प्रार्थनाएँ हैं जो ईश्वर से यह विनय लिये हुए हैं कि वह हमें अपना रौद्र रूप न दिखाये।

काण्ट ने बर्क के विचारों का अनुमोदन कुछ संशोधनों के साथ किया है। बर्क अनुभववादी है; काण्ट प्रागानुभववादी है। काण्ट, बर्क की तरह, यह स्वीकार करते हैं कि शुद्ध सौन्दर्यात्मकता का क्षेत्र अत्यन्त व्यापक है; यह अनुभूति मानव को एक बृहत् समाज का अंग बनाती है। लेकिन जहाँ बर्क सौन्दर्य और महाभाव को एक ही कोटि में नहीं रखते हैं, वहीं काण्ट दोनों को एक ही कोटि के विभिन्न प्रकारों में देखने के पक्षधर हैं। बर्क के अनुसार सौन्दर्य और महाभाव का आधार मानव-स्वभाव में पाये जाने वाले दो पृथक्-पृथक् संवेग हैं। सौन्दर्य का आधार सामाजिक संवेग (Social-impulse) है। सौन्दर्यानुभूति हमें एक बृहत्-समाज के सदस्य के रूप में प्रतिष्ठित करती है; महाभाव का कारण-स्वसुरक्षा की सहज प्रकृति (instinct of self-preservation) है। भयावह घटनाओं की उपस्थिति अपने जीवन को सुरक्षित करने की दिशा में राह पाने के लिए हमें विवश करती है।[१४५] काण्ट महाभाव का विवेचन एक दूसरी दृष्टि से करते हैं जिसका आधार मुख्यतः नैतिक है।

काण्ट ने महाभावात्मक विषयों को दो भागों में विभाजित किया है—

परिमाणात्मक महाभावात्मक विषय (mathematically sublime) तथा चरात्मक महाभावात्मक विषय (dynamically sublime)। प्रथम का उदाहरण—समुद्र, विशाल पर्वत चोटियाँ, तारों भरा आकाश आदि है। द्वितीय का उदाहरण—भूचाल, समुद्री तूफ़ान, उल्कापात्, सूनामी आदि हैं। महाभावात्मक वह है जो निरपेक्षतः बृहत् या महान् है। काण्ट सौन्दर्यात्मक या प्रत्यक्षात्मक ग्रहण (comprehensio aesthetica) और तार्किक ग्रहण (comprehensio logica) में भेद करते हैं। महाभाव को गणितीय रूप से उसके ग्रहण करने में कठिनाई नहीं है।[१४६] कठिनाई प्रत्यक्षात्मक रूप से ग्रहण करने में है। जब हम बृहदाकार किसी मूर्ति को पास से देखते हैं तो उसका शीर्ष भाग ठीक से दिखायी नहीं पड़ता है, जब दूर से देखते हैं तो मूर्ति स्पष्टतः दिखायी नहीं पड़ती है। अतः बृहदाकार विषयों का ग्रहण असीमता के कारण प्रत्यक्षतः अग्रहणीय प्रतीत होता है।

यह प्रश्न हो सकता है कि प्राकृतिक उपसर्गों जैसे समुद्री तूफ़ान, भूचाल आदि को महाभावात्मक-विषय क्यों कहा जाता है? काण्ट के अनुसार इन्हें महाभावात्मक इसलिए कहा जाता है कि ये अपनी भयकारी उपस्थिति से हमारे अन्दर छुपी हुई प्रज्ञा की उस शक्ति से परिचय करा देते हैं जिसके समक्ष हमको परास्त करने वाले प्राकृतिक उपसर्ग छोटे दिखायी पड़ते हैं। इसलिए महाभाव, यथार्थतः, प्राकृतिक पदार्थ में स्थित भाव नहीं है, अपितु मानव की बुद्धि में स्थित भाव है।[१४७]

महाभाव की अनुभूति दुःखात्मक और सुखात्मक दोनों प्रकार की होती है। दुःखात्मक इसलिए कि महाभावात्मक विषय अपनी विराटता तथा भयानकता से संवेदनात्मक प्राणी के रूप में हमें परास्त कर देते हैं। सुखात्मक इसलिए कि वे हमें अपने प्रज्ञात्मक बल से परिचय कराते हैं, जिसके समक्ष प्राकृतिक विराटता का क़द छोटा दिखायी पड़ता है। अतः महाभाव के विषय निषेधात्मक रूप से उपयोगी होकर हमें सन्तुष्टि प्रदान करते हैं; सौन्दर्यात्मक विषय भावात्मक सन्तोष देते हैं।[१४८]

काण्ट का निष्कर्ष अस्वाभाविक नहीं है। सम्बन्ध के एक सम्बन्धी का स्मरण होने पर दूसरे का भी स्मरण हो जाता है। रावण का स्मरण होने पर राम का भी स्मरण हो जाता है। अनेक साधु पुरुषों को मृत्यु की उपस्थिति होने पर परमात्मा का स्मरण हो जाता है। काण्ट ने जिन घटनाओं का उल्लेख महाभाव के आलम्बन के रूप में किया है, भारतीय साहित्य की

दृष्टि से, उन्हें रौद्र, भयानक या अद्‌भुत रस के आलम्बन के रूप में देखा जा सकता है। ये आलम्बन सामान्यावस्था में हमारे में उत्पन्न होने वाले क्रोध, भय और आश्चर्य-गर्भित स्थायी भावों के ही उत्प्रेरक होंगे। लेकिन यदि हमारी भावाभिव्यक्ति यहीं तक समाप्त हो गयी तो, काण्ट के अनुसार, हम महाभाव की भूमि में जाने से वंचित हो जाते हैं।

काण्ट के अभिप्राय को समझने के लिए महाभारत में वर्णित एक कथानक का उल्लेख प्रासंगिक होगा। अर्जुन ने कृष्ण से गीता को पुनः सुनाने का आग्रह किया। भगवान कृष्ण ने कहा कि उस समय मैंने अत्यन्त योगयुक्तचित्त से उपदेश दिया था। इस समय यह सम्भव नहीं है (भगवान् के लिए सब सम्भव है लेकिन मानवीय लीला करते हुए मानव को शिक्षा देने के लिए ऐसा कह रहे हैं)। अतः मैं तुम्हें दूसरे प्रकार से शिक्षा देता हूँ। इस प्रकार भगवान् ने अर्जुन को अनुगीता सुनायी।

महाभारत युद्ध में भाग लेने वाले अनेक वीरों के मन में अलग-अलग भाव रहे होंगे। किसी में वीर रस प्रधान भाव, किसी में रौद्र रस और किसी में करुण रस। जिस-जिस योद्धा का भाव इन रसों के भावों से अभिषिक्त होने के कारण यहीं तक रुक गया वे महाभाव में प्रवेश करने से वंचित हो गये। लेकिन इस विषम परिस्थिति में भगवान् कृष्ण का चित्त योगयुक्त-साम्यावस्था में था। ऐसी चित्त की अवस्था ही महाभाव के भोग की अवस्था है। भारतीय दर्शन की दृष्टि से स्थितप्रज्ञ की अवस्था ही महाभाव के भोग की अवस्था है। अतः युद्ध को इस महाभाव को प्रगट करने के साधन के रूप में देखा जा सकता है।

काण्ट इसी दृष्टि से भयकारक घटनाओं को महाभाव के विषय के रूप में चित्रित करता है। काण्ट का स्वर बिल्कुल स्पष्ट है। भयानक और आश्चर्यजनक घटनाओं को महाभाव के विषय के रूप में इसलिए कल्पित किया गया है क्योंकि वे महाभाव में जाने के लिए सुअवसर प्रदान करती हैं। वे स्वयं प्रयोजन-रहित हैं, लेकिन अनुभवकर्ता उनका उपयोग महाभाव को उत्पन्न करने वाले कारण के रूप में लेता है। अतः आत्मनिष्ठ दृष्टि से वे प्रयोजनात्मक हो जाती हैं। इस प्रकार बर्क और काण्ट के दर्शन में महाभाव को लेकर वैमत्य है।

काण्ट के अनुसार सौन्दर्यानुभूति चित्त की सात्त्विक मनन की अवस्था

(restful contemplation) में होती है, तथा महाभाव की अनुभूति सम्यक् मनन (rational contemplation) में होती है। सात्त्विक अवस्था में मन शान्त रहता है; सम्यक् मनन की अवस्था में चित्त सुविचार करता रहता है। इस प्रकार गीता जहाँ महाभाव की स्थिति साम्यावस्था में पाती है, वहाँ काण्ट महाभाव की स्थिति प्रयासशील मननात्मक प्रज्ञा में पाता है। सम्यक् मनन के लिए प्रज्ञा को समझना पड़ता है कि प्रकृति देश-काल में परिमित आभास मात्र है। मानव में संकल्प स्वातन्त्र्य है। इस स्वतन्त्र-कारणता पर प्रकृति की कारणता का वश नहीं चलता है। इस स्वतन्त्र कारणता के बल से हम प्रकृति के दबावों से मुक्त होकर निरपेक्ष आदेश के बल के आगे प्रकृति को नतमस्तक कर पाते हैं। काण्ट के अनुसार स्वतन्त्रता का यह भी अर्थ है—'प्रकृति के द्वारा इन्द्रियों पर पड़ने वाले दबाव से मुक्त होना।'[१४९] प्रकृति किसी मानव को परास्त कर सकती है, लेकिन मानवता को परास्त नहीं कर सकती है। निरपेक्ष नैतिक नियम हमें अपने स्वातन्त्र्य की प्रत्यभिज्ञा कराने में समर्थ है। काण्ट के अनुसार यहूदियों के दस प्रमुख आदेशों में से सबसे प्रमुख आदेश वह है जो यह कहता है कि 'तू अपने लिए कोई मूर्ति खोदकर न बनाना, न ही किसी की प्रतिमा बनाना जो आकाश में, वा पृथिवी पर, वा पृथिवी के जल में है।' काण्ट के अनुसार यही आदेश उन्हें अन्यों से पृथक् करता है क्योंकि उन्होंने समझ लिया कि जो तत्त्व उनके अन्दर है या जिसके साथ उनका सम्बन्ध है, वह प्राकृतिक पदार्थों से ऊपर है तथा उसका निरूपण प्राकृतिक विषयों से सम्भव नहीं है। काण्ट इसे नैतिक तत्त्व के रूप में लेता है। लेकिन किसी भी रहस्यवादी चिन्तक को उस आत्मा की प्रत्यभिज्ञा, उन महाभावात्मक विषयों से, हो सकती है जो अणु से भी अणु और महान् से महान् होकर भी मानव के अन्दर है। काण्ट में महाभावात्मक विषय नैतिक नियम की तरफ़ संकेत करते हैं; भगवद्गीता में आत्मतत्त्व की तरफ़।[१५०] लेकिन यदि भट्टाचार्य जी की व्याख्या को मानते हैं तो काण्ट के दर्शन में भी महाभावात्मक विषय आत्मतत्त्व की तरफ़ संकेत करते हैं। कृति कर्तव्य-कर्म अनुपालन में ही, काण्ट के अनुसार आत्मा को ज्ञान होता है। कृति परीक्षा में उन्होंने कहा है कि, 'विधिपालन रूप स्वतन्त्र-कृति में ही कृत्यात्मक शुद्ध आत्मा का और विधि का युगपद् ज्ञान होता है।'' अत: काण्ट के दर्शन में भी महाभाव का अन्तिम लक्ष्य आत्म-दर्शन है।

भावनात्मक बुद्धि का मूलमन्त्र यदि प्रयोजनता नहीं होता तो वह महाभाव की अनुभूति तक नहीं पहुँच पाती। वह करुण, रौद्र, भयानक और वीर रस आदि की अनुभूति में निमग्न होकर प्रकृति के पाश में उलझ जाती। प्रयोजनता के कारण ही भावनात्मक बुद्धि स्वाभाविक रसानुभूति की बधा का अतिक्रमण करती हुई महाभाव के द्वार को खटखटा देती है। सौन्दर्यानुभूति महाभावानुभूति दोनों में प्रयोजनता होती है। सौन्दर्यानुभूति में बिना प्रयोजन के प्रयोजनता (purposiveness without any purpose) होती है। काण्ट के अनुसार प्रकृति के सौन्दर्य में आनन्द लेने का स्वभाव नैतिकता का लक्षण है। महाभावात्मक विषयानुभूति निषेधात्मक प्रयोजन लिये रहती है। इन विषयों पर सम्यक् मनन करने वाली प्रज्ञा यह समझ लेती है कि महाभाव का उत्स हमारे अन्दर है। शापेनहावर के अनुसार काण्ट के द्वारा महाभाव का विवेचन 'सौन्दर्यात्मक भावना' के विवेचन का सबसे उत्कृष्ट पहलू है।[१५१]

७

काण्ट ने १७६४ में क़रीब ४० पृष्ठ की एक छोटी पुस्तक प्रकाशित की जिसका शीर्षक था। **सुन्दर और उदात्त की संवेदना पर पर्यवेक्षणाएँ** **(Observations on the Feeling of Beautiful and Sublime)**।[१५२] इस पुस्तक की प्रशंसा महाकवि गेटे ने भी की थी। इस पुस्तक का उद्देश्य **भावनात्मक बुद्धि की आलोचना** से भिन्न है। इन दोनों पुस्तकों के सम्बन्ध पर तथा प्रथम पुस्तक के विषय पर भी कुछ कहना आवश्यक प्रतीत होता है।

सुन्दर और उदात्त की संवेदना पर पर्यवेक्षणाएँ नामक पुस्तक में चार खण्ड हैं। प्रथम खण्ड में सुन्दर और उदात्त की संवेदना के विषयों नें भेद किया गया है; द्वितीय खण्ड में मानवीय क्षेत्र के प्रसंग में इन दोनों का विवेचन किया गया है, तृतीय खण्ड में स्त्री-पुरुष के लिंग भेद के आधार पर सुन्दर और उदात्त की संवेदना का विवरण है तथा चतुर्थ में विभिन्न राष्ट्रों के राष्ट्रीय संदर्भों में इनका विवेचन है।

प्रथम खण्ड के प्रारम्भ में ही काण्ट ने यह स्पष्ट किया है कि उसका

उद्देश्य अत्यन्त सीमित है। वे सुन्दर और उदात्त की संवेदना का विवेचन इन्द्रियात्मक क्षेत्र के ही दायरे में एक निरीक्षणकर्ता की दृष्टि से करना चाहते हैं, दार्शनिक की दृष्टि से नहीं। इस क्षेत्र में भी तीन प्रकार के विषय सम्भावित हैं—अविचारित रमणीय, विचारित रमणीय और सुविचारित रमणीय। इस पुस्तक का उद्देश्य केवल द्वितीय प्रकार के विषयों के सन्दर्भ में सुन्दर और उदात्त की संवेदना का विवेचन करना है; यहाँ उस संवेदना पर दृष्टिपात करना है जहाँ संवेगों में कुछ नैतिकता का भाव रहता है। विशुद्ध अभद्र संवेदना का विवेचन अभीष्ट नहीं है। इसी प्रकार अत्यन्त आदर्शवादी बौद्धिक संवेदनाएँ भी इस क्षेत्र से बाहर हैं। यह ग्रन्थ मानव-शास्त्र की दृष्टि से एक अत्यन्त उत्कृष्ट ग्रन्थ है। दार्शनिक दृष्टि से सुन्दरता का विवेचन लिङ्गभेद और देशभेद के आधार पर नहीं किया जा सकता है। **भावनात्मक बुद्धि की परीक्षा** में काण्ट ने स्पष्ट किया है कि जब किसी पदार्थ को सुन्दर कहते हैं तो उसके अन्दर यह अभिप्राय छुपा रहता है कि इसका अनुमोदन सभी मानवों के द्वारा होगा। लेकिन यदि लिङ्गभेद और राष्ट्रभेद के द्वारा सुन्दरता को मापेंगे, तो ऐसा सम्भव नहीं होगा। इसके अतिरिक्त उदात्त और सुन्दर का जिस प्रकार यहाँ भेद किया गया है, वह **भावनात्मक बुद्धि की परीक्षा** से भिन्न है। यहाँ यह कहा गया है कि सुन्दर और उदात्त दोनों की संवेदना की संगति विषय के साथ होती है।[१५३] अर्थात् दोनों भावात्मक होते हैं; लेकिन **भावनात्मक बुद्धि की परीक्षा** में यह कहा गया है कि सुन्दर की संवेदना भावात्मक तथा उदात्त की संवेदना निषेधात्मक होती है। जिस प्रकार से उदात्त का भेद **भावनात्मक बुद्धि की परीक्षा** में किया गया है, उस प्रकार का भेद यहाँ नहीं किया गया है। सुन्दर का विषय परिच्छिन्न है, उदात्त का विषय अपरिछिन्न है—इस कथन को मान्यता दी गयी है लेकिन दार्शनिक रूप से इसको आधार नहीं बनाया गया है जैसा कि भावनात्मक बुद्धि की आलोचना में दिखायी पड़ता है। भावनात्मक बुद्धि की मीमांसा में काण्ट का विवेचन बर्क के अधिक समीप है। यद्यपि बर्क की पुस्तक, काण्ट की पुस्तक '**सुन्दर और उदात्त की संवेदना पर्यवेक्षणाएँ**' से पहले प्रकाशित हुई थी, लेकिन इस पुस्तक का प्रभाव **भावनात्मक बुद्धि की परीक्षा** में अधिक स्पष्ट दिखायी पड़ता है। प्रयोजनता का विचार जो **भावनात्मक बुद्धि की परीक्षा** में मुख्य आधार है, यहाँ नहीं पाया जाता है। मनन (contemplation) शब्द का प्रयोग काण्ट ने **भावनात्मक बुद्धि की परीक्षा** में सबसे अधिक किया है;

इस शब्द के व्यवहार का यहाँ अभाव है। लेकिन दोनों में साम्यता यह है कि काण्ट यहाँ भी सुन्दरता और उदात्त के उसी स्वरूप को अधिक ग्राह्य मानता है जिसमें सार्वभौमिकता है तथा जिसकी संगति नैतिकता के साथ है।

सुन्दर और उदात्त की संवेदना पर पर्यवेक्षणाएँ में अनुभवात्मक टिप्पणियों की प्रधानता है; अतः इसमें रस अधिक है। कोमल, सुकोमल, संवेगात्मक भावों को सुन्दर कहा गया है तथा कठोर बौद्धिक, सैद्धान्तिक भावों को उदात्त के साथ जोड़ा गया है। अग्राम्य संवेदनाएँ दो प्रकार की हो सकती हैं—सुन्दर और उदात्त। उदात्त की संवेदना सन्तुष्टि प्रदान करती है, लेकिन भयकारी होती है; सुन्दर की संवेदना आह्लादकारी तथा मुस्कुराहट लिये रहती है। उदात्त छू लेता है, सुन्दर आकर्षित करता है। रात उदात्त है, दिन सुन्दर है। उदात्त के तीन भेद हैं—भयकारी उदात्त (terrifying sublime), महान् (noble) तथा भव्य (magnificent)। उदात्त विस्तृत होता है, सुन्दर छोटा होता है। बहुत अधिक ऊँचाई और गहराई दोनों उदात्त हैं, लेकिन प्रथम महान् है तथा द्वितीय भयकारी उदात्त है। रोम का सेंट पीटर भव्य उदात्त का उदाहरण है।

मानव के गुण, कर्मों और धर्मों का विवेचना भी इन दोनों संवेदनाओं के माध्यम से सम्भव है। मित्रता उदात्त है, यौन प्रेम सुन्दर है। दुःखान्तकृति उदात्त है, सुखान्त सुन्दर है। समझ उदात्त है, प्रत्युत्पन्न-मति सुन्दर है। मानवीय सद्‌गुणों के ऊँच-नीच रूप भी देखे जाते हैं। भयकारी उदात्त अपने नीच रूप में दुःसाहसिक उदात्त (adventurous) है। अप्राकृतिक और काल्पनिक पदार्थों में उदात्त का अन्वेषण, अप्राकृतिक उदात्त (grotesqueries) है। यदि किसी में महान् की संवेदना समाप्त होती हुई जान पड़ती है, तो उसे व्यर्थ हास्यास्पद (ridiculous) कहा जा सकता है। यदि ये धर्म पुरुष में हो तो उसे ढोंगी (dandy)और मध्यम आयु वाले में हो तो दिखावटी (fap) कहा जा सकता है। जिस मनुष्य में रस-बोध नहीं है, उसे मूर्ख (fool) कहा जायेगा।

साहसपूर्वक अधिकार के लिए, देश के लिए या मित्र के लिए लड़ाई करने वाले को उदात्त कहा जायेगा। प्राचीन काल के राजाओं के धर्मयुद्ध, साहसिक उदात्त के उदाहरण है। जगत् की व्यवस्था से खिन्न होकर विरक्त होना महान् उदात्त है। सिद्धान्तों के माध्यम से संवेगों को रोकना उदात्त है तथा

व्रत, उपवास आदि से रोकना अप्राकृतिक उदात्त है।

जगत् के अनन्त विस्तार को गणितीय विधि से समझना, आध्यात्मिक तत्त्वों जैसे आत्मा, अनन्त जीवन, करुणा आदि का विचार उदात्तपूर्ण एवं सराहनीय है। दर्शन को दुष्ट तर्कों के प्रयोग से दूषित करना, न्याय वाक्यों के जाल में फँसना ऊटपटांग अप्राकृतिक उदात्त है।

नैतिक गुणों में, सत्य सद्‌गुण स्वयं उदात्त है। सद्‌गुणों के दो प्रकार हैं—वास्तविक सद्‌गुण (genuine virtue) तथा कार्यकारी सद्‌गुण (adopted virtue)। प्रथम उदात्त एवं सम्मानीय है तथा द्वितीय सुन्दर और आकर्षक है। वास्तविक सद्‌गुण सिद्धान्त के बिना व्यवस्थित नहीं हो सकते हैं। ये सिद्धान्त कल्पनात्मक (speculative) नहीं हैं, अपितु प्रत्येक मानव के हृदय की संवेदना के आकार के रूप में रहते हैं। इनको यदि एक सूत्र में कहना हो तो इसे मानव स्वभाव की सुन्दरता और सम्मान की संवेदना कह सकते हैं। सद्‌गुण की प्रतिष्ठा यदि संवेदना से नियन्त्रित है तो इसमें उतार-चढ़ाव सम्भव है। किसी पति का पत्नी के प्रति प्रेम का भाव यदि मात्र उसके सुन्दर स्वरूप या चंचल स्वभाव पर आश्रित है तो उम्र के साथ सुन्दरता में कमी आने पर उसमें उतार आ जायेगा। लेकिन यदि उसका प्रेम उससे पत्नी होने के कारण है, तो उसमें उतार आने की सम्भावना नहीं है।

काण्ट ने स्वभाव के आधार पर चार प्रकार के अग्राम्य मानवों का वर्गीकरण किया है—सबकी सुनने वाला तथा शीत स्वभाव वाला (phlegamatic), उदासीन तथा संयमी (melancholic), भावुक (sanguine) तथा सम्मान प्रिय (choleric)। शीत स्वभाव वाला उत्तेजित नहीं होता है तथा सबकी इच्छा को प्रधानता देता है, सबको मिलाकर रखता है, लेकिन उसमें नैतिक संवेदना का दर्शन स्पष्ट दिखायी नहीं पड़ता है। सम्मान प्रिय केवल सम्मान पाने के लिए ढोंगपूर्ण व्यवहार करता है। भावुक सर्वदा अपनी सहृदयता दिखाने के लिए तत्पर रहता है, लेकिन संवेदनाओं के अस्थिर होने से वह एक बुरा सन्त है। उदासीन में क्षुब्धता का भाव छुपा रहता है, लेकिन वह संयमी होता है। वह दूसरों की आलोचनाओं से प्रभावित नहीं होता है। जब उसके स्वभाव में किसी कारण से विकृति आती है तो वह हिंसक भी हो जाता है, ऐसी स्थिति में वह दु:साहसिक अप्राकृतिक उदात्तता की ओर अग्रसर हो जाता है। सम्मान-प्रेमी में उदात्त का भव्यरूप होता है तथा वह आडम्बर के द्वारा अपना सम्मान सुरक्षित रखने का प्रयास करता है। काण्ट

के अनुसार भावुक तथा उदासीन एक-दूसरे के विपरीत स्वभाव वाले होते हैं। इसी प्रकार सम्मान प्रेमी तथा शीत स्वभाव वाले की भी स्थिति है। भावुक और आत्मसम्मानी एक-दूसरे को अप्रभावकारी कर देते हैं; इसी प्रकार उदासीन और शीत स्वभाव वाले भी एक-दूसरे को अप्रभावकारी कर देते हैं।

काण्ट इस तथ्य से परिचित है कि बहुत कम मानव ऐसे हैं जो सिद्धान्ततः नैतिकता से संचालित होते हैं क्योंकि यहाँ गड़बड़ी हो सकती है। संवेगों के कारण नैतिकता का प्रवाह ही अधिकांश मानवों में दिखायी पड़ता है। जो कार्य पशु जगत् में सहज-प्रवृत्ति के कारण होता है, वही कार्य प्रकृति संवेगों के माध्यम से मानव में कराती है। अन्त में काण्ट स्व-सम्मान की उपादेयता को स्वीकार करता है। जॉन डेवी ने इसे नैतिकता का मुख्य आधार माना है।[१५४] काण्ट के अनुसार दूसरों की दृष्टि में अच्छा लगने का प्रयास यदि सीमा से अधिक है, तो त्याज्य है। लेकिन अन्य संवेदनाओं के सहयोगी के रूप में इसका वही महत्त्व है जो शिखण्डी का महत्त्व महाभारत के युद्ध में अर्जुन को अपना लक्ष्य दिलाने में है। सम्मान-प्रेमी दूसरे की दृष्टि में सद्गुणी होने का प्रयास करता है। इस प्रकार सभी व्यक्तियों के सामूहिक प्रयास से तथा दूसरे के सोच को महत्त्व देने की प्रक्रिया से एक ऐसे समाज का निर्माण होता है जहाँ विभिन्नता में एकता वैसे ही भव्य प्रतीत होती है, जैसे कोई भव्य चित्र। इस प्रकार आत्मसम्मान मानव समाज को भव्य उदात्त के माध्यम से एक सूत्र में पिरोने का कार्य करता है।

स्त्री और पुरुष में भेद को स्पष्ट करते हुए काण्ट ने स्त्री को सौन्दर्य की मूर्ति (fair sex) माना है तथा पुरुष को महानता की (Noble sex)। यद्यपि दोनों में दोनों भाव होते हैं; लेकिन, पुरुष की परिपूर्णता महानता में है, तथा स्त्री की परिपूर्णता सुन्दरता की अभिव्यक्ति में है। स्त्री की बुद्धि, सुन्दर बुद्धि है; पुरुष की बुद्धि, गम्भीर बुद्धि है। पुरुष का सबसे अधिक असम्मान तब होता है जब उसे बकवासी (ridiculous) कहा जाता है; स्त्री का सबसे अधिक असम्मान तब होता है जब उसको फूहड़ या अरुचिकर (disgusting) कहा जाता है। स्त्रियों को कठिन विषयों में परिश्रम नहीं करना चाहिये। इससे उनकी सुन्दरता की अभिव्यक्ति की शोभा घटती है। यदि ऐसे विषयों में श्रम करती है तो, काण्ट व्यंग्य करते हुए कहता है, उन्हें दाढ़ी भी रखनी चाहिये। स्त्री का सद्गुण सुन्दर है। वह ग़लत इसलिए नहीं करती है कि

ऐसा करना अन्याय है, या नैतिक आदेश का उल्लंघन है; अपितु इसलिए करती है कि ऐसा करना असुन्दर (ugly) है। वे प्रेम के वशीभूत होकर ऐसा करती हैं तथा उनकी कला की परिपक्वता इसमें होती है कि वह समझती है कि जिससे वह प्रेम करती है, वह शुभ है। उसकी बहुत सारी कमज़ोरी भी सुन्दर कमज़ोरी (beautiful faults) है। यदि किसी स्त्री की मुखमुद्रा तथा भाव-भंगिमा अनैतिक हो, शरीर से सुन्दर हो, लेकिन सहृदय न हो तो उसे रमणीया (pretty) कहा जायेगा। लेकिन सुन्दरता के साथ उसकी भाव भंगिमा में नैतिकता हो तथा सहृदया हो तो उसे मुग्धा (charming) कहा जायेगा। तुर्क, अरब और पर्सिया के निवासी रमणीया कन्याओं का उपयोग अपने निवासियों का रंग बदलने के लिए करते हैं तथा हिन्दू व्यापारी स्वदेश के धन-पशुओं से प्राप्त धन के बल पर उन्हें ख़रीद कर उन्हें बेच देते हैं तथा धन कमाते हैं।

स्त्री और पुरुष की स्वार्थ संवेदना और परार्थ संवेदना में भी भेद है। स्त्री अपने लिए सुन्दर की संवेदना चाहती है और पुरुष में महानता की संवेदना देखना चाहती है। इसके विपरीत आदर्श पुरुष स्व में महानता की संवेदना तथा स्त्री में सुन्दरता की संवेदना देखना चाहता है। पुरुष का मन्त्र है कि यद्यपि तुम मुझसे प्रेम नहीं करती हो लेकिन मैं तुझे अपना सम्मान करने के लिए विवश कर दूँगा। उसी प्रकार आदर्श स्त्री का स्वर होना चाहिये कि यद्यपि तुम मुझे सम्मान नहीं देते हो, लेकिन मैं तुझे मुझसे प्रेम करने के लिए प्रेरित कर दूँगी। वैवाहिक जीवन में विवाहित युग्म का प्रकार्य एक इकाई के रूप में होना चाहिये जिसमें पुरुष की समझ और स्त्री की रुचि का समन्वय हो।

काण्ट के अनुसार, प्रकृति ने स्त्री के गठन में पुरुष की अपेक्षा अधिक कला दिखायी है। स्त्री मात्र पुरुष की अपेक्षा नहीं है, अपितु प्रकृति का लक्ष्य है; प्रकृति ने स्त्री को मधुर भावनाओं, वाणी की कला तथा नम्रता, सुन्दर मुख-मुद्रा आदि से इसलिए विभूषित किया है कि इनके माध्यम से वह मानव में सामाजिकता और उत्तरदायित्व के बोध को जागृत रख सके।[१५५]

काण्ट ने जो स्त्री और पुरुष के स्वरूप के विषय में टिप्पणी की है, वह भारतीय ज्योतिषशास्त्र की दृष्टि से समझी जा सकती है। आदर्श स्त्री में चन्द्र-बल की प्रधानता होनी चाहिये, आदर्श पुरुष में सूर्य-बल की। चन्द्रमा का सम्बन्ध मधुर भावनाओं से है तथा सूर्य का सम्बध उदात्त भावनाओं

से। अतः काण्ट की टिप्पणी अस्वाभाविक नहीं है। वराहमिहिर ने बृहत्संहिता में मनु का उल्लेख करते हुए यह दिखाने का प्रयास किया है कि स्त्री के गुण पुरुषों से अधिक हैं (गुणाधिकास्ते मनुनापि चोक्तम्)। जो लोग वैराग्य मार्ग का आश्रय लेकर स्त्री निन्दा करते हैं, उन्हें उसने दुर्जन कहा है। बाइबिल के अनुसार ईश्वर ने स्त्री को पुरुष की छाती की पसली से बनाया है। ईसाई धर्म में परमेश्वर ने स्त्री के गठन के लिए पुरुष का उपयोग उपादान कारण के रूप में किया है। अतः यह कहने में कोई हानि नहीं है कि आकारिक आधार पर ईसाई दर्शन की दृष्टि से भी स्त्री, पुरुष की अपेक्षा विशिष्ट है।

काण्ट ने सुन्दरता और उदात्तता की संवेदना का भेद राष्ट्रीय आधार पर भी किया है। उसके अनुसार इटली और फ्रेंच के निवासी सुन्दर की संवेदना रखते हैं, लेकिन जर्मन, ब्रिटिश और स्पेन निवासी उदात्त की संवेदना रखते हैं। हालैण्ड में इस प्रकार की संवेदना का अभाव है। यूरोप के बाहर के दृश्य पर विचार करें तो अरबों में उदात्त की संवेदना महानता अथवा साहस के रूप में दिखायी पड़ती है, पर्सिया वाले एशिया के फ्रेंच हैं तथा जापानी ब्रिटिश वालों के सदृश हैं। भारतीय मुख्यतः अप्राकृतिक ऊटपटाँग पदार्थों (grotesqueries) में उदात्त को खोजते हैं। विभिन्न प्रकार की विचित्र मूर्तियों की पूजा करते हैं, हनुमान वानर की पूजा करते हैं तथा फ़कीरों को मानते हैं। वे स्त्रियों को जलाते हैं; चीनवासियों में भी अप्राकृतिक तत्त्व हैं लेकिन भारतीयों से कम। तिब्बत वाले भी अशुचि पदार्थों को महत्त्व देते हैं। दलाईलामा के शौच को पूजते हैं, उनकी हड्डी आदि की पूजा करते हैं, अतः उन्हें भी भारतीयों की कोटि में रखा जा सकता है।

काण्ट ने अपने दीर्घकाल के दार्शनिक जीवन में मानव को समझने के लिए निरन्तर प्रयास किया। भौतिक भूगोल प्रकृति को समझने के लिए तथा मानव-शास्त्र (anthropology) मानव को समझने के लिए, काण्ट के अनुसार, अत्यन्त महत्त्वपूर्ण शास्त्र है। इनका अध्ययन मानवीय जीवन को समझने के लिए अत्यन्त आवश्यक है। काण्ट ने अपने ख़ाली समय में १७७२-१७९६ तक जाड़े के दिनों में मानव-शास्त्र पर जो व्याख्यान दिये, उसके आधार पहली बार एक पुस्तक १७९८ में प्रकाशित हुई। मानव-शास्त्र, काण्ट के अनुसार, दो प्रकार से सम्भव है—शारीरिक ज्ञान की दृष्टि से तथा व्यावहारिक दृष्टि से। काण्ट का उद्देश्य व्यावहारिक दृष्टि

से मानव-शास्त्र की विधा को विकसित करना था। व्यावहारिक दृष्टि से मानव-शास्त्र का उद्देश्य मानव के कर्मों को स्वतन्त्र कर्ता की दृष्टि से समझना है। मानव की स्वतन्त्रता से अभिव्यक्त हुए मानव के स्वरूप को समझने के लिए—विश्व इतिहास, महापुरुषों की जीवन गाथाएँ, नाटक और उपन्यासों को भी साधन के रूप में लिया जा सकता है। ये मानवीय स्वरूप को समझने के लिए स्त्रोत नहीं है, लेकिन मानव को समझने में इनकी महत्त्वपूर्ण भूमिका को नकारा नहीं जा सकता है।[१५६] अत: हम कह सकते हैं कि इस पुस्तक में जो लिंग-भेद के आधार पर या राष्ट्रीय आधारों पर जो मानव को समझने का प्रयास किया गया है, उसका मूल उद्देश्य मानव को व्यावहारिक मानव-शात्र की दृष्टि से समझना है। काण्ट के विचारों के सम्यक् मूल्यांकन के लिए दार्शनिक दृष्टि के अतिरिक्त मानवशास्त्रीय दृष्टि से भी ध्यान देना आवश्यक है, क्योंकि अपने जीवन के सांध्यकाल में अपने व्याख्यानों के माध्यम से व्यावहारिक मानव-शास्त्र को नयी विधा के रूप में प्रतिष्ठित करने के लिए वे सदैव प्रयत्नशील थे। काण्ट की इस पुस्तक को इसी दृष्टि से देखना चाहिये।

मानव जानवरों की तरह मात्र सहज-प्रवृत्ति से नहीं जीता है। अधिकांश मानव समाज का व्यवहार बौद्धिक भी नहीं होता है। अधिकांश मनुष्य भावना, संवेग प्रपंच, अर्धचेतना आदि की अवस्था में होते हुए भी इतिहास को गति देने में महत्त्वपूर्ण भूमिका अदा करते हैं। व्यावहारिक मानव-शास्त्र में यह भी समझने का प्रयास किया जाता है कि अधिकांश मानवों को वक्र रास्ते से ले चलने में प्रकृति का क्या उद्देश्य है? इस दृष्टि से काण्ट के द्वारा किया गया पर्यवेक्षण हमारा सहायक बन सकता है।

८

प्रयोजनता का वर्गीकरण करते हुए यह प्रदर्शित किया गया है कि आत्मनिष्ठ आकारिक प्रयोजनता के दो भेद हैं—तार्किक तथा सौन्दर्यात्मक। सौन्दर्यात्मक प्रयोजनता का ऊपर वर्णन किया गया है। तार्किक प्रयोजनता के विषय में भी कुछ कहना अपेक्षित प्रतीत होता है। काण्ट ने **शुद्ध-बुद्धि की परीक्षा** में शुद्ध-विज्ञान की सम्भावना की शर्तों का प्रतिपादन किया है। विज्ञान

निरन्तर प्रगतिशील है। अनेक क्षेत्रों में हो रहे अनुसन्धान नये प्रश्नों और नये निष्कर्षों को जन्म दे रहे हैं। इन क्षेत्रों में अनेक संश्लेषणात्मक कथन होते हैं। यहाँ हमें मात्र विशेषों की प्राप्ति होती है। भावनात्मक बुद्धि यहाँ विशेषों के लिए सामान्य का अन्वेषण करने के लिए प्रवृत्ति होती है तथा अनुचिन्तनात्मक कथनों को जन्म देती है। *जहाँ पूर्वज्ञात सामान्य विकल्पों में यदि विशेष का अन्तर्भाव करते हैं, जैसे* **शुद्ध बुद्धि की मीमांसा** *में, तो कथन वैकल्पिक (Determinant) होते हैं, लेकिन जहाँ विशेष के ज्ञान से तुलना के माध्यम से सामान्य के अन्वेषण के लिए प्रवृत्त होते हैं तो कथन अनुचिन्तनात्मक (reflective) होते हैं।*[१५७] भावनात्मक बुद्धि का यह मार्गदर्शक अनुभव निरपेक्ष-सूत्र है कि प्रकृति में पाये जाने वाले विखण्डित कथन को कुछ निश्चित सूत्रों के माध्यम से व्यवस्थित किया जा सकता है। प्रकृति सरल और सीधे रास्ते से गतिमान है। इसमें विभिन्नता है; लेकिन विभिन्नता में भी एकता दिखायी पड़ती है। इसलिए भावनात्मक बुद्धि प्राकृतिक घटनाओं और पदार्थों को एक संघात के रूप में न लेकर एक व्यवस्था के अंग के रूप में अनुभव-निरपेक्ष ढंग से लेती है।[१५८] भावनात्मक बुद्धि अनुचिन्तनात्मक रूप से प्रकृति पर अपने नियम नहीं लादती है जैसा शुद्ध बुद्धि के क्षेत्र में दिखायी पड़ता है।[१५९] भावनात्मक बुद्धि ऐसा क्यों करती है? काण्ट के अनुसार ऐसा करने में भावनात्मक बुद्धि को आनन्द या सुखानुभूति होती है।[१६०] कोई भी वैज्ञानिक जब परस्पर विरुद्ध-प्रतीत होने वाले सूत्रों को एक सूत्र में पिरोता है या महासामान्य का अन्वेषण करता है तो वह हमारे प्रशंसा का पात्र बनता है। भावनात्मक बुद्धि का मार्गदर्शक सूत्र है—आत्मनिष्ठ तार्किक-प्रयोजनता। जहाँ उसे इसकी प्राप्ति होती है, उसे सुख मिलता है। भगवद्गीता के शब्दों में वह ज्ञान सात्विक होता है जो विभिन्न प्रकार के पृथक्-पृथक् ज्ञानों को एक सूत्र में पिरोता है। जहाँ सात्विकता रहती है, वहाँ सुख अवश्य ही होता है।[१६१]

काण्ट का यह मत बर्क के सदृश है। उसने भी इस मान्यता का समर्थन किया है कि विभिन्नता में एकता के अन्वेषण में एक विशेष सुख मिलता है।

आधुनिक गणितज्ञ और वैज्ञानिक यह मानते हैं कि विभिन्नता में एकता की प्रतिष्ठा का प्रयास वास्तव में समरूपता का ही अन्वेषण है। समरूपता का सम्बन्ध सौन्दर्य के साथ है तथा सौन्दर्य का सम्बन्ध आनन्द के साथ।[१६२] वैज्ञानिकों के अनुसार कोई भी कण, कणों का समूह ब्रह्माण्ड आदि

भौतिक तत्त्व या कोई नियम परिवर्तन की प्रक्रिया से गुज़रने के बाद यदि अपरिवर्तित रहता है तो उसे समरूप कहा जायेगा।[१६३] समरूपता को वैज्ञानिक अनुसन्धान के लिए एक महत्त्वपूर्ण सूत्र के रूप में मान्यता प्रदान कराने का श्रेय जर्मन गणितज्ञ और विदुषी एमी नोएथर (१८८२-१९३५) को है। समरूपता का अर्थ किसी तन्त्र, सिद्धान्त या पदार्थ का परिवर्तन की प्रक्रिया से गुज़रने के बाद पूर्ववत् प्राप्ति है। जब हम दो विपरीत कथनों में सामान्य धर्म की प्रतिष्ठा करते हैं तो इसका फल यही प्राप्त होता है कि इस सामान्य धर्म के प्रगटीकरण के दो माध्यम हैं यद्यपि अपरिवर्तित रूप से यह दोनों माध्यमों में वर्तमान है।

काण्ट ने इस प्रकार के मत का खण्डन किया है, जो पुनरावृत्ति को सुन्दरता के लिए आवश्यक मानते हैं।[१६४] इसका कारण यह प्रतीत होता है कि उस समय तक समरूपता के प्रत्यय की वैज्ञानिक और गणितीय दृष्टि से इतनी विवेचना नहीं हुई थी। काण्ट यह प्रतिपादित करता है कि सामान्यता का अन्वेषण सुख प्रदान करता है। यह मान्यता एक प्रकार से समरूपीय मान्यता का ही समर्थन है।

९

काण्ट ने **भावनात्मक बुद्धि की परीक्षा** के द्वितीय खण्ड में विषयनिष्ठ पदार्थात्मक प्रयोजनता का विवेचना किया है। इसके भी दो प्रकार हैं— आकारिक तथा विषयात्मक। प्रथम प्रकार की प्रयोजनता गणितीय आकृतियों में दिखायी पड़ती है। यहाँ प्रयोजनता को उपयोगिता के अर्थ में लिया गया है। विभिन्न प्रकार की ज्यामितीय आकृतियों के माध्यम से हम विभिन्न समीकरणों का समाधान सरलता से करते हैं। इसका सुन्दर उदाहरण आधुनिक विज्ञान में 'पिरियाडिक टेबल' है, जिसके माध्यम से मेंडलीव ने अनेक भौतिक-रासायनिक तत्त्वों की भविष्यवाणी की।

विषयात्मक प्रयोजनता प्राकृतिक पदार्थों में दिखायी पड़ती है। घास, पशु के लिए उपयोगी है, पशु मानव के लिए। इस प्रकार प्रकृति में उपयोगिता का एक चक्र दिखायी पड़ता है। इसके अतिरिक्त जैविकीय पदार्थों में आन्तरिक प्रयोजनता दिखायी पड़ती है; ऐसी प्रयोजनताएँ, प्रकृति को

कलाकार (technician) के रूप में देखने पर विवश करती है। प्रकृति में यान्त्रिक कारणता के अतिरिक्त एक भिन्न प्रकार की कारणता को मानने पर हम विवश होते हैं। जहाँ हम एक पदार्थ को दूसरे के लिए उपयोगी मानते हैं वहाँ बाह्य प्रयोजनता, जहाँ पदार्थ के आन्तरिक भाग एक-दूसरे के उपकारक होते हैं, वहाँ आन्तरिक प्रयोजनता होती है। यह मुख्यतः जैविकीय पदार्थों में होती है।

आत्मनिष्ठ योजनताएँ सुख-दुःख की अनुभूति के सापेक्ष होती हैं। विषयनिष्ठ प्रयोजनताएँ विषय या पदार्थ सापेक्ष होती हैं। अतः उपयोगितात्मक प्रयोजनताओं के विधान में बुद्धि और प्रज्ञा की भूमिका महत्त्वपूर्ण हो जाती है, लेकिन दोनों प्रकार की प्रयोजनताओं को भावनात्मक बुद्धि, मात्र मार्गदर्शक सूत्र (reflective judgment) के रूप में ही लेती हैं। इसे प्रकृति का आन्तरिक नियम (constitutive principle) के रूप में न लेकर, नियामक नियम (regulative principle) के रूप में ही लेती हैं।

भाग (ब)

भट्टाचार्य जी ने सर्वप्रथम सौन्दर्यात्मक कथनों को अभिव्यक्त करने वाले कथनों का विश्लेषण किया है। वेदना परीक्षा में सर्वप्रथम यह प्रश्न उपस्थित होता है कि जिन कथनों के माध्यम से संवेदनाओं की अभिव्यक्ति होती है वे कथन ज्ञानात्मक कथनों से भिन्न होते हैं अथवा उनके सदृश होते हैं? काण्ट ने वैकल्पिक कथन (determinant judgment) और अनुचिन्तनात्मक कथन (reflective judgement) का भेद करते हुए यह प्रदर्शित किया है कि सौन्दर्यात्मक कथन अनुचिन्तनात्मक होते हैं। भट्टाचार्य जी के अनुसार, इन दो प्रकार के कथनों में भेद के लिए दोनों कथनों में स्थित उद्देश्य और विधेय के स्वरूप पर विचार आवश्यक है। ज्ञानात्मक कथनों में विधेय विशेषण होता है, अनुचिन्तनात्मक कथनों में विधेय विशेष्य होता है। 'फूल लाल है'—यहाँ 'लाल' फूल का विशेषण है, क्योंकि वह फूल में है। 'मुख चन्द्रमा के समान है'—इस अनुचिन्तनात्मक कथन में चन्द्रमा मुख में नहीं है। अतः इसे विशेषण कहना उपयुक्त नहीं है। मुख कैसा है? इस जिज्ञासा के उपस्थित होने पर इस जिज्ञासा के शमन के लिए कहना

पड़ता है कि वह 'चन्द्रमा के समान' है। अत: 'चन्द्र-सादृश्य' मुख का निरूपक है, बोधक है; मुख बोध्य है। इसलिए भट्टाचार्य जी ने कहा है कि मुख की चन्द्रभावेन कल्पना में जैसे विधेय चन्द्र प्रमुख होता है, मुख गौण होता है, वैसे ही किसी ज्ञेय विषय के विज्ञान (idea) भावेन कल्पना में विज्ञान ही प्रमुख होता है। इसे अन्य प्रकार से भी समझा जा सकता है— 'मुख' को समझने के लिए 'चन्द्रमा के धर्मों' का आरोपण करना पड़ता है। अत: वहाँ यह विशेषण नहीं होता है; अपितु यह मुखरूप ही होता हुआ प्रतीत होता है। विज्ञान आदर्श प्रत्यय (idea) होते हैं, जिनके समानान्तर विषय नहीं होते हैं, तो भी विषय तदाकार का अनुकरण करने मात्र पर ही पहचाने जाते हैं। उदाहरण के लिए, बिन्दु वह है, जिसमें न लम्बाई होती है, न चौड़ाई होती है और न ही मोटाई होती है। ऐसा बिन्दु, हम विषय रूप से नहीं बना सकते हैं। लेकिन हम किसी 'चित्र' को बिन्दु इसलिए कहते हैं कि वह इस परिभाषा या विज्ञान (idea) का अनुकरण करता-सा प्रतीत होता है। उस आकृति में बिन्दु न रहते हुए भी उसे निर्धारित करता है, विशेषण की तरह नहीं, विशेष्य की तरह (क्योंकि उस बिन्दु के विज्ञान को ध्यान में न रखने पर, उसे हम बिन्दुरूप से पहचान नहीं सकते हैं)।

यह विषय निम्नांकित तीन कथनों की तुलना करने पर और स्पष्ट हो जाता है—(१) फूल लाल है; (२) 'फूल फूल है' तथा (३) 'अमुक चित्र बिन्दु है।' प्रथम कथन में लाल विशेषण है। द्वितीय कथन तादात्म्यात्मक कथन है। काण्ट कहता है कि प्रत्येक उद्देश्य के लिए एक ऐसा विधेय होता है जिसका उसके साथ तादात्म्य होता है। यह तादात्म्य का नियम है। नैयायिक यहाँ शाब्द-बोध नहीं मानते हैं, या लक्षणा से बोध मानते हैं, लेकिन लक्षणा मानने पर तादात्म्य के नियम का खण्डन होगा। यह विद्वानों के लिए विचारणीय विषय है कि भारतीय दर्शन में तादात्म्य के नियम का क्या रूप है? तृतीय में उद्देश्य विधेय का अपूर्ण प्रतिनिधि है। अत: मुख्य विशेष्य, विधेय है। जहाँ विज्ञान रूप से किसी पदार्थ को स्वीकार किया जायेगा, वहाँ उद्देश्य सर्वदा उसका अपूर्ण प्रतिनिधि मात्र होगा। उसकी पहचान विधेय के ध्यान के बिना असम्भव है। जब भी हम विधेय को याद करेंगे, हमारा साक्षात्कार उद्देश्य के साथ होगा।

भट्टाचार्य जी ने अनुचिन्तनात्मक कथनों के दो भेद किये हैं—अस्फुट तथा स्फुट। यह उनकी सूझ है। अस्फुट कथन सौन्दर्यात्मक तथा महाभावात्मक

क्षेत्र में होते हैं, तथा स्फुट कथन विषयनिष्ठ प्रयोजनापरक प्राकृतिक विषयों के क्षेत्र में होते हैं। इस प्रकार से वे **भावनात्मक बुद्धि की परीक्षा** में विवेचित प्रथम खण्ड और द्वितीय खण्ड में एक आन्तरिक सम्बन्ध दिखाने का प्रयास करते हैं।

सौन्दर्य और महाभाव की अभिव्यक्ति में भावना की भूमिका प्रमुख होती है। इनसे सम्बन्धित कथन ज्ञानात्मक नहीं होते हैं। ऐसी स्थिति में अस्फुट कहने का क्या अभिप्राय है? इसका उत्तर यह है कि इनसे सम्बन्धित कथन भावनात्मक होते हुए भी बुद्धि और प्रज्ञा के अव्यक्त (indeterminate) प्रकार्य के प्रतिकूल नहीं होते हैं।[१६५] बुद्धि और प्रज्ञा के प्रकार्य दो प्रकार से होते हैं—अव्यक्त (indeterminate) तथा व्यक्त (determinate)। जब विकल्प रूप से बुद्धि-प्रवृत्ति होती है, तो उसके प्रकार्य व्यक्त होते हैं। वह विकल्पों के माध्यम से संवेदना को नियन्त्रित करती है। लेकिन अपने अव्यक्त प्रकार्य में संवेदनों या भावनाओं को वह नियन्त्रित नहीं करती है। लेकिन भावना की कल्पनात्मक उड़ान इसके प्रतिकूल नहीं होती है। उदाहरणस्वरूप, यदि कोई व्यक्ति किसी देश में रहता है, वह उस देश के संविधान से पूर्णतः अपरिचित है। वह, यह भी नहीं जानता है कि उस देश में कोई संविधान है या नहीं है। लेकिन वह जो भी कार्य करता है वह उस देश के संविधान के प्रतिकूल नहीं होता है। सौन्दर्यानुभूति और महाभावनात्मक अस्फुट कथनों को इसी रूप में लेना चाहिये।

सौन्दर्यानुभूति के विषय परिच्छिन्न होते हैं; अतः वे बुद्धि के अव्यक्त प्रकार्य के अनुरूप होते हैं। महाभावात्मक विषय अपरिच्छिन्न होते हैं; अतः वे प्रज्ञा के अव्यक्त प्रभाव के क्षेत्र में रहते हैं। इसलिए भट्टाचार्य जी ने यह निष्कर्ष निकाला है कि इन क्षेत्रों में अस्फुट कथन होते हैं; बुद्धि के विकल्प तथा प्रज्ञा के विज्ञान यहाँ व्यक्त रूप से कार्य नहीं करते हैं।

काण्ट के अनुसार आत्मा, जगत् और ईश्वर विज्ञान हैं। जगत् के पदार्थों का ज्ञान होता है। लेकिन जगत् का सम्पूर्णता में ज्ञान नहीं होता है। इसका मनन होता है। जगत् की सम्पूर्ण समग्रता का ग्रहण न इन्द्रियों के माध्यम से होता है, न इन्द्रिय निरपेक्ष रूप से। जगत् निरन्तर प्रवाहित हो रहा है। आधुनिक विज्ञान के अनुसार भी जगत् निरन्तर विस्तृत होता जा रहा है। अतः जगत् की सम्पूर्ण समग्रता का मात्र मनन हो सकता है। मननात्मक

या अनुचिन्तनात्मक कथनों में विधेय सर्वदा विशेष्यात्मक होता है, जबकि ज्ञानात्मक कथनों में विशेषणात्मक होता है।

इस सन्दर्भ में यह भी ध्यान देना आवश्यक है कि महाभाव के विषय को किस अर्थ में अपरिच्छिन्न कहा गया है। समुद्र का विस्तार मानव के लिए अगम्य नहीं है। हम उसकी गहराई और चौड़ाई माप सकते हैं। काण्ट दो प्रकार के मापदण्ड में भेद करता है[१६६]—तार्किक या गणितीय मापदण्ड तथा संवेदनात्मक मापदण्ड (comprehensio logico and comprehensio aesthetica)। संवेदनात्मक अनुभूति में कल्पना को प्रत्ययात्मक होने की आवश्यकता नहीं होती है। ग्रहण-बोध (comprehension) संवेदनात्मक रूप से इसलिए असफल होता है कि हम एक ही संवेदन में अनन्त प्रतीत होने वाले विषय को पकड़ना चाहते हैं।

सौन्दर्य की अनुभूति आनन्दात्मक होती है, महाभाव की अनुभूति दुःख-सुख मिश्रित होती है। दुःखात्मक इसलिए, क्योंकि वह अपनी विराटता से हमारी पहुँच के बाहर दिखायी पड़ती है; सुखद इसलिए, क्योंकि वह हमारी प्रज्ञा की उस शक्ति की प्रत्यभिज्ञा करा देती है जिसके समक्ष प्रकृति का विस्तार लघु जान पड़ता है।

सौन्दर्य और महाभाव के क्षेत्र में अनुचिन्तनात्मक कथन अस्फुट होते हैं। विषयनिष्ठ प्रयोजनता के क्षेत्र में कथन स्फुट होते हैं। विषयनिष्ठ प्रयोजनता के क्षेत्र में हम प्राकृतिक विषय—वृक्ष, नदी, भूतल, पहाड़ आदि विषयों की प्रयोजनता पर विचार करते हैं। इनका बोध बुद्धि और प्रज्ञा के व्यक्त व्यापारों पर आश्रित होता है। काण्ट दिखाने का प्रयास करता है कि किस प्रकार यान्त्रिक कारणता प्रयोजनमूलक कारणता से भिन्न है। यान्त्रिक कारणता में कार्य, कारण पर निर्भर होता है; प्रयोजनमूलक कारणता में कारण, कार्य पर निर्भर होता है। इसलिए अनुचिन्तनात्मक कथन इस प्रकार का होता है कि 'यह विषय अमुक अभिप्राय के लिए उपयोगी है।' काण्ट के विषयनिष्ठ प्रयोजनता को समझने के लिए दो प्रकार के कारण सम्बन्धों को समझना आवश्यक है[१६७]—निमित्त कारण (nexus effectivus) तथा प्रयोजनमूलक कारण (nexus finalis)। प्रथम प्रकार की कारणता में कार्य, कारण पर निर्भर रहते हैं, लेकिन हम कारण को कार्य पर निर्भर नहीं पाते हैं, द्वितीय प्रकार की कारणता में अन्योन्याश्रयता होती है—कार्य कारण पर निर्भर रहता है तथा कारण भी कार्य पर निर्भर होता है। काण्ट उदाहरण देता

है कि कोई घर, घर से मिलने वाले किराये का कारण कहा जा सकता है, उसी प्रकार किराये की अभिलाषा को भी घर बनाने के कारण के रूप में देखा जा सकता है। प्रयोजनता भी दो प्रकार की हो सकती है—बाह्य तथा आन्तरिक।[१६८] बच्चों को पैदा करते समय माता के स्तनों में दूध आ जाता है। जाड़े के दिनों में ज़मीन से निकलने वाला पानी गर्म होता है। घास पशु के लिए तथा पशु मनुष्य के लिए उपयोगी होता है। ये सब बाह्य प्रयोजनता के उदाहरण हैं। बाह्य प्रयोजनता में एक कलाकार की उपमा के आधार पर हम प्रकृति में एक कलाकार का आरोपण कर सकते हैं। हम यह समझ सकते हैं कि जैसे कोई कलाकार एक निश्चित प्रयोजन को रखकर अपनी कलाकृतियों का निर्माण करता है उसी प्रकार प्रकृति भी एक निश्चित प्रयोजन से संचालित होती है। इस प्रकार प्रकृति में यान्त्रिकता के स्थान पर एक सचेतात्मक कला (technic) का आरोपण करते हैं। इस प्रकार का चिन्तन बाह्य प्रयोजनता का उदाहरण है। काण्ट इस प्रकार की प्रयोजनता पर अधिक बल नहीं देता है। प्रकृति ऐसा व्यवहार नहीं करती है जिससे हमें यह लगता है कि वह मानव अस्तित्व को बनाये रखने के लिए क्रियाशील है। अनेक बीमारियाँ तथा प्राकृतिक विपदाएँ इसका उदाहरण हैं। बाह्य प्रयोजनता हमें बहुत दूर तक नहीं ले जाती है।

प्रकृति में एक-दूसरे प्रकार की प्रयोजनता दिखायी पड़ती है। वह व्यवस्था अन्योन्याश्रय कारण व्यवस्था (nexus finalis) के आधार पर होती है। इसका उदाहरण, जैविकीय रचनाओं (organic products) में पाते हैं। जैविकीय संरचना में हर एक भाग, दूसरे के लिए कार्य करता है। वृक्ष इसका एक उदाहरण हैं। वृक्ष पत्ती के लिए कार्य करता है तथा पत्ती वृक्ष के लिए। वृक्ष स्वयं अपने समान सजातीय वृक्ष को उत्पन्न करता है। इस प्रकार जैविकीय संरचना का प्रत्येक भाग, साधन और साध्य होता है। यह प्रारूप मानव कलाकृतियों में पाये जाने वाले प्रयोजन से भिन्न है। मानव कलाकृति, जैसे घड़ी के बनाने में घड़ी को बनाने वाला बाहर से गति देता है तथा एक घड़ी स्वयं दूसरी घड़ी को नहीं बनाती है, न ही घड़ी की सूई, घड़ी का कोई उपकार करती है। घड़ी स्वयं एक संघात है और उसमें प्रयोजन बाहर से मानव द्वारा पिरोया गया है। इसके विपरीत जैविकीय संरचनाओं में प्रयोजन आन्तरिक है, प्रत्येक भाग साधन और साध्य होता है।[१६९] इस प्रकार की प्रयोजनता हमें विवश करती है कि प्रकृति को समझने

के लिए हम यान्त्रिक कारणता के अतिरिक्त प्रयोजनमूलक कारणता के माध्यम से ऐसे स्थलों का विवेचन करें जहाँ यान्त्रिक कारणता हमारा मार्गदर्शन नहीं करती है।

काण्ट ने प्रयोजनता के उपर्युक्त दो प्रकारों का जो वर्णन किया है उसमें यदि बाह्य प्रकार की प्रयोजनता को आधार बनाते हैं, तो ईश्वर हमारे समक्ष एक विशिष्ट कलाकार के रूप में उपस्थित होता है। काण्ट ने **शुद्ध-बुद्धि की परीक्षा** में प्रयोजनवादी तर्क को इसी रूप में उपस्थित किया है। यदि द्वितीय प्रकार की प्रयोजनता को अपना पथ-प्रदर्शक स्वीकार करते हैं, तो ईश्वर जैविकीय शृंखला का सबसे विकसित ऐसा चिदणु होगा जो स्वयं पूर्ण होगा। यह ईश्वर, लाइबनित्ज के ईश्वर के सदृश होगा। लेकिन काण्ट ने ऐसा कोई संकेत नहीं दिया है। भट्टाचार्य जी के अनुसार आन्तरिक प्रयोजनता जगत् को प्राणमय रूप से देखने के लिए प्रेरित करती है तथा इस प्रकार से कल्पित ईश्वर को जगत् के प्रयोजनमूलक कारण के रूप में प्रतिष्ठित करती है।

भट्टाचार्य जी ने यह दिखाने का प्रयास किया है कि न केवल भावनात्मक क्षेत्र में, अपितु नैतिकता के क्षेत्र में भी मननात्मक कथनों में विधेय विशेष्यरूप से या द्रव्यात्मक होते हैं। विज्ञान स्वतन्त्र होते हैं अतः प्लेटो के शब्दों में उसे द्रव्य कहा जा सकता है। यह मान्यता काण्टीय दर्शन के अनुरूप है। काण्ट नैतिकता तथा धर्म आदि के क्षेत्र में एक सीमा तक प्लेटो के विज्ञानवाद को मान्यता देता है। 'अमुक विषय सुन्दर और महत् है' या 'अमुक कर्म मेरा कर्तव्य है'—ये दोनों कथन मननात्मक हैं। दोनों कथनों में विधेय विशेष्य है। भट्टाचार्य जी ने कृति परीक्षा में यह दिखाया है कि 'कर्तव्य' या 'चाहिये' संकल्पात्मक आत्मा से भिन्न नहीं है। अतः नैतिक कथन में श्रद्धात्मक मनन है क्योंकि इसका आलम्बन आत्मा है; जबकि आनन्दात्मक मनन या सौन्दर्यात्मक मनन में आलम्बन 'अमुक विषय' है। नैतिक कर्म क्यों करना चाहिये? इसका निरूपक निरपेक्ष नैतिक आदेश होता है जो संकल्पात्मक आत्मा से अभिन्न है। आनन्दात्मक मनन में विषय आलम्बनरूप से आनन्दाभिव्यक्ति के माध्यम बनते हैं। आनन्दात्मक मनन में विषय आत्मा द्वारा अभिप्रेत नहीं होते हैं, तो भी आत्मा के आनन्दात्मक रसानुभूति के आलम्बन के रूप में अपेक्षित होते हैं। इसलिए भट्टाचार्य जी ने कहा है कि 'आनन्दात्मक अध्यवसाय में

विषयगत आत्माभास अहेतुक होता है।'

संवेदन परीक्षा का उपसंहार करते हुए भट्टाचार्य जी ने कहा है कि सौष्ठवपूर्ण जगत् को मननात्मक आत्मा नैतिकता के प्रतीक के रूप में या स्वतन्त्र आत्मा के प्रतीक के रूप में लेती है। जगत् नैतिक क्षेत्र है जिसे हम अपने कर्तव्य कर्म के माध्यम से शुभत्व की ओर अग्रसर करने में सहभागी होते हैं।

वेदना-परीक्षा में भट्टाचार्य जी का प्रमुख ध्यान कथन के उस आकार को पकड़ना है जिसके विभिन्न रूपों के माध्यम से ज्ञानात्मक या मननात्मक कथन अभिव्यक्त होते हैं। भट्टाचार्य जी के अनुसार ज्ञानात्मक या मननाकार कथनों का सामान्य आकार 'अमुक विषय का अमुक स्वभाव या प्रकार है।' न्याय दर्शन से हम जानते हैं कि ज्ञान, इच्छा आदि सविषयक होते हैं। इसलिए भट्टाचार्य जी कहते हैं कि 'ज्ञानात्मक अध्यवसाय में वह सहेतुक होता है।' विषय की उपलब्धि ज्ञान के क्षेत्र में संवेदन के कालिक द्वार से होती है तथा इच्छा (संकल्प अथवा कृति) के क्षेत्र में जगत् में अनुष्ठित कर्म के माध्यम से होती है। ज्ञान किस विषय का होता है? इस प्रश्न का उत्तर है—ज्ञान कालिक विषय का होता है। इसी प्रकार कर्तव्य क्या है? इस जिज्ञासा के शमन के लिए कहना पड़ता है कि निरपेक्ष आदेशानुसार किया गया जागतिक कर्म कर्तव्य है। काल, काण्ट के अनुसार, आन्तरिक इन्द्रिय है। अतः यह आत्मा से भिन्न नहीं है। काण्ट ने व्यावहारिक दृष्टि से देश-काल को यथार्थ तथा पारमार्थिक दृष्टि से आभास माना है। ज्ञान के सन्दर्भ में ज्ञानात्मक अभिव्यक्ति के लिए विषय को आकारीकरण के माध्यम से प्रस्तुत करने की प्रक्रिया में काल की अहम भूमिका होती है। नैतिकता के क्षेत्र में सन्दर्भ मात्र काल न होकर जगत् होता है। जगत् को हम स्व-आत्मा से अभिन्न नहीं कह सकते हैं; काल को कह सकते हैं। नैतिकता के क्षेत्र में इच्छा (संकल्प या कृति) का स्वरूप होता है—इस जगत् में हमारा क्या कर्तव्य है? जगत् विज्ञान है; अतः आत्मा का विशेषाकार नहीं कहा जा सकता है। अतः जगत् को ज्ञेय न मानकर आत्मा का प्रतीक मानना उचित प्रतीत होता है। इस प्रकार भट्टाचार्य जी काण्ट के मत को पुष्ट करते हुए प्रतीत होते हैं कि जगत् का परम् प्रयोजन (final purpose) मानव में निहित है, क्योंकि उसमें सबसे चमकदार नैतिक रत्न निहित है। काण्ट कहता है—

Now of man (and so of every rational creature in the

world) as a moral being it can no longer be asked : why (quem in finem) he exists? His existence involves in the highest purpose to which, as far as in his power, he can subject the whole of nature; contrary to which at least he cannot regard himself as subject to any influence of nature.[170]

(४) निश्चय संग्रह का भावार्थ

काण्ट के दर्शन का तात्पर्य नामक पुस्तक के चतुर्थ खण्ड में भट्टाचार्य जी ने दो मुख्य बिन्दुओं पर प्रकाश डाला है—(१) विश्लेषणात्मक अध्यवसाय—निश्चय और संश्लेषणात्मक अध्यवसाय में भिन्नता है, (२) सभी कथन या अध्यवसाय जो मननात्मक होते हैं, वे संश्लेषणात्मक होते हैं।[१७१]

अध्यवसाय या निर्णय संयोजक या विश्लेषक हो सकता है। जहाँ उद्देश्य निश्चय से विधेय निश्चय भिन्न होता है वहाँ अध्यवसाय संयोजक या संश्लेषण का कार्य करता है, जैसे 'मनुष्य मरणशील है' लेकिन जहाँ उद्देश्य का निश्चय विधेय के निश्चय में अन्तर्भुक्त होता है, वहाँ विश्लेषक होता है, जैसे—'मनुष्य जीव विशेष है' यहाँ 'मनुष्य' उद्देश्य है तथा 'जीव-विशेष' विधेय है। लेकिन मनुष्य के गर्भ में मनुष्यत्व तथा जीव विशेष के गर्भ में जीवत्व छुपा हुआ है। 'मनुष्यत्व' का मनुष्य से अभिन्न सम्बन्ध है, अत: वह भी उद्देश्य के रूप से ग्राह्य है तथा जीवत्व का 'जीव-विशेष' से अभिन्न सम्बन्ध है, अत: वह भी विधेय रूप से ग्राह्य है। मनुष्य व्यक्ति की अपेक्षा से दोनों सामान्य विशेषण हैं। लेकिन मनुष्यत्व की अपेक्षा से जीवत्व विशेष्य है (विशेषण विशेष्य को परिच्छिन्न करता है, मनुष्यत्व जीवत्व को परिच्छिन्न कर रहा है)। अत: यह कहा जा सकता है कि विश्लेषक अध्यवसाय या विश्लेषणात्मक निर्णय वहाँ होता है जहाँ अध्यवसाय मुख्यत: विशेष विशेषणक तथा गौणत: विधेय विशेष्यक होता है। ऐसे निर्णयों का ज्ञान प्रामाणिक होने के लिए आकारीकरण की अपेक्षा नहीं करता है, लेकिन संश्लेषणात्मक निर्णय के माध्यम से जो ज्ञान होता है उसमें आकारीकरण रहता है। विश्लेषणात्मक कथन स्वत: सिद्ध होते

हैं। 'मनुष्य जीव-विशेष है' इस निर्णय में मनुष्य और जीव विशेष का कालिक सम्बन्ध है, लेकिन मनुष्यत्व और जीवत्व का कालिक सम्बन्ध न होने से कालिक रूप आकारीकरण की आवश्यकता नहीं है।

काण्ट के द्वारा प्रतिपादित विश्लेषणात्मक निर्णयों की जो आलोचना आधुनिक काल के महत्त्वपूर्ण दार्शनिकों ने की है वह बहुत संगतिपूर्ण नहीं है। बर्ट्रेण्ड रसेल ने विश्लेषणात्मक और संश्लेषणात्मक कथनों की **पाश्चात्य दर्शन के इतिहास** नामक ग्रन्थ में आलोचना करते हुए यह कहा है कि काण्ट और हेगल, निर्णय या कथन को मात्र उद्देश्य-विधेयात्मक रूप में ही प्रस्तुत करते हैं, अतः उनके द्वारा इन कथनों के जो लक्षण हैं वे अन्य प्रकार के कथनों पर घटित नहीं होते हैं। उदाहरण के लिए, यदि $A>B$ तथा $B>C$, $A>C$ है, यह कथन सम्बन्धात्मक कथन है। अतः उद्देश्य-विधेयात्मक कथनों के सन्दर्भ में प्रतिपादित लक्षण यहाँ न्याय नहीं कर सकते हैं।

यह सत्य है कि काण्ट ने निर्णयों को उद्देश्य विधेयात्मक रूप से समझने का प्रयास किया, लेकिन उसके द्वारा जो विश्लेषणात्मक और संश्लेषणात्मक कथनों के लिए कसौटी दी गयी है, वह ऐसे कथनों पर भी घटित होगी जो उद्देश्य-विधेयात्मक रूप से आधुनिक तर्कशास्त्र में नहीं लिये जा सकते हैं। काण्ट ने **शुद्ध-बुद्धि की परीक्षा** और स्पष्ट रूप से **किसी भविष्य कालिक तत्त्वमीमांसा की भूमिका** में यह कहा है कि व्याघात का नियम विश्लेषणात्मक कथनों के लिए कसौटी प्रदान करता है। विश्लेषणात्मक कथनों का सत्य मात्र व्याघात के नियम से निर्धारित होता है। अतः उपर्युक्त उद्धृत सम्बन्धात्मक कथन व्याघाती न होने से रसेल आदि के मत में सत्य विश्लेषणात्मक रूप में लिया जा सकता है। यदि कोई कहता है कि यदि $A>B$ तथा $B>C$, $A<C$ तब यह कथन व्याघाती होगा। क्योंकि आधार वाक्य से निगमित निष्कर्ष है कि A, C से बड़ा है, जबकि निकाला गया निष्कर्ष है A, C से छोटा है, यहाँ A के दोनों विधेयों में व्याघात स्पष्ट है, अतः दोनों एक साथ सत्य नहीं हो सकते हैं।

अनेक आधुनिक दार्शनिकों ने काण्ट की जो आलोचना की है उसका आधार काण्ट के दर्शन में प्रतिपादित यह मान्यता रही है कि विश्लेषणात्मक कथन वह है जिसका विधेय उद्देश्य में पूर्व अन्तर्भूत रहता है, विधेय उसका परिष्कार करता है जबकि संश्लेषणात्मक कथन में वह अन्तर्भूत

नहीं रहता है। यह सत्य है कि काण्ट ने दोनों कसौटियों (उद्देश्य में विधेय की पूर्वनिहितता तथा सत्य का व्याघात के नियम से निर्धारण को जोड़ने का प्रयास किया है। ऐसा इसलिए कि उसने निर्णय को उद्देश्य-विधेय के रूप में विश्लेषित किया है)। लेकिन जब आधुनिक तर्कशास्त्र में सम्बन्धात्मक कथनों की अलग गणना हो रही है, तो काण्ट के द्वारा दी गयी दूसरी कसौटी का निषेध नहीं दिखायी देता है। रसेल और क्वाइन दोनों ने विश्लेषणात्मक और संश्लेषणात्मक कथन की आलोचना करते समय काण्ट द्वारा प्रतिपादित इन कथनों के उद्देश्य-विधेयात्मक रूप पर ही ध्यान केन्द्रित किया है, अतः वे काण्ट के मत के साथ न्याय करते हुए प्रतीत नहीं होते हैं। क्वाइन ने भी 'अनुभववाद की दो रूढ़िवादी मान्यताओं' नामक निबन्ध में विश्लेषणात्मक कथन के रसेल वाले रूप को ही चित्रित किया है। अतः उनका भी मत मूल बिन्दु से बहुत दूर प्रतीत होता है।

आकारीकरण की समस्या वैकल्पिक कथनों के सन्दर्भ में खड़ी होती है जो संश्लेषणात्मक होते हैं। ज्ञान इन्द्रिय संवेदन और बुद्धि विकल्पों के योग से होता है। ये दोनों स्रोत विजातीय हैं अतः उन्हें जोड़ने के लिए ऐसे प्रतिभास की आवश्यकता होती है जो व्यापक होते हुए दोनों के साथ समानता रखता हो। काण्ट इस प्रतिभास (representation) को अतिविषयक आकार (trancendental schema) कहता है जो काल के अतिविषयक निर्धारण से सम्पन्न होता है। आकार, विषय का वह प्रतिभास है जिसकी संगति विकल्प के साथ होती है। आनुभविक ज्ञानात्मक कथन आकार विशिष्टता के कारण प्रतिफलित होते हैं। सौन्दर्यबोधक कथन अनुचिन्तनात्मक होते हैं। सौन्दर्य की सम्प्रेषणता के लिए, काण्ट संवेदनात्मक अनुभूति को बुद्धि की अपेक्षा अधिक महत्त्व देता है। जिसके द्वारा हम सौन्दर्य की अनुभूति करते हैं काण्ट उसे 'टेस्ट' कहता है। हम उसे सहृदयात्मक बुद्धि कह सकते हैं जो हमारी अनुभूति को प्रत्ययों के बिना ही सार्वभौम सम्प्रेषण की क्षमता से युक्त कर देती है। अतः प्रत्यय के मौन होने से आकारीकरण की समस्या सौन्दर्यात्मक कथानों के क्षेत्र में नहीं खड़ी होती है।

सैद्धान्तिक क्षेत्र में यदि कोई घटना घटित होती है तो उस पर प्रश्नचिह्न नहीं लगा सकते हैं। लेकिन नैतिक क्षेत्र में किसी कर्म के होने पर यह सम्भावना व्यक्त कर सकते हैं कि इसे नहीं होना चाहिये था, क्योंकि यह

नैतिक आदेश के प्रतिकूल है। 'क्या होना चाहिये' के क्षेत्र में और 'क्या है' के क्षेत्र में नियम की प्रामाणिकता की शर्तें पृथक्-पृथक् हैं। 'क्या है' के क्षेत्र में प्रामाणिकता के लिए संवेदन की आवश्यकता होती है, लेकिन 'क्या होना चाहिये' के क्षेत्र में संवेदन की नहीं अपितु संकल्प व्यापार को निरपेक्ष आदेश से शासित करने की आवश्यकता होती है।

जब हम व्यावहारिक बुद्धि के क्षेत्र में उतरते हैं तो विषय को प्राप्त करने के दो विकल्प हैं : विषय हमारी व्यावहारिक बुद्धि को शुभ और अशुभ का विधान करने के लिए बाध्य करें या नैतिकता का निरपेक्ष आदेश, संकल्प शक्ति को शासित या अशासित करते हुए शुभ और अशुभ विषयों को जन्म दे। काण्ट द्वितीय विकल्प को ही मान्यता देता है। हम किसी कर्म को शुभ या अशुभ तभी कह सकते हैं जब यह निश्चय हो कि हमारा संकल्प नैतिकता के निरपेक्ष आदेश के अनुकूल है या प्रतिकूल है। काण्ट के अनुसार शुभ और अशुभ, मुख्यतः कर्मों के प्रकार हैं, व्यक्ति को होने वाले संवेदन के प्रकार नहीं है। इसलिए हम यहाँ किसी उदाहरण के उस आकार से नहीं प्रवर्तित होते हैं जो नियमों के साथ संगति रखते हैं, अपितु स्वयं नैतिक नियम के आकार से प्रवर्तित होते हैं जो हमारे संकल्प को शासित करके तदानुकूल कर्मों को जन्म देते हैं। काण्ट कहता है—

> Here however, we have to do, not with the schema of the case that occurs according to laws, but with the schema of a law itself (if the word is allowable here), since the fact that will not (the action relatively to it effect) is determined by the law alone without any other principle.[172]

भावार्थ यह है कि यहाँ हमारी रुचि किसी व्यक्ति के द्वारा किये गये विशेष कर्म में न होकर इसमें होती है कि यह कर्म निरपेक्ष नैतिक आदेश के नियम के आकार के अनुकूल है या नहीं। इसीलिए काण्ट कहता है कि यहाँ प्रसंग नियम के आकार का है (schema of the law), घटना के आकार का नहीं (schema of the case)। शुभ कर्म में संकल्प की पवित्रता भी अपेक्षित है, अतः मात्र किसी आचरित कर्म के आकार के साथ संगति के आधार पर उसे नैतिक नहीं कहा जा सकता है।

निर्णयात्मक बुद्धि का प्रकार्य तीनों परीक्षाओं में भिन्न-भिन्न है, लेकिन इसकी मुख्य भूमिका मध्यस्थता के रूप में घटित होती है। निर्णयात्मक

बुद्धि का मुख्य कार्य, हमारे लिए सामान्य और विशेष को जोड़ने की प्रक्रिया में पथ-प्रदर्शन करना है। ज्ञानात्मक क्षेत्र में इसका कार्य, विशेष का अन्तर्भाव सामान्य के अन्तर्गत करना होता है। ऐसा सैद्धान्तिक बुद्धि के क्षेत्र में होता है। संवेदनात्मक क्षेत्र प्रयोजनता का क्षेत्र है। अतः वहाँ इसका कार्य अनुचिन्तनात्मक कथनों के माध्यम से विशेषों के लिए मार्गदर्शक नियामक सामान्य सूत्र का अन्वेषण करना है। नैतिकता के क्षेत्र में निरपेक्ष नैतिक आदेश के समानान्तर हमें ऐन्द्रिक अनुभूति नहीं होती है, इसलिए यहाँ आकार की आवश्यकता नैतिक निरपेक्ष आदेश के घटित होने के लिए नहीं होती है। अतः बुद्धि, निर्णयात्मक बुद्धि की तुष्टि के लिए प्रज्ञा के एक विज्ञान (an idea of reason) को उपस्थित करती है, इन्द्रियाकार को नहीं (क्योंकि इन्द्रिय संवेदन नहीं होता है)। बुद्धि एक नियम को प्रस्तुत करती है। इस नियम में ऐन्द्रिक क्षेत्र में अभिव्यक्त होने की क्षमता होती है। इसलिए इस नियम को प्रकृति का विधान कह सकते हैं। इस विधान को हम नैतिक नियम का प्रतीक (type) कह सकते हैं। अतः हम ऐन्द्रिक संस्थान को अतीन्द्रिय संस्थान का प्रतीक (type) मान सकते हैं लेकिन हमें यहाँ ध्यान रखना होगा कि हमारी निर्भरता यहाँ ऐन्द्रिक संस्थान में घटित संवेदन पर न होकर मात्र विधान के आकार पर होती है।[१७३]

काण्ट प्रकृति के सार्वभौम नियमों को नैतिक शुभ की दृष्टि से मात्र प्रतीकात्मक (typic) मानता है। यह प्रतीकात्मक समझ एक ओर हमें अनुभववाद तथा दूसरी तरफ़ रहस्यवाद के दोषों से मुक्त करती है। ये दोनों नैतिक विषयों का विधान (सुख आदि के रूप में) नैतिकता के निरपेक्ष आदेश से मुक्त अवस्था में ही कर लेते हैं, अतः जहाँ प्रतीक की आवश्यकता है, वहाँ आकार मान लेते हैं या काण्ट के शब्दों में प्रतीक को आकार के रूप में लेते हुए नैतिक प्रत्ययों के अनुरूप इन्द्रिय या अतीन्द्रिय अनुभूति के जाल में फँसकर उलझ जाते हैं। अतः नैतिक क्षेत्र में आकार नहीं, प्रतीक की भूमिका होती है।[१७४]

भट्टाचार्य जी ने जो विश्लेषण किया है उसके आधार पर हम कह सकते हैं कि ध्यानात्मक या मननात्मक निर्णय में दोनों प्रकार के ज्ञानात्मक विश्लेषण और विश्लेषणात्मक निर्णयों के धर्म पाये जाते हैं। वे संश्लेषणात्मक निर्णयों की तरह संयोजनात्मक होते हैं तथा विश्लेषणात्मक नियमों की तरह स्वतःसिद्ध होते हैं। मनन के दो प्रमुख भेद हैं—आनन्दात्मक तथा श्रद्धात्मक

या सम्मानात्मक। आनन्दात्मक मनन, ज्ञानेतर निश्चयमात्र होते हैं। अतः संयोजक होते हुए भी आकारीकरण की झंझट से मुक्त होते हैं। सौन्दर्य का विधान करने वाले संश्लेषणात्मक कथन भी आकारीकरण की झंझट से मुक्त होते हैं। सम्मानात्मक अध्यवसाय या श्रद्धात्मक अध्यवसाय विषय-ज्ञान रूप नहीं होता है; आत्मज्ञान रूप होता है। कृतिरूप आत्मा का ज्ञान ही होता है अतः यहाँ भी आकारीकरण की आवश्यकता नहीं होती है।

भट्टाचार्य जी के अनुसार, यह निश्चय परीक्षा भी श्रद्धात्मक अध्यवसाय और कृत्यात्मक आत्मज्ञान का परिष्कार है। ग्रन्थ के प्रारम्भ में ही भट्टाचार्य जी ने इस तथ्य की ओर संकेत किया है कि काण्ट के दर्शन के गूढ़ रहस्य को समझने के लिए ज्ञान और ज्ञानेतर निश्चय या मननात्मक निश्चय में भेद आवश्यक है। श्रद्धात्मक मनन वहाँ होता है जहाँ आत्मा आलम्बन होती है। आनन्दात्मक मनन वहाँ होता है जहाँ विषय आलम्बन होता है। आत्मसम्मान परिपूर्ण होकर श्रद्धा बन जाता है। आनन्दात्मक अवस्था, स्थित-प्रज्ञ की अवस्था को संकेतित करती है। इस प्रकार का बोध, युक्तनैतिक अवस्था में होता है। अयुक्त नैतिक अवस्था में श्रद्धा, भ्रामक हठात्मकतावश, दम्भ के रूप में प्रगट होती है तथा आनन्द, विलास बन जाता है। इन दोषों के प्रति सजग करने के लिए ही श्रद्धात्मक अध्यवसाय और कृत्यात्मक आत्मज्ञान का विश्लेषणात्मक परिष्कार भट्टाचार्य जी ने इस ग्रन्थ में किया है।

सन्दर्भ

1. "Freedom must be presupposed as an atribute of the will of rational beings"—"presuppose" here is manifestly equivalent to "look upon as", "assign to", "ascribe to", in short = imagines! ... here then "presuppose" does not denote an hypothesis but fiction.

   Vaihinger, H., *The Philosophy 'As If'* tr. by C.K. Ogden (Routledge and Kegan Paul, LTD, London 1924 (5th impression 1968), pp. 289-90.

2. पुरुषश्च कर्मार्थत्वात्, मीमांसासूत्र, ३.१.६.

3. Kant, I., *Critique of Pure Reason*, tr. by N. K. Smith (The Mcmillan Press Ltd., London, first published, 1929, 12th impression, 1973), p. 645-46.

4. I must not even say, 'It is morally certain that there is a God, etc.', but 'I am morally certain, etc.', *Ibid.*, A 829, B 857.

5. Bernard, J.H., tr., *Critique of Judgment,* by Kant, I., (Hafner Publishing Co., New York 3rd impression, 1964), pp. xxxi-xxxii.

6. Bhattacharya, K.C., *Implications of the Philosophy of Kant,* tr. by Mohanty and Tara Chatterjee (Oxford University Press, Delhi, 2011), p. 59.

7. To Kant, the transcendental is the self as conscious act or freedom. He does not conceive it as quiescent consciousness or undifferenced being like the Vedântist, and he vigorously denies intuition of the self. The self is to him an active consciousness or conscious act, whether as knowing or as willing. Bhattacharyya, K.C., *Studies in Kant* contained in *Studies in Philosophy*, Vol. II, ed. by Gopinath Bhatacharya (Progressive Publishers, Calcutta, 1958), p. 301.

8. Knowledge then to Kant need not be theoretical knowledge and need not imply intuition: it is only theoretical or objective knowledge that has intuition as a necessary factor. Both practical knowledge and theoretic knowledge imply thinking, ...In the theoretical knowledge of the object belief comes through the intuition or the sense-giveness... In practical knowledge of the self, there is the thinking of the self as cause, ...but the belief in

the self is through the willing or realising of the thought.

Studies in Kant, p. 302.

9. Willing is force as *thinking* of itself as cause and realizing thinking. Free willing is known as real in the willing itself, not in introspection;...

Studies Kant, p. 303.

10. Knowledge then to Kant need not be theretical knowledge and need not imply intuition; it is only theoretical knowledge or objective knowledge that has intuition as a necessary factor.

Studies in Kant, p. 302.

11. Both practical knowledge and theoretical knowledge imply thinking .... In the theretic knowledge of the object belief comes through the intuition or the sense-givenness...In practical knowledge of the self, there is the thinking of the self as cause, ..., but belief in the self is through the willing or the realizing of the thought.

Studies in Kant, p. 302-3.

12. *Critique of Pure Reason,* A 805, B 833.

13. Ibid, p. 32.

14. By 'the practical' I mean everything that is possible through freedom, *Critique of Pure Reason,* A 800, B 828.

15. *Critique of Pure Reason,* A 841, B 869.

16. On this view, philosophy is the science of the relation of all knowledge to the essential ends of human reason (teleologia rationis humanae), ...

Critique of Pure Reason, A 839, B 861

17. *Critique of Pure Reason,* A 840, B 868.

18. *Critique of Judgment,* pp. 8-9.

19. *Critique of Judgment,* p. 12.

20. *Critique of Practical Reason,* tr. by T.K. Abbott; First Part, Book I Ch. III.

21. Everything in nature works according to laws. Rational Beings

alone have the faculty of acting according to the *Conception of Law,* that is according to principles, i.e. have a will....the will is nothing but practical reason. *Fundamental Principles of Metaphysic of Morals* tr. by Abbott, T.K. [Logmans, Green & Co., 1895, reprinted Wilder Publication, 2008, USA) Section II, p. 31.

22. Ibid.

23. Ibid.

24. Ibid.

25. Paton, H.J., **The Categorical Imperative** (New York : Harper, 1947), Book III, pp. 129-98.

26. हमने person का अर्थ 'मानवीयरूप' किया है। इस प्रकार से अर्थ करने का कारण यह है कि काण्ट के अनुसार 'परसन' का अर्थ 'बौद्धिक प्राणी' है। यास्क के अनुसार 'मानव' का अर्थ है—मत्वा, कर्माणि सिव्यन्ति (जो विचारपूर्वक कर्म करते हैं)। अतः 'परसन' का सही अर्थ 'व्यक्तित्व' न होकर मानव है; व्यक्तित्व के लिए अँग्रेज़ी में 'individuality' शब्द है।

27. *Fundamental Principles of the Metaphysic of Morals,* Section II.

28. Ibid.

29. Ibid., *Critique of Practical Reason,* First Part, Book I, IV.

30. *Critique of Practical Reason,* First Part, Book I, VIII Theorem IV.

31. Hertzberg, A. (ed.) *Judaism* (Practice-Hall Internatioanl, London, 1961), p. 109.

32. Sullivan, R.J. *Immanuel Kant's Moral Theory* (Cambridge University Press, 1989, reprint, 1995), p. 59.

33. But although we believe that the action is thus determined, we none the less blame the agent, not indeed on account of his unhappy disposition, nor on account of the circumstances that have influenced him, nor even on account of his previous way of life; .... Our blame is based on the law of reason whereby we regard reason as a cause that irrespective of all the above mentioned empirical conditions could have determined, and ought to have determined, the agent to act otherwise.

Critique of Pure Reason, p. 477.

34. Rawls, John, *A Theory of Justice* (Harward University Press Cambridge, Massachusetts, London, England, 1971), p. 251.

35. मिश्र, नित्यानन्द, *नीतिशास्त्र (सिद्धान्त तथा प्रयोग)* (मोतीलाल बनारसीदास, दिल्ली, २००५), पृ. १४१।

36. Just as little, in fine, ought housekeeping, farming, statesmanship, the art of conversation, the prescribing of diet, the universal doctrine of happiness itself, or the curbing of the inclinations and checking of the affections for the sake of happiness to be reckoned as practical philosophy or taken to constitute the second part of the philosophy in general. For all these contain only rules of skill (and are consequently only technically practical) for bringing about an effect that is possible according to natural concepts of causes and effects, which, since they belong to theoretical philosophy, are subjects to those precepts as mere corollaries from it (viz., natural science) and can therefore claim no place in a special philosophy called practical.

Critique of Judgment, p. 9.

37. Silber, John, R., 'The Copernical Revolution in Ethics; The Good Examined', in *Kant : A Collection of Critical Essays ed.* R.P. Wollf (University of Notre Dame Press Notre Dame, Landon, 1968), pp. 267-290; see also Sullivan Roger J., *Immanual Kant's Moral Theory* (Cambridge University Press art impression 1996), p. 45 and Beck, L.W., *A Commentary on Kant's Critique of Practical Reason* (The University of Chicago Press, Chicago & London, 1960 reprinted, 1966), p. 179.

38. Kant's case against the classical tradition does not rest, however, on these theoretical difficulties alone. As a result of defining good prior to the moral law, the classical tradition emerged with a homogeneous concept of the good, a concept in which no distinction was made between moral and non-moral good. Silber, John R., 'The Copernican Revolution in Ethics: The Good Reexamined', p. 278.

39. We can express this by saying that in justice as fairness the concept of right is prior to that of the good. Rawls, John, *A Theory of Justice* (Harward University Press, Cambridge Massachusetts, London, England, 1971), p. 31.

40. To act from the principles of justice is to act from categorical imperatives in the sense that they apply to us whatever in particular our aims are."

Rawls, John, *A Theory of Justice*, p. 253.

41. Rawls, John, *A Theory of Justice,* p. 11.

42. Kant, I, *Fundament Principles of the Metaphysic of Morals* tr. by Abbott, T.K. (Longmans, Green and Co. 1895) section II.

43. Ibid.

44. The contract view as such defines a sense in which men are to be treated as ends not as means only.

Rawls, John, *A Theory of Justice*, p. 180.

45. To regard persons as ends in themselves in the basic design of society is to agree to forgo those gains which do not contribute to their representative expectations. Ibid.

46. By contrast, to regard persons as means is to be prepared to impose upon them lower prospects of life for the sake of the higher expectations of the others. Ibid.

47. The concept of the freedom of the will does not precede the consciousness of the moral law in us but is deduced from the determinability of our will by this law as an unconditional command, Kant, I, *Religion within the Limits of Reason Alone* tr. by Green, T.M. & Hudson, H.H., (Harper Torchbooks, London, 1934, reprinted, 1960) Book I, p. 45.

48. The proposition follows from the preceding one; for if the law can prescribe only the maxim of actions, not action themselves, this is a sign that it leaves a playroom (latitude) for free choice in following (complying with) the law, that is, that the law cannot specify precisely in what way one is to act and how much one is to do by the action for an end that is also a duty. Kant, I., *The Metaphysic of Morals* and Contaimed in Practical Philosophy tr. & ed. by Gregor, M.J., & Wood, Allen (Cambridge University Press, Cambridge, 1996), p. 521.

49. That is, first really good act that a man can perform is to forsake evil, which is to be sought not in his inclinations, but in his perverted maxim, and so in freedom itself. *Religion within the Limits of Reason Alone,* Book II, p. 51.

50. Natural inclinations, *Considered in Themselves,* are good, that is, not a matter of reproach, and it is not only futile to want to

extirpate them but to do so would also be harmful and blameworthy. Ibid.

51. Quoted from Fallckenberg, R., *History of Modern Western Philosophy,* pp. 387-88.

52. Now here we have a duty which is *sui generis*, not of men toward men, but of human race toward itself... Hence this duy is distinguished from all others both in kind and in principle. We can already see that this duty require the presupposition of another idea, namely, that of the higher moral being through whose universal dispensation the forces of separable individuals, insufficient in themselves, are unified for a common end, *Religion within the Limits of Reason Alone,* p. 89.

53. Kant, I., *The Critique of Practical Reason,* इस पुस्तक की प्रस्तावना देखें।

54. Ibid.; Beck, L.W., *A Commentary on Kant's, Critique of Practical Reason,* Chs. XIV & XV.

55. *Critique of Judgment,* p. 319.

56. Kant, I., *The Critique of Practical Reason,* Book II (काण्ट ने पूर्व मान्यताओं की विस्तृत चर्चा इसी खण्ड में की है)।

57. Kant, I., *The Critique of Practical Reason,* की प्रस्तावना देखें।

58. Beck, L.W., *A Commentary on Kant's Critique of Practical Reason,* p. 208.

59. Kant, I., *The Critique of Practical Reason,* Book I, Kant Says, "However, there are still many who think that they can explain this freedom on empirical principles, like any other physical faculty, ...They thus deprive us of the grand revealation which we obtain through practical reason by means of moral law... *The Critique of Practical Reason,* Book I, Section III, p. 83.

60. What else then can freedom of the will be but autonomy, that is, the property of the will to be a law to itself. *Fundamental Principles of the Metaphysic of Morals* by Kant, I., Section, III.

61. *Critique of Pure Reason,* p. 470.

62. Beck, L.W., *Acommentary on Kant's Critique of Practical Reason,* Ch. XI, PP. 176-181 & 198-99.

63. *Critique of Pure Reason*, pp. 92-93 & p. 151.

64. Kant, I., Natural inclinations, considered in themselves, are good, that is not a matter of reproach, and it is not only futile to want to extirpate them but to do so would also be harmful and blameworthy. *Religion Within the Limits of Reason Alone,* Book II, p. 31.

65. Kant, I., *Religion Within the Limits of Reason Alone,* Book I, p. 31.

66. Beck, L.W., *Acommentary on Kant's Critique Practical Reason,* Ch. XI, p. 199.

67. I think there is a difference between the human being and the individual. The individual is a social entity, living in a particular country, belonging to a particular culture, particular society, particular religion. The human being is not a local entity. He is everywhere. Krishnamurti, J., *Freedom from the Known* (Krishnamurti Foundation Chennai, 1999), pp. 9-10.

68. Kant, I., *Religion within the Limits of Reason Alone,* see its Introduction by Theodore J, Green, pp. lxv- lxvii.

69. Kant, I., *Religion within the Limits of Reaosn Alone.* See its preface by John R. Silber, pp. cxl-cxlii.

70. Kant, I., *Opus Postumum,* tr. by F. Forster and Michael Rosen and ed. by E. Forster. (Cambridge University presss, 1993).

71. Ibid., See Introduction, p. xviii.

72. *Person* is a being who has rights and conscious of them. If he has *rights and no duties*, then he is God. To have duties and no rights is the charactristic of the criminal. Ibid., p. 210; God and Man, both *persons*. The latter is *bound to duty*, the former *commands duty,* p. 242.

73. The categorical imperative.... does not begin from freedom but ends and completes with it. *Ibid.*, p. 212.

74. *Ibid.*, p. 215.

75. Kant, I., *Religion within the Limits of Reason Alone,* Book IV, part I, pp. 142-43.

76. The humiliating distinction between laity and clergy disappears, and equality arises from true freedom, yet without anarchy, because, though each obeys the (non-statutory) law which he precribes to himself, he must at the sametime regard this law as

the will of a world-Ruler revealed to him through reason, a will which by invisible means units all under one common government into one state- a state previously inadequately represented and prepared by the visible church. *Religion within the Limits of Reason Alone,* Book III, Division I, p. 112.

77. To Kant, the transcendental is the self as conscious act or freedom... The primitive act is not unconscious, as it is conceived by Fichte, but conscious freedom in willing and conscious apperception in knwoing. *Studies in Philosophy,* ed. by. G. Bhattacharya, p. 301.

78. Nor is absolutely necessary to know, concerning all possible actions, whether they are right or wrong. But the concerning the act which I propose to perform I must not only judge and form an opinion, but I must be sure that it is not wrong; ...*Religion Within the Limits of Reason Alone,* Book IV, Part II, p. 174.

79. प्रो. श्रीनारायण मिश्र, *वैशेषिक दर्शन का एक अध्ययन* (चौखम्भा प्रकाशन, वाराणसी, १९६८), पृ. २१०।

80. The act of will and the movement of the body are not two different things objectively known, which the bond of the causality unites; ... they are one and the same... See the *Story of Philosophy* by will Durant (Washington square press, New York, 24th impression, 1970), p. 314.

81. द्विवेदी, कपिलदेव, अर्थ विज्ञान एवं व्याकरण दर्शन (विश्वविद्यालय प्रकाशन, वाराणसी, द्वितीय संस्करण, २००८), पृ. २४८-४९।

82 Mohanty, J.N. and Chatterjee, T. (tr.), *Implications of the Philosophy of Kant* (Oxford University press, New Delhi, 2011), p. 42.

83. *The Critique of Practical Reason,* Book I, pp. 65-67.

84. काण्ट के दर्शन का तात्पर्य (2.3.3) यहाँ प्रथम अंक खण्ड को सूचित करता है, द्वितीय अंक विषय को तथा तृतीय पैराग्राफ को—उदाहरण के लिए 2 का अर्थ ज्ञान परीक्षा, 3 का अर्थ तीसरा विषय अर्थात् ज्ञात विषय का प्रकार और ज्ञान क्रिया तथा दूसरे 3 का अर्थ पैराग्राफ का सूचक है।

85. काण्ट के अनुसार चेतना का मुख्यधर्म प्रकाशित करना नहीं है, अपितु व्याख्या करना है। Smith, N.K., *Acommentary on Kant's Critique of Pure Reason,* (Macmillan & Co.London, 1918), XLII

86. *काण्ट के दर्शन का तात्पर्य* २-१-४

87. While Transcendental Deduction proceeds, as it were, from above from concepts to data, schematism proceeds from below-from the nature of data to concepts. Rotenstreich, N., *Experience and Its Systematization* (The Hague Martinus Nijhoff, 1965), p. 26

88. Rotenstreich, N. *Experience and Its Systematization,* p. 31

89. *काण्ट के दर्शन का तात्पर्य* २-७-१

90. The *unity of rule* determines all manifold, and limits it to conditions which make unity of appception possible. The concept of this unity is the representation of the object = x ...*Critique of Prue Reason,* A 105; Appearances are the sole objects which can be given to us immediately, ...But these appearances are not things in themselves; they are representations, which in turn have their object-an object which cannot be intuited by us, and which may, therefore, be named non-empirical, that is, transcendental object = *x*, *Critique of Pure Reason*, A 109

91. *Critique of Pure Reason,* A 56, B 81, A 57

92. The transcendental subjectivity is objective, universal and necessary....what begun with Kant is that one distinguishes between two levels of mind or two conceptions of mental-subjective, *psychological subjectivity and transcendental subjectivity.* And that is what Kant for the first time introduced that something can be mental, subjective and also shared in common by all rational beings. *Lectures on Kant's Critique of Pure Reason* by Mohanty, J.N. ed. by Chatterjee, Tara, Basu, Sandhya and Chatterjee, Amita (Munshiram Manoharlal Pub. Pvt. Ltd. New Delhi 2014) pp. 55-56

93. *काण्ट के दर्शन का तात्पर्य २.११.१४*

94. **Critique of Pure Reason,** B. 94.

95. Mohanty, J.N., *Lectures on Kant's Critique of Pure Reason,* 113-120

96. *काण्ट के दर्शन का तात्पर्य २.१२ ख (१).१*

97. *काण्ट के दर्शन का तात्पर्य २.६.२*

98. *Critique of Pure Reason,* A 74, B 100.

99. *काण्ट के दर्शन का तात्पर्य २.१२ ख (१क).५*

100. *काण्ट के दर्शन का तात्पर्य २.१२ ख (२क).७*

101. *काण्ट के दर्शन का तात्पर्य २.१२ ख (२क).४*

102. *Critique of Pure Reason,* A 104 काण्ट के इस अंश की व्याख्या दो प्रकार से सम्भव है। एक व्याख्या वह है जो काण्ट द्वारा संवेदनात्मक परीक्षा में दिये गये विवरण को सुविधाजनक (provisional) विवरण मानती है तथा यह मानती है कि काण्ट ने इस सिद्धान्त का परित्याग अतिविषयक विश्लेषण में किया है। दूसरा विवरण है जो संवेदनात्मक परीक्षा में वर्णित संवेदन और देशकाल के सिद्धान्त को प्रामाणिक मानता है। हमने द्वितीय विकल्प को ही उचित माना है तथा भट्टाचार्य जी ने भी इसी प्रकार की व्याख्या की है कि संवेदन परीक्षा के सिद्धान्त शुद्ध-बुद्धि की परीक्षा में कहीं भी तिरस्कृत नहीं किये गये हैं। प्रथम विकल्प, कुछ नव्य काण्टवादियों का है तथा पुराने काण्ट के व्याख्याकारों का भी है। एडवर्ड केयर्ड ने अपनी व्याख्या में यह प्रतिपादित किया है कि संवेदन-परीक्षा का सिद्धान्त प्रागानुभविक विश्लेषण को समझने में सहायक है तथा यही दृष्टि काण्ट की रही है। वह यह अवश्य स्वीकार करता है कि काण्ट ने 1983 में लिखे गये किसी भविष्यकालिक तत्त्वमीमांसा की भूमिका नामक ग्रन्थ में शुद्ध-गणित की दृष्टि से इसे पर्याप्त माना है। भट्टाचार्य जी इस प्रकार के सिद्धान्तों से परिचित थे। इसके बाद भी मुझे ऐसा नहीं लगता है कि वे संवेदनपरीक्षा के सिद्धान्तों को अतिविषयक संश्लेषण को समझने के लिए मात्र उपयोगी मानते हैं। विस्तृत विवरण के लिए देखें J.N. Mohanty, *Lectures on Kant's Critique of Pure Reason,* pp. 147-48.

103. Ewing, A.C., *A Short Commentary on Kant's Critique of Pure Reason* (The University of Chicago Press, Matheun & Co. Ltd. London 1934 repreinted 1974), p. 87.

104. *Critique of Pure Reason,* B. 162

105. *Ibid.*

106. *काण्ट के दर्शन का तात्पर्य २.१२ ख (२क).३*

107. *काण्ट के दर्शन का तात्पर्य २.१२ ख (२क).४*

108. *काण्ट के दर्शन का तात्पर्य २.१.३*

109. *काण्ट के दर्शन का तात्पर्य २.१२ ख (२क).२*

110. Mohanty J. N., *Lectures on kant's Critique of Pure Reason,* p. 165

111. *Critique of Pure Reason,* B. 130, 131

112. *Critique of Pure Reason,* B. 135

113. *Critique of Pure Reason,* B. 141

114. *Critique of Pure Reason,* B. 142

115. *काण्ट के दर्शन का तात्पर्य २.१२ ख (२ख).३*

116. Cassirer, H.W., *A Commentary on Kant's Critique of Judgement,* p. 25

117. *Critique of Pure Reason,* A 45

118. Kant, I., *Prolegomena to Any Future Metaphysics*, tr. ed. by Hatfield, Gary, (Cambridge University Press, Cambridge 1997, 2004) Second Part, p. 50

119. Unification must not be thought as an event, whose fulfillment has been reached, but as a task and ideal of a task, the task that is posited to thought in judgment can never be considered to have come to rest, to have been fulfilled. Quoted from *The Critical Philosophy of Hermann Chohen* by Poma, Andrea, tr. Denton, john (State University of New York Press, New York, p. 87

120. The passage from the transcendental to dialectic method is the response to the Critical need for transcendental investigation of the transcendental itself. *Ibid,* p. 85

121. In Cohen's classification, even certain schools of thought that do not belong historically to romanticism, ...are labeled romantic. ...within which Cohen situated post-kantian German Philosophy, and, especially its major represntatives : Fichte, Schelling, and Hegel. Cohen identified the source of all errors of romanticism with the abandoning of the fundamental principles of Kant's Critical idealism; the relationship of philosophy with Science and transccendental method on the one hand, and the distinction between being and what ought to be, between logic and ethics, and thus the correct conception of philosophy as a system, on the other, *Ibid,* 72.

122. These three things, for Kant, go together viz., Unity, concept consciousness and much of the deduction shows this point. Mohanty, J.N., *Lectures on Kant's Critique of Pure Reason*, p. 164

123. *काण्ट के दर्शन का तात्पर्य २.१२ ख (२ख).२-३*

124. *काण्ट के दर्शन का तात्पर्य २.७.२*

125. *काण्ट के दर्शन का तात्पर्य २.१३.१; काण्ट कहता है,* "The Schemata are thus nothing but a priori determinantion of time in accordance with rules." *Critique a Pure Reason*, A 143

126. Kant, I., *Prolegomena to Any Future Metaphysics*, tr.ed. Hatfield, G

(Cambridge University Press, Cambridge 1997, 2004), p. 80. If the *Critique of Pure Reason* had done nothing but first point out this distinction, it would thereby have already contributed more to elucidating our conception of, and to guiding inquiring in, the field of metaphysics, than have all the fruitless efforts undertaken previously to satisfy the transcendent problems of pure reason,....

127. *काण्ट के दर्शन का तात्पर्य २.१५.१*

128. *काण्ट के दर्शन का तात्पर्य २.१६.१*

129. *काण्ट के दर्शन का तात्पर्य २.१६.७*

130. *काण्ट के दर्शन का तात्पर्य २.१७.१-२*

131. Kant, I, *Critique of Judgement* tr. by J. H. Bernard (Hafner Publishing Company, 1959, New York) p. 34; Cassirer, H.W., *A Commentary on Kant's Critique of Judgment* (Barnes & Noble, Inco, New York, Methuen & Co. Ltd. London First Impression 1930 reprinted 1970), p. 169.

132. बेर्नार्ड द्वारा *भावनात्मक बुद्धि की परीक्षा* की भूमिका से उद्धृत, पृ. xxii।

133. That which gratifies a man is called pleasant; that which merely pleases him is beautiful; that which is esteemed (or approved) by him, i.e. that to which he accords an objective worth, is good. *Critique of Judgment,* p. 44.

134. ...I say that taste can be called *Sensus Communies* with more justice than sound understanding can, and than the aesthetical judgment rather than intellectual may bear the name of a sense common to all", *Critique of Judgment,* pp. 137-38.

135. We could even define taste as the faculty of judging of that which makes *universally communicable,* without the mediation of a concept, our feeling in a given representation." *Critique of Judgment,* p. 138.

136. हृदयेनाम्यनुज्ञातो यो धर्मस्तन्निबोधत। मनुस्मृति २.-१.

137. श्वेताश्वतरोपनिषद् ४.१७ पर शांकरभाष्य।

138. "Nature is beautiful because it looks like art, and art can be called beautiful if we are conscious it as art while yet it looks like nature" *Critique of Judgment,* p. 149.

139. "There is no science of beautiful, but only a critique it." *Critique of Judgment,* p. 147.

140. "Nature, by the medium of genius, does not describe rules to science but to art, and to it only as it is to be beautiful art", *Critique of Judgment*, p. 151.

141. ...properly speaking, what is called spirit; for to express the ineffable element in the state of mind implied by a certain representation and to make it universally communicable" *Critique of Judgment,* p. 161.

142. Stace, W.T., *A Critical History of Greek Philosophy,* (MacMillan S.T. Martin Press, St. published, 1920, 15th impression, London), p. 232.

143. *Critique of Judgment,* p. 86.

144. There may be quarrel about taste (although there can be no controversy), *Critique of Judgment*, p. 183.

145. Falckenberg, R., *History of Modern Western Philosophy,* tr. Armstrong, A.C. (Calcutta Progressive Publishers, 1968), p. 240.

146. Cassirer, H.W., *A Commentary on Kant's Critique of Judgment,* p. 233-34.

147. To which we may answer that sublime in nature is impoperly so called and that, properly speaking, the word should only be applied to a state of mind, or rather to its foundation in human nature, *Critique of Judgmnt,* p. 121.

148. *Critique of Judgment*, p. 107.

149. तुलना करें—मात्रा स्पर्षास्तु कौन्तेय शीतोष्णसुखदु:खदा:। आगमापायि नोऽनियास्तांस्तितिक्षस्व भारत।। गीता 2.14; काण्ट कहता है—"Freedom is the will's independence of coercion through sensuous impulses" *Critique of pure Reason,* (A. 534, B. 562).

150. मया प्रसन्नेन तवार्जुनेदं रूपं परं दार्शितमत्मयोगात्। (गीता 11.47) तथा देखें—न भूमिर्न न तोयं न तेजो न वायुर्न खंनेन्द्रियं वा न तेशा समूह:। अनैकान्तिकत्वात् सुशुप्तयेकसिद्धस्तदेकोऽवाशिष्ट: शिव: केवलोऽहम्।। दश श्लोकी, प्रथम श्लोक।

151. Bernard's Introduction to *Critique of Judgment,* p. xix.

152. Kant, I., 'Observations on the Feeling of Beautiful Subline' Contained in *Anthropology, History and Education* ed. by Zoller, G.

and Louden, Robert, B. (Cambridge University Press, Cambridge, U.K., 2007).

153. 'Being touched by either is agreeable' *Observations on the Feeling of Beautiful and Sublime),* p. 24.

154. ...all morality is social; not because we ought to take into account the effects of our acts upon the welfare of others, but because of facts. Others do take account of what we do, and they respond according to our acts. The responses do affect the meaning of what we do. 'Morality is social' in *The Philosophy of John Dewey,* Vol. IIed by John J. McDermolt (Capricorn Books G.P. Putnam's sons New York, 1973, p. 714.

155. Since nature also wanted to isntill the finer feelings that belong to culture-namely those of sociability and propriety- it made this sex man's ruler through her modesty and eloquence in speech and expression.

Amthropology from a Pragantic Point of View, contained in *Anthropology, History and Education,* p. 402.

156. *Anthropology from a Pragmatic Point of View,* pp. 231-233.

157. "If the universal (the rule, the principle, the law) be given, the judgment which subsumes the particular under it (even if, as transcendental judgement, it furnishes, a priori, the conditions in comformity with which subsemption under that universal is alone possible) is determinant. But if only the particular be given for which the universal has to be found, the judgment is merely reflective. *Critique of judgement,* p. 15.

158. *Critique of Judgment,* p. 16.

159. *Ibid.*

160. *Ibid.,* p. 23.

161. अविभक्तं विभक्तेशु तज्ज्ञानं विद्धि सात्त्विकम्।। गीता १८.२०

162. Symmenty, as wide or as narrow as you may define its meaning, is one idea by which man through the ages has tried to comprehend and create order, beauty and perfection. Hermann Weyl, *Symmetry* (Princeton University press,Princeton, New Jersey, first published, 1952, fifth impression, 1966), p. 5.

163. Symmentry is an invariance of an object or system to a transformation. *Symmetry and the Beautiful Universe,* Noble laureate, leon M. Lederman and Christopher, T. Hill (Prometheus Books, New York, 2004, 2nd edition 2008), p. 15.

164. *Critique of Judgment,* p. 80.

165. *Critique of Judgment,* p. 82.

166. *Critique of Judgment,* p. 93.

167. *Critique of Judgment,* p. 219.

168. *Critique of Judgment,* p. 275.

169. 'In such a product of mature, every part not only exists by means of the other parts, but is thought as existing for the sake ... and the whole-that is an (organic) instruments ... its parts are all organs reciprocally producing one another- Only a product of such a kind can be called a *natural purpose*, and this because it is an organized and self-organizing being, *Critique of Judgment,* p. 220.

170. *Critique of Judgment,* pp. 285-86.

171. काण्ट के दर्शन का तात्पर्य, चतुर्थ खण्ड।

172. *The Critique of Practical Reason,* Book I, II

173. *Ibid*

174. *Ibid;* See Cassirer, H.W., *A Commentary on Kant's Critique of Judgement,* pp. 74-77

कृतज्ञता ज्ञापन

भगवद्गीता में किसी कार्य के सम्पन्न करने के लिए पाँच कारणों की चर्चा की गयी है। उसमें दैव भी एक कारण है। कभी-कभी यह कारण इतना प्रबल हो जाता है कि इसके समक्ष अन्य कारणों का मूल्य नगण्य हो जाता है। इस भूमिका के लेखन में इसी कारण की प्रबलता है। इसलिए सर्वप्रथम मैं उस दैव के प्रति ही कृतज्ञता व्यक्त करता हूँ जिनकी प्रबल इच्छा के फलस्वरूप यह कार्य सम्पन्न हुआ।

प्रो. अम्बिकादत्त शर्मा ही इस कार्य के मुख्य सूत्रधार हैं। मैंने उनके अनुरोधात्मक आदेश का यथासम्भव पालन किया है। इस कार्य को प्रारम्भ करते समय उनके प्रति मेरे मन में मधुर क्रोधात्मक वृत्ति थी, आज कार्य के सम्पन्न होने के बाद सुखद सन्तोषजनक अनुभूति हो रही है। इस नेक कार्य को कराने के लिए उन्हें कोटिशः धन्यवाद देता हूँ तथा उनके उज्ज्वल भविष्य की कामना करता हूँ। उनका पुण्य सम्भार निरन्तर वृद्धि को प्राप्त हो।

प्रो. के०सी० भट्टाचार्य की दृष्टि की ये विशेषता रही है कि किसी दर्शन का विवेचन करते समय उस दर्शन पर वे अपने विचारों को आरोपित करने का प्रयास नहीं करते हैं। उन्होंने सांख्य, योग, वेदान्त आदि या जैन दर्शन के अनेकान्तवाद पर भी निबन्ध लिखे हैं। उन सबमें उनका प्रयास उनकी मूल दृष्टि को स्पष्ट करने की ओर अधिक रहा है। **काण्ट के दर्शन तात्पर्य** नामक ग्रन्थ में भी उन्होंने अन्य व्याख्याकारों की तरह काण्ट की कहीं आलोचना नहीं की है। एक अनोखे प्रश्न-ज्ञान और ज्ञानेतर निश्चय का प्रश्न उठाकर काण्ट के दर्शन की मूल दृष्टि को पकड़ने का प्रयास किया है। यह प्रश्न भट्टाचार्य जी का अपना प्रश्न है। इस प्रश्न का

विवेचन किसी अन्य व्याख्याकार ने नहीं किया है। भट्टाचार्य जी के **काण्ट के दर्शन का तात्पर्य** नामक ग्रन्थ की छाया काण्ट के दर्शन पर प्रो. जे. एन. मोहन्ती की पुस्तक Lectures on Kant's Critique of Pure Reason (२०१४) पर दिखायी पड़ती है। इधर प्रकाशित पुस्तकों में यह पुस्तक अत्यन्त विद्वत्तापूर्ण तथा सुन्दर है। प्रो. मोहन्ती ने जिस प्रकार ज्ञान का, चेतना का तथा निर्णय judgement के स्वरूप का विवेचन काण्ट के दर्शन के सन्दर्भ में किया है, उस पर भट्टाचार्य की छाया प्रतीत होती है, यद्यपि उन्होंने अपने निष्कर्ष काण्ट के प्रमुख व्याख्याकार तथा पाश्चात्य चिन्तकों के विचारों का मंथन करने के बाद प्रतिपादित किया है। इस प्रकार काण्ट के विचारों के सन्दर्भ में भट्टाचार्य जी, प्रो. रासबिहारी दास और प्रो. जे.एन. मोहन्ती के विचारों में साम्यता भट्टाचार्य जी के दार्शनिक वैचारिक प्रवाह की जीवन्तता का प्रतीक है।

२०१७ के प्रारम्भिक मास में जब प्रो. अम्बिकादत्त शर्मा ने इस पुस्तक के लिए कुछ लिखने का प्रस्ताव दिया तो मुझे अच्छा नहीं लगा। काण्ट के दर्शन के ऊपर लिखने में मेरी रुचि नहीं के तुल्य थी, लेकिन इसका सम्बन्ध भट्टाचार्य जी के साथ होने के कारण अनमने मन से कुछ लिखने का विचार बनने लगा। प्रो. कालिदास भट्टाचार्य से एक-दो बार मेरी मुलाक़ात है। वे मेरे शोध-प्रबन्ध के परीक्षकों में से एक थे। काशी हिन्दू विश्वविद्यालय के दर्शन विभाग के गुरुजनों के साथ उनका अच्छा सम्बन्ध था। किसी में थोड़ा भी गुण को देखकर भरी विद्वत् सभा में उसकी प्रशंसा करना उनका स्वभाव था। इन प्रसंगों को याद कर सामर्थ्य न होते हुए भी कुछ लिखने का विचार करने लगा।

'भूमिका' का अर्थ है 'भूमि वाली' या 'भूमिवाली पुस्तिका' है। भूमिका का अर्थ ऐसे आधार से लेना चाहिये जिससे परिचित होने के बाद ग्रन्थ को समझना आसान हो जाता है। इसी अर्थ को ध्यान में रखकर मैंने भूमिका का लेखन किया है। कितना सफल हुआ हूँ, इसका मूल्यांकन पाठकगण करेंगे।

बाङ्ला भाषा मुझे नहीं आती है। अतः इस पुस्तक के हिन्दी और अँग्रेज़ी अनुवादों की प्रामाणिकता में विश्वास की समस्या मेरे मन में खड़ी हुई है। प्रो. आनन्द मिश्र ने इसका अँग्रेज़ी अनुवाद उपलब्ध कराया तथा प्रो. डी.एन. तिवारी ने बाङ्ला प्रति उपलब्ध करायी। इन दोनों मित्रों ने केवल पुस्तकें उपलब्ध करायी, अपितु शीघ्रातिशीघ्र कार्य करने के लिए अपने

बौद्धिक और बौद्धिकेतर सुझावों से निरन्तर दबाव बनाये रखा। अतः इन दोनों मित्रों के प्रति भी मैं कृतज्ञता ज्ञापन करता हूँ।

शोध छात्र ओमशंकर दूबे की सहायता से मैंने बाङ्ला भाषा और हिन्दी भाषा के अनुवाद के कुछ महत्त्वपूर्ण अंशों को मिलाने का प्रयास किया। यह समझते मुझे देर नहीं लगी कि इस पुस्तक के अनुवादक प्रो. मुकुन्द लाठ ने अक्षरशः भट्टाचार्य जी के ग्रन्थ का अनुवाद किया है तथा पारिभाषिक शब्दों को यथावत् रहने दिया है।

भोजपुरी, हिन्दी और बाङ्ला भाषा की शब्दावली में भी काफ़ी समानता है। बाङ्ला न जानने पर मात्र अँग्रेज़ी अनुवाद से भ्रम दूर नहीं हो सकता है। इस दिशा में हिन्दी अनुवाद अँग्रेज़ी से अच्छा विकल्प है, क्योंकि शास्त्रीय शब्दावली दोनों भाषाओं में अधिकतर भारतीय दर्शन की संस्कृत शब्दावली है। अतः मैं सुन्दर अनुवाद के लिए प्रो. मुकुन्द लाठ को भी धन्यवाद देता हूँ।

डॉ. दुर्गेश चौधरी तथा डॉ. प्रमोद कुमार बागड़े से पाश्चात्य दर्शन की समस्याओं पर विचार करता हूँ। ये दोनों मेरे सहयोगी हैं। अतः दोनों के प्रति मैं आभार प्रदर्शन करता हूँ। काण्ट के नीतिशास्त्र पर विचार करते समय जॉन राल्स पर मेरी दृष्टि नहीं जाती यदि डॉ. बागड़े जॉन राल्स की चर्चा करके मुझे उत्तेजित नहीं करते। अतः उनको इसके लिए धन्यवाद देता हूँ। नव्य न्याय के पदार्थों पर सन्देह होने पर प्रो. राजाराम शुक्ल से परामर्श लेता रहता हूँ। अतः उनके प्रति कृतज्ञता ज्ञापन करता हूँ। प्रो. सच्चिदानन्द मिश्र से मैं कभी-कभी उनको बताये बिना ही उनके परामर्श से लाभ ले लेता हूँ। अतः उनके प्रति भी मैं आभार व्यक्त करता हूँ।

२०१२ के आस-पास मेरी मित्रता इण्टरनेट के माध्यम से सेंट्रल मिशिगन विश्वविद्यालय के ग्रन्थालयी श्री डेनियल एफ. फेरेर से हो गयी। वे १९७० के दशक में काशी हिन्दू विश्वविद्यालय के छात्र रह चुके थे तथा डॉ. हर्ष नारायण से अच्छी तरह परिचित थे। काण्ट के ग्रन्थों को उपलब्ध कराने में उन्होंने महत्त्वपूर्ण भूमिका निभायी। हाइडेगर के दर्शन के वे अधिकारी विद्वान हैं। जर्मन शब्दों के अर्थों को स्पष्ट करने में वे मेरी सहायता करते रहते हैं। अतः उनके प्रति मैं आभार व्यक्त करता हूँ।

काशी हिन्दू विश्वविद्यालय में स्नातक और स्नातकोत्तर कक्षाओं में मुझे अनेक गुरुजनों से कुछ सीखने को मिला है जो अब पार्थिव शरीर में नहीं

है। उन सभी गुरुजनों के प्रति मैं कृतज्ञता ज्ञापन करता हूँ। प्रो. केदारनाथ मिश्र, प्रो. एन.एस.एस. रमन, प्रो. लक्ष्मी निधि शर्मा, डॉ. हर्षनारायण, प्रो. सी.पी.एम. नम्बूदरी, डॉ. राजा राम द्रविण, डॉ. आर.एन. मुखर्जी, प्रो. शोभा रानी वसु, प्रो. बद्रीनाथ सिंह मेरे अध्यापकों में से थे। अतः इनके प्रति भी आभार प्रदर्शन करता हूँ। प्रो. आर.के. त्रिपाठी मेरे शोध निर्देशक थे। उनके शोध निर्देशक डॉ. सर्वपल्ली राधाकृष्णन थे लेकिन उनकी अगाध श्रद्धा प्रो. टी.आर.वी. मूर्ति के प्रति थी। उनके अनुशासन के कारण ही समकालीन दर्शन में विज्ञानवादी धारा या निरपेक्षवादी धारा की समझ है। अतः उनके प्रति भी मैं कृतज्ञ हूँ। प्रो. आर.एस. मिश्र, प्रो. कमलाकर मिश्र तथा प्रो. आर.आर. पाण्डेय मेरे कभी अध्यापक नहीं रहे, लेकिन उनके सुझावों और विचारों से मैं लाभान्वित हुआ हूँ। अतः उनके प्रति भी मैं आभार व्यक्त करता हूँ। डॉ. के.पी. मिश्र जो मेरे मित्र और सहयोगी थे, उनके असामयिक निधन से काश्मीर शैव दर्शन की अपूर्ण क्षति हुई है उनसे मैंने विपरीत परिस्थितियों में धैर्य बनाना सीखा है। अतः उनके प्रति भी आभार व्यक्त करता हूँ।

गुरुजनों में से प्रो. ए.के. चटर्जी के व्याख्यानों ने हम निरन्तर लाभान्वित होते रहे हैं। इधर उन्होंने वृद्धावस्था के कारण यह कार्य बन्द कर दिया है। अतः उनके प्रति भी मैं आभार प्रदर्शन करता हूँ। प्रो. पी.के. मुखोपाध्याय के व्याख्यानों से भी हम निरन्तर लाभ उठाते रहते हैं। अतः उनके प्रति भी हम आभारी हैं।

प्रो. विश्वम्भर पाही से भी जयपुर में आयोजित तर्कशास्त्र की कार्यशालाओं में कुछ सीखने को मिला है। अतः उनके प्रति भी हम आभार व्यक्त करते हैं।

विभाग में नेक कार्य के लिए तथा पढ़ने-पढ़ाने के लिए सभी सहयोगी अध्यापक बन्धु सदा उत्साहवर्धन करते रहते हैं। अतः मैं प्रो. उमेशचन्द्र दुबे, प्रो. एस. विजय कुमार, प्रो. कृपाशंकर, प्रो. देवब्रत चौबे, प्रो. एम.आर. मेहता, प्रो. उर्मिला चतुर्वेदी, प्रो. अभिमन्यु सिंह, प्रो. श्रीप्रकाश पाण्डेय, प्रो. राजेश झा, प्रो. ज्योत्स्ना श्रीवास्तव के प्रति आभार व्यक्त करता हूँ। डॉ. सतीश चन्द्र दूबे, डॉ. हरिदत्त त्रिपाठी, डॉ. बालेश्वर प्रसाद यादव, डॉ. ग्रेस डार्लिंग, डॉ. जयसिंह, डॉ. विवेक पाण्डेय, डॉ. सरिता रानी, डॉ. श्रुति मिश्रा को भी धन्यवाद देता हूँ, जो अप्रत्यक्ष रूप से प्रश्न उपस्थित कर मेरे चिन्तन की प्रक्रिया में सहायक बनते हैं। डॉ. एम.के. नटराजन को भी कभी-कभी जर्मन शब्दों की व्याख्या में सहायता देने के लिए धन्यवाद देता हूँ।

डॉ. मुन्नी अग्रवाल के विचारों से लाभान्वित हुआ हूँ अतः उन्हें भी मैं धन्यवाद देता हूँ। प्रो. राकेश मिश्र, प्रो. हरिशंकर सिंह, श्री शैलेश बिहारी मिश्र तथा प्रो. हरिशंकर प्रसाद के प्रति भी अनेक प्रकार की सहायता करने के कारण मैं आभार प्रदर्शन करता हूँ। डॉ. दुर्गेश सिंह तथा डॉ. वी.के. मिश्र, जो काशी हिन्दू विश्वविद्यालय में उपग्रन्थालयी हैं, उनके भी प्रति मैं आभार प्रदर्शन करता हूँ।

विविध प्रकार से सदा उपकार करने को तत्पर डॉ. जयन्त उपाध्याय के प्रति मैं कृतज्ञ हूँ। टंकण सम्बन्धी दोषों के सुधार में सहायता करने के लिए डॉ. जयन्त उपाध्याय को विशेषतः धन्यवाद देता हूँ। डॉ. जयशंकर सिंह, डॉ. राहुल सिंह तथा डॉ. रुचि सिंह को अनेक प्रकार के कार्यों में सहायता देने के लिए धन्यवाद देता हूँ।

शोध छात्र श्री ओमशंकर दुबे, श्री प्रभात रंजन राय तथा श्री सुबोध श्रीवास्तव, डॉ. महेन्द्र प्रसाद यादव अनेक प्रकार से मेरे सहायक बनते हैं। अतः उनको मैं धन्यवाद देता हूँ।

दर्शन-विभाग के ग्रन्थालय में कार्यरत फूलचन्द राम तथा बबई राम पुस्तकों को यथाशीघ्र उपलब्ध कराने के लिए प्रयासरत रहते हैं। अतः उनके प्रति मैं आभार प्रदर्शन करता हूँ। नीरज कुमार तथा लाल बहादुर पटेल को भी धन्यवाद देता हूँ। डॉ. एन.सी. पाण्डेय, डॉ. संजय गौड़ और पप्पू सिंह दर्शन विभाग के कार्यालय कार्य करते हुए भी अनेक प्रकार से सहायक होते रहे हैं। अतः उन्हें भी मैं धन्यवाद देता हूँ।

टंकण कार्य को दक्षतापूर्वक करने के लिए मैं अनिल विश्वकर्मा को भी धन्यवाद देता हूँ। टंकण में सहायता के लिए सोनू को भी धन्यवाद देता हूँ।

अन्त में, पुनः इस योजना के सूत्रधार प्रो. अम्बिकादत्त शर्मा को धन्यवाद देता हूँ तथा उनके उज्ज्वल भविष्य की कामना करता हूँ।

शुभमस्तु।

मंगलवार, एकादशी, कृष्णपक्ष,
श्रावणमास, संवत्-२०७५
७ अगस्त, २०१८

—अरविन्द कुमार राय
प्रोफ़ेसर
दर्शन एवं धर्म विभाग
काशी हिन्दू विश्वविद्यालय
वाराणसी-२२१००५
ईमेल—akraibhu@rediffmail.com

काण्ट के दर्शन का तात्पर्य

सूचना

काण्ट के मत में निश्चयमात्र ही ज्ञान नहीं होता, ज्ञान-भिन्न निश्चय भी होता है। अन्य (ज्ञान-भिन्न) निश्चयों में 'यह ज्ञान है' ऐसा भ्रम होता है और निश्चय से भिन्न किसी-किसी प्रत्यय में भी 'यह निश्चय है' ऐसा भ्रम होता है। ऐसे भ्रम को दूर करने के लिए निश्चय प्रत्यय की विस्तार से परीक्षा प्रयोजनीय है। काण्ट के दर्शन में निश्चय-परीक्षा पर विचार ही प्रधान है। इसीलिये इस दर्शन को परीक्षा-दर्शन (क्रिटिकल फिलॉसफी) का नाम दिया जाता है।

काण्ट ने अव्यक्त और व्यक्त इन दोनों ही प्रकार के पदार्थों को निश्चय के अन्तर्गत रखा है। साधारणत: व्यक्त पदार्थ के निश्चय को ही निश्चय कहा जा सकता है : ऐसे निश्चय की परीक्षा के भीतर से ही अव्यक्त पदार्थ के निश्चय का प्रसंग उठता है। काण्ट के मत में वस्तु-विषयक निश्चय मूलत: दो प्रकार का होता है : ज्ञान-निश्चय और ज्ञानेतर निश्चय। वे प्रत्यक्ष-योग्य विषय के ज्ञान को ही साधारणत: ज्ञान कहते हैं। पर उन्होंने स्वाधीन-कृति स्वरूप अविषय आत्मा के ज्ञान को भी स्वीकार किया है। उनके मत में ज्ञानेतर निश्चय भी दो प्रकार का होता है। एक प्रकार उसी कृत्यात्मक आत्मज्ञान के गर्भ में रहता है, दूसरा प्रकार कृति-निरपेक्ष वेदनात्मक (भावनात्मक) कल्पना से जन्म लेता है। काण्ट की निश्चय-परीक्षा, ज्ञान-परीक्षा, कृति-परीक्षा और वेदना-परीक्षा, इन तीन भागों में विभक्त है। अपनी ज्ञान-परीक्षा में उन्होंने प्रधानत: विषय-ज्ञान पर विचार

किया है। कृत्यात्मक आत्मज्ञान और तत्-सापेक्ष ज्ञानेतर निश्चय पर विचार कृति-परीक्षा पर लिखे ग्रन्थ में हुआ है। वेदना-परीक्षा पर लिखे ग्रन्थ में कल्पनाजन्य ज्ञानेतर निश्चय पर विचार किया गया है।

(१) कृतिपरीक्षा या धर्मपरीक्षा

ज्ञानेतर निश्चय के बारे में, 'यह ज्ञान है', ऐसा जो भ्रम होता है, उसका मूल और उसके निरास का प्रयोजन कृति-परीक्षा से ही समझा जा सकता है।

कर्तृज्ञानात्मक कर्म को 'कृति' कहा जाता है। यहाँ 'कर्म' शब्द का अर्थ है, 'वह क्रिया जिसकी प्रतीति क्रिया-कल्पना के परिणाम-रूप में होती है'। कर्ममात्र में कर्तृत्वज्ञान नहीं होता। 'मैं अपनी क्रिया-कल्पना को क्रिया में परिणत कर रहा हूँ, और इस परिणति का कारण मैं हूँ', ऐसे ज्ञान को कर्तृत्वज्ञान कहा जाता है। 'मैं कर्म कर रहा हूँ', इस ज्ञान में, 'मैं क्यों कर रहा हूँ', अर्थात्, 'किस प्रयोजन से कर रहा हूँ', इस बात का ज्ञान रहता है। 'क्यों कर रहा हूँ', यह ज्ञान दो प्रकार का होता है। 'कर्म के अतिरिक्त इष्टफल के लिए कर रहा हूँ,' यह एक प्रकार का ज्ञान है। 'कर्म इष्ट-साधन के लिए नहीं, अपने आप में इष्ट है', यह दूसरे प्रकार का ज्ञान है। कर्म जिस इष्ट-बुद्धि या इष्टसाधन-बुद्धि से किया जा सकता है, उसे कर्म की प्रवर्तना कहा जाता है। कृति-प्रवर्तक इष्टसाधन-बुद्धि को फल-तन्त्र प्रवर्तना कहा जा सकता है और कृति-प्रवर्तक इष्ट-बुद्धि को स्वतन्त्र प्रवर्तना कहा जा सकता है। स्वतन्त्र प्रवर्तना से की गयी कृति स्वतन्त्र कृति होती है। फल-तन्त्र प्रवर्तना से की गयी कृति को परतन्त्र-कृति की आख्या दी जा सकती है। स्वतन्त्र प्रवर्तना में यह स्फुट निषेध-प्रतीति रहती है कि 'यह कृति फल-तन्त्र नहीं है'। स्वतन्त्र-कृति 'यह फल-तन्त्र नहीं है' इस प्रतीति के बिना नहीं होती। लेकिन फल-तन्त्र प्रवर्तना में स्वातन्त्र्य-निषेध की स्फुट प्रतीति नहीं भी हो सकती है। फल-तन्त्र प्रवर्तना में यह ज्ञान कि 'कृति परतन्त्र है, फल-कामना कृति से अतिरिक्त पदार्थ है', यह ज्ञान स्वतन्त्र-कृति की अपेक्षा रखता है। जिस कर्ता को स्वातन्त्र्य-ज्ञान हुआ न हो, उसे यह ज्ञान भी नहीं होता कि 'फल-कामना कृति से अतिरिक्त

पदार्थ है' : अर्थात् उसे यह ज्ञान नहीं होता कि 'काम आत्मा का पर या शत्रु है'। इस अर्थ में कर्ता के स्वातन्त्र्य-ज्ञान और पारतन्त्र्य-ज्ञान को परस्पर सापेक्ष कहा जा सकता है।

'कृति अपने आप में इष्ट है, इसलिए नहीं कि किसी इष्ट की साधन है', यह प्रतीति कर्तव्यता या विधि ज्ञान के बिना किसी दशा में नहीं होती। अगर कर्म केवल आनन्द या लीला बुद्धि से सम्भव हो तो ऐसे कर्म को कर्तृत्वज्ञानात्मक कर्म या 'कृति' कह कर नहीं स्वीकारा जा सकता। 'इस कर्म को मैं कर्तव्य समझकर कर रहा हूँ, फल-कामना-वर्जित विधिबुद्धि से कर रहा हूँ', यह प्रतीति कृति के अपने आप में इष्ट होने की प्रतीति है। कृति के दो प्रवर्तक माने जा सकते हैं : फलकामना और विधि-बुद्धि। विधि की वस्तुता को विधि-बुद्धि से अलग नहीं जाना जा सकता, इसलिए विधि को ही स्वतन्त्र-कृति का प्रवर्तक कहा जा सकता है। पर फल का ज्ञान फल-कामना से अलग होता है, इसलिए परतन्त्र कृति का प्रवर्तक फल को नहीं फल-कामना या काम को कहना चाहिये। विधि और काम इन दोनों को कृतिप्रवर्तक कहा जा सकता है।

विधि का निश्चय और स्वतन्त्र-कृति का निश्चय, ये दोनों परस्पर-सापेक्ष हैं। काण्ट के मत में इन दोनों निश्चयों को ज्ञान कहा जा सकता है, एक ही ज्ञान के दो रूप कहिये, पर यह ज्ञान कृतितन्त्र आत्मज्ञान है, कृति-निरपेक्ष विषय-ज्ञान नहीं। विधिपालन-रूप स्वतन्त्र-कृति में ही कृत्यात्मक शुद्ध आत्मा का और विधि का युगपत् ज्ञान होता है। काण्ट के मत में कृति-निरपेक्ष आत्मा का ज्ञान नहीं होता। परतन्त्र कृति में जिस आत्मा की प्रतीति होती है वह उस आत्मा का ज्ञान है जो काम से अभिन्न होती है, वह ज्ञान शुद्ध आत्मा का ज्ञान नहीं है। स्वतन्त्र-कृति में ही कृति-स्वरूप शुद्ध आत्मा का ज्ञान होता है। कृति का स्वातन्त्र्य विधि-ज्ञान में ही होता है। परतन्त्र-कृति में यह निषेध-ज्ञान तो हो सकता है कि 'यह विधि-प्रवर्तित नहीं है', पर इस निषेध-ज्ञान को विधि का ज्ञान नहीं कहा जा सकता। 'मैं जो कर्म कर रहा हूँ, उसे कर्तव्य जान कर नहीं कर रहा', इस ज्ञान में कर्तव्यता का ज्ञान नहीं होता, वेदना-निश्चय मात्र होता है। आत्मा में जो पाप की या अशुद्धि की अनुभूति होती है—आत्मा के दण्ड या दुःख के योग्य होने का जो वेदना-रूप पूर्वाभास होता है—वही वेदना-रूप पूर्वाभास इस औपचारिक ज्ञान के रूप में आभासित होता है कि विधि मानो लंघित

हो रही है या उसका पालन नहीं हो रहा। शुद्ध आत्मा का ज्ञान या विधि-ज्ञान, यह विधि-पालन-रूप स्वतन्त्र-कृति में ही होता है। इस आत्मा से आत्मज्ञान भिन्न नहीं है, आत्मज्ञान से विधिज्ञान भिन्न नहीं है, और विधिज्ञान से विधि भिन्न नहीं है। अतएव कहा जा सकता है कि कृत्यात्मक शुद्ध आत्मा से विधि का कोई भेद नहीं है।

कहा जा चुका है कि परतन्त्र-कृति में अगर यह प्रतीति हो भी कि 'यह कृति विधि-प्रवर्तित नहीं है', तो भी यह प्रतीति विधिज्ञान नहीं होती। स्वतन्त्र-कृति में यह प्रतीति अवश्यम्भावी है कि 'यह कृति काम-प्रवर्तित नहीं है', और तब यह मानना पड़ता है कि काम-निषेध की प्रतीति प्रवर्तक-काम का ज्ञान होती है : विधि-स्वरूप आत्मा के ज्ञान में उस आत्मा का ज्ञान भी होता है जो काम से अभिन्न है। विधिपालन में उसी आत्मा के दोनों रूपों का ज्ञान होता है। एक ही आत्मा क्यों ऐसे दो रूपों में प्रकाशित होती है, यह हमारे बोध के परे है, किन्तु इस बात में कोई संशय का अवकाश नहीं कि विधि-पालन में ऐसा प्रकाश जागता है। विधि-स्वरूप आत्मा और काम-रूप आत्मा के भेदाभेद ज्ञान में यह अनुभव होता है कि आत्मा एक साथ ही शासित और शासिता है, आदिष्ट और आदेष्टा है।

विधि-पालन और स्वतन्त्र-कृति, इनमें विधि ही प्रवर्तक होती है। हमारे जानते हुए विधि और काम इन दो प्रवर्तकों का मिश्रण नहीं हो सकता। पर किसी-किसी स्थल पर 'विधि-प्रवर्तना में विधिज्ञान के साथ अनजाने में या प्रच्छन्न भाव से काम संश्लिष्ट हो गया है', इस बात का अनुमान किया जा सकता है। पर ऐसे प्रच्छन्न काम के रहते हुए भी कृति के स्वातन्त्र्य का अपलाप नहीं होता। फिर भी यह नहीं कहा जा सकता कि इस बात से आत्मा में कोई अशुद्धि नहीं आती। यहाँ समस्या यह उठती है कि कृत्यात्मक आत्मा ही शुद्ध आत्मा है तो इसमें अशुद्धि की सम्भावना कैसे बनती है?

यहाँ कहा जा सकता है कि विधि और स्वतन्त्र-कृति, ये वस्तु के रूप में एक होते हुए भी ज्ञेयता में भिन्न हैं। विधि शुद्ध आत्मा का स्वरूप है, अशुद्ध आत्मा या कामात्मा की तुलना में यह उपलब्धि होती है कि शुद्ध आत्मा स्वतन्त्र-कृति-स्वरूप है। काम-वर्जन की क्रिया से निरूपित जो शुद्ध आत्मा है वही स्वतन्त्र-कृति के रूप में ज्ञेय होती है। तो, शुद्ध आत्मा की विधि-स्वरूपता के ज्ञान को शुद्ध ज्ञान और उसके स्वातन्त्र्य-ज्ञान को मिश्र या कामापेक्ष ज्ञान कहा जा सकता है। एक ही शुद्धात्मा की ज्ञेयता के

ये दो प्रकार हैं, यह स्वीकार करना पड़ता है। स्वातन्त्र्य-ज्ञान में यह अनुभव जागता है कि आत्मा एक ही साथ शासिता भी है और शासित भी। यह अनुभूति ज्ञान नहीं है, वेदना विशेष है। पर वेदना होते हुए भी यह अनुभूति सुख-दुःख रूप प्राकृत वेदना से नितान्त भिन्न है। इस अप्राकृत वेदना का नाम है, आत्मसम्मान। आत्मसम्मान में शासित आत्मा अपने को भृत्य के रूप में अनुभव करती है और शासक आत्मा अपने को प्रभु के रूप में। भृत्यभाव का अर्थ है निरभिमानत्व। प्रभुभाव का अर्थ अभिमान नहीं है, आत्मप्रसाद है। निरभिमान आत्मप्रसाद का ही नाम आत्मसम्मान है।

यों, स्वतन्त्र-कृति में शुद्धात्मा का ज्ञान आत्मसम्मान-रूपी वेदना के साथ संश्लिष्ट रहता है; इसलिए विधिज्ञान-रूप आत्मा के शुद्ध ज्ञान की अपेक्षा से स्वतन्त्र-आत्मा के ज्ञान को मिश्र ज्ञान कहा जा सकता है। पर ज्ञान के रूप में मिश्र ज्ञान को अशुद्ध या दोष-युक्त नहीं कहा जा सकता, क्योंकि आत्मसम्मान-रूप वेदना कृति-प्रवर्तक काम की तरह शुद्धात्मा की पर या शत्रु नहीं है। पर यह भी नहीं कह सकते कि यह वेदना स्वतन्त्र-कृति की प्रवर्तक होती है। स्वतन्त्र-कृति की प्रवर्तक विधि है—या विधिज्ञान। आत्मसम्मान के लिए यही कहना ठीक है कि वह स्वतन्त्र-कृति के साथ ही जागता आत्मप्रसाद है, या ऐसी कृति का अप्राकृत परिणाम है। यों कृति और वेदना में जो भेदाभेद बनता है, उसी के कारण यह आभास होता है कि यह वेदना मानो कृति-प्रवर्तक है। तो, स्वातन्त्र्य-प्रत्यय में काम-वर्जन रूप जो कामापेक्षा रहती है, वह अशुद्धि न सही, पर उसे अशुद्धि का बीज या अवकाश कहा जा सकता है। इस अवकाश में जब आत्मसम्मान-रूप वेदना रहती है तब अशुद्धि का बीज अंकुर नहीं पकड़ता, उलटे बीज की शक्ति क्षीण होती रहती है। आत्मसम्मान ही स्वातन्त्र्य की यथार्थ अनुभूति है; पर स्वातन्त्र्य की अयथार्थ या प्रतिकूल अनुभूति भी होती है। ऊपर कहा गया है कि आत्मसम्मान के दो रूप हैं : निरभिमानत्व और आत्मप्रसाद। स्वातन्त्र्य की अयथार्थ अनुभूति के दो रूप जाने जाते हैं : स्वातन्त्र्याभिमान और स्वातन्त्र्यविलास। काण्ट के मत में स्वतन्त्र-कृति या विधि का पालन ही धर्म है। यों, इन दो अनुभूतियों के ये दो नाम दिये जा सकते हैं : धर्माभिमान और धर्मविलास। अब, यह ठीक है कि इन दो के रहने पर कृति के स्वातन्त्र्य का लोप नहीं होता, पर इनसे आत्मा का अशुद्धि-बीज अशुद्धि के रूप में व्यक्त हो पाता है। इस अशुद्धि के कारण ही स्वतन्त्र-कृति में विधि-प्रवर्तना के साथ प्रच्छन्न भाव से काम-प्रवर्तना संश्लिष्ट

हो जाती है। यों आत्मा में व्यक्त होती अशुद्धि को काम या अधर्म का सूक्ष्मरूप कहा जा सकता है।

आत्मसम्मान-रूपी स्वातन्त्र्य-अनुभूति में ही धर्माभिमान और धर्मविलास, ये स्वातन्त्र्य की प्रतिकूल अनुभूति और आत्मा की अशुद्धि के रूप में व्यक्त होते हैं। हम कह चुके हैं कि ज्ञानेतर निश्चय में यह भ्रम होता है कि 'यह ज्ञान है'। स्वातन्त्र्य की यथार्थ अनुभूति में यह समझ जागती है कि स्वातन्त्र्य की अयथार्थ अनुभूति ही इस भ्रम की जड़ है, और यह भी कि इस भ्रम का निरास होना चाहिये। हम यह मान चुके हैं कि स्वातन्त्र्य और विधि, इनका ज्ञान होता है। इस ज्ञान से संश्लिष्ट जो शुद्ध वेदना है उससे ज्ञानेतर निश्चय उद्भूत होता है, और उसमें यह प्रतीति भी होती है कि इस निश्चय के बारे में जो यह भ्रम है कि 'यह ज्ञान है', यह भ्रम अशुद्ध वेदना-प्रसूत है।

वेदना ही कल्पना का मूल है। शुद्धात्म-वेदना-प्रसूत कल्पना में निश्चय रूप लेता है। अन्य वेदना-प्रसूत कल्पना में कल्पित पदार्थ का निश्चय नहीं होता। निश्चयात्मक कल्पना को 'ध्यान' कहा जा सकता है। स्वतन्त्र-कृति या धर्म की अनुभूति शुद्ध आत्मा की वेदना होती है। शुद्धात्म-वेदना कृति-निरपेक्ष भी हो सकती है, पर इस वेदना से जो ध्यान-निश्चय जन्म लेता है उसके बारे में यह भ्रम नहीं होता कि 'यह ज्ञान है'; वह ज्ञान है या नहीं, यह प्रश्न ही उपस्थित नहीं होता। पर धर्मानुभूति-जन्य ध्यान-निश्चय के बारे में यह भ्रम हो सकता है कि 'यही ज्ञान है'। इसलिए ध्यान-निश्चय का प्रसंग पहले ही उठता दीखता है। आत्मसम्मान-रूप धर्मानुभूति में ही यह स्फुट प्रतीति उद्भूत होती है कि ध्यान-निश्चय ज्ञान नहीं है, और यह भी कि उसके बारे में जो यह भ्रम होता है कि 'यह ज्ञान है', इस भ्रम का मूल धर्माभिमानादि-रूप अशुद्ध धर्मानुभूति में है।

विधिपालन-रूप स्वतन्त्र-कृति को धर्म भी कह सकते हैं और धर्मज्ञान भी। तो, धर्म और धर्मज्ञान, ये दोनों एक ही पदार्थ हैं। पर धर्मज्ञान और धर्म-वेदना में भेदाभेद का बोध होता है। वेदना यहाँ ज्ञानात्मक होती है, पर ज्ञान वेदनात्मक नहीं होता। यह जो वेदनाजन्य कल्पना रूप लेती है कि धर्म-वेदना धर्मज्ञानात्मक है, यह कल्पना अवस्तु-कल्पना नहीं है, निश्चयात्मक ध्यान है। यह निश्चय ज्ञान इसलिए नहीं कहला सकता क्योंकि ज्ञान यहाँ वेदनात्मक नहीं होता। आत्मज्ञान हमें धर्मज्ञान में ही होता

है; धर्म–वेदना से आत्म–विषयक ध्यान–निश्चय होता है। धर्म–स्वरूप आत्मा निश्चयेन ज्ञेय वस्तु भी है और ध्येय वस्तु भी। पर आत्म–ज्ञान में आत्मा अविषय–भाव लिये प्रतीत होती है, जबकि आत्म–ध्यान में आत्मा विषय–भाव लिये प्रतीत होती है। धर्म की यथार्थ या अनुकूल वेदना में आत्मा की ज्ञेयता और ध्येयता के भेद की उपलब्धि होती है। पर धर्म की प्रतिकूल वेदना में यह भेदाभेद मिट जाता है, और यह भ्रम जागता है कि ध्येय आत्मा ज्ञेय अविषय है, अथवा यह कि ज्ञेय आत्मा ध्येय विषय है। भ्रम के इन दो रूपों को यथाक्रमेण धर्माभिमान और धर्म–विलास का आलम्बन कहा जा सकता है।

'मैं विधि–पालन कर रहा हूँ', इस निश्चय को हम 'ज्ञान' कह चुके हैं। पर यह निश्चय कि 'स्वतन्त्र–कृति के द्वारा क्रिया या क्रिया–फल–रूप विषय साधा जाता है', यह ज्ञान नहीं कहला सकता—दूसरे शब्दों में, यह निश्चय कि 'अविषय आत्मा अनात्म–परिणाम का कारण है', इस निश्चय को ज्ञान कहना ठीक नहीं। स्वतन्त्र–कृति–रूप आत्मा की ज्ञेयता स्वीकार की जा सकती है, पर अनात्म–कार्य के स्वतन्त्र कारण या कर्तृ–रूप आत्मा की केवल ध्येयता ही मानी जा सकती है। यह ठीक है कि अनात्म–कार्य का अनात्म–कारण ज्ञेय ही होता है, पर 'आत्मा इस कार्य का कारण है', इस बात का ज्ञानेतर निश्चय मात्र होता है, ज्ञान नहीं होता। हम कह चुके हैं कि स्वतन्त्र–कृति में काम–वर्जन–रूपी कामापेक्षा रहती है। इस कामापेक्षा के कारण ही स्वातन्त्र्य की वेदना में यह निश्चय उभरता है कि 'आत्मा की विषय–परिणाम के प्रति कारणता है'। पर अनुकूल वेदना में यह उपलब्धि होती है कि 'यह निश्चय ज्ञान नहीं है'। जबकि स्वातन्त्र्याभिमान में यह भ्रम होता है कि 'यह निश्चय ज्ञान है'। ज्ञेय अनात्म–कार्य का अनात्म–कारण किसी और अनात्मकारण का कार्य होता है, अतएव यह मानना पड़ता है कि अनात्मकारण परतन्त्र और अनादि है। आत्मा अनात्मकार्य की अन्यतर कारण है। क्योंकि यह आत्मा स्वतन्त्र–कृति–रूप है इसलिए इसे स्वतन्त्र कारण और आदि कारण कहा जा सकता है। धर्मानुभूति में अनात्मकार्य के स्वतन्त्र और परतन्त्र, इन दोनों कारणों का युगपत् निश्चय होता है। पर धर्माभिमान में यह अभिमान होता है कि परतन्त्र कारण की ही तरह मैं आत्मरूप स्वतन्त्र कारण को भी विषय–भाव से जानता हूँ।

आत्मा की अप्राकृत स्वतन्त्र–कारणता का पहला निश्चय प्राकृत कार्य की

कारणता के प्रसंग में होता है। प्राकृत कार्य ऐसी कालिक घटना को कहा जाता है जो विषय-भाव से ज्ञेय होती है, दूसरे शब्दों में, ऐसे पदार्थ को जो काल-प्रवाह में उत्पन्न और स्थित होता है। पर यह निश्चय जागे कि अप्राकृत कारण भी होता है, तो अप्राकृत या कालातीत कार्य की कल्पना भी जन्म लेती है। अप्राकृत आत्मा जिस तरह कालिक घटना की कालातीत कारण है, आत्मा की पाप-पुण्य-रूपी अप्राकृत अवस्था की भी उसी तरह कारण है। आत्मा की इस कार्यावस्था को काण्ट ने उसका 'अप्राकृत स्वभाव या आत्मशरीर (Noumenal Character)' इन शब्दों से निर्दिष्ट किया है। प्राकृत और अप्राकृत कार्य की अपेक्षा से आत्मा की स्वतन्त्र कारणता को समझा जा सकता है।

यह ठीक है कि स्वतन्त्र-कृति फलकामना द्वारा तो प्रवर्तित नहीं होती, पर आत्मा को श्रेयोरूप फल मिलता है, इस बात से इनकार नहीं किया जा सकता। ऐसे फल का सन्धान उस बुद्धि में ही पाया जा सकता है जो फल-कामना का वर्जन करती है। इसलिए यह कहा जा सकता है कि श्रेयोबुद्धि धर्मबुद्धि-सापेक्ष है, पर धर्मबुद्धि श्रेयोबुद्धि-सापेक्ष नहीं है। परतन्त्र-कृति से फल की कल्पना सकाम-कल्पना है। स्वतन्त्र-कृति में भी फल-कामना रह सकती है, पर यह कल्पना निष्काम है। यहाँ फल काम का विषय या ईप्सित नहीं होता, उसकी कल्पना आत्मा के इष्ट या कल्याण के रूप में होती है।

स्वतन्त्र-कृति या धर्म की वेदना से निष्काम फल की कल्पना उदित होती है। पर यह वेदना जहाँ अस्फुट हो वहाँ धर्म के फल की कल्पना उद्भूत नहीं होती। धर्म के फल को श्रेय या इष्ट या कल्याण कहा जा सकता है। धर्म में तो कल्याण-फल की भी कामना नहीं रहती, पर धर्म-वेदना में धर्म-फल की निष्काम कल्पना जागती है। परतन्त्र-कृति में सुख-रूपी फल की सकाम कल्पना रहती है। यह सच है कि परतन्त्र-कृति मात्र में आत्मा के अशुद्ध भाव की सूचना बनी रहती है, पर फिर भी यह सम्भव है कि ऐसी कृति अकर्तव्य-कृति या अधर्म न हो। पर अधर्म-रूपी परतन्त्र-कृति में जो प्राकृत सुख की सकाम कल्पना होती है, उसके बारे में यह प्रतीति जागती है कि यह सुख अनिष्ट या अकल्याणमय है। पर धर्म-रूपी स्वतन्त्र-कृति की वेदना में प्राकृत सुख की निष्काम कल्पना भी रह सकती है। प्राकृत होते हुए भी 'यह सुख धर्म-वेदना के अविरुद्ध है, अर्थात्, इष्ट

या कल्याणमय है', ऐसी उपलब्धि होती है। धर्मवेदना में दुःख-रूपी प्राकृत फल की कल्पना भी रह सकती है। पर यह प्राकृत दुःख बस स्वतन्त्र-कृति-जन्य क्रिया का फल होता है, उसके बारे में ऐसी कल्पना नहीं होती कि 'यह स्वतन्त्र-कृति या धर्म का फल है'। बल्कि, ऐसे में प्रतीति यही जागती है कि 'धर्म का फल तो पुण्य-रूपी आत्मा की अप्राकृत अवस्था या स्थिति ही है'। धर्म का फल सर्वत्र ही ऐसी पुण्य-रूपी आत्मस्थिति होता है। पर यहाँ यह भी कहा जा सकता है कि वह फल-रूपी सुख जो धर्म-वेदना के अनुकूल है, वह भी इष्ट है; और यों पुण्य और सुख इस उभय-संवलित धर्म-फल को ही आत्मा का पूर्ण कल्याण कहा जा सकता है।

पुण्य अप्राकृत कल्याण है, और सुख प्राकृत कल्याण। स्वतन्त्रकृति द्वारा साक्षात् सम्पर्क से पुण्य साधित होता है : 'विधि का पालन करनेवाला कर्ता ही अप्राकृत कल्याण-साधक कर्ता होता है', यह निश्चय अनुभव-सिद्ध है। पर ऐसा कोई अनुभव नहीं होता कि 'अप्राकृत कल्याण की तरह प्राकृत कल्याण भी विधि का पालन करनेवाले कर्ता द्वारा साधित होता है'। 'ऐसा कोई कल्याण घटित हो रहा है' यह बोध भी सर्वत्र नहीं होता। अगर होता भी है तो इस निश्चय के साथ नहीं होता कि 'इसको साधने वाला कर्ता मैं हूँ'। पूर्णकल्याण-रूपी धर्मफल अवश्यम्भावी है। 'उस पुण्य का एकांश मेरा साध्य है, पर तत्-पुण्यानुरूप जो सुख-रूपी अपरांश है, वह मेरा साध्य नहीं है', यह निश्चयात्मक कल्पना जागती है और उसका उद्भव धर्म-वेदना से होता है। हम कह चुके हैं कि धर्म-वेदना से आत्मा की स्वतन्त्र-कारणता का ध्यान-निश्चय होता है। 'पूर्णकल्याण होता है', यह निश्चय भी उसी वेदना से उद्भूत ध्यान-निश्चय है। 'आत्मा की स्वतन्त्रकारणता द्वारा पुण्य साध्य है, पर सुख साध्य नहीं', ये दोनों निश्चय, 'पूर्णकल्याण होता है', इसी निश्चय के अन्तर्भूत हैं।

किसी भी कृति-जन्य पुण्य की अनुभूति में 'इससे भी अधिक पुण्य है' यह निश्चय समाया रहता है और उसकी साधक अन्य कृति की आकांक्षा भी समायी रहती है। और यों, अनन्त कृति-सन्तति द्वारा साध्य निरतिशय पुण्य की निश्चयात्मक कल्पना जागती रहती है। अब, अनन्त कृति-सन्तति की कल्पना इस कल्पना की अपेक्षा रखती है कि काल अनन्त है। अतएव, पुण्य की आत्मकर्तृत्व-साध्यता का निश्चय इस निश्चय को

जन्म देता है कि जगत् अनन्तकालात्मक है और आत्मकर्तृत्व-रूपी आत्मा अनन्तकालव्यापी है : अमर है। 'पुण्य के अनुरूप सुख का होना अवश्यम्भावी है, पर वह पुण्य-साधक आत्मा के कर्तृत्व द्वारा साध्य नहीं है', इस निश्चय से ऐसे ईश्वर के होने का ध्यान-निश्चय होता है जो कल्याण-सुख रूपी फल का दाता है। तो, कहा जा सकता है कि साधक आत्मा के अमरत्व का और सिद्ध-स्वरूप ईश्वर के होने का निश्चय, इस निश्चय के अन्तर्भूत है कि 'पूर्णकल्याण होता है'।

यों हम पाते हैं कि आत्मा की स्वतन्त्र-कारणता, आत्मा का अमरत्व और ईश्वर का सिद्धत्व—या अस्तित्व—ये तीन अप्राकृत निश्चय धर्म-वेदना से जन्म लेते हैं। यह भी कहा जा सकता है कि ये तीनों निश्चय इस निश्चय के प्रकारभेद हैं कि 'आत्मा अप्राकृत विषय है'। 'वह आत्मा जो स्वतन्त्र-कृति-सन्तति-स्वरूप है, वह पूर्ण-कल्याण का ईश्वर-निमित्तता-सापेक्ष स्वतन्त्र कारण है', यह निश्चय उसी आत्मा का निश्चय है जो कि अप्राकृत विषय के रूप में ध्येय है। ऊपर यह स्वीकार किया गया है कि विधि और स्वातन्त्र्य इस उभयात्मक धर्म का ज्ञान होता है। यह ज्ञान आत्मा के अविषयत्व का ज्ञान भी है। धर्म की अनुकूल वेदना में यह उपलब्धि होती है कि 'अविषय आत्मा के ज्ञान-रूपी निश्चय में और अप्राकृत-विषय के रूप में कल्पित आत्मा के ध्यान-रूपी निश्चय में नितान्त भेद है'। धर्माभिमान-रूपी प्रतिकूल वेदना में यह भ्रम होता है कि 'यह ध्यान-निश्चय ज्ञान है'। 'मैं आत्मा की स्वर्ग-लाभ आदि अप्राकृत अवस्था का साधन कर रहा हूँ', यह कार्य-कारण ज्ञान या उपाय-उपेय ज्ञान विषय-ज्ञान ही होता है। पर स्वतन्त्र-कृति-रूपी आत्मा का जो ज्ञान होता है वह कृति-तन्त्र ज्ञान होता है। इस ज्ञान की तुलना में विषय-ज्ञान को अकृतितन्त्र या स्वतन्त्र ज्ञान के नाम से निर्दिष्ट किया जा सकता है। 'मुझे विषय-ज्ञान की तरह ही स्वतन्त्र आत्मज्ञान हो रहा है', यह अभिमान धर्माभिमान की सूक्ष्म प्रकृति है।

'धर्म के अनुरूप अप्राकृत आत्मकल्याण होकर रहेगा', ऐसे ध्यान-निश्चय को श्रद्धा कहा जा सकता है। 'मैं धर्म के द्वारा ऐसा कल्याण साध रहा हूँ', यह कर्तृत्वाभिमान ही धर्माभिमान है। श्रद्धा विधि के प्रति सम्मान का ही रूपान्तर है—श्रद्धा इस सम्मान से अनुप्राणित रहती है। पर 'मैं धर्म का कल्याण-लाभ के लिए प्रयोग कर रहा हूँ', इस अभिमान में श्रद्धा नहीं होती। स्वतन्त्र ज्ञान का ऐसा श्रद्धाविहीन अभिमान भी होता है कि 'उपाय

का प्रयोग मेरा ही बल-प्रयोग है, मेरे ही विषय-ज्ञान-रूपी अस्त्र का संचालन है'।

धर्माभिमान के समान धर्म-विलास भी धर्म की प्रतिकूल वेदना है। विधि-पालन रूप कर्म में जो फल-निरपेक्ष आनन्दबोध होता है, उसे धर्म-विलास नहीं कहा जा सकता। यह ठीक है कि धर्म की अनुकूल वेदना में आत्मप्रसाद होता है, पर यह आत्मप्रसाद कर्तृरूपी आत्मा का सुखबोध नहीं होता, वह सुख-दुःख के अतीत अप्राकृत आत्मवेदना-स्वरूप होता है। 'मैं जो विधिरूप आत्मा हूँ, वह अपनी कामरूप आत्मा को सुशासित कर रहा हूँ', यह अनुभूति ही आत्मप्रसाद है। आत्मशासन की अनुभूति बिना जो आनन्दबोध होता है, वह विलास है। क्रीडाकर्म को या नृत्यगीतादि-रूप रसक्रिया को कर्मविलास कहा जा सकता है। पर विधिपालन-रूपी कर्म में तत्-कर्तृरूपी आत्मा या साधक के लिए विलास सम्भव नहीं; हाँ, यह कल्पना की जा सकती है कि सिद्ध और देवताओं के लिए ऐसा विलास सम्भव है। कर्मविलास में कर्तृत्व-ज्ञान सम्भव नहीं—विलास का आलम्बन-भूत कर्म कृति ही नहीं होता। साधक के लिए विधिपालन कृति विशेष होती है, अतएव साधक का धर्मविलास भ्रमात्मक ठहरता है। पर ऐसी भ्रम-वेदना से इनकार भी नहीं किया जा सकता। सच यह है कि साधक को धर्म में जिस आनन्द की प्रतीति होती है, उसके बारे में यह संशय ही रहता है कि 'यह सचमुच आनन्द भी है क्या'? धर्मविलास इस संशय-ग्रस्त आनन्द का ही नाम है।

धर्माभिमान में आत्मा के ध्यान के बारे में यह भ्रम होता है कि 'यह ज्ञान है'। धर्मविलास में यह विपरीत भ्रम होता है कि 'आत्मा का ज्ञान, ज्ञान नहीं ध्यान मात्र है'। ऐसी कल्पना भी होती है कि 'स्वतन्त्र-कृति कृति ही नहीं है, क्रियामात्र है, ऐसी क्रिया जिसका विषय अप्राकृत है'। धर्माभिमान में आत्मा की प्रतीति जितनी स्फुट होती है, धर्मविलास में उतनी स्फुट नहीं होती। धर्मविलास में अनात्म-विषय की प्रतीति ही स्फुट होती है; धर्माभिमान में वह अस्फुट रहती है। धर्म की अनुकूल वेदना में आत्मा और अनात्मा दोनों की ही स्फुट प्रतीति रहती है, पर अनात्म की प्रतीति यहाँ अनात्म के हेयत्व की प्रतीति होती है। धर्माभिमान में आत्मा की प्रतीति के साथ गौण भाव से अनात्म के मिथ्यात्व की भी प्रतीति रहती है। आत्मा की कारणता के आभिमानिक ज्ञान के साथ यह प्रत्यय भी गूढ़ भाव से जागता रहता है

कि 'बात बस इतनी ही नहीं है कि मैं प्राकृत विषयों का वर्जन कर रहा हूँ, पर यह भी है कि ऐसा विषय स्वतन्त्र-कारणता का प्रतिरोधक हो ही नहीं सकता'। धर्मविलास में अनात्म-विषय के ज्ञान के साथ कारणता-विहीन आत्मा का अस्फुट प्रत्यय भी रहता है, इस कारण विषय में आत्मच्छाया-रूपी आभास-पदार्थ का निश्चय भी होता है। ज्ञेय आत्मा को ध्येय समझना, धर्मविलास का यह सूक्ष्म आलम्बन है, और यही आभास पदार्थ के निश्चय के रूप में व्यक्त होता है। धर्माभिमान में आत्मा की कारणता का जो आभिमानिक ज्ञान होता है, धर्मविलास में उसकी जगह विषय की स्वतन्त्र-कारणता का ज्ञानाभिमान होता है। आत्मा की स्वतन्त्र-कारणता के निश्चय में ये तीन निश्चय अन्तर्भुक्त होते हैं : आत्मा की स्वतन्त्र स्थिति, पुण्य-फल के लिए की जाती अनन्त-काल-सापेक्ष कृति-सन्तति, और पूर्ण-कल्याण साधक ईश्वर की निमित्तता। ऐसे विषय की स्वतन्त्र-कारणता के निश्चय में तत्-विषय की आत्मवत् स्वतन्त्र स्थिति का होना, उसकी स्व-कल्याण-साधक स्वतन्त्र क्रिया सन्तति का होना और जगत् का पूर्ण-कल्याण-मूर्ति होना या उसका ईश्वर-शरीर होना, ये निश्चय भी समोये रहते हैं। धर्म की अनुकूल वेदना में आत्म-विषयक ये तीन निश्चय श्रद्धात्मक ध्यान-निश्चय के रूप में प्रतिपन्न होते हैं, और तदनुरूप अनात्मक-विषयक निश्चय-त्रय की आनन्दात्मक ध्यान-निश्चय के रूप में प्रतिपत्ति होती है। धर्माभिमान और धर्म-विलास रूपी प्रतिकूल वेदना में यह भ्रम होता है कि श्रद्धात्मक निश्चय और आनन्दात्मक निश्चय, ये दोनों निश्चय नहीं ज्ञान हैं। धर्माभिमान में आनन्दात्मक निश्चय का प्रत्याख्यान होता है और धर्मविलास में श्रद्धात्मक निश्चय का।

पर अनुकूल-धर्म-वेदना में ये दोनों ही निश्चय अप्रत्याख्येय ज्ञानेतर निश्चय होते हैं। एक निश्चय के विषय में जो यह प्रतीति होती है कि 'यह ज्ञान है' और तज्जन्य दूसरे निश्चय में जो यह प्रतीति होती है कि 'यह प्रत्याख्येय है', यह प्रतीति भ्रान्त होती है और बीजभूत धर्ममल और आत्मगत अशुद्धि की परिचायक है। अनुकूल धर्म-वेदना में यह अनुभूति जागती है कि 'धर्मरूप आत्मा की शुद्धि के लिए इस भ्रम का निरास प्रयोजनीय है'। इस धर्मवेदना में हमें जो ज्ञान और ध्यान के भेद की उपलब्धि होती है, वही इस भ्रम के निरास का उपाय है। विधि-पालन-रूपी धर्म में आत्मा का एक प्रकार का ज्ञान होता है और अनात्मा का अन्य प्रकार का ज्ञान होता

है। पर ज्ञान के इस प्रकार-भेद की उपलब्धि वहाँ नहीं होती। इस अविवेक के कारण ही आत्मा और अनात्मा के परस्परात्मकत्व की कल्पना सम्भव होती है। धर्म-वेदना-जन्य कल्पना निश्चय को जन्म देती है, अन्य किसी वेदना-जन्य कल्पना में निश्चय का स्थान नहीं होता। प्रतिकूल धर्म-वेदना में उदित होते निश्चय के बारे में भ्रम होता है कि 'यह ज्ञान है', पर अनुकूल धर्म-वेदना में यह उपलब्धि होती है कि 'यह निश्चय ज्ञान से भिन्न है'। आत्मा और अनात्मा के परस्परात्मकत्व का ज्ञान नहीं हो सकता, पर इसका निश्चय होता है, यह मानना पड़ेगा। 'यह ज्ञान नहीं है, पर कल्पना मात्र भी नहीं है', यह निर्देश आपात-विरुद्ध जान पड़ता है : जिस प्रतीत विषय का ज्ञान नहीं होता, उसका ग्रहण कल्पित-मात्र के रूप में होता है। साधारणत: ज्ञानेतर निश्चय को स्वीकार ही नहीं किया जाता। केवल धर्म में या धर्मज्ञान में ही ज्ञान-भिन्न ध्यान-निश्चय की बात प्रासंगिक होती है। यह ठीक है कि धर्म-निरपेक्ष रसानुभूति-जन्य ध्यान की भी सम्भावना बनती है, पर ऐसा ध्यान निश्चय-रूप हो तो भी उस अनुभूति में (रसानुभूति में) वह निश्चय के रूप में प्रतीत नहीं होता—धर्म-वेदना में ही निश्चय, निश्चय के रूप में, प्रतीत होता है। अनुकूल धर्म-वेदना में धर्म-विलास के प्रतिकूलत्व का जो अनुभव होता है, उस अनुभव में ही धर्म-निरपेक्ष, अर्थात् स्वतन्त्र रस-रूपी निश्चय का हमें पहला सन्धान मिलता है। धर्म-ज्ञान में यह ज्ञान होता है कि 'आत्मा विषय नहीं है, विषय से भिन्न है'। इसीलिये आत्मज्ञान चाहे विषय-ज्ञान की अपेक्षा करता भी हो, तो भी यह ज्ञान नहीं होता कि 'आत्मा विषय की अपेक्षा रखती है'। धर्म-वेदना में विषय-परिमाण के प्रति आत्मा की स्वतन्त्र-कारणता का निश्चय होता है, विषय-कारणता को आत्मा पर विषय की छाया कहा जाता है। इसी तरह यह ध्यान-निश्चय जन्म लेता है कि 'आत्मा विषयात्मक है'। धर्म-वेदना में जिस आनन्दात्मक ध्यान या रसवेदना का सन्धान पाया जाता है, उसमें यह उपलब्धि रूप लेती है कि 'विषय पर आत्मा की छाया है, अर्थात्, आत्मा विषय से अभिन्न है'। इस तरह आत्मा और अनात्मा की परस्परात्मकता का ज्ञान-निश्चय नहीं होता, पर यह कहा जा सकता है कि ध्यान-निश्चय होता है।

रस-ध्यान में यह निश्चय होता है कि 'विषय आत्म-छाया-युक्त वस्तु है', और श्रद्धा-ध्यान में यह कि 'विषय आत्म-रूप वस्तु में निष्ठ छाया है'। इसी तरह धर्म-वेदना में यह निश्चय होता है कि 'विषय छाया भी है और

वस्तु भी है, अर्थात्, सदसत् है'। धर्मज्ञान में विषयज्ञान की अपेक्षा बनी रहती है। और इसीलिये यह प्रतीति जागती रहती है कि 'विषयज्ञान धर्मज्ञान या आत्मज्ञान की अपेक्षा नहीं करता, वह आत्मज्ञान की तरह कृत्यात्मक ज्ञान नहीं है, अपने आप में स्वतन्त्र ज्ञान है'। हम विषयज्ञान को स्वीकार करें तो विषय की वस्तुता स्वतः स्वीकृत हो जाती है। धर्मज्ञान में ही यह ज्ञान रहता है कि 'विषय वस्तु है'। पर धर्म-वेदना में यह ज्ञानेतर निश्चय रहता है कि 'विषय छायात्मक या आभासात्मक वस्तु है'। तो, धर्मज्ञान में विषयज्ञान के स्वतन्त्र-रूप में गृहीत होने के कारण, यह प्रसंग उठता है कि 'विषय की आभासात्मक वस्तुता का जो धर्मापेक्ष निश्चय है, वह स्वतन्त्र विषयज्ञान के अविरुद्ध है या नहीं?'। ज्ञानविरुद्ध ध्याननिश्चय निश्चय नहीं, निश्चय का आभासमात्र होता है। स्वतन्त्र विषयज्ञान विषय की वस्तुता मात्र का ज्ञान है, वह आभासात्मक वस्तुता का ज्ञान नहीं है। ऐसी किसी वस्तुता की ज्ञेय के रूप में कल्पना भी की जा सकती है या नहीं, यह सन्देह की बात है। स्वतन्त्र विषयज्ञान में ऐसा (आभासात्मक) वस्तुताज्ञान अस्फुट भाव से रहता है या नहीं, इसे समझने के लिए इसकी विषयज्ञान-पद्धति या प्रमाण द्वारा परीक्षा प्रयोजनीय है। धर्म-वेदना-सापेक्ष निश्चय अगर विषय-प्रमाण के विरुद्ध हो तो उसे भ्रम ही मानना होगा। अतएव, धर्म-परीक्षा या कृति-परीक्षा से अगर विषय की आभासात्मक वस्तुता का निश्चय जागता भी है तो भी वह निश्चय भ्रम है या नहीं इस बात का निर्णय करने के लिए धर्म-निरपेक्ष स्वतन्त्र ज्ञान-परीक्षा प्रयोजनीय है।

(२) ज्ञानपरीक्षा

(१) ज्ञान का लक्षण

काण्ट ने ज्ञान के दो प्रकार माने हैं : कृत्यात्मक या कृतितन्त्र आत्मज्ञान और अकृत्यात्मक स्वतन्त्र विषयज्ञान। ज्ञान के इन दोनों प्रकारों का साधारण धर्म है : वस्तुता-निश्चय। जिस पदार्थ का ज्ञान होता है वह 'है', या 'नहीं है', या 'है सही', (यहाँ बाङ्ला का शब्द है 'बटे'। इस ठेठ, पर अर्थगर्भ, शब्द का कोई सीधा-सा हिन्दी अनुवाद सम्भव नहीं। पर शब्द यहाँ आचार्य

के तात्पर्य के मर्म में है, जैसा यहीं आगे स्पष्ट होगा। हिन्दी उल्था इस तात्पर्य को ध्यान में रख कर किया गया है) इन रूपों में प्रतीत होता है। आत्मा का ज्ञान विधि या स्वतन्त्र-कृति का ज्ञान होता है। 'विधि है', यह कहना औपचारिक ही हो सकता है, क्योंकि विधि या लिङ्र्थ के अस्तित्व का कोई अर्थ नहीं होता। फिर भी विधि अवस्तु नहीं होती। अस्तित्व को वस्तुता का प्रकार-विशेष ही कहा जा सकता है। विधि की वस्तुता के लिए 'अस्तित्व' शब्द का प्रयोग नहीं किया जा सकता; यह शब्द विषय की वस्तुता के लिए ही उपयुक्त है। विधि या स्वतन्त्रकृति-रूप आत्मा की वस्तुता के लिए 'अस्तित्व' का प्रयोग उपचार या शब्द-विकल्प ही ठहर सकता है। इसलिए, 'यह विधि है', ऐसा न कह कर, 'यह विधि है (तो) सही' कहना ही उचित है। जिस पदार्थ के बारे में, 'हो सकता है', यह प्रतीति हो, उसके बारे में अगर यह निश्चय हो कि 'नहीं है', तो इस निश्चय को ज्ञान कहा जा सकता है। जिसके बारे में 'नहीं है', यह ज्ञान हो, उसके बारे में कहा जा सकता है कि 'यह नहीं (ही) है सही'। पर 'है', यह ज्ञान हो तो यह ज्ञान भी 'है सही' कहला सकता है। अतएव, वस्तुता का सर्वत्र ही 'है सही' द्वारा निर्देश किया जा सकता है। 'यह है सही', इस वाक्य द्वारा पदार्थ की ज्ञातता का प्रकाश होता है। वस्तुता-निश्चय को 'है सही'—निश्चय या विधान-निश्चय कहा जा सकता है। काण्ट के मत में ज्ञान का अर्थ ही है, विधान-निश्चय।

जिस पदार्थ के बारे में यह प्रतीति हो कि वह 'हो सकता है', अर्थात् जिस पदार्थ के बारे में उसके अस्तित्व की सम्भावना की प्रतीति हो, उसके बारे में अगर यह निश्चय हो जाये कि 'वह नहीं है', तो इस निश्चय को 'नहीं है सही', इस वाक्य में प्रकाशित किया जा सकता है, और इसलिए इस निश्चय को भी विधान-निश्चय कहा जा सकता है। अस्तित्व की सम्भावना के निश्चय को भी 'हो सकता है सही', ऐसे वाक्य में प्रकाशित किया जा सकता है, और इसलिए यह निश्चय भी विधान-निश्चय की कोटि में आता है। 'इस सत् पदार्थ का न होना असम्भव है', ऐसी अवश्यम्भाव प्रतीति भी विधान-निश्चय की कोटि में आती है। विषय पदार्थ 'है' अथवा 'नहीं है', यह निश्चय ही मुख्य विधान-निश्चय है। सम्भावना-निश्चय और अवश्यम्भाव-निश्चय, निश्चय के इन उक्त रूपों को गौण विधान-निश्चय कहा जा सकता है। विषयपदार्थ के ये विधान-निश्चय-भेद स्वीकार

करने होंगे। पर विधि या स्वतन्त्र-कृति-रूप आत्मा का न गौण निश्चय होता है न मुख्य निश्चय।

वस्तुता और ज्ञातता के सम्बन्ध में काण्ट का जो मत है उसकी कुछ विस्तार से चर्चा अपेक्षित है। ज्ञात-पदार्थ वस्तु ही होता है, पर यह कहा जा सकता है कि उसकी ज्ञातता उसकी वस्तुता से भिन्न होती है। ज्ञातता ऐसा पदार्थ-विशेष है जो वस्तु-निष्ठ होता है। व्यक्तता या प्रकाश इस पदार्थ के नामान्तर हैं। पर ज्ञातता-प्रत्यय, 'मैं जान रहा हूँ', इस प्रत्यय का नामान्तर मात्र नहीं है। विषय-ज्ञान में ज्ञातता का जो अनुभव होता है वह ज्ञान के साथ वस्तु के सम्बन्ध से घटित होने का होता है, पर साथ ही यह अनुभव भी होता है कि ज्ञातता इस सम्बन्ध से भिन्न आगन्तुक वस्तु-धर्म है। जबकि स्वतन्त्र-कृति-रूप आत्मज्ञान में ज्ञातता को आत्म-वस्तु का आगन्तुक वस्तु-धर्म नहीं कहा जा सकता। क्योंकि विषय के ज्ञात होने पर ज्ञान से पहले उसके अज्ञात रहे होने का जैसा ज्ञान होता है, आत्मा के ज्ञात होने पर वैसा नहीं होता। हालाँकि आत्मा के ऐसे ज्ञान में यह प्रतीति नहीं होती कि 'अब उसका जैसा ज्ञान है, पहले भी वैसा ही ज्ञान था'। प्रतीति यह होती है कि वर्तमान ज्ञान की अपेक्षा से उसका पूर्व ज्ञान असम्यक् था। पर 'आत्मा का वर्तमान ज्ञान अपेक्षया सम्यक् है', इस का अर्थ यह नहीं है कि वर्तमान में आत्मा के सम्बन्ध में किसी नये तथ्य का ज्ञान हुआ है, या उसका प्रकाश स्फुटतर हुआ है। अर्थ यह है कि आत्मा की वस्तुता में ही वृद्धि हुई है : आत्मा अब सिद्धतर हुई है और इसलिए प्रकाशतर हुई है। तो, निकलता यह है कि आत्मा सदाप्रकाश वस्तु होते हुए भी आपेक्षिक-भाव से अप्रकाशित भी रहती है। इस अर्थ में आत्मा को व्यक्ताव्यक्त वस्तु कहा जा सकता है। पर विषय-रूप वस्तु स्वभाव से ही अव्यक्त होती है, उसकी व्यक्तता या ज्ञातता या उसका प्रकाश, आगन्तुक होता है। पर आगन्तुक होने का यह अर्थ नहीं कि अपने ज्ञात रूप में विषय अपने वस्तु रूप से भिन्न होता है : ज्ञात पदार्थ अगर वस्तु न हो तो उसे 'ज्ञात' ही नहीं कहा जा सकता। आगन्तुकत्व का यहाँ अर्थ इतना ही है कि विषय-वस्तु ज्ञात नहीं भी हो सकती है। जबकि आत्मरूप वस्तु के लिए यह सम्भव नहीं कि वह नितान्त अज्ञात या अप्रकाशित हो। हाँ, उसे पूर्णप्रकाश रूप से ही जानें-समझें, यह आवश्यक नहीं। आत्मा के प्रकाश में पूर्णतर प्रकाश की आकांक्षा सदा बनी रहती है। इसी रूप में उसकी ज्ञातता और वस्तुता

का भेद हमें उपलब्ध होता है।

प्रकाश वस्तुता की अपेक्षा रखता है। पर वस्तुता प्रकाश की अपेक्षा नहीं रखती। और रखे भी तो प्रकाश के तारतम्य के साथ वस्तुता का तारतम्य घटित नहीं होता। वस्तु प्रकाशित होती है तो उसके और प्रकाश के बीच भेद की उपलब्धि होती है। वस्तु की ज्ञातता के ज्ञान में यह उपलब्धि भी होती है कि इस भेद की उत्पत्ति ज्ञान के साथ ही हुई है। आत्मज्ञान के प्रसंग में वस्तु और उसके प्रकाश के बीच का भेद आत्म-वस्तु-जन्य होता है; और क्योंकि आत्मा का कृति-स्वरूप उसके ज्ञान से अभिन्न है, इसलिए उक्त भेद को आत्मज्ञान-जन्य भी कहा जा सकता है। पर विषयज्ञान के प्रसंग में इस भेद को विषय-वस्तु-जन्य नहीं कहा जा सकता, उसे केवल विषय-ज्ञान-जन्य ही कहा जा सकता है। पर आत्म और विषय, इन दोनों प्रसंगों में यह भेद वस्तुनिष्ठ और ज्ञान-जन्य होता है। विषय-ज्ञान में यह भेद ज्ञान-मात्र-जन्य होता है, और इस कारण वस्तु-निष्ठ आभास के रूप में प्रतीत होता है; जबकि आत्मज्ञान में यह भेद वस्तु-जन्य होता है, और इसलिए वास्तव भेद के रूप में प्रतीत होता है। पर दोनों ही प्रसंगों में ज्ञान ही वस्तु-प्रकाशक भी होता है और वस्तुनिष्ठ उक्त भेद का जनक भी। अब, भेद-जनक होने के कारण ज्ञान को क्रिया भी कहा जा सकता है। ज्ञान वस्तुता और वस्तु-निष्ठ भेद दोनों का प्रकाशक होता है। प्रकाशक के रूप में वह क्रिया नहीं होता। अतएव, काण्ट के मत में ज्ञान क्रिया है भी और नहीं भी है। प्रकाशक के रूप में ज्ञान अक्रिया है; पर जनक के रूप में उसे क्रिया ही कहना होगा। आत्मज्ञान में ज्ञान की क्रिया आत्म-स्वरूप कृति से अभिन्न और कृतितन्त्र होती है। विषय-ज्ञान में ज्ञान-क्रिया कृति से भिन्न अकृतितन्त्र या स्वतन्त्र होती है; इसलिए उसकी उपलब्धि कृतितन्त्र आत्मज्ञान में ही होती है।

यहाँ यह प्रश्न उठ सकता है कि क्या विधान-निश्चय से भिन्न कोई दूसरा निश्चय भी होता है? क्योंकि अगर विधान-निश्चय से भिन्न दूसरा निश्चय न हो तो ज्ञान और निश्चय के अर्थ में कोई भेद नहीं उभरता, और फिर ज्ञान को विधान-निश्चय के रूप में विशेषित करने का भी कोई प्रयोजन नहीं रहता। हमने ऊपर विषय-पदार्थ के दो गौण विधान-निश्चयों की बात की है; ज्ञान या विधान-निश्चय से अतिरिक्त किसी निश्चय का संकेत फिर इन निश्चयों में ही समा जायेगा। सम्भावना-ज्ञान और

अवश्यम्भाव-ज्ञान, ये दोनों ही किसी मुख्य ज्ञान की अपेक्षा करते हैं। असम्भव-पदार्थ उसे कहा जाता है जिसकी कल्पना मुख्यज्ञान विरोधी हो। जिस पदार्थ की कल्पना में ऐसा विरोध न हो उसे सम्भव-पदार्थ या सम्भावना का नाम दिया जाता है। जिस पदार्थ के नास्तित्व की कल्पना असम्भव हो, अर्थात् मुख्यज्ञान-विरोधी हो, उसे अवश्यम्भावी-पदार्थ या अवश्यम्भाव का नाम दिया जा सकता है। कल्पित वस्तु के साथ ज्ञात वस्तु का विरोध या अविरोध ज्ञात वस्तु से अतिरिक्त कोई वस्तु नहीं है। इसलिए सम्भावना और अवश्यम्भाव को ज्ञान के रूप में स्वीकार किया जा सकता है। पर ज्ञात वस्तु के साथ कल्पित विषय संगत है या असंगत, इसका ज्ञान नहीं होता, वेदना मात्र होती है। कल्पित पदार्थ किसी ज्ञान-निश्चय वाक्य के उद्देश्य या विशेष्य पद का स्थान नहीं ले सकता। कल्पित की संगति या असंगति भी कल्पित ही होती है। जिस कल्पित पदार्थ की ज्ञात जगत् के साथ संगति या असंगति का बोध हो, उस पदार्थ का अपने आप में निश्चय न होने पर भी उसके जगत् के साथ संगति या असंगति के सम्बन्ध को निश्चय ही कहना होगा। उस पदार्थ की कल्पना के मूल में जो वेदना है, उस वेदना से ही इस निश्चय का उद्भव होता है। और वेदना-निश्चय ही विधान-निश्चय से इतर निश्चय है।

जिस कल्पित पदार्थ के बारे में यह ज्ञान हो कि 'वह हो सकता है', उसके बारे में यह वेदना-निश्चय होता है कि 'मानो वह है ही, मानो वह वास्तव विषय है'। पर हर कल्पित पदार्थ के बारे में यह भान नहीं होता है कि 'मानो वह है'। आवश्यक नहीं कि पदार्थ की कल्पना उसके अस्तित्व की भी कल्पना हो। अस्तित्व की कल्पना एक ओर सम्भावना-ज्ञान होती है, पर दूसरी ओर किसी आभास-विषय का वेदना-ज्ञान भी होती है। ऐसा कल्पित पदार्थ जिसके बारे में यह ज्ञान हो कि 'ऐसा नहीं हो सकता कि यह न हो', उस कल्पित पदार्थ के बारे में यह वेदना-निश्चय होता है कि 'उसे होना चाहिये, वह वास्तव विधि है'। यों तो कृति-विषयक विधि ही वास्तव विधि होती है, अस्तित्व विषयक विधि तो उपचार मात्र ही है; इस उपचार को 'अस्तित्व के ध्यान की विधि' का अर्थ दिया जा सकता है। ऐसी ध्यान-विधि को विधि की छाया या आभास-विधि ही कहना-समझना चाहिये। कृति की विधि ही विधि होती है। कह सकते हैं कि ध्यान भी कर्म ही है, पर ध्यान में कर्तृत्वज्ञान का अभाव होता है, इसलिए उसे विधि

नहीं कहा जा सकता। जिस पदार्थ के बारे में अवश्यम्भाव ज्ञान हो, उसी ज्ञान के वेदना-निश्चय में ज्ञातता या सिद्धता से अलग ध्येयता या साध्यता (postulate) या श्रद्धेयता की प्रतीति होती है। ध्यान-विधि से बाहर किसी श्रद्धेय-पदार्थ का कोई अस्तित्व नहीं होता, इसलिए ऐसे पदार्थ को ध्यान-विधि-स्वरूप कहा जा सकता है। हम पहले ही कह चुके हैं कि विधि आत्मा का स्वरूप है। अतएव, सम्भावना-ज्ञान और अवश्यम्भाव-ज्ञान की तरह वेदना-निश्चय द्वारा निश्चित पदार्थ को यथाक्रम से आभास-विषय और आभासात्म कहा जा सकता है। रस-वेदना से आभास-विषय का निश्चय होता है और श्रद्धा-स्वरूप धर्मवेदना से आभासात्म विषय का निश्चय जन्म लेता है। विधान-निश्चय या वस्तुता-निश्चय, जो ज्ञान कहलाता है, वह इन दोनों निश्चयों से भिन्न होता है।

(२) ज्ञात विषय की आभासात्मक वस्तुता (Phenomenal Reality)

हमने आत्मा का कृत्यात्मक ज्ञान और विषय का अकृत्यात्मक या स्वतन्त्र ज्ञान स्वीकार किया है। आत्मा के विषय में सम्भावना-ज्ञान या अवश्यम्भाव-ज्ञान, ये नहीं होते। ऐसे ज्ञान के लिए आत्मा के नास्तित्व की कल्पना का प्रयोजन है। पर स्वतन्त्र-कृति-रूप आत्मा के वस्तुता-ज्ञान में अस्ति-नास्ति का प्रसंग ही नहीं खड़ा होता। जबकि विषय के वस्तुता-ज्ञान में विषय के नास्तित्व की कल्पना तो होती ही है, उसकी नास्तित्व-सम्भावना का ज्ञान भी बना रहता है। जिस विषय के बारे में 'है', यह ज्ञान होता है, उसके बारे में यह ज्ञान भी होता है कि 'यह नहीं भी हो सकता है'। सच यह है कि विषय के अवश्यम्भाव का ज्ञान होता ही नहीं। किसी ज्ञात विषय से अनुमित विषयान्तर के ज्ञान को जब हम अवश्यम्भाव ज्ञान की कोटि में रखते हैं तो यह बात पूर्वज्ञात की अपेक्षा से ही की जाती है। पर क्योंकि उस पूर्वज्ञात की नास्तित्व-सम्भावना बनी रहती है, इसलिए अनुमिति की नास्तित्व-सम्भावना से भी इनकार नहीं किया जा सकता। ज्ञात विषय की नास्तित्व-सम्भावना नियत होती है, इसलिए उसकी वस्तुता को नास्तित्व-सम्भावनात्मक कहा जा सकता है। नास्तित्व-सम्भावना कल्पित पदार्थ या आभास है। यह आभास विषय-वस्तु में नियत है, इसलिए ज्ञात विषय को आभासात्मक वस्तु (phenomenal reality) कहना होगा।

वेदना द्वारा कल्पित पदार्थ का निश्चय तो हो सकता है, पर यह निश्चय ज्ञान या विधान निश्चय नहीं होता—यह हम पहले ही कह चुके हैं। ऐसे कल्पित पदार्थ या आभास के बारे में 'यह वस्तु है', ऐसा निश्चय नहीं होता; बस यही निश्चय होता है कि 'यह अवस्तु नहीं है'। ज्ञात विषय का घटक जो आभास होता है, वह उस विषय से अभिन्न होता है, इसलिए उसे भी वस्तु ही कहना होगा। फिर भी उसके बारे में जो यह ज्ञान होता है कि 'यह विषयवस्तु आभास-विशिष्ट है', यह ज्ञान उस विशेष्य वस्तु के आभास-रूप-विशेषण से भिन्न होने का ज्ञान होता है। ज्ञात विषय में वस्तुता और आभास के बीच ऐसा भेदाभेद स्वीकार करना होगा। तो, ज्ञात विषय को आभासात्मक वस्तु या वास्तव आभास कहा जा सकता है।

ज्ञात, या दूसरे शब्दों में, 'अस्ति-रूप में व्यक्त विषय', के बारे में यह स्वीकार करना पड़ेगा कि 'यह नास्तित्व-की-सम्भावना-रूप आभास द्वारा घटित है'। यह आभास कल्पित होते हुए भी ज्ञात पदार्थ है, अस्ति-रूप में व्यक्त पदार्थ है। पर जो नास्तित्व-सम्भावना अस्ति-रूप में व्यक्त है, वह विषय की ज्ञातता या विषयता की घटक होते हुए भी उसे अस्तित्व की घटक नहीं कहा जा सकता। विषय का अस्तित्व-ज्ञान उसके अस्तित्व-सम्भावना-ज्ञान की अपेक्षा नहीं करता, वह नास्तित्व-सम्भावना-ज्ञान द्वारा बाधित भी नहीं होता। अस्तित्व-ज्ञान प्रत्यक्ष या प्रत्यक्ष से उद्भूत ज्ञान होता है। विषय की नास्तित्व-सम्भावना का ज्ञान उसके अस्तित्व-ज्ञान की अपेक्षा रखता है और उसी प्रकार का ज्ञान होता है। जिस विषय के बारे में यह ज्ञान हो कि 'वह है', उसके बारे में यह ज्ञान होना कि 'वह नहीं भी हो सकता है', इस बात का अर्थ यही है कि वह 'इस प्रकार' का न होकर 'किसी अन्य प्रकार' का हो सकता है। ज्ञात विषय का प्रकार-ज्ञान अगर प्रतिषिद्ध हो जाये तो विषय-ज्ञान का लोप हो जायेगा, पर निश्चय का लोप नहीं होगा, निष्प्रकारक या, दूसरे शब्दों में, अव्यक्त विषय का निश्चय बना रहेगा। तो, ज्ञात-विषय की ज्ञात, अर्थात् अस्ति-रूप में व्यक्त नास्तित्व-सम्भावना को ही उसका प्रकार कहना चाहिये। प्रकारता या प्रकार-सामान्य ही विषय की ज्ञातता या विषयता है। वह विषय की अस्तिता या वस्तुता से भिन्न है, पर अस्तिता-सापेक्ष है। अब, क्योंकि विषय की नास्तित्व-सम्भावना एक आभास-विशेष है, इसलिए विषय के ज्ञात-प्रकार को ज्ञात आभास कहा जा सकता है। और यों, ज्ञात विषय को सप्रकार या आभासात्मक वस्तु कहा जा सकता है।

(३) ज्ञात-विषय का प्रकार और ज्ञान-क्रिया

हमने विषय के ज्ञात प्रकार को उसकी नास्तित्व-सम्भावना का अस्तित्व कहा है। इस सम्भावना का अस्तित्व विषय-घटक है, इसलिए विषय होते हुए भी उसे केवल विषय-निष्ठ होने के रूप में ही नहीं समझा जा सकता, उसे स्फुटभाव से विषय-ज्ञान-निष्ठ होने के रूप में भी समझना होगा। अगर यह उपलब्धि न हो कि विषय-वस्तु का प्रकार विषय-ज्ञान का भी प्रकार है, तो प्रकार के अस्तित्व की उपलब्धि नहीं हो सकती। आभास की ऐसी अस्तित्व-उपलब्धि के बिना आभासात्मक होते हुए भी विषय कैसे वस्तु हो सकता है, यह बात नहीं समझी जा सकती। विषय और ज्ञान के सम्बन्ध-विशिष्ट विषय-भाव के रूप में ही आभासात्मक विषय-वस्तु की उपपत्ति होती है। विषय और ज्ञान का सम्बन्ध विषय में भी होता है, ज्ञान में भी होता है। पर ज्ञान के साथ विषय के सम्बन्ध को विषय का प्रकार-विशेष नहीं कहा जा सकता, उसे प्रकार-सामान्य ज्ञातता या प्रकार-सामान्य विषयता कहना होगा। विषय के साथ ज्ञान के सम्बन्ध को औपचारिक भाव से ज्ञान का प्रकार कहा जा सकता है, पर सच यह है कि इसे ज्ञान-क्रिया कहना ही उचित है।

कहा जा सकता है कि विषय का सम्बन्ध विषय में रहता है। सम्बन्ध का अस्तित्व विषय के अस्तित्व की अपेक्षा रखता है, पर विषय का अस्तित्व सम्बन्ध के अस्तित्व की अपेक्षा नहीं रखता। सम्बन्ध विषय-घटित ही होता है, पर विषय के बारे में नहीं कह सकते कि वह सम्बन्ध-घटित होता है। फिर भी, इसलिए कि हममें यह बोध रहता है कि 'इस विषय में यह विशेष सम्बन्ध विद्यमान है', यह मानना होगा कि कोई ऐसा विशेष धर्म है जो सम्बन्ध का घटक होता है। 'यह विषय इस सम्बन्ध-घटक धर्म द्वारा घटित है', यह बात स्वीकार करनी होगी। पर विषय-ज्ञान में इस सम्बन्ध-घटक धर्म का साक्षात् बोध नहीं होता। लेकिन विषय-ज्ञान के ज्ञान में विषय के साथ ज्ञान के सम्बन्ध-घटक ज्ञान-धर्म का साक्षात् बोध होता है। 'इस विषय का ज्ञान हो रहा है', ऐसे अनुभव के मर्म में ज्ञान के विषय के साथ ज्ञान का जो सामान्य-कारणत्व-रूप ज्ञान होता है, हमारा कल्पनामन अपने निश्चय में उसे ज्ञान के ही प्रकार के रूप में ठहराता है। वैसे, इस प्रसंग में निश्चय तो इतना ही होता है कि 'इस विषय को जान

रहा हूँ'। किसी वाक्य में कर्मपद के साथ क्रिया का जैसा सम्बन्ध होता है, विषय के साथ ज्ञान का वैसा ही सम्बन्ध होता है; अर्थात्, 'यह सम्बन्ध क्रिया-विशेष है', ऐसा निश्चय होता है। विषय के साथ ज्ञान का सम्बन्ध विषयभाव में उपचरित ज्ञान के प्रकार-रूप में आभासित होता है। ज्ञान-क्रिया ही इस प्रकाराभास की घटक ज्ञान-धर्म होती है। ज्ञान का धर्म ही यह है कि ज्ञान विषय की अपेक्षा करता है। यह अपेक्षा-क्रिया ही विषय के साथ ज्ञान का सम्बन्ध है। ज्ञान का सम्बन्ध भाक्त पदार्थ या विकल्प है। ज्ञान की सम्बन्धन-रूपी अपेक्षा-क्रिया ही ज्ञान के सम्बन्ध या प्रकार के रूप में विकल्पित होती है।

अब यहाँ प्रसंग यह उठता है कि सम्बन्धन-रूपी अपेक्षा को ज्ञान-क्रिया कहना उपचार मात्र है या नहीं। काण्ट ने क्रिया शब्द का प्रयोग व्यापक अर्थ में किया है। उसके लिए विषय की गति भी क्रिया है, आत्मा की कृति भी क्रिया है और आत्मा का ज्ञान भी क्रिया है। काण्ट ने क्रिया का कोई सामान्य लक्षण नहीं किया है। उनकी बातों पर विचार करने से उभरता है कि जहाँ भी कोई नियत-घटकत्व हो, वहाँ काण्ट ने क्रिया शब्द का प्रयोग किया है। वह सप्रकार वस्तु जो किसी पदार्थ के बिना सप्रकार नहीं होती, उस वस्तु को तत् पदार्थ द्वारा घटित कहा जा सकता है। घटित वस्तु सप्रकार ही होती है; वह घटित ही प्रकार के रूप में होती है, वस्तुता की दृष्टि से वह अघटित या स्वतन्त्र होती है, इस कारण घटित पदार्थ से उस अघटित का भेद उसकी वस्तुता और घटक की वस्तुता, इन दोनों की अपेक्षा करती है—ऐसा कहा जा सकता है। घटितत्व का अर्थ अवश्यघटितत्व ही होता है, पर घटक वस्तु घटक हो ही, ऐसा कोई नियम नहीं है। जिस घटक-पदार्थ का घटकत्व नियत अथवा अवश्यम्भावी है, उसे क्रिया कहते हैं। ज्ञान का विषय जिस रूप में सप्रकार विषय-वस्तु होता है, प्रकार के रूप में वह ज्ञान द्वारा घटित होता है, और ज्ञान को अगर उस विषय का नियत-घटक स्वीकार किया जाये तो फिर ज्ञान को विषय का प्रकार अथवा प्रकारित-विषय-रूपी फल की घटक क्रिया कहना होगा। हालाँकि क्रिया-घटित फल क्रिया से भिन्न पदार्थ होता है, फिर भी ऐसी क्रिया को उसके फल से भिन्न नहीं कहा जा सकता। क्रिया-कारणक-फल की अपेक्षा से क्रिया-घटित फल में यह विशेष बात सामने आती दिखती है, जिसे स्वीकार करना आवश्यक है।

(४) आकारक और प्रकारक ज्ञान-क्रिया

ज्ञान के साथ विषय का सम्बन्ध विषय की प्रकारता होती है, विषय के साथ ज्ञान का सम्बन्ध ज्ञान-क्रिया है, और विषय का प्रकार-विशेष ज्ञान-क्रिया-घटित फल होता है। ज्ञात-विषय की ज्ञातता, विषयता या प्रकारता अगर ज्ञान-क्रिया द्वारा विशेषित हो तो विषय का प्रकार विशेष रूप से प्रतिभात होता है। प्रकार-विशेष का ज्ञान, 'यह विषय इस प्रकार का है', ऐसे वाक्य में प्रकाशित किया जाता है। यहाँ विशेष्यपद, 'यह विषय', का संकेत ज्ञाता के सम्बन्ध से देशकाल-विशेष में स्थित विषय की ओर होता है। 'इस प्रकार का है', इस विशेषणपद का अर्थ होता है : 'इस जातीय प्रकार का है', अर्थात् विशेषणपद का संकेत जाति-विशेष-रूप प्रकार की ओर होता है। देशकाल-विशेष में स्थित होना विषय का प्रकार तो होता है, पर जाति-रूप प्रकार नहीं होता। जाति-रूप प्रकार का ज्ञान विषय के देशकाल-विशेष-में-स्थिति के ज्ञान की अपेक्षा रखता है, लेकिन प्रकार का ज्ञान जाति-रूप प्रकार के ज्ञान की अपेक्षा नहीं करता। विषय के ज्ञान में विषय-वस्तु का इन दो प्रकारों में ज्ञान होता है। हम कह चुके हैं कि प्रकार ज्ञान-क्रिया-घटित होता है। तो, इन प्रकारों की घटक ज्ञान-क्रिया को भी दो प्रकार का मानना होगा। विषय के देशकाल-विशेष में स्थित होने के ज्ञान की घटक-क्रिया को ग्रहण-क्रिया और जाति-विशेष-व्याप्य होने के ज्ञान की घटक-क्रिया को अध्यवसाय-क्रिया कहा जा सकता है। विषय का पहला प्रकार ग्राह्य होता है, और दूसरा अध्यवसेय। गृहीत विषय—या दूसरे शब्दों में ऐन्द्रिय-प्रत्यक्ष-गम्य विषय—के सम्बन्ध-ज्ञान को अध्यवसाय कहा जाता है।

अगर क्रिया शब्द के ऊपर कहे गये व्यापक अर्थ को मान लें, तो ग्रहण-रूप ज्ञान को भी क्रिया कहा जा सकता है। गृहीत विषय देशकाल-घटित होता है; उसके ग्रहण में अन्य गृहीत विषयों के साथ उस विषय के देशकाल-सम्बन्ध का, और उसके अंशों के परस्पर-देशकाल-सम्बन्ध का ज्ञान होता है। इस तथाकथित सम्बन्ध का नाम है सन्निवेश। विषय के सम्बन्ध-ज्ञान को अगर विषय-ज्ञान से भिन्न-जातीय मानना हो तो फिर सन्निवेश को सम्बन्ध नहीं कहा जा सकता, क्योंकि सन्निवेश का ग्रहण विषय के ग्रहण से भिन्न कुछ नहीं होता। सन्निवेश ग्राह्य पदार्थ है; दो विषयों का सन्निवेश-ग्रहण ही एक उभय-संवलित विषय का ग्रहण होता है। गृहीत

विषय अपने अंश–समूह के सन्निवेश से घटित होता है। यह सन्निवेश ही विषय का आकार होता है। आकारित विषय–द्वय का सन्निवेश ही एक उभय–संवलित विषय का आकार होता है। एक ज्ञान में अन्तर्भुक्त दो ज्ञानों के दो आकारित विषय एकीकृत या समस्त हों तो समस्त विषय आकारित हो भी सकता है, नहीं भी हो सकता। अगर आकारित हों, तो कहा जा सकता है कि दोनों विषयों का सन्निवेश हुआ है, आकारित न हों तो बात उनके सम्बन्ध की होगी, सन्निवेश की नहीं। दो विषयों का सम्बन्ध उनका निराकार समास मात्र होता है। क्योंकि साकार–विषय का सम्बन्ध निराकार होता है, इसीलिये विषय–ज्ञान और विषय–सम्बन्ध, ये दोनों भिन्न–जातीय प्रतीत होते हैं। पर सन्निवेश का ज्ञान सन्निविष्ट विषय के ज्ञान से भिन्न–जातीय नहीं होता। साकार विषय के ज्ञान में विषय की प्रतीति साकार रूप में ही होती है। पर साकार विषय–द्वय का सन्निवेश साकार होते हुए भी साकार ज्ञान–द्वय के समास–रूप सन्निवेश–ज्ञान को उस ज्ञान–द्वय का सन्निवेश नहीं कहा जा सकता। क्योंकि सन्निवेश हालाँकि आकार–घटक होता है, पर सन्निवेश के ज्ञान को साकार नहीं कहा जा सकता। अतएव, सन्निवेश के ऐसे ज्ञान को साकार–ज्ञान–द्वय का सम्बन्ध ही कहना होगा। अब, हालाँकि सन्निवेश सम्बन्ध नहीं होता, पर ऐसे सन्निवेश के बारे में हम यह मान सकते हैं कि 'यहाँ सम्बन्ध की छाया है'। ऐसे में भान हमें यह होता है कि ज्ञान–द्वय का सम्बन्ध मानो ज्ञात विषय–द्वय का भी सम्बन्ध है।

सन्निवेश की घटक ग्रहण–क्रिया होती है; सम्बन्ध की घटक अध्यवसाय–क्रिया होती है। अध्यवसाय गृहीत विषय का सम्बन्ध–ज्ञान होता है, इसलिए कहना होगा कि अध्यवसाय ग्रहण की अपेक्षा करता है। पर ग्रहण अध्यवसाय की अपेक्षा नहीं करता। पर ग्रहणात्मक सन्निवेश में सम्बन्धाभास होता है, इसलिए सन्निवेश का ज्ञान सम्बन्ध के ज्ञान के भीतर ही होता है; अतएव कहना यह होगा कि अध्यवसाय–क्रिया के ज्ञान में ही स्वतन्त्र ग्रहण–क्रिया का ज्ञान होता है। हम ऊपर उल्लेख कर चुके हैं कि विषय दो प्रकार का होता है : देशकाल स्थिततत्व प्रकार और जातिरूपी प्रकार। सम्बन्ध–छाया–युक्त सन्निवेश या आकार ही देश–काल–स्थिततत्व प्रकार है। जातिरूपी प्रकार विशेषण होता है; जिस विशेष्य प्रकार का वह विशेषण होता है, ज्ञाता के साथ सम्बन्ध–युक्त उसके आकार को विशेष्य प्रकार कहा जा

सकता है। अध्यवसाय-ज्ञान में विषय का जातिरूप प्रकार ही मुख्य प्रकार होता है। विषय का गौण प्रकार विषय का आकार होता है जो मुख्य-प्रकार के आश्रय-रूप में रहता है। पर मुख्य प्रकार निरपेक्ष आकार-रूपी प्रकार नहीं होता। विषय-ज्ञान अध्यवसाय का ही रूप लेता है; और क्योंकि ग्रहण-ज्ञान अध्यवसाय का अंग होता है, वह इस रूप में विषय-ज्ञान होता है। पर ग्रहण अध्यवसाय का अंग न भी हो तो भी ग्रहण-ज्ञान को विषय-ज्ञान इस अर्थ में कहा जा सकता है कि ग्रहण अध्यवसाय का साकांक्ष होता है। हम यह भी मानें कि साकार विषय का जातिरूपी प्रकार-ज्ञान नहीं होता, तो भी उसके सम्बन्ध में प्रकार जिज्ञासा के बने रहने के कारण यह स्वीकार करना होगा कि उसमें प्रकार-योग्यता का ज्ञान रहता है। यह ठीक है कि 'कुछ साकार है', ऐसे निश्चय में प्रकारता अनुद्भूत अथवा अस्फुट रह सकती है, पर साकार विषय का निष्प्रकारक बोध निश्चय नहीं होता, कल्पना मात्र होता है। उक्त रूप में ही ग्रहण-क्रिया को अध्यवसाय से भिन्न ज्ञान-क्रिया के रूप में स्वीकार किया जा सकता है।

(५) ज्ञानांग-रूपी कल्पना

हम कह चुके हैं कि विषय का ज्ञान के साथ सम्बन्ध होने पर विषय की विषयता का ज्ञान होता है, और ज्ञान का विषय के साथ सम्बन्ध होने पर विषयता के आकार-प्रकार-विशेष का ज्ञान होता है। ज्ञान का जो विषय के साथ सम्बन्ध होता है उसे ज्ञान-क्रिया ही कहना उचित है। इस क्रिया के बिना आकार-प्रकार के अस्तित्व का ज्ञान नहीं होता। यह हो सकता है कि आकार-प्रकार-युक्त विषय-ज्ञान में विषय की ज्ञानापेक्षा का स्फुट ज्ञान न हो, पर ज्ञान-निरपेक्ष विषय का कोई ज्ञान नहीं होता। विषय-ज्ञान के ज्ञान में विषय के ज्ञानापेक्षत्व का भी ज्ञान होता है; और अगर यह ज्ञान हो भी कि विषय-वस्तु का आकार-प्रकार ज्ञान-क्रिया से भिन्न है, तो भी यह उपलब्धि रहती है कि वस्तुता से व्यावृत्त आकार-प्रकार को ज्ञानक्रिया से अलग नहीं किया जा सकता है। और इस अर्थ में यह कहना होगा कि विषय का ज्ञात-विशेष रूप ज्ञान-क्रिया द्वारा रचित या कल्पित होता है। यह ठीक है कि ज्ञान कल्पना से नितान्त भिन्न होता है, पर कल्पना ज्ञान का अंग हो सकती है। कल्पना मात्र से ज्ञान नहीं होता, पर इन्द्रिय-प्राप्त विषय के आकार-प्रकार का ज्ञान आकार-प्रकार-कल्पना से होता है। यों, विषय-ज्ञान में इन्द्रिय-

प्राप्ति की अपेक्षा रखती कल्पना ज्ञानांग के रूप में पर्यवसित हो जाती है। यह ज्ञानांग–रूपी कल्पना ही विषय–ज्ञान की क्रिया होती है। काण्ट के मत में आत्म–ज्ञान भी क्रिया ही है। क्रियाहीन ज्ञान को काण्ट नहीं स्वीकारते। पर आत्म–ज्ञान रूपी क्रिया स्वतन्त्र कृति होती है, कल्पना नहीं। विषय–ज्ञान में कल्पना के अतिरिक्त इन्द्रिय–ग्रहण अपेक्षित होता है, पर आत्म–ज्ञान में स्वतन्त्र कृति के अतिरिक्त किसी पदार्थ की अपेक्षा नहीं होती। ज्ञानांग–रूपी कल्पना द्वारा ही विषय का आकार–प्रकार घटित होकर ज्ञात होता है।

यह कल्पना विषयता के विशेष की घटक भी होती है और प्रकाशक भी। ग्रहण–रूपी कल्पना आकार–रूपी विशेष की घटक और प्रकाशक होती है, जबकि अध्यवसाय–रूपी कल्पना प्रकार–रूपी विशेष की घटक और प्रकाशक होती है। विषय–ज्ञान में प्रकार–रूपी कल्पना आकार–रूपी कल्पना की अपेक्षा रखती है; जबकि आकार–रूपी कल्पना प्रकार–रूपी कल्पना की अपेक्षा तो नहीं रखती, फिर भी उसमें प्रकारता या विषयता की अपेक्षा तो होती ही है। यह हम पहले ही कह चुके हैं कि विषय–ज्ञान के साथ विषय–वस्तु के सम्बन्ध को ही विषयता कहते हैं। विषय के अस्तित्व का ज्ञान उसकी नास्तित्व की सम्भावना के ज्ञान के बिना नहीं होता, पर फिर भी उससे भिन्न होता है। नास्तित्व की सम्भावना का ज्ञान इन्द्रिय–ग्रहण–निरपेक्ष कल्पना द्वारा घटित होता है, इसलिए उसे आभास कह सकते हैं, पर क्योंकि वह ज्ञात होता है इसलिए उसे असत् नहीं कह सकते। विषय–वस्तु इस आभास पदार्थ से भिन्न होती है; पर विषयता की दृष्टि से उससे अभिन्न होती है। नास्तित्व–सम्भावना–रूपी सत् आभास–पदार्थ ही विषय–वस्तु की विषयता होती है। इस पदार्थ के अस्तित्व को ज्ञान के साथ विषय–वस्तु के सम्बन्ध के रूप में ही समझा जा सकता है। नहीं तो आभास के अस्तित्व को वंध्यासुत की तरह ही अलीक पदार्थ कहना पड़ेगा। पर आभास ज्ञात होता है, इसलिए उसे सत् कहा जा सकता है। ऐसी ही विषयता की अपेक्षा से विषय की आकार–कल्पना रूप लेती है। और आकार–कल्पना की अपेक्षा से जब प्रकार–कल्पना रूप लेती है तब विषय का अध्यवसाय–रूप ज्ञान होता है।

प्रकार–कल्पना आकार–कल्पना की अपेक्षा के बिना भी हो सकती है, पर आकार–कल्पना विषयता की अपेक्षा के बिना नहीं होती। विषय के आकार से भिन्न ज्ञान के आकार की बात करने का कोई अर्थ ही नहीं बनता, पर

विषयाकार-सापेक्ष विषय-प्रकार से भिन्न भी ज्ञान का प्रकार होता है, और वहाँ ज्ञान की ही क्रिया होती है, जिसे निरर्थक नहीं कहा जा सकता। यह ठीक है कि वस्तु-शून्य आकार को विषयापेक्ष ही मानना होगा, पर वस्तु-शून्य प्रकार वस्तु-निरपेक्ष हो सकता है। वस्तु-शून्य आकार किसी वास्तव विषय की योग्यता या सम्भावना के रूप में ही ज्ञेय होता है, इसलिए उसमें विषयता गौण रहती है, यह बात स्वीकार करनी होगी। पर ऐसा कोई नियम नहीं है कि वस्तु-शून्य प्रकार भी ज्ञेय विषय तभी हो सकता है जब उसमें आकार-रूप विषय की योग्यता या सम्भावना कल्पित की जा सके; पर उसके लिए यह आवश्यक नहीं कि वह वस्तु शून्य आकार की तरह ज्ञेय विषय हो ही। वह अगर विषय के रूप में अज्ञेय हो तो भी वह ज्ञान-क्रिया मात्र के रूप में ज्ञेय होता है। प्रकार-ज्ञान जब विषय-ज्ञान होता है तो उसे अध्यवसाय कहा जाता है। पर ज्ञान अगर ज्ञान की क्रिया मात्र हो तो उसे ग्रहण और अध्यवसाय के अतिरिक्त आत्म-ज्ञान का ही रूप-भेद कहना उचित होगा। उसको 'अतिविषय-ज्ञान' (transcendental knowledge) यह नाम दिया जा सकता है। हम पहले ही कह चुके हैं कि धर्मात्मक आत्मज्ञान में स्वतन्त्र-विषय-ज्ञान गर्भगत रहता है। यह गर्भगत ज्ञान विषय-विशेष का ज्ञान नहीं होता, विषय-सामान्य या विषयता का ज्ञान होता है। विषय-ज्ञान में, अर्थात् विषय-विशेष के ज्ञान में, जिस विषयता का ज्ञान होता है उसे अध्यवसाय कहा जा सकता है; पर आत्मज्ञान में जो विषयता-मात्र के ज्ञान का पूर्वाभास होता है, उसे अध्यवसाय नहीं कहा जा सकता। ऐसा विषयता-ज्ञान ही अतिविषय ज्ञान है। यह वह ज्ञान है जिसे अभी कल्पना-रूपी ज्ञान-क्रिया द्वारा घटित होना है, यह घटित हो चुका परिनिष्ठित ज्ञान नहीं होता। यह ज्ञान-क्रिया आत्मा की तरह कृत्यात्मक नहीं होती, पर कृति की अपेक्षा अवश्य रखती है; पर कृत्यात्मक न होते हुए भी यह क्रिया कृति की तरह ही आत्म-स्वरूप होती है, इसलिए इसके ज्ञान को धर्मात्मक आत्मा के भीतर गर्भ-रूप में स्थित विषयता-घटक आत्मा का ज्ञान कहा जा सकता है।

यह अनुभव-सिद्ध है कि ज्ञानांग-रूपी कल्पना वेदना-जन्य कल्पना और अलीक कल्पना से भिन्न है। ज्ञानांग-रूपी कल्पना की तीन विधायें स्वीकार की जा सकती हैं : आकार-कल्पना, प्रकार-कल्पना और विषयता-कल्पना। अध्यवसाय ही विषय-ज्ञान होता है, और यों यह त्रिविध कल्पना विषय-

ज्ञान का ही अंग है। हमने कहा है कि ज्ञान क्रिया इस अर्थ में है कि वह ज्ञात विषय का घटक है, और वह प्रकाशक इस अर्थ में है कि वह परिनिष्ठित पदार्थ है। पर यहाँ यह भी कहना उचित होगा कि ज्ञानांग-कल्पना आकार-प्रकार की घटक के रूप में क्रिया है, पर प्रकाशक के रूप में वह अक्रिया है, या उसे परिनिष्ठित प्रत्यय कह सकते हैं। वह प्रकारता, विषयता और ज्ञातता का प्रकाशक मात्र है, घटक नहीं है। विषयता-कल्पना को क्रिया नहीं कह सकते; हाँ, यह कहा जा सकता है कि यह कल्पना आत्मा की ज्ञातता-घटक कृति-रूपी क्रिया का रूपान्तर-मात्र है। विषयता दो तरह से कल्पित होती है। विषय के विशेष का उद्‌भव हो तो कल्पना विशेष-निष्ठ विषयता की होती है, और विशेष अनुद्‌भूत रहे तो विषयता-मात्र की कल्पना होती है। आत्म-ज्ञान में जिस विषय-ज्ञान की अपेक्षा रहती है वह विशेष-विषय का ज्ञान नहीं होता, विषयता-मात्र का ज्ञान होता है। जिस कृति से आत्मज्ञान जन्म लेता है उसी से विषयता-मात्र का भी ज्ञान होता है। यह विषयता विषयता-कल्पना से अभिन्न है, इसलिए कृति को इस कल्पना से भिन्न नहीं कहा जा सकता। कृत्यात्मक होने के कारण यह कल्पना क्रिया तो है, पर विषय-ज्ञान की अपेक्षा से यह क्रिया नहीं है, इसे प्रकाश-मात्र ही मानना होगा। विषयता-कल्पना को एक ओर आत्मज्ञान की अंग-रूपी क्रिया कहा जा सकता है, पर दूसरी ओर उसमें विषय-विशेष-कल्पना की क्रिया का अक्रिय बीज भी देखा जा सकता है। पहले रूप में इसे अतिविषय क्रिया कहा जा सकता है, और दूसरे रूप में इसे ज्ञात-विषय की आत्मा—या उसका स्वरूप—कहना उचित होगा। ज्ञात-विषथ की 'ज्ञात है', इस प्रतीति का नाम प्रत्यभिज्ञा है। यों, काण्ट ने विषयता-कल्पना को अतिविषय-प्रत्यभिज्ञा (transcendental apperception) के नाम से अभिहित किया है।

विषय के प्रकार और आकार की ज्ञानांग-रूपी कल्पना विषय-घटक क्रिया भी है और विषय-प्रकाशक भी है। पर ज्ञानांग-रूपी कल्पना अपने आप में ज्ञान नहीं होती। ज्ञान का रूप लेने के लिए उस कल्पना को अन्य सहकारियों की अपेक्षा होती है। प्रकार-कल्पना विषय-ज्ञान के लिए आकार-कल्पना की अपेक्षा करती है, और आकार-कल्पना के लिए इन्द्रिय के माध्यम से वस्तु-प्राप्ति या वस्तु-प्राप्ति की सम्भावना की अपेक्षा रहती है। इन दो अपेक्षाओं में भेद यह है कि प्रकार-ज्ञान में आकार-अनपेक्ष प्रकार अज्ञात-

पदार्थ होता हुआ भी कल्पित होता है, लेकिन आकार-ज्ञान में इन्द्रिय-प्राप्त विषय का इन्द्रिय-अनपेक्ष आकार कल्पित नहीं होता। आकार-ज्ञान साक्षात् इन्द्रिय-प्राप्त विषय का ज्ञान न भी हो तो भी वह इन्द्रिय द्वारा प्राप्तव्य विषय का ही ज्ञान हो सकता है। 'इन्द्रिय द्वारा अप्राप्तव्य विषय का आकार', ऐसी बात का कोई अर्थ ही नहीं बनता। अतएव यह कहा जा सकता है कि आकार इन्द्रिय द्वारा कल्पित होने पर ही ज्ञात होता है। पर निराकार विषय का प्रकार ज्ञात न हो तो भी वह निरर्थक नहीं हो जाता। 'इन्द्रिय-प्राप्तव्य विषय निराकार है', यह कल्पना नहीं की जा सकती, पर इन्द्रिय-अप्राप्तव्य निराकार विषय की और उसके प्रकार की कल्पना की जा सकती है।

(६) अरूप, रूपारूप और सरूप कल्पना

प्रकार-ज्ञान में—अर्थात्, अध्यवसाय की अपेक्षा रखते आकार-ज्ञान में—आकार दो तरह से प्रतिभात होता है। आकार सर्वत्र पूर्ण या परिनिष्ठित रूप से ज्ञात नहीं होता; अपूर्ण या सम्पाद्यमान या क्रियमाण आकार का भी ज्ञान हो सकता है। पर विषय के प्रत्यक्ष-ज्ञान में सर्वत्र ही पूर्ण आकार का ही ज्ञान होता है। प्रत्यक्षेतर ज्ञान में, विशेषकर अर्थापत्ति में, क्रियमाण आकार का सन्धान पाया जाता है। प्रत्यक्ष-विषय के कारण का अनुसन्धान करें तो हम पाते हैं कि सन्दर्भ-विशेष में कारण के पूर्ण आकार का अनुमान सम्भव नहीं होता; अगर अनुमान का निष्कर्ष यह भी हो कि कारण कोई एक ही आकार-विशेष है, तो भी उसके बारे में सम्भावना-निश्चय एकाधिक पूर्ण आकार का होता है। और अगर यह निश्चय हो भी कि इन एकाधिक आकारों के समन्वय से एक ही आकार उभरेगा, तो भी वह आकार बुद्धिगत नहीं होता, बस उसे बुद्धिगत करने की चेष्टा भर हो सकती है, वैसी ही चेष्टा जैसे कोई चित्रकार किसी अनिर्देश्य आकार को सूत्ररूप से चित्र में प्रकाशित करने की चेष्टा करे। हाँ, ऐसी चेष्टा का क्रियमाण आकार या सूत्राकार बुद्धि में भासित होता है। यहाँ विचार करने पर यह प्रतिपत्ति जागती है कि प्रत्यक्ष-ज्ञान में भी पूर्ण आकार के ज्ञान के साथ क्रियमाण आकार का ज्ञान अस्फुट रूप से जुड़ा रहता है। विषय के निराकार या अरूप सम्बन्ध का नाम प्रकार है, और सरूप सन्निवेश का नाम आकार। प्रकार-कल्पना को अरूप कल्पना और पूर्ण-आकार-कल्पना को सरूप कल्पना कहा जा सकता है। और यों देखें तो फिर क्रियमाण आकार-

कल्पना को रूपारूप-कल्पना का नाम देना उचित होगा।

आकार-निष्ठ प्रकार-कल्पना का नाम है अध्यवसाय। अध्यवसाय में आत्मा की जिस ज्ञानशक्ति या ज्ञातृत्व का प्रकाश होता है उसे बुद्धि कहा जाता है। ऐसा भी हो सकता है कि प्रकार-कल्पना बिना आकार के रूप ले ले— अर्थात् वह ज्ञान में पर्यवसित न हो; और तब उसे बुद्धिक्रिया कह सकते हैं। पर विषयता-प्रत्यय विषय-घटक क्रिया का रूप न ले तो उसे प्रकाशत्व-रूपी बुद्धि-धर्म ही कहना होगा। अनाकारित-प्रकार-रूपी बुद्धिक्रिया को बुद्धि के इस प्रकाशक धर्म का विशेषक या परिच्छेदक कहा जा सकता है। यों, विषय-बुद्धि (understanding) की तीन स्थितियाँ सामने आती हैं : प्रकाश-मात्र के रूप में, प्रकाश-विशेषक-प्रकार-मात्र के रूप में और, तीसरी, आकार-प्राप्त-प्रकार या अध्यवसाय के रूप में। प्रकार-बुद्धि सम्बन्ध-बुद्धि ही है, और सम्बन्ध की आकारित-विषय-निष्ठता-बुद्धि का नाम है अध्यवसाय। सम्बन्ध-बुद्धि का मूल है प्रत्यभिज्ञा। पर ऐसा नहीं है कि प्रत्यभिज्ञेय सम्बन्ध का विषय-मात्र इन्द्रिय द्वारा प्राप्तव्य ही हो। सम्बन्धन-रूपी बुद्धि-क्रिया बस बुद्धि के प्रकाशमात्र-रूपी धर्म की अपेक्षा करती है; प्रकाश का परिच्छेद करना या उसे विशेष रूप देना, यही इस क्रिया का नियत फल है। प्रंकाश के विशेषकत्व की बात किये बिना बुद्धि-क्रिया का कोई लक्षण नहीं बन सकता है। इस प्रकाश-विशेषक बुद्धि के प्रकार-मात्र को बुद्धि के आकार-निष्ठ प्रकार या अध्यवसाय से व्यावृत्त करने के लिए उसे सम्बन्ध-जाति या बौद्ध-जाति (concept) की आख्या दी जा सकती है। साधारण भाव से 'जाति' शब्द सम्बन्ध-विषय-व्यक्ति-निष्ठ सामान्य के अर्थ में प्रयुक्त होता है। ऐसी विषय-निष्ठ 'जाति' को 'सम्बन्ध-जाति या बौद्ध-जाति की छाया' कहा जा सकता है। पर यहाँ मूल जाति बौद्धजाति ही है। विषय-जाति के व्यक्तियों की तरह बौद्धजाति का कोई व्यक्ति स्वीकार नहीं किया जा सकता। क्योंकि सम्बन्ध जाति-मात्र होता है, सम्बन्ध-व्यक्ति नाम का कोई पदार्थ नहीं होता। विषय-ज्ञान में सम्बन्ध-बुद्धि की नियत अपेक्षा रहती है। पर, हाँ, ऐसी अन्य बुद्धि का भी स्वीकार किया जा सकता है जो सम्बन्ध-बुद्धि की तरह विषय-ज्ञान की घटक न हो; पर इसका विवरण हम आगे देंगे।

आकार-ज्ञान अध्यवसाय द्वारा अपेक्षित ग्रहण-क्रिया से होता है। हम पूर्णाकार और क्रियमाण आकार (या सूत्राकार), आकार के इन भेदों का उल्लेख

कर चुके हैं। पूर्णाकार के भीतर भी, इस भेद की छाया-रखते, दो भेद और किये जा सकते हैं; देशाकार और कालाकार ये अनुभव-सिद्ध हैं। पर ध्येय है कि यहाँ हम सन्निवेश-घटित सभी विषय-धर्मों को 'आकार' कह रहे हैं। विषय का ससीम या असीम आकार, उसका पूर्वत्व और परत्व रूप स्थान, अवकाश, परिमाण इत्यादि देशात्मक और कालात्मक या उभयात्मक रूप से कल्पित हर धर्म को व्यापक भाव से 'आकार' शब्द द्वारा निर्दिष्ट किया जा सकता है। ग्रहण-क्रिया द्वारा जिस विषय-धर्म का ज्ञान होता है वही 'आकार' है। सम्बन्ध-ज्ञान असम्बद्ध आकार या आकारित विषय को सम्बद्ध करता है, इसलिए आकार को सम्बन्ध का उपादान कहा जा सकता है। इसी तरह ग्रहण-क्रिया द्वारा जिस असन्निविष्ट पदार्थ में सन्निवेश या सन्निवेश का ज्ञान घटित होता है, उसे सन्निवेश या आकार का उपादान कहना होगा। पर हालाँकि आकारित विषय का सन्निवेश भी आकारित विषय ही होता है, लेकिन पहले आकार को दूसरे आकार का अंश ही कहा जा सकता है, उपादान नहीं। जो इन्द्रिय के माध्यम से प्राप्त भर होता है, गृहीत या सन्निविष्ट नहीं होता, वही आकार का अनाकारित उपादान होता है। अगर हम सम्बन्ध को बुद्धि-कल्पित कहें तो सन्निवेश को इन्द्रिय-कल्पित कह सकते हैं। ग्रहण-क्रिया इन्द्रिय की कल्पना-क्रिया होती है। इस क्रिया में भिन्न इन्द्रियों द्वारा 'प्राप्ति'-रूपी भिन्न धर्म भी होते हैं। बाह्येन्द्रिय की ग्रहण-क्रिया द्वारा दैशिक सन्निवेश बनता है, और अन्तरिन्द्रिय या मन की ग्रहण-क्रिया द्वारा कालिक सन्निवेश बनता है। तो फिर यह भी मानना होगा कि बाह्येन्द्रिय और अन्तरिन्द्रिय द्वारा प्राप्त पदार्थ में भी भेद होता है।

(७) बुद्धि, मन और बाह्येन्द्रिय की विषयरचना का परस्परापेक्षत्व

हमने देखा कि एक ही कृतिस्वरूप आत्मा की स्वतन्त्र और परतन्त्र, ये दो मूर्तियाँ हैं। इसी तरह यह भी मानना होगा कि विषयज्ञानस्वरूप एक ही आत्मा की बुद्धि और इन्द्रिय, ये दो शक्तियाँ हैं। द्विरूप होकर भी आत्मा एक कैसे रहती है, यह इन दोनों क्षेत्रों में ही अज्ञेय है। किन्तु आत्मा के द्वैरूप्य का अपलाप नहीं किया जा सकता; यह अनुभव-सिद्ध है। बुद्धि की क्रिया है, अध्यवसाय, और इन्द्रिय की क्रिया है, ग्रहण। बुद्धि की क्रिया की अपेक्षा से इन्द्रिय-गृहीत पदार्थ को उपादान कहा जा सकता है;

इन्द्रियक्रिया की अपेक्षा से इन्द्रियों द्वारा प्राप्त पदार्थ उपादान है। बुद्धिक्रिया का साक्षात् उपादान अन्तरिन्द्रिय-गृहीत विषय होता है, जो काल का आकार लिये होता है। अन्तरिन्द्रिय-क्रिया का साक्षात् उपादान बाह्येन्द्रिय-गृहीत देशाकार-विषय होता है। बाह्येन्द्रिय-क्रिया का भी उपादान होता है, इससे इनकार नहीं किया जा सकता, पर उसे ज्ञात विषय नहीं कहा जा सकता। यह ठीक है कि वह है तो अनात्मपदार्थ ही, पर उसका न कोई आकार है न प्रकार। पर वह नितान्त अव्यक्त भी नहीं है। लेकिन इन्द्रिय उसका ग्रहण नहीं करती। उसके बारे में यही अनुभूति होती है कि 'वह बस प्राप्त है'। हाँ, यह निश्चयात्मक कल्पना फिर भी होती है कि वह पदार्थ जो बाह्येन्द्रिय द्वारा प्राप्त मात्र है, वह नितान्त अव्यक्त अनात्मवस्तु द्वारा इन्द्रिय पर किया या दिया जाता अभिघात-रूप है। इस अभिघात-रूप उपादान की उपलब्धि के होने पर ही बाह्येन्द्रिय की ग्रहण-क्रिया को ग्रहण का अवकाश मिलता है। इस उपादान से ग्रहण-क्रिया देशाकार विषय की रचना करती है। अन्तरिन्द्रिय जब इस देशाकार विषय को उपादान के रूप में पाती है तो अपनी ग्रहण-क्रिया द्वारा उससे कालाकार विषय की रचना करती है। बाह्येन्द्रिय को जो अनाकारित उपादान प्राप्त होता है उसके बारे यह प्रतीति होती है कि 'यह अव्यक्त विषयवस्तु द्वारा दिया गया बाह्य अभिघात है'। पर अन्तरिन्द्रिय को जो देशाकार-रूपी उपादान प्राप्त होता है उसके बारे में प्रतीति यह होती है कि 'यह बुद्धिरूप आत्मा द्वारा प्रदत्त आन्तर अभिघात है'। कालाकार विषय के बारे में कहा जा सकता है कि 'यह ऐसा उपादान है जो बुद्धि-क्रिया की अपेक्षा रखता है', पर बुद्धि इस उपादान द्वारा अभिहित नहीं होती है। बुद्धि इस उपादान का ग्रहण भी नहीं करती; वह कालाकार विषय से विविक्त रहती हुई अध्यवसाय-क्रिया द्वारा उस उपादान में सम्बन्धात्मक प्रकार का उद्‌घाटन करती है। इस तरह इन्द्रिय की सहायता से बुद्धि अव्यक्त वस्तु द्वारा उपादान में आकार-प्रकार रूपी व्यक्तता की घटक बनती है और आभासात्मक विषयवस्तु को प्रकाशित करती है।

पर विषयज्ञान का यह विवरण व्याख्या भी चाहता है। ऊपर हमने ज्ञान-क्रिया के इस क्रम को विवृत किया है : इन्द्रियप्राप्त उपादान में देशाकार की कल्पना—कालाकार की कल्पना—और प्रकारकल्पना। यह क्रम कालनिष्ठ क्रम नहीं हो सकता; हो भी तो प्रकार-कल्पना में कालाकार-कल्पना और कालाकार-कल्पना में देशाकार-कल्पना, ये क्रियाओं का रूप नहीं लेतीं—यह नहीं कह सकते कि कल्पना यहाँ फल मात्र है।

अतएव, अध्यवसाय-रूपी विषयज्ञान में इन तीनों कल्पनाओं का यौगपद्य स्वीकार करना होगा। लक्ष्य है कि यहाँ प्रत्येक कल्पना ज्ञानात्मक है, अलीक कल्पना नहीं है। अतएव, यह भी कहा जा सकता है कि देशाकार-कल्पना में कालाकार-कल्पना और कालाकार-कल्पना में प्रकार-कल्पना अस्फुट या अविभक्त भाव से विद्यमान रहती है। तो, इस सन्दर्भ में जिस क्रम की बात की गयी, उसे प्रधानत: अपेक्षा का क्रम समझना चाहिये। हम पाते हैं कि प्रकार-कल्पना में कालाकार-कल्पना की, और कालाकार-कल्पना में देशाकार-कल्पना की अपेक्षा साक्षात् है। यह भी कहा जा सकता है कि पहली कल्पना में द्वितीय कल्पना 'गर्भित' है, और द्वितीय कल्पना में तृतीय कल्पना 'गर्भित' है। विषय-ज्ञान की प्रकटता इस ज्ञान में होती है कि 'प्रकार बाह्य-विषय-निष्ठ है'। अगर बाह्य या देशाकार विषय की आन्तर या कालाकार विषय के रूप में प्रतीति न हो तो फिर उसमें प्रकार की प्रतीति भी नहीं हो सकती—इस बात को समझ लेने पर ही कल्पना-त्रय की परस्परापेक्षा-जन्य एकात्मता समझी जा सकती है।

'बाह्य-विषय का प्रत्यक्ष हो रहा है', यह ज्ञान ही उस विषय का आन्तर या मानस प्रत्यक्ष होता है। पर विषय-प्रत्यक्ष के अनुव्यवसाय में विषय-प्रत्यक्ष रूप मानस व्यापार का ही ज्ञान होता है, प्रत्यक्षविषय का ज्ञान नहीं। यह सही है कि इस ज्ञान में भी विषय की गौण भाव से प्रतीति रहती है, पर इस प्रतीति में विषय की वस्तु या अवस्तु के रूप में प्रतीति नहीं होती। तो, किसी विषय का मानस या आन्तर ज्ञान हम उस ज्ञान को कह सकते हैं जिसमें उस बाह्यविषय के वस्तु होने का बोध विलुप्त नहीं होता। किसी प्रत्यक्ष विषय के ज्ञान में जब विषय का वस्तुता बोध बना रहता है तो उस बोध के प्रत्यक्षत्व या साक्षात्-भाव का भी बोध बना रहता है—उस बोध का व्यत्यय घटित नहीं होता। यों, किसी बाह्य विषय का मानस प्रत्यक्ष उस बाह्य विषय के ज्ञान में गर्भीभूत उस बाह्य-विषय का प्रत्यक्ष ही होता है। बाह्य प्रत्यक्ष का विषय ही मानस प्रत्यक्ष का भी विषय होता है। दोनों में अन्तर यही है कि मानस प्रत्यक्ष में देशाकार रूपी बाह्य विषय कालाकार-ग्रस्त हो जाता है। वह मानस वृत्ति जो बाह्य प्रत्यक्ष का रूप लेती है वह देश में स्थित नहीं होती, काल में उत्पन्न और स्थित होती है—इसी अर्थ में वह देशाकार नहीं हो कर कालाकार होती है। ऐसी मानस-वृत्ति से उसका विषय भिन्न होता है, यह तो कहा जा सकता है, लेकिन इस वृत्ति

के ज्ञान में विषय और वृत्ति के बीच भेदग्रहण नहीं होता; इसीलिये वृत्ति का कालाकार-स्वरूप विषय में भी कालाकार रूप से ही प्रतिभात होता है। सच यह है कि बाह्य-प्रत्यक्ष रूपी मानस वृत्ति कालाकार ही होती है, देशाकार नहीं। पर, क्योंकि यह वृत्ति अपने विषय से विभक्त नहीं होती, इसलिए विषय का देशाकार रूप भी इस वृत्ति के कालाकार रूप से अभिन्न ही रहता है। फिर भी यह बोध रहता है कि कालाकार से देशाकार भिन्न है। बाह्य-प्रत्यक्ष-रूपी वृत्ति के ज्ञान में विषय के कालाकार और देशाकार का यह भेदाभेद-सम्बन्ध, 'कालाकार के भीतर देशाकार गर्भीभूत है', ऐसे वाक्य द्वारा प्रकाशित किया जा सकता है। बाह्येन्द्रिय द्वारा गृहीत देशाकार विषय ही अन्तरिन्द्रिय द्वारा गृहीत बाह्यप्रत्यक्ष-रूपी मानसवृत्ति के गर्भीभूत होकर कालाकार-ग्रस्त हो जाता है।

बाह्य प्रत्यक्ष में विषय का देशाकार पूर्ण, या कहिये परिनिष्ठित, भाव से प्रतिभात होता है। बाह्य प्रत्यक्ष के मानस प्रत्यक्ष में भी देशाकार की पूर्णता का अपलाप नहीं होता, फिर भी एक क्रियमाणत्व का भान आ समाता है। ऐसा बोध होता है कि आकार मानो क्रमशः चित्रित हो रहा है; पर साथ ही यह बोध भी रहता है कि 'आकार पूर्ण है'; इसलिए यह ज्ञान रूप नहीं लेता कि 'यह क्रम कालनिष्ठ क्रम है (कि वस्तु काल में रूप ले रही है)'; लेकिन यह प्रतीति भी नहीं होती कि 'यह क्रम भ्रान्ति है'। यों यह क्रम कालाकार तो होता है, पर कालातिपात की अपेक्षा नहीं करता। कहा जा सकता है कि 'क्रमात्मक क्रियमाण आकार ही पूर्ण देशाकार का कालाकार है'। मानस प्रत्यक्ष का मुख्य विषय बाह्य प्रत्यक्ष है, और कालाकार बाह्य-विषय उसका गौण विषय है। बाह्य-विषय का कालाकार उस विषय के पूर्ण देशाकार का ही क्रियमाण रूप होता है। मानस प्रत्यक्ष में ज्ञान यह होता है कि 'देशाकार का क्रियमाण रूप उसके पूर्ण रूप में गर्भीभूत है'। स्मृति को भी बाह्य विषय का मानस प्रत्यक्ष कहा जा सकता है, पर इस प्रत्यक्ष का मुख्य विषय बाह्य प्रत्यक्ष नहीं होता। हाँ, मुख्य विषय तो यहाँ भी बाह्य विषय ही होता है, पर उसका बोध होते हुए भी वह गौण ही रहता है, उसका ज्ञान नहीं होता। जिस स्मृति में बाह्य प्रत्यक्ष का ज्ञान रहता है, वह स्मृति मात्र नहीं होती, बुद्धि-स्मृति होती है। स्मृति मात्र का जो बाह्य विषय उसका मुख्य विषय होता है, स्मृति में उस बाह्य विषय के देशाकार का पूर्ण और क्रियमाण, दोनों रूप प्रतिभात होता है। पर यहाँ क्रियमाण

रूप ही प्रधान होता है, पूर्ण रूप का बस एक गौण-सा बोध रहता है। स्मृति को भी हम अगर मानस प्रत्यक्ष कहना चाहें तो मानना होगा कि अन्तरिन्द्रिय और बहिरिन्द्रिय की तरह स्मृति केवल वर्तमान विषय का ही नहीं, अ-वर्तमान विषय का भी ग्रहण करती है।

अगर बाह्य प्रत्यक्ष का विषय उक्त रीति से मानसप्रत्यक्ष का विषय न बने तो उसका प्रकार-ज्ञान नहीं होगा। हम कह चुके हैं कि गृहीत विषय का अरूप सम्बन्ध ही उसका प्रकार होता है। सम्बन्ध एक अभिव्यक्तिहीन बुद्धिनिष्ठ-जाति है, पर गृहीत विषय के अध्यवसाय में इस अरूप जाति का ज्ञान गृहीत-विषय-निष्ठ रूप में होता है। कहा जा सकता है कि हमारे अध्यवसाय का रूप यह होता है कि 'इस गृहीत विषय का यह सम्बन्ध है'। यहाँ 'इस विषय' शब्द का अर्थ है, 'इस देशाकार से विशेषित विषय-व्यक्ति', और 'यह सम्बन्ध' का अर्थ है, 'इस जाति का सम्बन्ध'। किस देशाकार व्यक्ति में कौन सी व्यक्ति-हीन सम्बन्ध-जाति है, यह ज्ञान ही मूल अध्यवसाय होता है। जो विषय-जाति बुद्धिगत जाति से भिन्न होती है उसे 'अनेक व्यक्तियों के साधारण धर्म द्वारा घटित' कहा जा सकता है। 'यह विषय-जाति इस विषय में है', हमें ऐसा अध्यवसाय होता है; इस अध्यवसाय में हम प्रत्यक्ष-व्यक्ति में ही यह प्रत्यक्ष करते हैं कि 'जाति विषय-धर्म द्वारा घटित है', इसीलिये हममें यह प्रतीति बनी रहती है कि जाति की व्यक्ति-निष्ठता का बोध मानो सहज-स्वाभाविक है। तो, यह स्वीकार किया जा सकता है कि विषय-व्यक्ति के प्रत्यक्ष में विषय-जाति का अविभक्त-रूपेण प्रत्यक्ष होता है। लेकिन यह नहीं कहा जा सकता कि सम्बन्ध-रूपी जाति ऐसे विषय-धर्म द्वारा घटित होती है जो कि प्रत्यक्ष-योग्य होता है। और तभी सम्बन्ध-जाति की प्रत्यक्ष-निष्ठता के ज्ञान को भी प्रत्यक्ष-ज्ञान के रूप में स्वीकार नहीं किया जा सकता। अतएव, यहाँ इस बात पर विशेष विचार आवश्यक है कि सम्बन्ध का जो देशाकार-व्यक्ति-निष्ठता-ज्ञान रूपी मूल अध्यवसाय होता है, उसमें निष्ठता-ज्ञान क्या है?

'इस विषय का यह सम्बन्ध है', ऐसा ज्ञान हो, इसके लिए आवश्यक है कि विषय में सम्बन्ध के अनुरूप किसी धर्म-विशेष का बोध हो। पर हम यह कह चुके हैं कि वह साधारण धर्म जो अनेक व्यक्तियों में साधारण होता है और विषय-जाति का घटक होता है, वह सम्बन्ध-रूपी जाति का घटक नहीं होता। अतएव, यह मानना होगा कि जिस धर्म-विशेष की हम

बात कर रहे हैं उसे ऐसा होना चाहिये कि वह केवल सम्बन्ध के अनुरूप प्रतीत हो। 'आनुरूप्य' से तात्पर्य है, 'सादृश्य-विशेष'। दो प्रत्यक्षयोग्य विषयों में सादृश्य का होना प्रसिद्ध है। प्रत्यक्ष-योग्य पदार्थ के साथ अगर सादृश्य का कोई बोध रहे तो ऐसे सादृश्य को 'आनुरूप्य' कहा जा सकता है। प्रत्यक्ष पदार्थ का कल्पित पदार्थ से भी सादृश्य बोध होता है। कल्पित पदार्थ प्रत्यक्ष के योग्य भी हो सकता है, और प्रत्यक्ष के अयोग्य भी। दो प्रत्यक्ष-योग्य कल्पित पदार्थों में कहीं स्थलविशेष में यह बोध होता है कि दूसरे में पहले की अपेक्षा से किसी धर्म का आतिशय्य है। इसी तरह दूसरे की अपेक्षा से तीसरे में, तीसरे की अपेक्षा से चौथे में, इत्यादि..., यह अतिशय बोध रह सकता है; इससे यह कल्पना जन्मती है कि किसी पदार्थ में उस धर्म का निरतिशयत्व या काष्ठा भी हो सकती है। ऐसा पदार्थ प्रत्यक्ष के योग्य नहीं हो सकता, फिर भी उसे आकारहीन नहीं कहा जा सकता। हाँ, उसका आकार पूर्ण नहीं होता, न पूर्णाकार-निष्ठ क्रियमाण आकार होता है, बस क्रियमाण आकार मात्र होता है। मानसप्रत्यक्ष-गोचर बाह्य-विषय का देशाकार जिस कालाकार रूप में प्रतिभात होता है, वही पूर्णाकार-निष्ठ क्रियमाण आकार होता है। अगर हम यह स्वीकार करें कि काष्ठा का बोध क्रियमाण-आकार-मात्र-विशिष्ट होता है, तो प्रत्यक्ष-योग्य पदार्थ की काष्ठा के साथ सादृश्य को 'आनुरूप्य' का नाम दे सकते हैं।

यह सही है कि सम्बन्ध आकारहीन होता है, पर अध्यवसाय में उसकी प्रतीति साकार-विषय-निष्ठ रूप में होती है। यह प्रतीति प्रत्यक्ष प्रतीति नहीं होती—ऐसा हम कह चुके हैं। यह प्रतीति एक ऐसी कल्पना होती है जो विषयाकार की आकार-काष्ठा के साथ आनुरूप्य रखती है। सम्बन्ध के विषय-निष्ठ होने के ज्ञान में सम्बन्ध आकार-काष्ठा के रूप में कल्पित होता है। आकार जिस अर्थ में विषय-निष्ठ होता है, सम्बन्ध उस अर्थ में विषय-निष्ठ नहीं होता। विषयाकार ही आकार होता है, पर शून्य आकार की प्रतीति अ-विषय की प्रतीति नहीं होती, वह अ-निर्दिष्ट विषय की प्रतीति होती है। विषय-निष्ठता आकार का नियत धर्म है। पर ऐसा कोई नियम नहीं कि सम्बन्ध विषय का ही सम्बन्ध हो। हम पहले कह भी चुके हैं कि आत्मा, जो कि अविषय है, उसके बारे में स्वाधीन-कारणता आदि सम्बन्धों की कल्पना होती है, और कल्पना-जन्य निश्चय भी रूप लेता है। तो, विषय-निष्ठता को सम्बन्ध का नियत धर्म नहीं कहा जा सकता।

हम यह भी कह चुके हैं कि सम्बन्ध जाति मात्र है, सम्बन्ध–व्यक्ति जैसा कोई पदार्थ नहीं होता। 'कादाचित्क धर्म', यह व्यक्ति का ही धर्म हो सकता है। इसलिए विषय–निष्ठता को सम्बन्ध का कादाचित्क धर्म भी नहीं कहा जा सकता। सम्बन्ध की विषय–निष्ठता को भाक्त (लाक्षणिक, औपचारिक) धर्म ही मानना पड़ेगा। विषय का सम्बन्ध तो वास्तव होता है, पर सम्बन्ध का विषय–निष्ठ सम्बन्ध होना, यह वास्तव नहीं होता। हम यह तो कह सकते हैं कि 'यह विषय यों सम्बद्ध है', पर यह कहना कि 'यह सम्बन्ध इस विषय में है', ऐसी प्रतीति को शब्द–विकल्प मात्र ही कहना होगा। इस बात के तात्पर्य को यों रखा जा सकता है : 'यह विषय आकार–काष्ठा के रूप में कल्पित सम्बन्ध के अनुरूप है'। या यह कहा कहा जा सकता है कि 'विषयाकार का निराकार सम्बन्ध आकार–काष्ठा के रूप में कल्पित हो रहा है'। इस काष्ठा–कल्पना को ही हमने पहले रूपारूप–कल्पना या सूत्राकार कल्पना कहा था।

सम्बन्ध ऐसा परिनिष्ठित पदार्थ है जो बुद्धि–कल्प्य है। आकार–काष्ठा के माध्यम से उसका विषय में प्रकाश होता है। पर आकार–काष्ठा परिनिष्ठित पदार्थ नहीं है, वह केवल–क्रियमाण पदार्थ है। उसे एक प्रकार का क्रियमाण आकार भी कहा जा सकता है, पर इस सन्दर्भ में उसे 'क्रियमाण आकार–समूह की धारा' कहना उचित है। अन्तरिन्द्रिय द्वारा गृहीत बाह्य–विषय में जो पूर्णदेशाकार–निष्ठ क्रियमाण आकार रहता है वह इस अनादि आकार–धारा का अन्तिम आकार होता है और इस धारा से संगत प्रत्यक्ष आकार होता है। यह आकार–धारा यथेच्छ कल्पना नहीं होती, बुद्धि–कल्प्य सम्बन्ध इस धारा का स्थिर नियम होता है। क्रियमाण आकार–धारा ऐसी कल्पना है जो निराकार सम्बन्ध की प्रकाशक भी होती है और सम्बन्ध द्वारा नियन्त्रित भी रहती है। बाह्येन्द्रिय विषय में हम जब पूर्ण देशाकार की कल्पना करते हैं तो अन्तरिन्द्रिय उस आकार की क्रियमाण, या कालाकार, कल्पना करती है। और फिर इस कालाकार की बुद्धि द्वारा सन्यिन्त्रित कालाकार–धारा के साथ संगति की कल्पना करती है। बाह्य–विषय का सम्बन्ध–ज्ञान इसी तरह से होता है। पूर्णाकार पर इस सम्बन्ध की छाया नहीं पड़ती, आकार–धारा के नियम के साथ संगत विषय–प्रकार पूर्णाकार के विशिष्ट रूप में साक्षात् प्रतिभात नहीं होता; विषय के जिस प्रत्यक्ष–धर्म के माध्यम से विषय में सम्बन्ध–विशेष का ज्ञान सम्भावित होता है, पूर्णाकार में उसकी

प्रतीति नहीं होती। पूर्णाकार के क्रियमाण रूप में ही केवल-क्रियमाण आकार-काष्ठा का अवभास होता है। यह अवभास ही विषय-प्रकार के नाम से जाना जाता है।

कहा जा सकता है कि अ-प्रकारित कालाकार का ज्ञान नहीं होता। आकारक क्रिया या अंकन क्रिया एक गति-विशेष होती है। अंकन-क्रिया जब हाथ आदि से की जाती है तो गति विषय-निष्ठ गति होती है। पर कल्पना द्वारा की गयी अंकन-क्रिया जो ज्ञात आकार की घटक होती है, उसकी गति को इन्द्रिय-निष्ठ गति कहना होगा। और हम अगर ग्रहण-क्रिया को ज्ञानांग अंकन-क्रिया के रूप में स्वीकार करें तो इस गति को उपचार मात्र नहीं कह सकते। पर जहाँ आकार-कल्पना तो हो लेकिन ज्ञान न हो, वहाँ ज्ञाता या इन्द्रिय की गति बात करना उपचार मात्र होगा। गति-बोध मात्र में दिक्-बोध होता है, पर दिक्-बोध गति-बोध के बिना भी हो सकता है। स्थित देश में भी दिक् का बोध होता है और उसे गति-कल्पना-प्रसूत नहीं कहा जा सकता। देश-बोध काल-बोध-जन्य नहीं होता, काल-बोध द्वारा वह मात्र स्फुटीकृत होता है। बिना दिक् के गति का बोध नहीं होता, अतएव कालाकार अंकनात्मक गति में भी दिक् का स्वीकार करना होगा। देशाकार नाना धाराओं या दिशाओं में अंकित हो सकता है। क—ख, यह रेखा क से ख की दिशा में या ख से क की दिशा में गति के माध्यम से अंकित होती है। स्थित दैशिक आकार में एक ही काल में परस्पर-विपरीत दिशाओं का बोध होता है, लेकिन गति के बोध में ऐसा नहीं होता, एक ही दिशा का प्रत्यक्ष होता है। साथ ही 'इससे विपरीत कोई दिशा नहीं है', यह निषेध-बोध भी रहता है; अर्थात् दिक् के प्रत्यक्ष में दिक् के अनन्यत्व का भी बोध होता है। अनन्यत्व का बोध बुद्धि-जन्य ही होता है, वह कहीं भी क्यों न हो। इसलिए कालाकार अंकनगति में होते दिक् के अनन्यत्व-बोध को प्रकार का बोध ही कहना होगा। जिस कालाकार कल्पना में किसी एक दिक् का बोध होता है, पर उसके अनन्यत्व का बोध नहीं होता, अर्थात् कालाकार का प्रकार-बोध नहीं होता, वह कल्पना ज्ञान नहीं होती, वह बस 'मानो यह कालाकार है', ऐसी आभास-प्रतीति मात्र होती है। कालाकार जब ज्ञात होता है तो प्रकारित रूप में ही ज्ञात होता है।

तो, यह कहा जा सकता है कि ऐसा आकार मात्र जो कि ज्ञात हो, वह प्रकारित आकार ही होता है। पर आकार का ऐसा भी ज्ञान हो सकता है जो

प्रकार-ज्ञान न हो। देशाकार ज्ञान प्रकार-रहित हो सकता है, पर कालाकार ज्ञान प्रकार सहित ही होता है। बाह्येन्द्रिय और अन्तरिन्द्रिय की ग्रहण-क्रियाओं के बीच यह भेद स्वीकार किया जाये तो फिर उनके क्रिया-जनित प्राप्ति-धर्मों में भी भेद स्वीकार करना होगा। इन्द्रिय पर बाहर का अभिघात न पड़े तो वह आकार ग्रहण नहीं करती; अतएव कहा जा सकता है कि उसको जो प्राप्ति होती है, वह किसी आकारक क्रिया की अपेक्षा नहीं करती। तो, हम पाते हैं कि देशाकार-ज्ञान प्रकार-ज्ञान के बिना भी हो सकता है, अतएव, बाह्येन्द्रिय की प्राप्ति के प्रति प्रकार-क्रिया की कारणता को भी स्वीकार नहीं किया जा सकता। यह प्राप्ति किसी भी ज्ञान-क्रिया की अपेक्षा नहीं रखती। अतएव, इस प्राप्ति के कारण को नितान्त अव्यक्त या अज्ञात ही कहना पड़ेगा। अन्तरिन्द्रिय देशाकार को उपादान के रूप में पाकर ही कालाकार का ग्रहण करती है। अब, कालाकार ज्ञान प्रकार-ज्ञान के बिना नहीं होता, अतएव इस बात से इनकार नहीं किया जा सकता कि मन को देशाकार की जो उपादान के रूप में प्राप्ति होती है, उस प्राप्ति में बुद्धि की प्रकारक-क्रिया की कारणता विद्यमान रहती है। हमने जो पहले कहा कि बाह्येन्द्रिय पर अव्यक्त वस्तु का अभिघात पड़ता है, और यह कि बुद्धिरूप आत्मा अन्तरिन्द्रिय पर अभिघात करती है, उस कथन को इसी अर्थ में समझना चाहिये।

यह कल्पना की जा सकती है कि आकारकाष्ठा सम्बन्ध और कालाकार के बीच सेतु का काम करती है। सम्बन्ध को बुद्धि-क्रिया द्वारा गृहीत नहीं कहा जा सकता, वह तो सम्बन्धरूपी बुद्धि-क्रिया का स्वरूप ही है। उसके विषय-निष्ठ होने का अर्थ विषय को उद्दिष्ट करना है, वैसे ही जैसे किसी वाक्य का सकर्मक क्रिया-पद कर्म-पद को उद्दिष्ट करता है। विषय को उद्दिष्ट करती जो बुद्धि-क्रिया होती है, अर्थात् सम्बन्ध-बुद्धि की यह आकांक्षा कि वह अन्तरिन्द्रिय-ग्राह्य कालाकार को प्राप्त हो, यही काष्ठा-कल्पना या सूत्राकार कल्पना है। कालाकार क्रियमाण होता है, पर कालाकार-कल्पना सरूप-कल्पना है। सूत्राकार-कल्पना रूपारूप-कल्पना है, वह सम्बन्ध-बुद्धि की अपेक्षा से सरूप है, और कालाकार की अपेक्षा से अरूप। यह अन्तरिन्द्रिय की क्रिया नहीं है, अन्तरिन्द्रिय की ओर होती बुद्धि की क्रिया है। यों तो सूत्राकार-कल्पना बुद्धि-कल्पना ही है, पर सम्बन्ध-कल्पना की अपेक्षा से उसे कालाकार-कल्पना कहा जा सकता है। पर यह कालाकार

बुद्धि-कल्पित कालाकार ही होता है, बुद्धि-गृहीत नहीं होता। बुद्धि विषय का ग्रहण नहीं करती, उसका प्रकाश मात्र करती है। इन्द्रिय विषय का प्रकाश नहीं करती, ग्रहण मात्र करती है। क्रिया उपादान-प्राप्ति की अपेक्षा रखती है। बाह्येन्द्रिय अनाकारित उपादान का देशाकार के रूप में ग्रहण करती है, अन्तरिन्द्रिय, या मन, देशाकार-रूपी उपादान का कालाकार के रूप में ग्रहण करती है। बुद्धि इस कालाकार उपादान को प्राप्त होकर उसका प्रकारित विषय के रूप में प्रकाश करती है। पर मन द्वारा गृहीत देशाकार-गर्भ कालाकार-विषय बुद्धि-क्रिया के पूर्व निष्प्रकार नहीं रहता, उसमें प्रकार रहता है, पर अविभक्त रूप में रहता है; बुद्धि-क्रिया द्वारा विभक्त होकर वह अभिव्यक्त, या कहिये, प्रत्यभिज्ञात होता है।

(८) प्रत्यभिज्ञापक क्रिया का ज्ञातताघटकत्व होना

हमें प्रतीति यह होती है कि विषय में जो प्रकाशित हो रहा है वह अप्रकाशित रूप से वहाँ था। इसे अप्रकाशित भूत-पदार्थ का प्रकाशित होना कहा जा सकता है। 'प्रत्यभिज्ञा' इस अप्रकाशित के प्रकाशित होने के बोध का नाम है। पीछे हमने विषय के प्रकाश मात्र को अतिविषय प्रत्यभिज्ञा कहा था। पर इसे विषय को लक्ष्य कर होती ज्ञान-क्रिया नहीं कहा जा सकता; इसे कृतिरूपी आत्मज्ञान की क्रिया ही कहना होगा। विषयज्ञान-क्रिया बुद्धि का सम्बन्धत्व या प्रकाशत्व है, और यह प्रकाशत्व प्रकाश मात्र का विशेषक है, इसलिए इसे प्रकाशक क्रिया या प्रत्यभिज्ञापक क्रिया कहा जा सकता है। प्रत्यभिज्ञा विषय के प्रकार के माध्यम से ही होती है। विषय के अध्यवसाय में विषय का कालाकार भी प्रत्यभिज्ञात होता है। आकार की प्रत्यभिज्ञा इस प्रतीति का रूप लेती है : 'यह इन्द्रिय-गृहीत आकार उसी नियम द्वारा प्रकारित है, जोकि आकार-काष्ठा-निष्ठ है'। ऐसी प्रकार-निरपेक्ष आकार-प्रत्यभिज्ञा कभी नहीं होती कि 'यह आकार वही आकार है'। आकार का इस अर्थ में प्रकाश नहीं होता। आकारक इन्द्रिय केवल ग्राहक होती है, प्रकाशक नहीं होती। ऐसी बात कहने का कोई अर्थ नहीं बनता कि 'इन्द्रिय-पर-अभिघात-मात्र रूपेण प्राप्त बाह्य-ग्रहण-क्रिया के अनिर्देश्य उपादान में देशाकार अविभक्त रूप से स्थित रहता है और इन्द्रिय-क्रिया द्वारा प्रकाशित होता है'; अथवा यह कहना भी कोई अर्थ नहीं रखता कि 'मानस-ग्रहण क्रिया द्वारा देशाकार रूपेण प्राप्त उपादान में कालाकार

अविभक्त रूप से स्थित रहता है और इन्द्रिय-क्रिया द्वारा प्रकाशित होता है'। अतएव, कहना यह होगा कि 'आकारक क्रिया विषयाकार की ही नियत घटक होती है'। पर प्रकाशक क्रिया के बारे में यह नहीं कह सकते कि वह केवल विषय-प्रकार की घटक होती है; उसके बारे में यह भी माना जा सकता है कि वह आभासात्मा के स्वाधीन कर्तृत्व रूपी प्रकार की भी घटक हो सकती है।

हम कह चुके हैं कि ज्ञानक्रिया विषय के आकार-प्रकार की घटक होती है। आकार-घटक क्रिया को 'अंकन' का नाम दिया जा सकता है, और प्रकार-घटक क्रिया को 'आविष्कार' या 'उद्घाटन' कहा जा सकता है। कोई भी ज्ञात विषय इन्द्रिय की ग्रहण-क्रिया द्वारा अंकित होता है, और बुद्धि की प्रत्यभिज्ञापक क्रिया द्वारा आविष्कृत होता है। आविष्कार क्रिया को भी हम विषय-घटक क्रिया कह सकते हैं। प्रकार अनाविष्कृत या अविभक्त हो तो भी आकार का बोध और विषयज्ञान, यह होता तो है, पर इस बोध के वस्तु-बोध होने पर भी बोध ऐसा नहीं होता कि 'यह वस्तु अन्य वस्तु नहीं है'। ज्ञान के स्फुट होने पर ही विषय के बारे में यह निश्चय जागता है कि 'यह वस्तु अन्य वस्तु नहीं है'। विषय की तत्-ता या अनन्यत्व का यह बोध विषयगत प्रकाश विशेष का बोध होता है। तो, कहा जा सकता है कि जिस आकारित विषय के ज्ञान में प्रकार-ज्ञान स्फुट नहीं होता उस विषय में केवल प्रकाश रहता है, प्रकाश-विशेष नहीं रहता। अतएव, आविष्कार क्रिया को विषय की तत्-ता, या अनन्यत्व, या प्रकाश-विशेष की घटक कहना होगा। प्रकाश अस्फुट रहे तो आकारित विषय की तत्-ता का ज्ञान नहीं होता। लेकिन तो भी हम यह नहीं कह सकते कि विषय की तत्-ता का ज्ञान न हो तो विषय का भी ज्ञान नहीं होता। ग्रहण-क्रिया द्वारा विषय की ज्ञातता मात्र गृहीत होती है, यह ज्ञातता अनन्यत्व-भाव से विशेषित ज्ञातता नहीं होती। हम कह सकते हैं कि 'तत्-ता-प्रकाश-रहित विषय की ज्ञातता का ही नाम 'आकार' है'। पर मात्र ज्ञातता को विषय का प्रकाश नहीं कहा जा सकता, क्योंकि भूत-पदार्थ की अप्रकाश ज्ञातता या आकार का कोई अर्थ नहीं बनता।

(९) देशाकार और कालाकार का पूर्व-परत्व

आकार-ज्ञान में तत्-ता रूपी विशेष का ज्ञान न रहता हो, पर उस ज्ञान में

आकार-भेद-रूपी विशेष का ज्ञान तो रहता है। पर एकाधिक आकार के समष्टि-भाव में अथवा समष्टि-आकारगत किसी व्यष्टि-भाव में भिन्न आकार का ज्ञान नहीं होता। समष्टि आकार या व्यष्टि आकार, इनमें से किसी एक का ज्ञान मुख्य हो तो अन्य का ज्ञान गौणभाव से ही रहता है। समष्टि आकार अगर पूर्ण हो तो उसमें व्यष्टि आकार का गौण बोध उस आकार की क्रियमाणता का ही बोध होता है। यही बात विपरीत भाव से भी कही जा सकती है। हम कह सकते हैं कि बाह्य-विषय का क्रियमाण-व्यष्टि-आकार-गर्भित पूर्ण समष्टि आकार ही देशाकार होता है, और पूर्ण व्यष्टि आकार द्वारा क्रियमाण समष्टि आकार ही कालाकार होता है। अन्तरिन्द्रिय-गृहीत बाह्य-विषय में देशाकार और कालाकार का इस रूप में यौगपद्य स्वीकार करना आवश्यक है।

मानस-विषय का ज्ञान बाह्य-विषय के ज्ञान की अपेक्षा रखता है, पर बाह्य-विषय का ज्ञान मानस-विषय के ज्ञान की अपेक्षा नहीं रखता। बाह्य-विषय बाह्येन्द्रिय और अन्तरिन्द्रिय, इन दोनों द्वारा ग्राह्य होता है, इसलिए बाह्य-विषय के देशाकार और कालाकार, इन दो रूपों का ज्ञान होता है। पर मानस-विषय अन्तरिन्द्रिय-मात्र-ग्राह्य होता है, इसलिए वह कालाकार-मात्र होता है; और यद्यपि बाह्य-विषय देशाकार होता है, बाह्य-प्रत्यक्ष-रूपी मानस-विषय देशाकार नहीं होता। अगर बाह्य-विषय का ज्ञान न हो तो बाह्य-प्रत्यक्ष आदि मानस-विषयों का भी ज्ञान नहीं होता—और इस अर्थ में हम कह सकते हैं कि देशाकार-ज्ञान कालाकार-ज्ञान से पूर्ववर्ती होता है। देशाकार और कालाकार, ये दोनों तो साथ (युगपत्) रहते हैं, लेकिन इन दोनों के ज्ञान में यौगपद्य स्वीकार नहीं किया जा सकता। हाँ, यह ठीक है कि बाह्य-विषय के अन्तरिन्द्रिय द्वारा गृहीत कालाकार ज्ञान में देशाकार का ज्ञान विलुप्त नहीं होता, पर इन दोनों ज्ञानों का सहभाव भी नहीं होता। कालाकार ज्ञान देशाकार-ज्ञान-गर्भित ज्ञान होता है, वह देशाकार ज्ञान से पृथक् नहीं होता। और यह भी ठीक है कि देशाकार ज्ञान कालाकार ज्ञान से पहले प्रकट होता है, पर तो भी यह नहीं कहा जा सकता कि देशाकार-ग्रहण रूपी ज्ञान-क्रिया कालाकार-ग्रहण रूपी ज्ञान-क्रिया की पूर्ववर्ती होती है। इन्द्रिय को विषय की प्राप्ति अक्रिय भाव से होती पर इन्द्रिय विषय का ग्रहण सक्रिय भाव से करती है। इन्द्रिय की विषय-प्राप्ति विषय में किसी विशेष की घटक नहीं होती, पर इन्द्रिय द्वारा विषय का

ग्रहण विषय के आकार-रूप विशेष का घटक होता है—इसी अर्थ में ग्रहण को 'क्रिया' कहा गया है। आकारज्ञान ही ग्रहण है; अगर ग्रहण आकार का घटक न हो, अर्थात् अगर इन्द्रिय द्वारा ही आकार की साक्षात् प्राप्ति हो जाये तो उस क्रियमाण आकार का, जो कि अनुभव-सिद्ध है, कोई अर्थ नहीं रहता। अन्तरिन्द्रिय के बाह्य-विषय-ज्ञान में जिस विशेष पूर्ण देशाकार की क्रियमाण रूप में—या कहिये कि कालाकार के रूप में—प्रतीति होती है, वह प्रतीति इस बात का साक्षात् अनुभव है कि ग्रहण-क्रिया द्वारा देशाकार रचित, या अंकित, होता है। क्रिया का अनुभव ही क्रिया का अस्तित्व होता है। अन्तरिन्द्रिय जब बाह्य-प्रत्यक्ष का ग्रहण करती है तभी वह बाह्य-विषय का ग्रहण कर पाती है। पर यहाँ एक बात का ध्यान रखना होगा : यह ठीक है कि बाह्य-विषय अगर बाह्येन्द्रिय द्वारा गृहीत न हो तो अन्तरिन्द्रिय द्वारा भी गृहीत नहीं होता, पर अन्तरिन्द्रिय द्वारा बाह्य-प्रत्यक्ष रूपी मानस-विषय के ग्रहण का अर्थ है : मानस-विषय के भीतर पूर्ण कालाकार का रचित होना; और अन्तरिन्द्रिय द्वारा बाह्य-विषय के ग्रहण का अर्थ है : बाह्य-विषय के भीतर क्रियमाण देशाकार का रचित होना। पूर्ण कालाकार, क्रियमाण देशाकार से पहले रचित होता है। अतएव, देशाकार और कालाकार का यौगपद्य, देशाकार का पूर्वत्व, और कालाकार का पूर्वत्व, इन तीनों बातों का स्वीकार अलग-अलग अर्थ में होता है।

(१०) ज्ञान-क्रिया के ज्ञातता-घटकत्व का अनुभव सिद्ध होना

बाह्येन्द्रिय जिस देशाकार की रचना करती है, उस रचना को जाना अन्तरिन्द्रिय द्वारा जाता है। अन्तरिन्द्रिय जो कालाकार रूपी रचना करती है वह उसी रूप में बुद्धिगम्य होती है। अन्तरिन्द्रिय द्वारा ग्राह्य क्रियमाण बाह्य-आकार ही इस बात का प्रमाण है कि बाह्येन्द्रिय देशाकार की रचना करती है (उसमें देशाकार-रचकत्व होता है)। इसी तरह उस क्रियमाण मानस-आकार को जो कि बुद्धि-प्रकाश्य होता है, इस बात का प्रमाण कहा जा सकता है कि अन्तरिन्द्रिय कालाकार की रचना करती है (उसमें कालाकार-रचकत्व होता है)। इस क्रियमाण मानस-आकार को ही हम ऊपर 'केवल-क्रियमाण सूत्राकार' कह आये हैं। पूर्ण-कालाकार या मानस-आकार बुद्धि को उपादान के रूप में प्राप्त होता है और वह उस आकार के सूत्र या

नियम के रूप में प्रकट होती है।

हमारी विवृति में अब तक यह उभारा गया कि यह अनुभव-सिद्ध है कि ज्ञान-क्रिया ज्ञात-विषय की घटक होती है। बुद्धि-क्रिया आकार की तत्-ता या अनन्यत्व की प्रकाशक के रूप में घटक होती है, अन्तरिन्द्रिय-क्रिया बाह्याकार के कालाकारत्व की रचक के रूप में घटक होती है, और बाह्येन्द्रिय-क्रिया देशाकार की रचक के रूप में घटक होती है। कहा जा सकता है इन तीनों का निश्चय बुद्धि के अनुभव से होता है। बुद्धि भी इन्द्रिय की तरह ही अक्रियभाव से विषय को प्राप्त करती है और सक्रियभाव से उसकी घटक होती है। इन्द्रिय की तरह बुद्धि भी अक्रियभाव से विषय को प्राप्त कर सक्रियभाव से विषय की घटक होती है। यह बुद्धि अपने क्रियाफल का, अपने भीतर गर्भीभूत मन के क्रियाफल का, और मन के भीतर गर्भीभूत बाह्येन्द्रिय के क्रियाफल का अनुभव करती है।

ज्ञान-क्रिया द्वारा उपादान के रूप में विषय-प्राप्ति की जो अपेक्षा रहती है, उसे विषय का अनुभव नहीं कहा जा सकता। 'अनुभव' शब्द का प्रयोग उसी प्राप्ति के बारे में किया जा सकता है, जिस प्राप्ति के बाद ज्ञान-क्रिया के लिए अवकाश ही नहीं रहता। यह कहा जा सकता है कि अन्तरिन्द्रिय बाह्येन्द्रिय-प्राप्त अनाकारित उपादान को प्राप्त करती है, पर वह उस उपादान को आकारित नहीं करती; अन्तरिन्द्रिय की क्रिया देशाकार रूपी उपादान को कालाकार के रूप में घटित करना है। अनाकारित क्रिया के प्रति मन की कोई क्रिया नहीं होती, इसलिए मन द्वारा इस उपादान की प्राप्ति को एक प्रकार का 'अनुभव' कहा जा सकता है। इसी तरह, यह भी कहा जा सकता है कि मन की तरह ही बुद्धि भी देशाकार विषय को उपादान के रूप में प्राप्त करती है, पर बुद्धि की प्रकारक क्रिया उस उपादान के प्रति सक्रिय नहीं होती, इसलिए बुद्धि के द्वारा देशाकार की उपादान के रूप में प्राप्ति को बुद्धि का एक प्रकार का 'अनुभव' ही कहना चाहिये। पर इन दोनों स्थलों में उपादान-प्राप्ति के बाद अन्य उपादान के प्रति क्रिया का अवकाश रहता है। यथार्थ अनुभव वह प्राप्ति होती है जबकि निष्क्रिय अतिविषय-प्रत्यभिज्ञा-रूपी बुद्धि प्रकारित कालाकार को प्राप्त करती है। बुद्धि को जो प्रकारित कालाकार का अनुभव होता है उसी अनुभव में देशाकार अनुभूत होता है, और उसी अनुभव में अनाकारित उपादान का भी अनुभव होता है।

यहाँ प्रश्न उठता है : यह अनुभव ज्ञान है या ज्ञानेतर निश्चय है? अनुभव अगर साधारण प्रमाण के विरुद्ध हो तो उसे विषय का ज्ञान नहीं कहा जा सकता; ऐसी अवस्था में उसे 'कृतितन्त्र आत्मज्ञान में गर्भीभूत विषय-ज्ञान की छाया' ही कहना होगा। पर अनुमानादि विषय-प्रमाण द्वारा यह नहीं जाना जा सकता कि 'ज्ञात-विषय ज्ञान-क्रिया द्वारा घटित होता है', यह बात अनुभव से ही जानी जा सकती है। हाँ, विषय-प्रमाण द्वारा यह जाना जा सकता है कि रूप-रस-आदि की ही तरह आकार-प्रकार भी ज्ञान-करण के रूप में निष्क्रिय-भाव से प्राप्त नहीं होते, न हो सकते हैं। और यह जान लेने पर ही यह कहना सम्भव होता है कि 'आकार-प्रकार का ज्ञान-क्रिया-घटित होने का अनुभव साधारण प्रमाण के विरुद्ध नहीं होता', और फिर उस अनुभव को ज्ञान के रूप में स्वीकार करना सहज हो जाता है।

(११) अनुभव का प्रामाण्य-विचार

(क) आकारक क्रिया के सम्बन्ध में

अगर यह प्रमाणित किया जा सके कि आकार रूप-रस-आदि की तरह केवल इन्द्रिय द्वारा प्राप्त नहीं होता, तो फिर आकाराश्रय प्रकार के बारे में भी उसी तरह का प्रमाण दिया जा सकता है। इसीलिये काण्ट ने आकार के सम्बन्ध में ही अपनी ज्ञानपरीक्षा के प्रथम भाग में वैसे प्रमाण की अवतारणा की है। उन्होंने देशाकार और कालाकार, दोनों के सम्बन्ध में एक ही प्रमाण-पद्धति का अवलम्बन किया है। विषय के प्रत्यक्ष में उसके स्थान और आधेयत्व का भी प्रत्यक्ष होता है। जब किसी एक बाह्यविषय का प्रत्यक्ष होता है तो उससे सन्निविष्ट अन्य बाह्यविषयों का भी प्रत्यक्ष होता है। एक विषय का स्थान-प्रत्यक्ष हो तो साथ ही अपर विषय का भी स्थान-प्रत्यक्ष होता है, अर्थात् किसी भी स्थान-प्रत्यक्ष में एकाधिक विषय का स्थान-प्रत्यक्ष होता है। किसी भी विषय के ऐसे प्रत्यक्ष में प्रत्यक्ष के आधाररूप में स्थित अन्यविषय का या विषय-भाव से आभासित शून्यदेश का साक्षात् प्रत्यय होता है। शून्यदेश का प्रत्यय उस शून्य में स्थित आधानयोग्य पर अनिर्दिष्ट विषय का ही प्रत्यय होता है। विषय जब गृहीत होता है तो गृहीत या ग्रहणयोग्य विषयान्तर के साथ सन्निवेशसम्पर्क या आधेयतासम्पर्क में अवस्थित रह कर ही गृहीत होता है। किसी भी विषय में जिस दैशिकधर्म का प्रत्यक्ष होता है, अन्य विषयों का प्रत्यक्ष उसी

दैशिकधर्म के साथ होता है; पर विषय के रूप–रस आदि के प्रत्यक्ष में ऐसा नहीं होता, वहाँ अन्य विषय में उसी रूप–रस आदि धर्म का प्रत्यक्ष नहीं होता। दैशिकधर्मावच्छिन्न विषयता अपनी ही अपेक्षा रखती है, पर रूपादि–अवच्छिन्न विषयता के बारे में ऐसा नहीं कहा जा सकता। इस अर्थ में देश को स्वावपेक्ष पदार्थ कहा जा सकता है। देश–प्रत्यय की इस स्वावपेक्षता के आधार पर यह भी प्रमाणित होता है कि देश की प्राप्ति बहिरिन्द्रिय के आघात की अपेक्षा नहीं रखती। अभिघात–प्रत्यय अभिघात–प्रत्यय की अपेक्षा नहीं करता, पर देश–प्रत्यय देश–प्रत्यय की अपेक्षा करता है।

किसी भी देशाकार के प्रत्यक्ष में उसकी सीमा या अवधि का भी प्रत्यक्ष होता है। और अवधि के प्रत्यक्ष में अवधि–बहिर्भूत देश का भी प्रत्यक्ष होता है। पर इस बहिर्भूत देश की किसी अवधि का प्रत्यक्ष नहीं होता, पर यह प्रत्यक्ष भी नहीं होता कि 'यह अवधि–हीन है'। देशाकार अज्ञात–अवधिक देश के अंश के रूप में प्रतिभात होता है। किसी ससीम या ज्ञातावधिक देश के प्रत्यक्ष में उस देश के भीतर अंश–भाव से अवस्थित क्षुद्रतर देश का भी प्रत्यक्ष होता है। और अगर अंशी की अवधि और उसके किसी अंश की अवधि के बीच अन्तराल का प्रत्यक्ष हो तो अंशी–अन्तर्भुक्त उस अंश पर व्यापक अन्य अंश का भी प्रत्यक्ष होता है। इस रूप से अंशी और अंश की अवधि–द्वय के बीच असंख्य अंशावधियों का प्रत्यक्ष हो सकता है। अतः स्वीकार करना होगा कि इस अवधि–द्वय के बीच अन्य अवधि ही रहती है, अपरिच्छेद्य अन्तराल नहीं रहता। हमें ससीम देशाकार के भीतर जैसी निरन्तर देशाकार–सन्तति का प्रत्यय होता है, उस देशाकार के बाहर भी वैसी ही क्रम–प्रवृद्ध देशाकार–सन्तति का प्रत्यय होता है। पर ह्रास और वृद्धि दोनों की ही निरन्तर क्रम में प्रतीति होने पर भी दोनों के भेद का भी प्रत्यय रहता है। प्रत्यय यह होता है कि ह्रासमुखी अन्तःसन्तति सान्त है, अर्थात् उसका अन्त हो रहा है, पर वृद्धिमुखी बहिःसन्तति अनन्त है, उसका कहीं अन्त नहीं हो रहा। कहा जा सकता है कि यह प्रत्यय देशाकार के ससीमत्व–प्रत्यक्ष के अन्तर्भूत है। ससीम देश का प्रत्यय अन्तःसन्तति के समष्टि–रूप में होता है, और यही कारण है कि यह सन्तति दैशिक–प्रत्यक्ष का विषय होती है। पर बहिःसमष्टि अनन्त अथवा असमस्त होती है, इसलिए उसे दैशिक प्रत्यक्ष का विषय नहीं कहा

जा सकता। देशाकार की अन्त:सन्तति का नाम है देश–परिमाण। देश में हमें जो अवधि और परिमाण का प्रत्यय होता है, वही देश–प्रत्यय को जाति–प्रत्यय से व्यावृत्त करता है। जाति के बारे में यह तो कहा जा सकता है कि 'जाति की अवधि होती है', पर इस अवधि का प्रत्यय अन्य अज्ञात–अवधिक जाति के अंश रूप में नहीं होता।

यह ठीक है कि सम्बन्ध प्रत्यक्ष–योग्य पदार्थ नहीं है, पर विषय–प्रत्यक्ष में जो देश का प्रत्यक्ष होता है वह सम्बन्ध के रूप में ही प्रतिभात होता है, रूप–रस आदि की तरह विषय के गुण के रूप में प्रतिभात नहीं होता। हमें देश का जो प्रत्यक्ष होता है, उसके बारे हमें यह लगता है कि वह मानो विषयगत सम्बन्ध और स्वगत सम्बन्ध, इन दो रूपों में सामने आता है। विषयगत प्रत्यक्ष सम्बन्ध के दो प्रकार हैं : सन्निवेश और आधेयता। विषय–प्रत्यक्ष के होते ही यह प्रत्यय जागता है कि 'विषय विषयान्तर के सम्पर्क में सन्निविष्ट है', और यह प्रत्यय भी कि 'विषय शून्यदेश रूपी आधार में स्थित या अन्तर्निविष्ट है'। शून्य देश का प्रत्यय उसमें आधान–योग्य पर अनिर्देश्य विषय का ही प्रत्यय होता है। देश का स्वगत–सम्बन्ध भी दो प्रकार का होता है : अवधि–रूप और समष्टि–रूप। देशाकार का प्रत्यक्ष होते ही उसकी सीमा या अवधि का प्रत्यक्ष होता है। अवधि को 'देशाकार का बहिर्भूत देश के साथ सम्बन्ध', कहा जा सकता है। पर यह नहीं कहा जा सकता कि ससीम देश का प्रत्यक्ष होते ही उसका अंश–समष्टि के रूप में भी प्रत्यय होता है। दैशिक परिमाण अंशांशि–सम्बन्ध या समष्टि–सम्बन्ध ही होता है। विषय–सम्बन्ध इस अवधि या परिणाम–सम्बन्ध से भिन्न होता है : विषय–सम्बन्ध विषयगत देश से सम्बन्ध नहीं भी हो सकता है। विषय अगर दैशिक रूप से एक एवं पूर्ण भी हो तो भी यह सम्भव है कि अदैशिक रूप से वह अनेक और अपूर्ण हो। इसीलिये अवधि और समष्टि इन दो सम्बन्धों को देश का स्वगत सम्बन्ध कहा गया है।

रूप–रस आदि की इन्द्रिय द्वारा प्राप्ति होने पर इस प्राप्ति के द्वारा देशाकार की रचना होती है, साथ ही इन रूप–रस आदि देशाकार विषयों का गुण के रूप में प्रत्यक्ष होता है। रूप आदि का प्रत्यक्ष विषय के रूप में तो होता है, पर उनकी प्रतीति इस रूप में नहीं होती कि 'उनका विषय से सम्बन्ध है' या 'उनका देश से सम्बन्ध है'; इसीलिये उनको इन्द्रिय–प्राप्त कहा जाता

है। और इसीलिये देश को इन्द्रिय–प्राप्त नहीं कहा जा सकता। सम्बन्ध की प्रतीति प्रत्यक्ष ही होती है, पर वह इन्द्रिय द्वारा प्राप्त नहीं हो सकती। सम्बन्ध अनेक–वृत्ति पदार्थ है, पर अभिघात मात्र की अनुभूति से प्राप्त पदार्थ में यह प्रत्यय नहीं होता कि 'यह अनेक–वृत्ति है'। अनेक के एक–प्राप्ति–गत होने का प्रत्यय नहीं होता; उसका प्रत्यय अगर एक–काल–प्राप्त हो तो भी यह निश्चय नहीं हो पाता कि यह एक–प्रत्यय है या अनेक–प्रत्यय; यह निश्चय अनुव्यवसाय में भी नहीं हो पाता।

देश की सम्बन्धाकारत्वप्रतीति की चर्चा और विस्तार चाहती है। प्रत्यक्ष–विषय का विषयान्तर के साथ सन्निवेश–सम्बन्ध नियत होता है। इस सम्बन्ध का प्रत्यक्ष 'विषय–द्वय व्यापक होते हुए एकदेश रूप' होता है। अतएव, देश को यहाँ विषय से अभिन्न और विषय का घटक कहा जा सकता है। ऐसे प्रत्यक्ष विषय का शून्यदेशव्याप्यत्व–सम्बन्ध भी नियत होता है। पर आधार रूप देश विषय की आधेयता का घटक होते हुए भी विषय से भिन्न होता है, इसलिए उसे विषय का घटक नहीं कहा जा सकता। यहाँ यह भी कहना होना कि विषय का नियत आधेयता–सम्बन्ध भी विषय का घटक नहीं होता। हमारा प्रत्यक्ष यह होता है कि विषय के घटक और अघटक उभय रूप से देश विषय के सम्बन्ध का नियत घटक है। पर रूप–रस आदि के बारे में यह प्रत्यय नहीं होता कि ये किसी भी रूप में विषय के नियत घटक हैं।

हमें यह प्रत्यय होता है कि देशाकार का स्वगत सम्बन्ध भी नियत है। विषयों के रूप आदि गुणों के बारे में एक इस प्रकार के सम्बन्ध की कल्पना की जा सकती है कि 'ये गुण अवधि और परिमाण के घटक हैं'। पर इसकी सम्बन्ध के रूप में प्रतिभाति नहीं होती। यह ठीक है कि हमें रूप आदि की इयत्ता का प्रत्यक्ष होता है, पर दैशिक इयत्ता की तरह इसका प्रत्यक्ष सम्बन्ध–घटित इयत्ता के रूप में नहीं होता। बस एक बुद्धि–कल्पना मात्र होती है। यह सम्भव है कि बाह्य–विषय की अवधि और परिमाण प्रत्यक्ष–योग्य न हों, पर होंगे तो दैशिक रूप में ही प्रतीयमान होंगे। बाह्य–विषय की अवधि का प्रतियोगी अन्य बाह्य–विषय हो सकता है, पर देश मात्र भी हो सकता है। अगर प्रतियोगी देश मात्र हो तो अवधि का प्रत्यक्ष विषय के सम्बन्ध रूप में नहीं होता, यह प्रत्यक्ष ऐसे आकार–धर्म के रूप में होता है जो तत्–विषयमात्र–वृत्ति हो। देशाकार की अवधि का प्रत्यक्ष

बहिर्देश के साथ सम्बन्ध रूप होता है, और प्रत्यक्ष होने के नाते उस अवधि के साथ देशाकार की निरन्तरता का भी प्रत्यय होता है। दो सन्निविष्ट आकारों के बीच अगर अन्तर हो तो चूँकि वह अन्तर भी आकार ही होता है, इसलिए इस अन्तर-स्थित आकार के मध्य जो अवधि होती है वह अन्तर-स्वरूप नहीं होती। यह कहा जा सकता है कि आकार की अवधि के साथ निरन्तर आकार का सम्बन्ध होता है। इस प्रकार, यह स्वीकार करना होगा कि देश एक सम्बन्धात्मक पदार्थ होते हुए भी निरन्तर है।

दैशिक परिमाण में भी एक तरह की निरन्तरता का प्रत्यक्ष होता है। अंशी देश का परिमाण अंश देश के परिमाण द्वारा घटित होता है। प्रत्यक्ष यह होता है कि एक अंश-देश मानो वर्धित होकर अंशी-देश हो जाता है। यह वृद्धि कालिक नहीं होती, क्योंकि प्रत्यक्ष जब देश का होता है तभी देश के वृद्धियुक्त होने का बोध होता है, अर्थात् उस देश का प्रत्यक्ष बृहत्तर देश के अंश-रूप में होता है। पर कालिक वृद्धि की तरह यह वृद्धि भी क्रमात्मक होती है। अगर अंश-परिमाण और अंशी-परिमाण के भेद का प्रत्यक्ष हो तो यह प्रत्यक्ष परिमाण के रूप में ही होता है। यह परिमाण भी क्रमवृद्धि-घटित देश होता है। इस देश का प्रत्यक्ष अंश और अंशी के बीच अन्तर के रूप में होता है; फलतः अंश-परिमाण बृहत् से बृहत्तर निरन्तर अंश-धारा के रूप में वर्धित होता हुआ प्रकृत अंशी के परिमाण में पर्यवसित हुआ, यह प्रतिभात होता है। इस प्रकार प्रत्यक्षभूत अंशी देश में हमें एक निरन्तर ह्रास-क्रम के साथ क्षुद्र से क्षुद्रतर होते क्रम में असंख्य अंशी-सन्ततियों का प्रत्यय होता है। प्रत्यक्षभूत अंशी देश में वृद्धि-क्रम से भी अंशी-सन्ततियों का होना सम्भव है। पूर्व सन्तति की अपेक्षा से इसे बहिःसन्तति का नाम दिया जा सकता है। दोनों सन्ततियों के बारे में हम यह कल्पना कर सकते हैं कि ये असंख्य अंशियों की सन्ततियाँ हैं; पर अन्तःसन्ततियों के क्षेत्र में हम पाते हैं कि अंशी ह्रास को प्राप्त होता हुआ निःशेष हो जाता है, इसलिए इस क्षेत्र में सन्तति का प्रत्यक्ष सान्त-रूप होता है। बहिःसन्तति के अन्त का प्रत्यक्ष नहीं होता; उसे अप्रत्यक्ष ही कहना होगा।

अन्तःसन्तति ही देश का प्रत्यक्ष परिमाण होती है। अवधि और परिमाण, ये देशगत अन्तःसम्बन्ध हैं। सन्निवेश और आधेयता, ये दैशिक विषयगत प्रत्यक्ष सम्बन्ध हैं। प्रत्यक्ष सम्बन्ध मात्र ही देशाकार को रूप आदि से व्यावृत्त करता है। देश को विषय-सम्बन्ध का घटक, और स्वगत सम्बन्ध

द्वारा घटित कहा जा सकता है। विषय के दैशिक सम्बन्ध को देश-घटक सम्बन्ध तो नहीं कहा जा सकता, पर देश-घटक सम्बन्ध को विषय के दैशिक सम्बन्ध का घटक कहा जा सकता है। अवधि और परिमाण सम्बन्ध देश के साक्षात् घटक सम्बन्ध हैं, ऐसा हमें प्रत्यक्ष होता है; विषय के सन्निवेश और आधेयता रूप दैशिक सम्बन्धों का घटक के रूप में प्रत्यक्ष परम्परा-सूत्र से होता है। रूप आदि विषयधर्म विषय के दैशिक सम्बन्ध के घटक नहीं हैं, और उस सम्बन्ध द्वारा घटित भी नहीं होते। देशाकार-स्वरूप विषयधर्म घटक तो है ही, पर घटित भी है। रूप आदि को रूपादिमत् विषय की तरह देश-घटक अवधि और परिमाण के द्वारा परम्परा सूत्र से घटित तो कहा जा सकता है, लेकिन इन्हें देश का या विषय का घटक नहीं कहा जा सकता।

देश-घटित या देश-घटक सम्बन्ध प्रत्यक्ष सम्बन्ध हैं। सन्निवेश और आधेयता सम्बन्ध देश-घटित हैं, इसलिए यह कहा जा सकता है कि देश रूपादि-युक्त विषय में नियत-निष्ठ होता है। नियत-निष्ठ होने के कारण सन्निवेश और आधेयता सम्बन्ध रूप आदि की तरह इन्द्रिय-प्राप्ति की अपेक्षा नहीं करते। अवधि और परिमाण सम्बन्धों के द्वारा देश घटित होता है, इसलिए इन्हें सम्बन्ध से भिन्न एक प्रकार का विषय ही कहना चाहिये। इनका विषयी-भूत देश रूप आदि इन्द्रिय-प्राप्त पदार्थों की अपेक्षा नहीं करता, पर रूपादि-युक्त विषय ऐसे देश की अपेक्षा करते हैं, इसलिए देश को रूपादि-युक्त विषय का नित्य-व्यापक शुद्धविषय कहना चाहिये। प्रत्यक्ष-सम्बन्ध के घटक रूप में देश प्रत्यक्ष का विषय नहीं होता, पर प्रत्यक्ष-सम्बन्ध-घटित होने के रूप में वह प्रत्यक्ष का विषय होता है। इसलिए देश को 'विषय में नियत-निष्ठ अविषय' और 'विषय का नियत-व्यापक विषय' कहना उचित है। प्रत्यक्ष आधेयता-सम्बन्ध का घटक देश शून्यदेश होता है। प्रत्यक्ष सन्निवेश-सम्बन्ध का देश भी शून्यदेश हो सकता है, इसलिए विषयाधिकृत देश को भी शून्यदेश की तरह सन्निवेश-घटक कहना होगा। शून्यदेश अप्रत्यक्ष विषय है, पर विषय के प्रत्यक्ष में ही उसकी उपलब्धि होती है, इसलिए उसके बारे में यही कहना होगा कि वह विषय-रूप से कल्पित भर होता है, विषय नहीं होता। अवधि और परिमाण रूप प्रत्यक्ष-सम्बन्ध द्वारा घटित शुद्धदेश भी प्रत्यक्ष का विषय होता है; रूपादि-युक्त विषय के प्रत्यक्ष में ही इस विषय-व्यापक शुद्धदेश का प्रत्यक्ष होता है।

देश का अनुभव यह होता है कि 'यह ग्रहण-क्रियात्मक है'। विषय के प्रत्यक्ष में अप्रत्यक्ष शून्यदेश की और प्रत्यक्ष विषयगत देश की जो नियत उपलब्धि होती है उससे यह अनुभव अविरुद्ध या संगत होता है, इसलिए इसे प्रमाण या ज्ञान के रूप में स्वीकार करना उचित है। विषय-प्रत्यक्ष-संगत इस अनुभव में हम यह जान पाते हैं कि सम्बन्ध-घटक शून्यदेश प्राप्ति-निरपेक्ष ग्रहण रूप ज्ञान-क्रिया मात्र होता है, और यह भी कि सम्बन्ध-घटित विषयगत देश भी इसी प्रकार की क्रिया द्वारा घटित विषय होता है। देश ऐसा पदार्थ नहीं है जो बाह्येन्द्रिय पर अभिघात के रूप में प्राप्त होता है, वह ऐसी ज्ञान-क्रिया है जो बाह्येन्द्रिय-प्राप्ति निरपेक्ष है। यह क्रिया-घटित देश विषय तो होता है, पर क्रिया उससे अभिन्न होती है। अतएव, ऐसा नहीं कहा जा सकता कि 'देश का कारण कोई अव्यक्त विषय-वस्तु है', अपितु इन्द्रिय-रूपी आत्मा को ही देश का कारण कहना होगा। सच यह है कि देश आत्मा की क्रिया तो है ही, क्रिया-घटित फल भी है। रूप आदि विषयधर्म देशाकारित हैं, इसलिए ये आत्मक्रिया की अपेक्षा तो करते ही हैं, पर ये इन्द्रिय-प्राप्त भी हैं, इसलिए किसी अव्यक्त कारण की भी अपेक्षा करते हैं। अतएव, ऐसा मानना पड़ेगा कि आत्मक्रिया इनसे भिन्न है; ये (विषयधर्म) आत्मक्रिया-निमित्त फल हैं, ये देश की तरह क्रिया-घटित फल नहीं हैं। देश सम्बन्ध-घटित होता है, इसलिए उसे आत्मक्रिया-घटित कहा जा सकता है। विषय का प्रकार और जाति भी सम्बन्ध-घटित और क्रिया-घटित होते हैं; पर देश-घटक सम्बन्ध प्रत्यक्ष या साकार होता है, जबकि प्रकार-घटक सम्बन्ध अप्रत्यक्ष या निराकार होता है। इसलिए देश-घटक क्रिया को इन्द्रिय-क्रिया कहना उचित होगा और प्रकार-घटक क्रिया को बुद्धि-क्रिया।

हमने अभी ज्ञात-विषय पर विचार करते हुए देश को रूप आदि से व्यावृत्त किया। विषय के ज्ञान पर विचार करने पर भी यह व्यावृत्ति सिद्ध होती दिखती है। यह अनुभव-सिद्ध है कि देश ज्ञान-क्रिया से भिन्न भी हैं और अभिन्न भी। पर विषय में ऐसे भेदाभेद रूप विरुद्ध सम्बन्ध का स्वीकार नहीं किया जा सकता : भेदाभेद अनुभव के अनुरूप किसी विषयगत भेदाभेद का प्रत्यक्ष नहीं होता। पर विषय के ज्ञान में भेदाभेद उभरे तो इसमें कोई विरोध नहीं। रूपादि-युक्त विषय-ज्ञान और उसके गर्भी-भूत देश-रूपी शुद्धविषय-ज्ञान, इन दो ज्ञानों के बीच हम भेदाभेद स्वीकार कर

लें तो विषय–ज्ञान के माध्यम से ही देश की रूप आदि से व्यावृत्ति का प्रत्यय हो जाता है।

शून्यदेश को हमने अप्रत्यक्ष कहा। पर विषय–प्रत्यक्ष में शून्यदेश की जो उपलब्धि होती है वह मानो इस रूप में होती है कि 'यह प्रत्यक्ष है'। विषय–व्यापक देश को हमने शून्यदेश की अपेक्षा से प्रत्यक्ष कहा। देश का अवधि और परिमाण रूपी स्वगत सम्बन्ध भी परम्परा–सूत्र से विषय का प्रत्यक्ष–सम्बन्ध ही होता है, इसलिए उसे भी प्रत्यक्ष कहा जा सकता है। यह सम्बन्ध साक्षात् भाव से विषय–सम्बद्ध नहीं होता, इस बात का प्रमाण यह है : यह सम्बन्ध विषयगत रूप आदि द्वारा घटित नहीं होता, रूप आदि के भिन्न होने पर इस सम्बन्ध में भेद नहीं आता। पर यह प्रश्न उठता है : क्या यह सम्बन्ध साक्षात् भाव से देशगत सम्बन्ध है, और यह क्या प्रत्यक्ष द्वारा जाना जा सकता है या नहीं? अर्थात्, क्या विषय के प्रत्यक्ष में ही विषय–व्यापक देशमात्र का भी प्रत्यक्ष होता है या नहीं? हम व्यापकता के प्रत्यक्ष में व्याप्त के प्रत्यक्ष को स्वीकार कर भी लें, तो भी व्याप्तता के प्रत्यक्ष में व्यापकता के प्रत्यक्ष को तो स्वीकार नहीं किया जा सकता। विषय–व्यापक देशमात्र के प्रत्यक्ष को बाह्य–प्रत्यक्ष नहीं कहा जा सकता, उसे मानस–प्रत्यक्ष कहना होगा। हम पहले ही कह चुके हैं कि बाह्य–प्रत्यक्ष के मानस–प्रत्यक्ष हो जाने पर ही बाह्य–विषय का मानस–प्रत्यक्ष होता है। यह मानस–प्रत्यक्ष ही बाह्यता–घटक देशमात्र का प्रत्यक्ष होता है। बाह्य–प्रत्यक्ष में देशमात्र का प्रत्यक्ष नहीं होता। ऐसे प्रत्यक्ष के होने की जो प्रतीति होती है वह मात्र शून्यदेश का भाक्त प्रत्यक्ष होता है। इसलिए अवधि और परिमाण सम्बन्ध को देश से अविभक्त प्रत्यक्ष कालिक सम्बन्ध कहना होगा। पर शून्यदेश सम्बन्ध के रूप में आभासित नहीं होता, इसलिए यह नहीं कहा जा सकता कि शून्यदेश का कालिक रूप से प्रत्यक्ष होता है।

जिस प्रकार के युक्ति–निर्देश से देश की ज्ञानक्रियात्मकता का प्रतिपादन किया गया, वैसी ही युक्ति से काल की भी ज्ञानक्रियात्मकता का प्रतिपादन किया जा सकता है। काल भी विषय के सन्निवेश और आधेयता सम्बन्ध का घटक होता है, और अवधि एवं परिमाण सम्बन्ध द्वारा घटित होता है। इस क्षेत्र में प्रसंग प्रत्यक्ष काल–सम्बन्ध का ही होता है। काल–सम्बन्ध का प्रत्यक्ष बाह्य–विषय का ही होता है और देश–सम्बन्ध के साथ परस्परापेक्ष भाव से होता है। यह ठीक है कि मानस–विषय के काल–सम्बन्ध का भी

प्रत्यक्ष होता है, पर 'यह प्रत्यक्ष बाह्य-विषयगत काल-सम्बन्ध से पृथक् है', ऐसा प्रत्यक्ष नहीं होता। यह सम्भव है कि बाह्य-विषय में काल-सम्बन्ध का प्रत्यक्ष तो हो पर यह प्रत्यय न हो कि 'यह मानस-विषय का काल-सम्बन्ध है'। पर मानस-विषय में काल-सम्बन्ध का प्रत्यक्ष हो तो यह प्रत्यय भी होता है कि 'यह बाह्य-विषय के काल-सम्बन्ध से अभिन्न है'। (यहाँ छपी पुस्तक में शब्द 'अभिज्ञ' है—देखिये, पश्चिम बंग पुस्तक पर्षत् प्रकाशित 'काण्टेर दर्शन', पंचम मुद्रण, २०११, पृ. २७१)। किसी स्फुट मानस-काल-सम्बन्ध में अगर तदनुगत बाह्य-काल-सम्बन्ध का प्रत्यय अस्फुट हो तो यह अनुभव नहीं होता कि 'मानस-काल-सम्बन्ध का यह प्रत्यय कल्पना-मात्र से व्यावृत्त प्रत्यक्ष है'।

बाह्यविषयगत काल-सम्बन्ध के साथ तद्गत देश-सम्बन्ध का प्रत्यक्ष युगपत् होता है। इस प्रत्यक्ष में काल देश के रूप में और देश काल के रूप में उपचरित होता है। बाह्य-विषयगत कालाकार में और देशाकार में आकार के नाते, अर्थात् प्रत्यक्ष-सम्बन्ध के नाते किसी प्रभेद का निर्देश नहीं किया जा सकता। इसीलिये देश और काल की ज्ञानक्रियात्मकता एक ही युक्ति द्वारा प्रमाणित होती है। क्योंकि देशाकार और कालाकार के बीच प्रभेद यहाँ अनिर्देश्य है, इसलिए कुछ लोग इस आकार को देशाकार-मात्र कहते हैं, और कुछ लोग कालाकार-मात्र। पर यहाँ सच यह है कि इन दो आकारों का प्रभेद अनिर्देश्य होने पर भी अनुभव-सिद्ध है, दोनों के किसी संवलित एक आकार का कभी अनुभव नहीं होता, शाब्दिक कल्पना या औपचारिक प्रत्यय मात्र होता है। यह ठीक है कि बाह्य-विषयगत काल को देश द्वारा और देश को काल द्वारा परिमापित किया जा सकता है, पर यह परिमापन बुद्धिकृत रूपाकार-कल्पना होती है, इन्द्रिय-कृत सरूप कल्पना नहीं होती, अतएव कहना यही होगा कि ऐसे किसी एक आकार का ज्ञान नहीं होता जो परिमापक और परिमापित आकारों का संवलित आकार हो। आकार को लेकर जैसे यह प्रत्यय होता है कि 'यह आकार बुद्धि-सम्बन्ध के अनुरूप है', वैसे ही देशाकार और कालाकार को परस्पर-अनुरूप मात्र कहा जा सकता है, दोनों को एक ही आकार नहीं कहा जा सकता।

अब, क्योंकि ज्ञान-क्रिया भी एक शुद्ध विषय है, इसलिए इन्द्रिय-प्राप्त विषय के साथ उसका भेदाभेद रूपी प्रत्यय होता है। हमने स्वीकार किया है कि धर्म-ज्ञान में हमें यह अनुभव होता है कि 'देश और काल आभास-

विषय हैं और इन्द्रिय-प्राप्त साकार विषय आभास-वस्तु है', भेदाभेद प्रत्यय इस अनुभव को दृढ़ करता है।

१२ अनुभव का प्रामाण्य-विचार

(ख) प्रकारक-क्रिया के सम्बन्ध में

क्योंकि विषय का आकार ज्ञानात्मक रूप में प्रतिपन्न होता है, इसलिए विषय का प्रकार भी ज्ञानक्रियात्मक रूप में ही प्रतिपन्न होता है। प्रकार का यह ज्ञानाभिन्नत्व अलग विचार की अपेक्षा नहीं रखता, क्योंकि प्रकार आकार-निष्ठ होकर ही विषय-निष्ठ भावेन उपलब्ध होता है। पर, आकार-ज्ञान के सम्बन्ध में जो समस्या नहीं उठती, प्रकार-ज्ञान के सम्बन्ध में उठती है, इसलिए प्रकार-ज्ञान पर विशेष विचार की आवश्यकता है। विषय का आकार हो या प्रकार, दोनों ही असंख्य हैं। पर आकार-मात्र देशाकार और कालाकार में अन्तर्भुक्त रहता है। आकार के ये दोनों मूल रूप जाने-माने हैं, इनके निर्णय के लिए अलग से विचार का यहाँ स्थान नहीं है। पर मूल प्रकार-भेद यों जाने-माने नहीं हैं, इसलिए इनकी उपपत्ति, या प्रमाण, यहाँ अपेक्षित है। आकार-प्रत्यय-ग्राह्य विषय का ही ज्ञान होता है—इसके बारे में कोई संशय नहीं खड़ा होता। पर किस प्रकार का प्रत्यय होने पर ही वह ज्ञेय-विषय का प्रकार होता है, यह बात विचार की माँग करती है। क्योंकि प्रकार-प्रत्यय ऐसा भी हो सकता है कि वह विषय के प्रकार के रूप में कल्पनीय ही न हो, या विषय के प्रकार के रूप में कल्पनीय होने पर भी ज्ञेय न हो। प्रकार के जो मूल रूप हैं वे ज्ञेय-विषय के साथ ही प्रयुज्य होते हैं, यह बात भी उपपत्ति, या प्रमाण की अपेक्षा रखती है। यों, मूल प्रकारों के विभाजन और प्रामाण्य के लिए विचार विशेष का यहाँ प्रसंग उठता है।

ख (१) मूल प्रकारों के विभाग की उपपत्ति

भाषा में हम अपना अध्यवसाय-रूप विषय ज्ञान ऐसे वाक्य में प्रकाशित करते हैं : 'यह विषय इस प्रकार का है'। इस कारण से अध्यवसाय को वाक्यानुपाती ज्ञान, या संक्षेप में, वाक्य ज्ञान कहा जा सकता है। 'यह विषय इस प्रकार का है', इस वाक्य में 'यह विषय' उद्देश्य है और 'इस

प्रकार का है' विधेय है, और इन दोनों के सम्बन्ध का नाम है, विधेयता। 'यह विषय' का अर्थ है, 'यह प्रत्यक्ष या प्रत्यक्षयोग्य आकारित विषय'। उद्देश्य का ज्ञान वाक्यानुपाती ज्ञान का अंग तो होता है, पर क्योंकि वह मूलतः प्रत्यक्ष ज्ञान होता है इसलिए वह विधेयता-ज्ञान की अपेक्षा नहीं रखता। लेकिन प्रकार-रूप विधेय का ज्ञान विधेयता ज्ञान के बिना नहीं हो सकता। प्रकार-ज्ञान को वाक्य-ज्ञान के अंग के रूप में ही समझा जा सकता है। पर यह आवश्यक नहीं कि 'यह विषय इस प्रकार का है', वाक्य के इस साधारण रूप में विषय को घट, पट आदि नाम से विशेषित या निर्दिष्ट किया जाये। किसी भी निर्दिष्ट या अनिर्दिष्ट विषय-रूप उद्देश्य के प्रति विधेय-कृत पदार्थ को 'प्रकार' कहा जा सकता है। यों, प्रकार विधेयता-सम्बन्ध-घटित पदार्थ है; 'विधेयता-सम्बन्ध-निरपेक्ष प्रकार' का कोई अर्थ नहीं होता। विधेयता-सम्बन्ध के नाना भेद स्वीकार किये जा सकते हैं, इन भेदों के आधार पर ही प्रकार के मूल भेद निर्णीत होते हैं।

विषय-बुद्धि-गोचर पदार्थ-मात्र विधेयता-सम्बन्ध की अपेक्षा रखता है। जिस बुद्धि को काण्ट 'अति-विषय-प्रत्यभिज्ञा' का नाम देते हैं, वह बुद्धि विषयता-मात्र की प्रतीति है। विधेयता-सम्बन्ध ही विषयता, प्रकारता और ज्ञातता है। हम पहले ही कह आये हैं कि सम्बन्ध व्यक्तिहीन जातिमात्र होता है। सम्बन्ध ऐसा पदार्थ है जो निराकार अप्रत्यक्ष होता है। उसका जो देशकाल में प्रत्यक्ष होता है, वह सम्बन्ध का आभास-मात्र है। प्रत्यक्ष देशकाल-सम्बन्ध को व्यक्तिनिष्ठ कहा जा सकता है; अप्रत्यक्ष सम्बन्ध व्यक्तिनिष्ठ नहीं होता। 'इस व्यक्ति में यह सम्बन्ध है', ऐसे ज्ञान में व्यक्ति सम्बन्ध के अंग के रूप में ही प्रतीत होता है, सम्बन्ध के आश्रय के रूप में नहीं। सम्बन्ध सम्बन्ध के भेद या विभाग में ही स्थित रहता है, विभागहीन सम्बन्ध नहीं होता। पर विधेयता चरम या ऊर्ध्वतम सम्बन्ध है, उसे किसी सम्बन्ध का भेद या विभाग नहीं कहा जा सकता। ऊर्ध्वतम के विपरीत निम्नतम सम्बन्ध नाम का कोई पदार्थ नहीं है। हमें बोध यह होता है कि सम्बद्ध व्यक्ति सम्बन्ध से भिन्न है। जिस सम्बन्ध में सम्बन्ध-पदार्थ भी निम्नतर सम्बन्ध के रूप में प्रतिभात होता है वह सम्बन्ध वास्तव में उस पदार्थ का सम्बन्ध नहीं होता; जो शेष सम्बन्ध पदार्थसम्बन्ध के रूप में प्रतिभात नहीं होता, अर्थात् प्रत्यक्ष-व्यक्ति, सम्बन्ध उसके साथ होता है। सम्बद्ध-व्यक्ति-भेद की अपेक्षा से भी सम्बन्ध का भेद होता है,

पर इस अपेक्षा के बिना भी सम्बन्ध का भेद बनता है। इस दूसरे, निरपेक्ष भेद को शुद्धभेद कहा जा सकता है, और फिर इसकी अपेक्षा से पहले भेद, सापेक्षभेद, को अशुद्ध भेद कहना उचित होगा। प्रकार-भेद सम्बन्ध-भेद की ही छाया होता है। विधेयता-सम्बन्ध के शुद्ध और अशुद्ध भेद ही विषय के शुद्ध और अशुद्ध प्रकार भेद हैं। प्रकार को अगर सम्बन्ध की छाया कहें तो इससे सम्बन्ध और प्रकार के बीच गौण (भाक्त) भेद स्वीकृत हो जाता है। यह सही है कि जिस छाया की यहाँ बात हो रही है वह प्रत्यक्ष-गोचर नहीं होती पर फिर भी प्रत्यक्ष विषय में अशुद्ध सम्बन्ध की छाया मानो प्रत्यक्ष-गोचर ही प्रतीत होती है। पर शुद्ध सम्बन्ध की छाया में ऐसा प्रत्यक्षाभास नहीं होता, वहाँ बुद्धिनिश्चय मात्र होता है। अशुद्ध भेद शुद्ध भेद की अपेक्षा करता है। शुद्ध भेद में भी मूल भेद और मूलापेक्ष भेद, यह अन्तर माना जा सकता है। मूलापेक्ष भेद को एकाधिक मूल भेदों में विश्लेषित किया जा सकता है। मूल सम्बन्ध भेदों में विधेयता-सम्बन्ध स्वतः अभिव्यक्त रहता है।

'बुद्धिगत सम्बन्ध या सम्बन्धन-रूप बुद्धिक्रिया हो रही है', यह निर्णय सम्बन्ध की विषयगत छाया से, अर्थात्, प्रकार से करना होता है। विषय के मूल प्रकार-विभाग अथवा विधेयता-सम्बन्ध के मूल विभाग से अतिविषय-प्रत्यभिज्ञा की प्रकाशकबुद्धि की सम्बन्धन-क्रिया, या प्रकारक-क्रिया, के मूल विभाग का निर्देश पाया जाता है। हम पहले ही कह चुके हैं कि सम्बन्ध का स्वरूप सम्बन्ध की प्रत्यभिज्ञेयता-मात्र या अनन्यता-मात्र है। इसलिए सम्बन्ध के किसी भी शुद्ध भेद का स्वरूप यह है कि वह अन्य सारे शुद्ध भेदों का अपेक्षी होता है। अतएव सम्बन्ध का शुद्ध-भेद-समूह परस्परापेक्ष है, और अपने साकल्य में तत्-सम्बन्ध समान हैं : ऐसा अनुभव न हो तो सम्बन्ध-विभाग सिद्ध न होगा; और जो शुद्ध सम्बन्ध प्राप्त होते हैं उनके बारे में यह नहीं कहा जा सकेगा कि ये शुद्ध सम्बन्ध हैं। सम्बन्ध, या जाति, का अशुद्ध, अर्थात् व्यक्तिभेदापेक्ष भेद, ऐसे भेद-समुदाय की अपेक्षा नहीं करता। शुद्ध-भेद-विभाग में स्वतःप्रामाण्यता का अनुभव होता है। विधेयता-सम्बन्ध का जो शुद्ध-भेद-विभाग है उसके भेद परस्पर की अपेक्षा करते हैं; और यहाँ यह अनुभव जागता रहता है कि इन भेदों के सिवा अन्य कोई भेद नहीं हो सकता; यह अनुभव न हो तो इस भेद-विभाग में विधेयता-सम्बन्ध की प्रत्यभिज्ञा नहीं होती।

विधेयता-सम्बन्ध के शुद्ध मूल-भेद के अनुगत वाक्य का आकार-भेद स्वीकृत किया जा सकता है। 'वाक्य', इस शब्द से यहाँ यह समझा जा रहा है : 'विषय-ज्ञान-वाची उद्देश्य-विधेय के अन्वय से अन्वित पद-संग्रह'। लोट् या लिङ्गर्थ वाक्य विषय-ज्ञान-वाची नहीं होता इसलिए उसकी हम आपाततः उपेक्षा कर रहे हैं। विषय-ज्ञान-वाची वाक्य का आकार-विभाग ही विधेयता-सम्बन्ध का विभाग होता है। विधेयता-सम्बन्ध आर्थिक सम्बन्ध है, या ज्ञात-वस्तु-सम्बन्ध की शाब्दिक छाया कहिये। वाक्य में उद्देश्य अर्थ के विधेय अर्थ के साथ व्याप्य-व्यापक सम्बन्ध, धर्मि-धर्मसम्बन्ध, कारण-कार्य सम्बन्ध और विषय-विषयि सम्बन्ध, ये चार सम्बन्ध शब्द द्वारा सूचित होते हैं। इन चारों शाब्दिक छायाओं के ये नाम दिये जा सकते हैं : व्याप्यता, धर्मिता, कारणता और ज्ञातता। 'यह विषय इस जाति द्वारा व्याप्य है', 'इस धर्म से विशेषित है', 'इस कार्य का कारण है' और 'इस प्रकार से ज्ञात विषय है' : वाक्य मात्र का यह चतुर्विध अर्थ होता है। विषय को हम जिस प्रकार से जानते हैं उसे विषय का भाव कहें तो ज्ञान-प्रकार के अनुरूप विषय-प्रकार की स्वीकृति बनती है। विधेयता-सम्बन्धात्मक विषय-मात्र ही ज्ञात विषय होता है। अतएव, ज्ञातता को विषय का प्रकार-भेद नहीं कहा जा सकता। पर यह सम्भव है कि ज्ञातता का हमें स्फुट ज्ञान न हो; अगर स्फुट ज्ञान होता है तो अहेतुक नहीं होता, विषयनिष्ठ किसी धर्म को उसका हेतु मानना होगा। विषय का जो धर्म ज्ञातता के स्फुट ज्ञान का हेतु होता है उस धर्म को विषय का प्रकार-भेद कहा जा सकता है। अध्यवसित विषय की सम्भावना, अस्तित्व या उसके अवश्यम्भावी होने का ज्ञान ही ज्ञातता का स्फुट ज्ञान होता है। अतएव, यह स्वीकार किया जा सकता है कि ये तीन विषय-धर्म विषय के प्रकार-भेद हैं। स्फुट विषयज्ञान या अध्यवसाय ज्ञातता के स्फुट ज्ञान बिना भी होता है। लेकिन व्याप्यता, धर्मिता और कारणता, स्फुट ज्ञान के बिना इनका स्फुट अध्यवसाय नहीं होता।

अध्यवसाय के अंगीभूत देशकालाकार ज्ञान को अस्फुट अध्यवसाय के रूप में स्वीकार किया जा सकता है। ऐसे अध्यवसाय में व्याप्यत्व आदि प्रकार-मात्र भी अस्फुट रहते हैं; यहाँ विषय-ज्ञान होता तो है पर उसे 'ज्ञान से अव्यावृत्त विषय-ज्ञान' ही कहना उचित होगा। अगर यह ज्ञान न हो कि 'विषय ज्ञान से भिन्न है', तो अध्यवसाय स्फुट नहीं होता। ज्ञातता रूपी

प्रकार के अस्फुट रहने पर भी स्फुट अध्यवसाय होता है। लेकिन व्याप्यत्व आदि तीन प्रकारक सम्बन्ध अस्फुट रहें तो विषय का ज्ञान-व्यावृत्त ज्ञान नहीं होता, और इसलिए अध्यवसाय भी स्फुट नहीं होता। व्याप्यत्वादि प्रकारक-सम्बन्ध-त्रय के द्वारा ही यह ज्ञान होता है कि 'ज्ञान से विषय भिन्न है'। विषय की ज्ञान से व्यावृत्ति का ज्ञान ही विषय का वस्तुताज्ञान है। 'यह विषय विषयान्तर का कारण है', ऐसे ज्ञान में ही विषय का वस्तुता ज्ञान होता है। ऐसे वास्तव विषय के ही व्याप्यत्व और धर्मित्व प्रकारक प्रत्यय को कल्पना मात्र से व्यावृत्त ज्ञान कहा जा सकता है। व्याप्यत्व और धर्मित्व का ज्ञान न हो तो कारणता का ज्ञान नहीं होता। धर्मिविषयान्तर द्वारा व्याप्त धर्मिविषय को ही विषयान्तर का कारण कहा जा सकता है। व्याप्यत्व धर्मित्व-अपेक्ष कारणताज्ञान होने पर ही वस्तुता का ज्ञान होता है, और वास्तव विषय में ही व्याप्यत्व आदि प्रकारक-सम्बन्ध-त्रय का ज्ञान होता है। अतएव, स्फुट अध्यवसाय में इन तीनों प्रकारक सम्बन्धों को भी स्फुट कहना होगा।

स्फुट ज्ञातता रूप प्रकारक-सम्बन्ध के ये तीन भेद हैं : सम्भावना, अस्तित्व और अवश्यम्भाव। इन तीन भेदों में व्याप्यत्व, धर्मित्व और कारणता, इन तीन प्रकारक सम्बन्धान्तरों का आभास पाया जाता है। विषय का अवश्यम्भाव-ज्ञान अनुमानात्मक होता है। जिस ज्ञात विषय को हम 'अस्ति' के रूप में जानते हैं, वह किसी वैसे ही (अस्ति-रूप) विषय से अनुमित हो तो वह अवश्यम्भावी के रूप में निर्णीत होता है। यह अनुमान-घटक व्याप्ति-ज्ञान ही सम्भावना-ज्ञान होता है। अतएव, अवश्यम्भाव-ज्ञान में अस्तिता-ज्ञान और सम्भावना-ज्ञान की अपेक्षा रहती है—ऐसा कहा जा सकता है। अस्तिता-ज्ञान प्रत्यक्ष या अनुमान होता है। पर अस्तिता अनुमित हो तो भी अवश्यम्भाव से भिन्न होती है। जिस अनुमान के साथ अनुमातव्य पदार्थ का प्रत्यक्ष या अन्य किसी अनुमान द्वारा अस्तित्व निश्चित हो उस निश्चित पदार्थ के अस्तित्व को अवश्यम्भाव कहा जा सकता है। पर जिस अस्तित्व के अनुमान के साथ ऐसा अन्य-संवादी प्रमाण उपस्थित न हो वह अवश्यम्भाव की कोटि में नहीं आता। जिस अस्तित्व का ज्ञान अवश्यम्भाव का ज्ञान नहीं होता वह धर्मित्व का ही ज्ञातता-ज्ञान होता है। कोई पूर्व ज्ञात अस्ति-पदार्थ जब किसी अन्य ज्ञात अस्ति-पदार्थ से अनुमित होता है, तो इन दोनों के बीच जो कारणता-सम्बन्ध का ज्ञातता-ज्ञान होता है, वही अवश्यम्भाव-ज्ञान है। दो ज्ञात-पदार्थों में एक के अस्तित्व द्वारा

अन्य के नियत अस्तित्व की अपेक्षा को कारणता कहा सकता है। 'यह पदार्थ उस पदार्थ का कारण है', इसका अर्थ यह है कि 'यह पदार्थ है तभी वह पदार्थ है'। कारणता-ज्ञान व्याप्ति-ज्ञान की अपेक्षा रखता है। व्याप्ति-ज्ञान का वाक्याकार यह है : अगर एतज्जातीय पदार्थ हो तभी तज्जातीय पदार्थ होगा'। इसका अर्थ यह कि 'एतत्पदार्थ की सम्भावना के साथ तत्पदार्थ की सम्भावना नियत-बद्ध है'। फलतः कहा यह जा रहा है कि 'व्याप्ति-ज्ञान ही सम्भावना-ज्ञान है'। इसी तरह स्फुट ज्ञातता-प्रकार के भेद-त्रय के ज्ञान को ज्ञात-विषय का व्याप्यत्व, धर्मित्व और कारणता रूप प्रकार-त्रय का ज्ञातता-ज्ञान कहा जा सकता है। स्फुट ज्ञातता-प्रकार ही ज्ञात विषय का प्रकार होता है।

विषय के अवश्यम्भाव प्रकार के स्फुट ज्ञान का अर्थ विषय की ज्ञातता का अवश्यम्भाव-ज्ञान होता है। 'अनुमान के द्वारा ज्ञात हो रहा है', यह ज्ञान ही ज्ञातता का अवश्यम्भाव-ज्ञान है। अनुमानात्मकत्व-ज्ञान इस अवश्यम्भाव-ज्ञान का नामान्तर मात्र है। विषय की सम्भावना और अस्तिता, इन प्रकार-द्वय का स्फुट ज्ञान भी ज्ञातता है : अनुमानात्मकत्व-ज्ञान है। लेकिन अनुमानात्मकत्व का ज्ञान इस ज्ञान का नामान्तर मात्र नहीं है। क्योंकि ज्ञातता के इन प्रकार-द्वय के ज्ञान में 'यह अनुमान है', ऐसा साक्षात् अनुभव नहीं होता, केवल यह परोक्ष ज्ञान होता है कि 'यह अनुमान के बिना नहीं हो सकता'। 'यह विषय ज्ञात हो सकता है', इस आकार के सम्भावनाज्ञान का स्वरूप यह व्याप्ति ज्ञान है कि 'एक जातीय विषय के ज्ञात होने पर अन्य जातीय विषय भी ज्ञात होगा'। व्याप्तिज्ञान का रूप ऐसा है कि वह प्रत्यक्ष से उद्भूत तो होता है, पर उसे प्रत्यक्ष नहीं कहा जा सकता; साथ ही, उसका ऐसा कोई साक्षात् अनुभव भी नहीं होता कि 'यह अनुमान है'; उसके बारे में यह अनुभव भी नहीं होता कि 'यह अहेतुक या प्रातिभ ज्ञान नहीं है'। भिन्नजातीय क और ख, इन दो विषयों के सहचारित्वादि के प्रत्यक्ष से क-जातीय कोई नवीन विषय ज्ञात हो तो यह प्रतीति जागती है कि 'इस ज्ञान से ख-जातीय किसी विषय का ज्ञान होगा'; इस प्रतीति का अनुभव हमें ज्ञान के रूप में होता है, पर इसके लिए कोई हेतु नहीं दिया जा सकता; फिर भी 'ऐसा होता है' और यह कहने के लिए किसी हेतु का ग्रहण आवश्यक है। 'व्याप्तिज्ञान अनिर्देश्य-हेतुक अनुमान है', इस रूप से सम्भावनात्मक-ज्ञान को अनुमानात्मक कहा जा सकता है। अस्तिता-रूप

ज्ञातता–प्रकारक ज्ञान भी अनुमानात्मक होता है। यह ठीक है कि विषय प्रत्यक्ष हो तो 'यह कल्पित है', ऐसी प्रतीति नहीं होती, पर यह ज्ञान भी नहीं होता कि, 'यह अस्तिता–रूप ज्ञातता–प्रकार द्वारा प्रकारित है'। ऐसे ज्ञान के लिए निम्न अनुमान–प्रक्रिया की आवश्यकता होती है : 'जो प्रत्यक्ष होता है वह सत् होता है, यह प्रत्यक्ष है, अतएव यह सत् है'। इस प्रक्रिया में अनुभव काम नहीं करता, फिर भी इस प्रक्रिया के बिना अस्तिता–प्रकार का स्फुट ज्ञान नहीं हो सकता। यहाँ इस सन्दर्भ में, प्रत्यक्षत्व अस्तिता–अनुमान का हेतु है, पर हेतु के रूप में उसका स्फुट–भाव से ग्रहण नहीं होता, इसलिए अस्तिता–प्रकारक ज्ञान को यहाँ अस्फुट अनुमिति कहा जा सकता है। यों, यह कहा जा सकता है कि ज्ञातता–प्रकार मात्र अनुमानात्मक होता है। ज्ञातता–प्रकार के प्रत्येक प्रकार में व्याप्ति, पक्षधर्मता और अनुमिति, इस भेद–त्रय का स्वीकार आवश्यक है। पर इसे ज्ञातता–प्रकार का प्रकार नहीं कहा जा सकता।

ज्ञातता–प्रकार के गर्भीभूत इस भेद–त्रय के अनुरूप ज्ञात–विषय का भी भेद–त्रय बनता है। पर इसमें जो प्रकार–भेद उभरते हैं वे विषय के होते हैं। हमने सम्भावना, अस्तिता और अवश्यम्भाव को व्याप्यता, धर्मिता और कारणता का ज्ञातता–प्रकार कहा है। सम्भावना–प्रकार, अस्तिता–प्रकार और अवश्यम्भाव, इन में प्रत्येक के अन्तर्भूत भेद–त्रय के अनुरूप ज्ञात–विषय के यथाक्रमेण व्याप्यता, धर्मिता और कारणता, इन रूपभेद–त्रय की स्वीकृति आवश्यक है। यों, ज्ञात–विषय के नौ प्रकार, और ज्ञातता के तीन प्रकार उभरते हैं; इन बारह को इनके साकल्य में विधेयता–सम्बन्ध के मूल प्रकार कहा जा सकता है।

यह माना जा सकता है कि व्याप्यता, धर्मिता, कारणता और ज्ञातता, इनमें प्रत्येक के जो प्रकार–त्रय हैं, उनमें जो स्फुटतम प्रकार होता है वह अपर प्रकार–द्वय से अनुमित होता है। 'यह व्यक्ति इस जाति द्वारा व्याप्य है', इत्याकारक वाक्य में व्याप्यता के स्फुटतम प्रकार का प्रकाश होता है। 'यह व्यक्ति एतद्धर्म–विशेषित है, इसलिए एतद्धर्म–निरूपित जाति द्वारा व्याप्य है', ऐसे अनुमान द्वारा उक्त प्रकार–ज्ञान की उपपत्ति होती है। 'इस व्यक्ति में जिस धर्म का प्रत्यक्ष हो रहा है उसका अन्य अनेक व्यक्तियों में प्रत्यक्ष हुआ है, और इसलिए यह निश्चय बना है कि वे सब एक ही जाति–विशेष के व्यक्ति हैं, इस कारण अभी जिसका प्रत्यक्ष हो रहा है वह व्यक्ति

भी उसी जाति-विशेष का व्यक्ति है', इत्याकारक ज्ञान हमें होता है। उक्त अनुमान में इन दो वाक्याकारों के ज्ञान की अपेक्षा होती है : एक यह कि, 'जो भी एतद्धर्म-विशिष्ट है वह एतद्-जाति-व्याप्य है', और दूसरा यह कि, 'पूर्वज्ञात अनेक व्यक्ति एतद्-जाति-व्याप्य हैं'। प्रथम वाक्य में उद्देश्य एक जाति-विशेष है और विधेय है उस जाति के समान या व्यापकतर अन्य जातीय अतएव यह जाति की जाति व्याप्यता का आकार है। और अनुमिति-वाक्य व्यक्ति-विशेष की जाति-व्याप्यता का आकार है। तो, हमें यह स्वीकार करना होगा कि व्याप्यत्व या जाति-व्याप्यत्व और एक-व्याप्यत्व सम्बन्ध के ये तीन प्रकार उभरते हैं : सर्व-(व्यक्ति)-व्याप्यत्व, अनेक-व्याप्यत्व और एक-व्याप्यत्व। 'इस रूप का यह विषय एतद्धर्म-विशिष्ट है', 'तत्धर्म-विशिष्ट नहीं है' और 'एतद्धर्म के अभाव से विशिष्ट है'—इत्याकारक वाक्य-त्रय को धर्मि-सम्बन्ध के प्रकार-त्रय का आकार कहा जा सकता है। धर्मित्व का स्फुटतम प्रकार अभाव-वैशिष्ट्य है। एतद्धर्म के अभाव का निश्चय अन्य-धर्म-विशिष्ट विषय में ही किया जा सकता है। अतएव, यह निश्चय इन दो निश्चयों की अपेक्षा रखता है कि 'प्रकृत विषय में अन्य धर्म तो है, पर एतत्धर्म नहीं है'। इस तरह धर्मित्व-सम्बन्ध के ये तीन प्रकार सिद्ध होते हैं : भाव-(धर्म)—वैशिष्ट्य, भाव-अवैशिष्ट्य और अभाव-वैशिष्ट्य।

कारणता सम्बन्ध के ये तीन प्रकार स्वीकार किये जा सकते हैं : उपादान-कारणता, निमित्त-कारणता और अन्योन्य-कारणता । क और ख, इन दो विषयों में जब क ख में और ख क में युगपत् विकार का उत्पादन करे तो इनके सम्बन्ध को अन्योन्य-कारणता सम्बन्ध कहा जा सकता है। यह सम्भव है कि क ख के जिस विकार का कारण है, उसी समय उस विकार से भिन्न किसी और धर्म द्वारा अवच्छिन्न ख क के किसी विकार का कारण हो। इस तरह अगर हम क और ख के परस्पर कारण हो पाने की बात को स्वीकार करें तो प्रत्येक को स्वगत विकार का उपादान-कारण और अपरगत विकार का निमित्त-कारण कहना होगा। यहाँ हमें अन्योन्य-कारणता, उपादान-कारणता और निमित्त-कारणता, इन तीनों की अपेक्षा उभरती दिखती है, अतएव इस कारणता को स्फुटतम कारणता का नाम दिया जा सकता है। कारणता क और ख इन दो पदार्थों के अस्तिता-घटित सम्बन्ध का नाम है। ख क के रूप में है, पर नहीं भी हो सकता है—ऐसे

में क का अस्तित्व ख के अस्तित्व से अभिन्न होता है, और इस अर्थ में 'क ख ही है', इसे उपादान-कारणता का वाक्याकार कहा जा सकता है। अस्तित्व की अपेक्षा से ख क से भिन्न है, पर फिर यह भी है कि क है तभी ख है; इस अर्थ में कहा जा सकता है कि 'अगर क है तो ख भी है'—यह निमित्त-कारणता का वाक्याकार है। 'क ख ही है', इस वाक्य में क ख व्याप्य है, पर क का अस्तित्वख से अभिन्न है। 'अगर क है तो ख भी है', इस वाक्य में क का अस्तित्व ख के अस्तित्व द्वारा व्याप्य है। अगर क और ख का अस्तित्व भिन्न है और इन दोनों में कोई-सा एक भी न हो तो दूसरा भी नहीं होगा, तो इस अर्थ में कहा जा सकता है कि 'या तो क है या ख है' : ऐसे वाक्य को अन्योन्य-कारणता का (वाक्याकार) रूप कहा जा सकता है।

अवश्यम्भाव-रूप ज्ञातता-प्रकार अपर दोनों ज्ञातता प्रकारों की अपेक्षा रखते हैं; यही ज्ञातता-प्रकार-मात्र का अनुमानात्मकत्व है; इस प्रकार-त्रय के अनुरूप व्याप्यता-धर्मिता-कारणता रूप ज्ञात-विषय-सम्बन्ध और प्रतिसम्बन्ध के तीन प्रकार स्वत:सिद्ध भावेन प्रतिपन्न हो जाते हैं। अध्यवसाय के दो रूप हैं : विषय-मात्र-ज्ञान और विषय की ज्ञातता का ज्ञान। पहले ज्ञान की प्रतीति दूसरे ज्ञान में ही होती है। द्वितीय ज्ञान के तीन स्वत:सिद्ध प्रकार हैं, और इन्हीं से प्रथम ज्ञान का नवधात्व सिद्ध होता है। यों विधेयता-सम्बन्ध के द्वादश प्रकार उभरते हैं जिन्हें अनुमानात्मक अवश्यम्भाव-प्रकार का विस्तार माना जा सकता है। अनुमानात्मकता का अर्थ है : व्याप्ति, पक्षधर्मिता और अनुमिति, इन अवयव-त्रय से संवलित होना; अनुमानगत इस त्रित्व-रूप सूत्र का अवलम्बन करें तो प्रकार-विभाग भी सिद्ध हो जाता है; अतएव, ये विभाग सम्यक् हैं, अर्थात् ये द्वादशमूल-प्रकार परस्पर-सापेक्ष हैं और इनके अतिरिक्त कोई अन्य प्रकार नहीं है—यह उपपन्न हो जाता है। यह भी सिद्ध हो जाता है कि इन द्वादश प्रकारों के अनुरूप बुद्धिक्रिया के भी द्वादश ही प्रकार हैं।

(ख) २ मूल प्रकार के प्रामाण्य की उपपत्ति

विषय-ज्ञान का होना विधेयता सम्बन्ध के प्रत्यय का होना ही होता है। पर उद्देश्य-विधेयात्मक वाक्य ज्ञेय विषय का प्रकाशक नहीं भी हो सकता है। 'यह विषय अकारण है' अर्थात् 'यह स्वभाववशत: आरब्ध हुआ है', या

'यह नियमवशतः आरम्भक है', ऐसे वाक्यों के बारे में यह बोध नहीं होता कि 'ये निरर्थक हैं'। कहा जा सकता है कि स्वभाव और नियमतः होना विषय के प्रकार के रूप में कल्पित तो होता है, पर इनके विषय के प्रति प्रयुक्त होने पर वचनव्याघात-दोष होता है। 'विषय-जगत् अपना ही कारण है, या कार्य है', ऐसे वाक्य में स्वकारणता विषय के प्रकार के रूप में कल्पित होती है, लेकिन काण्ट के मत में विश्वरूप विषय के प्रति प्रयुक्त कारणता विषय के प्रकार का ज्ञान नहीं होती, यह एक ज्ञानेतर निश्चय-मात्र होता है। उपरि उल्लिखित द्वादश प्रकार का ज्ञान तभी होता है जब प्रकार देशकालाकार-परिच्छिन्न विषय के प्रति प्रयुक्त हो। हाँ, ऐसे विषय की जो देशकाल-निरपेक्ष पर परिच्छिन्न हो, उसके प्रकार की कल्पना की जा सकती है। पर ऐसी कल्पना विषय का निश्चय नहीं होती, अलीक कल्पना मात्र होती है। अतएव, कहा जा सकता है कि इन तीनों क्षेत्रों में ही प्रकार की कल्पना से किसी ज्ञान का उदय नहीं होता। केवल उल्लिखित द्वादश प्रकार के जो देशकालाकार-परिच्छिन्न विषय हैं, प्रकार के उनके प्रति प्रयुक्त होने पर ही ज्ञान का उदय होता है। पर यह बात प्रमाण चाहती है।

ज्ञान या ज्ञातता की बात सप्रकार या प्रकारयोग्य विषय के बारे में ही की जा सकती है। ज्ञात विषय-वाचक वाक्य मात्र का उद्देश्य विषय और विधेय प्रकार होता है। पर यहाँ हमें इस बात का प्रमाण चाहिये कि विषय के प्रति, परिच्छिन्न विषय के प्रति और देशकालाकार-परिच्छिन्न विषय के प्रति प्रयुक्त न होने पर प्रकार ज्ञात नहीं हो सकता। काण्ट ने विषयज्ञान और विषय की ज्ञातता के पक्ष में इस त्रिविध प्रयुज्यता को स्वतन्त्र रूप से प्रमाणित किया है। उन्होंने इसे प्रकार-ज्ञानोपपत्ति और प्रकारज्ञाततोपपत्ति (subjective and objective deduction of categories) के नाम से अभिहित किया है। प्रकारज्ञानोपपत्ति प्रधानतः ज्ञान के अनुभव पर प्रतिष्ठित है, इसलिए इसे वास्तव में प्रमाण नहीं कहा जा सकता। पर ज्ञातता-उपपत्ति विषय-प्रमाण सापेक्ष है; इसलिए वह प्रमाण कहला सकती है।

ख (२क) प्रकारज्ञानोपपत्ति

आकार-कल्पना और प्रकार-कल्पना, इन दोनों का हम पहले ही उल्लेख कर चुके हैं। आकार-कल्पना का ही नामान्तर है, 'ग्रहण'। स्मृति को भी आकार-कल्पना या ग्रहण कहा जा सकता है। कहा जा सकता है कि ये

दोनों कल्पनायें ज्ञानक्रिया या अध्यवसाय के अंग हैं। यह सम्भव है कि वे ज्ञान के अंग न हों, पर उनके ज्ञानांग होने पर दोनों को ज्ञान या अध्यवसाय का नाम दिया जा सकता है। स्फुट अध्यवसाय ज्ञानांग-प्रकारक ज्ञान ही होता है; इसकी तुलना में ज्ञानांग-आकार-ज्ञान या ग्रहण को अस्फुट अध्यवसाय कहना उचित है। विषय का सम्बन्ध-ज्ञान ही अध्यवसाय होता है। सम्बन्ध-ज्ञान सम्बन्धनरूपी बुद्धिक्रिया होती है। प्रकारक-सम्बन्धन ही स्फुट बुद्धिक्रिया है। ग्रहण के इन्द्रिय-क्रिया होने पर भी ज्ञानांग ग्रहण या आकारक सम्बन्धन को बुद्धिक्रिया ही कहना होगा। स्मृति को ग्रहण कहा तो जा सकता है, पर स्मृति-सापेक्ष सम्बन्धन में होती बुद्धिक्रिया को आकारक या प्रकारक, इन दोनों सम्बन्धनों से भिन्न बुद्धिक्रिया स्वीकार करना होगा। स्मृत आकार या आकारित विषय में होती सम्बन्धन रूपी क्रिया को आकारकज्ञान नहीं कहा जा सकता, पर फिर भी यह सम्भव है कि वह स्फुटरूपेणप्रकारक ज्ञान भी न हो। जिस विषय की स्मृति किसी प्रत्यक्ष विषय से जाग उठती है, उस स्मृति में यह आवश्यक नहीं कि स्मृत विषय का प्रत्यक्ष विषय से कोई सम्बन्ध भी प्रतिभात हो। अगर होता भी है तो उस सम्बन्ध के विषय में यह ज्ञान नहीं होता कि 'यह आकारक सन्निवेश ही है'; और अगर सम्बन्ध विधेयता सम्बन्ध हो तो भी वह स्मृति मात्र में विधेयता सम्बन्ध के रूप में उपलब्ध नहीं होता। अतएव, कहना होगा कि स्मृति रूपी ज्ञान में एक स्वतन्त्र सम्बन्धन क्रिया की अपेक्षा है। स्फुट प्रकार-ज्ञान तो विधेयता सम्बन्ध का ज्ञान ही होता है। इस स्फुट-प्रकारक-ज्ञान को प्रकार-प्रत्यभिज्ञा भी कहा जा सकता है। तो, प्रत्यक्ष, स्मृति और प्रकार-प्रत्यभिज्ञा, इस ज्ञान-त्रय की घटक तीन सम्बन्धन क्रियायें हैं, जो अनुभवसिद्ध हैं।

इन तीन क्रियाओं का परस्पर सम्बन्ध क्या, इसके निरूपण का अब प्रयोजन है। प्रकार-प्रत्यभिज्ञा स्मृति की अपेक्षा रखती है, और स्मृति प्रत्यक्ष अभिज्ञा की सापेक्ष है। लेकिन प्रत्यक्ष स्मृति की अपेक्षा नहीं करता, न स्मृति प्रत्यक्ष अभिज्ञा की अपेक्षा करती है। 'प्रकार' शब्द से केवल मूल प्रकार ही नहीं समझना चाहिये। वाक्य में विधेय पद द्वारा अभिहित सम्बन्ध-जाति-मात्र प्रकार होता है। 'उद्देश्य-विषय विधेय-जाति का आश्रय व्यक्ति-विशेष है'—इस ज्ञान के होने पर तज्जाति के आश्रय अन्य स्मृत-व्यक्तियों के साथ उद्देश्य-विषय के सादृश्य आदि स्मारक सम्बन्धों का ज्ञान होता

है। अन्य व्यक्तियों का यह ज्ञान और उनके साथ उद्देश्य-व्यक्ति का सादृश्यादि ज्ञान एक ही ज्ञान होता है। यह सादृश्यादि ज्ञान ही स्मृति-घटक सम्बन्धन-क्रिया है। इसलिए कहा जा सकता है कि प्रकारक-प्रत्यभिज्ञा-घटक या प्रकारक सम्बन्धन क्रिया में स्मृति-घटक या स्मारक सम्बन्धन की अपेक्षा रहती है। स्मारक-सम्बन्ध के सम्बन्धी दो प्रत्यक्षयोग्य विषय होते हैं। प्रत्यक्षयोग्य विषय देशकालाकारात्मक या सन्निवेशात्मक होता है। पर सन्निवेश-ज्ञान में स्मारक-सम्बन्धन की और स्मारक-सादृश्य-ज्ञान में प्रकारक-सम्बन्धन की अपेक्षा नहीं होती। पूर्वप्रत्यक्ष विषय के साथ परवर्ती प्रत्यक्ष विषय का सन्निवेश-ज्ञान होता तो है पर यह ज्ञान प्रत्यक्ष ज्ञान ही होता है, स्मृति नहीं। यों, स्मारक और स्मारित विषय का सम्बन्ध प्रकारक सम्बन्ध तो होता है, पर स्मृति में यह ज्ञान नहीं होता कि 'यह प्रकारक सम्बन्ध है'। स्फुट सम्बन्ध-ज्ञान प्रकार-प्रत्यभिज्ञा ही होता है। हम पहले ही कह चुके हैं कि सम्बन्ध व्यक्तिहीन जाति है और उसका ज्ञान प्रत्यभिज्ञा मात्र होता है। ऐसा अनुभव हमें नहीं होता कि 'स्मारक-सम्बन्ध और सन्निवेश-सम्बन्ध सम्बन्ध-जातीय हैं'। ये सम्बद्ध व्यक्ति के रूप में ही आभासित होते हैं। परप्रकारकसम्बन्धज्ञान में तदंगीभूत या गर्भीभूत सन्निवेश-सादृश्य-आदि ज्ञान सम्बन्ध ज्ञान के रूप में ही उपलब्ध होता है; इसलिए सन्निवेश-सादृश्य-आदि को भी सम्बन्ध कहा जा सकता है।

वाक्य में जो विधेय-पद द्वारा अभिहित होता है, उसे व्यापक अर्थ में 'प्रकार' कहा जा सकता है। यह प्रकार विषय-प्रकार न हो तो वाक्यानुपाती प्रत्यय को विषय-ज्ञान का नाम नहीं दिया जा सकता। हम कह चुके हैं कि विषय-प्रकार होने का लक्षण प्रत्यभिज्ञेयत्व है। प्रकार के अनुभव में ही उसके प्रत्यभिज्ञेयत्व या अप्रत्यभिज्ञेयत्व की प्रतीति होती है। जिस प्रकार के बारे में यह अनुभव होता है कि 'यह अप्रत्यभिज्ञेय है', वह विषय-प्रकार नहीं होता। स्वभाव, नियति आदि का अनुभव अप्रत्यभिज्ञेय प्रकार के रूप में होता है, इसलिए ये विषय-प्रकार नहीं हैं। स्वभाव या नियति निष्कारण आरब्धत्व या आरम्भकत्व का नाम है। 'कारण का अभाव', इस बात का हमें कोई अनुभव नहीं होता; अनुभव कारण-ज्ञान के अभाव का ही होता है। ज्ञानाभाव का यह अनुभव ही निष्कारणत्व का अनुभव होता है। विषयज्ञान का अनुभव विषय के प्रत्यभिज्ञेयत्व का अनभव होता है, और उक्त ज्ञानाभाव का अनुभव विषय के अप्रत्यभिज्ञेयत्व का अनुभव

होता है। और यों, निष्कारण स्वभावादि प्रकार के अनुभव को प्रकार के अप्रत्यभिज्ञेत्व का अनुभव कहा जा सकता है। अतएव, यह नहीं कहा जा सकता कि अप्रत्यभिज्ञेयत्व का प्रयोग विषय के बारे में किया सकता है।

यह सम्भव है कि प्रकार प्रत्यभिज्ञेय हो, पर फिर भी ज्ञेय विषय न हो। जो प्रकार–बुद्धि स्मारक–बुद्धि की अपेक्षा नहीं करती, उस प्रकार–बुद्धि द्वारा विषय–ज्ञान नहीं होता। विषय के परिच्छिन्न होने पर ही सादृश्यादि स्मारक सम्बन्धों का प्रत्यय सम्भव होता है; अपरिच्छिन्न विषय अर्थात् विश्वजगत्, इसके किसी से सादृश्य आदि की बात निरर्थक है। स्मारक–बुद्धि भी अगर सन्निवेश–बुद्धि की अपेक्षा न रखती हो, तो भी विषय–ज्ञान नहीं होता। सन्निवेश दैशिक और कालिक ही होता है; इससे भिन्न किसी अन्यविध सन्निवेश की कल्पना नहीं की जा सकती। यह सम्भव है कि विषय का प्रत्ययप्रकारक–बुद्धि की और स्मारक–बुद्धि सन्निवेश–बुद्धि की अपेक्षा न भी करे। अगर अपरिच्छिन्न विषय अथवा देशकालातीत परिच्छिन्न विषय प्रत्यभिज्ञेय–प्रकार–गत हो तो ऐसा विषय ज्ञात तो नहीं होता, पर उसे निरर्थक भी नहीं कहा जा सकता। यह ज्ञान हमें नहीं है कि 'देशकालातीत परिच्छिन्न विषय या अपरिच्छिन्न विषय जैसा कुछ नहीं होता है'। पर, हाँ, हम इतना अवश्य कह सकते हैं कि ऐसे विषय का और उसके प्रति प्रयुक्त प्रकार का हमें ज्ञान नहीं होता है।

ख (२ख) प्रकार–ज्ञातता की उपपत्ति

ज्ञान के अनुभव के आधार पर प्रकारज्ञान की निम्न उपपत्ति बनती है। ज्ञात विषय के प्रकार और कालाकार, इनकी परस्पर–सापेक्षता विचार के प्रसंग में हम पहले ही प्रकार–ज्ञातता की उपपत्ति का आभास दे चुके हैं। जो विषय प्रकारित होता है, कालाकार में वह भिन्न नहीं होता। और अप्रकारित कालाकार विषय के रूप में ज्ञात नहीं होता। हम कह चुके हैं कि अवश्यम्भाव ज्ञातता का स्फुटतम प्रकार है। कारणता का ज्ञातता ज्ञान ही अवश्यम्भाव है। कारणता कालाकार में भिन्न नहीं ज्ञात होती। इसलिए कहा जा सकता है कि कालाकार में ही अवश्यम्भावरूपी प्रकारमूल ज्ञात होता है। कालाकार–कल्पना—अथवा कहें, उसकी मानस अंकन–गति—इसका प्रत्यय अनन्य दिक् के रूप में होता है : अर्थात्, 'यही दिक् है, अन्य दिक् नहीं', ऐसा प्रत्यय न हो तो कालाकार ज्ञान नहीं होता। यह दिक्–प्रत्यय ही कालाकार–

गत प्रकार का ज्ञान होता है। विषय की ज्ञातता मानस अथवा अन्तरिन्द्रिय की साक्षात्ग्राह्य विषय होती है, और मानसविषय की कालाकार से अलग कोई सत्ता ही नहीं होती; इसलिए यह मानना होगा कि कारणता का ज्ञान कालाकार में ही होता है। यह ठीक है कि मानस-विषय कालाकार ही होता है, देशाकार नहीं होता, लेकिन हम पहले ही कह चुके हैं कि मानस-विषय-ज्ञान देश-कालाकार बाह्य विषय का ही ज्ञातताज्ञान होता है। ज्ञात मानस विषय प्रकारित कालाकार होता है, वही प्रकार ज्ञात बाह्य विषय का प्रकार होता है। विषय का स्फुट या अस्फुट अवश्यम्भाव ही विषय की ज्ञातता या प्रत्यभिज्ञेयता होती है : अवश्यम्भाव कारणता-सम्बन्ध की ज्ञातता है, और कारणता-सम्बन्ध में विषयघटक सम्बन्ध-मात्र अन्तर्भुक्त है। ज्ञातता कालाकारापेक्ष कारणता और कारणतापेक्ष कालाकार में ही होती है; और ज्ञातता रूपी कालाकार-मानस-विषय का ज्ञान ही देश-कालाकार बाह्य विषय का ज्ञान होता है। अतएव, विषयमात्र की ज्ञातता प्रकार और कालाकार की परस्पर-सापेक्षता की ज्ञातता होती है।

कहा जा सकता है कि ज्ञातता-उपपत्ति की मूल बात यही है कि 'प्रकारज्ञातता मानसविषय है'। आत्मा की ज्ञातता सप्रकार नहीं होती, और उस ज्ञातता को मानस-विषय भी नहीं कहा जा सकता। विषय की ज्ञातता प्रकारज्ञातता होती है, वह मानस-विषय होती है, और इसीलिए लौकिक-प्रमाणापेक्ष उपपत्ति की भी माँग करती है। आत्मज्ञातता का केवल अनुभव ही होता है : कृत्यात्मक आत्मज्ञान में विषय की ज्ञाता आत्मा की साक्षात् प्रत्यभिज्ञा होती है; इस प्रत्यभिज्ञा के कारण ही यहाँ विषयप्रकारक ज्ञान निष्प्रयोजन है। कृतिस्वरूप आत्मा का अनुभव ही विषयज्ञाता आत्मा की प्रत्यभिज्ञा है; यह प्रत्यभिज्ञा विषय-प्रमाण की अपेक्षा नहीं रखती। लेकिन विषय के स्फुट ज्ञान में जो प्रत्यभिज्ञा होती है, वह अपने ज्ञातता रूपी मानसविषय के विषय-प्रमाण-सापेक्ष विश्लेषण के बिना सम्यक् उपपन्न नहीं होती। कहा जा सकता है कि विषयज्ञान का अनुभव विषय-प्रमाण की अपेक्षा न करता हुआ जो स्वत:विश्लेषित हो जाता है, वह प्रत्यभिज्ञात्मक विश्लेषण प्रकारज्ञान की उपपत्ति भी है। लेकिन वह अनुभवमात्र होता है; वह अगर प्रमाणापेक्ष ज्ञातता-उपपत्ति द्वारा दृढ़ीभूत न हो तो उसे प्रमाण नहीं कहा जा सकता।

विषय-ज्ञान के विश्लेषण से जिस बुद्धि-क्रिया-त्रय का अनुभव होता है, उसके फलस्वरूप पदार्थत्रय की उपलब्धि विषयज्ञातता के विश्लेषण से

होती है। ऐसा कहा जा सकता है कि ज्ञाततासम्बन्ध प्रत्यभिज्ञात्मक बुद्धिक्रिया का फल है, ज्ञानविषय सम्बन्ध स्मारक बुद्धिक्रिया का फल है, और सन्निवेशसम्बन्ध सन्निवेशक बुद्धिक्रिया का फल है। यह भी कहना ठीक होगा कि अवश्यम्भाव ज्ञाततासम्बन्ध का स्फुट रूप है, कारणता ज्ञातविषयसम्बन्ध का स्फुट रूप है, और सन्निवेशसम्बन्ध का स्फुट रूप कालिकसम्बन्ध है। विषय की प्रत्यभिज्ञा अवश्यम्भाव-ज्ञान की अपेक्षा करती है, स्मृति कारणता-ज्ञान की अपेक्षा करती है और प्रत्यक्ष कालिकसम्बन्ध-ज्ञान की अपेक्षा करता है। विषय के अवश्यम्भाव-ज्ञान के बिना प्रत्यभिज्ञा नहीं हो सकती। विषय की प्रत्यभिज्ञा विषय के प्रकार की प्रत्यभिज्ञा होती है। प्रकार के विषय-निष्ठ होने का अर्थ ही विषय के ज्ञातता-प्रकार की ज्ञातता है। अवश्यम्भाव प्रकार की स्फुट ज्ञातता का ही नाम है, और ज्ञातता-ज्ञान ही प्रत्यभिज्ञा है, अतएव, विषय की प्रत्यभिज्ञा का अर्थ ही विषय का अवश्यम्भाव-ज्ञान है। सन्निवेशसम्बन्ध ज्ञान ही प्रत्यक्ष कहलाता है; कालिकसम्बन्ध सन्निवेशसम्बन्ध की ही छाया होता है, इसीलिए स्फुटरूपेण प्रतिभात होता है; और तभी दैशिक-सम्बन्ध के मानस-प्रत्यक्ष में यह उपलब्धि होती है कि 'यह सम्बन्ध कालिक-सम्बन्ध द्वारा घटित है'। अतएव, प्रत्यक्ष के बारे में यह कहा जा सकता है कि 'कालिकसम्बन्ध का ज्ञान ही प्रत्यक्ष है'। स्मृति स्मारकसम्बन्ध का ज्ञान है। स्मारक और स्मारित विषय का जो सम्बन्ध स्मृति में उपलब्ध होता है, वह ज्ञात विषय-द्वय के कालाकारगत प्रकार का ऐक्यरूप सादृश्य होता है। स्मृति में जो इस सादृश्य का अनुभव होता है उस अनुभव के बारे में यह कहा जा सकता है कि उसमें तद्विषय-द्वय के उभयसाधारण प्रकार का ज्ञान अस्फुटभावेन गर्भीभूत रहता है। ज्ञात विषय का सम्बन्ध-मात्र कारणतासम्बन्ध के अन्तर्भुक्त होता है। इसलिए कहा जा सकता है कि स्मारक सादृश्य का अनुभव कारणता-ज्ञान का ही अस्फुट अनुभव होता है। (तो, निष्कर्ष यह कि) कालिकसन्निवेश-घटित प्रत्यक्षयोग्य विषयद्वय के सादृश्यानुभव-घटित, और स्मृति के अस्फुट विषयीभूत, कारणतासम्बन्ध का ज्ञातताज्ञान या अवश्यम्भावज्ञान में ही विषय की प्रत्यभिज्ञा होती है।

प्रकारक बुद्धि द्वारा ज्ञान सर्वत्र नहीं होता। हम कह चुके हैं कि आत्मा की स्वाधीनकारणता का प्रकारज्ञान नहीं होता, ज्ञानेतर निश्चय मात्र होता है। ज्ञान विषय-प्रकार का ही होता है। विषय-प्रकार की ज्ञातता भी विषय ही

है—मानस या कालिक विषय। इस विषय को 'कालाकारापेक्ष प्रकार' भी कहा जा सकता है और 'प्रकारित कालाकार' भी—दोनों तरह से बात कही जा सकती है। पर क्योंकि आत्मा का निश्चय प्रकार के कलाकार से निरपेक्ष होता है इसीलिये विषय-प्रकार की ज्ञातता का प्रकार और कालाकार, इन दोनों में अभेद होते हुए भी भेद का प्रत्यय रूप लेता है। तभी कहना पड़ता है कि प्रकार-बुद्धि अगर कालाकार-ग्रहण की अपेक्षा न करे तो ज्ञान नहीं होता, और कालाकार प्रकारित रूप में ही गृहीत होता है, अर्थात् कालाकार का ग्रहण प्रकार-ज्ञान में गर्भीभूत विषयज्ञान विशेष है। कालाकर गृहीत होते ही ज्ञात हो जाता है, पर प्रकार अगर बुद्धिक्रिया द्वारा निश्चित हो भी जाये तो भी कालाकार में प्रयुक्त हुए बिना ज्ञात नहीं होता। विषयज्ञान में होती प्रकार-कल्पना कालाकार-कल्पना की अपेक्षा रखती है। यह आकांक्षा पूरी न हो तो प्रकारज्ञान नहीं होता। कालाकार का ग्रहण इस आकांक्षा को पूरी करता है। कालाकार के ग्रहण के पूर्व उसमें जो प्रकारबुद्धिगत आकांक्षा रहती है उसी को हम पहले सूत्राकार-कल्पना कह चुके हैं। जो प्रकार सूत्राकार रूप में कल्पना योग्य नहीं होता, वह ज्ञात भी नहीं हो सकता। (देश)-कालद्वारा परिच्छिन्न विषय के प्रति प्रयुक्त प्रकार का ही, प्रामाण्य स्वीकृत हुआ है, क्योंकि ऐसा प्रकार ही सूत्राकार रूप में कल्पित हो सकता है।

१३. सूत्राकार और सौत्र अध्यवसाय (Scheme and Principle)

सूत्राकार-कल्पना द्वारा प्रकारक बुद्धिक्रिया के कालाकर विषय पर प्रयुक्त होने पर विषयज्ञान—या अध्यवसाय—होता है। हम कह चुके हैं सूत्राकार प्रकारनियन्त्रित अनादि आकारधारा है। (गृहीतकालाकार में) इस कल्पित आकारधारा का अवसान ही कालाकार में प्रकार का प्रयोग है। कालाकारमात्र रूपी शुद्ध विषय में प्रकार के प्रयोग से जो अध्यवसाय जन्म लेता है उस अध्यवसाय को सौत्र अध्यवसाय कहा जा सकता है। प्रकारभेद से सूत्राकार-भेद होता है, और सूत्राकार-भेद से सौत्र अध्यवसाय में भेद होता है। व्याप्यता, धर्मिता, कारणता और ज्ञातता रूपी चार प्रकारक सम्बन्धों के अनुरूप कालाकार की चार भावों में कल्पना की जा सकती है। व्याप्यता के अनुरूप कालिकसन्तति (series) धर्मिता के अनुरूप (इन्द्रिय-प्राप्त

विषय-धर्म की) स्थिति (contents) कारणता के अनुरूप (गृहीत विषय का) कालिक नित्य-सम्बन्ध (order) और ज्ञातता के अनुरूप कालरूप शुद्ध पदार्थ का (तद्‌गत विषय के साथ) सम्बन्ध (comprehension)—कालाकार के ये चार भाव निर्दिष्ट किये जा सकते हैं। इन चार भावों की अपेक्षा से सूत्राकार के और सौत्र अध्यवसाय के विभाग निर्णीत होंगे।

विषय-ज्ञान के साथ सम्बन्ध ही ज्ञातता—या विषयता—है। यह सम्बन्ध अगर ज्ञात विषय हो तो सूत्रकाल रूप से ही प्रतिभात होता है। शुद्ध कालपदार्थ में कालिक या कालावच्छिन्न विषय की जो आकांक्षा रहती है वह आकांक्षा ही उस विषय के साथ काल का स्वरूपसम्बन्ध होती है, इसलिए उसे सूत्रभूत काल ही कहना चाहिये। काल का सूत्र-भाव ही विषय का या कालाकार का ज्ञातता-भाव होता है। यह सूत्रभाव-प्रत्यय ही काल और कालिक विषय का भेद-प्रत्यय होता है। ज्ञातकाल में कालिकविषय विषयभाव से रहता ही है—कालिकविषय के ज्ञान से पहले उसका जो ज्ञेयत्वज्ञान रहता है, वही सूत्रभूतकाल का ज्ञान होता है। विषय-ज्ञान के पूर्व उसका जो ज्ञेयत्व-ज्ञान होता है उस ज्ञेयत्व को सिद्ध या परिनिष्ठित विषय नहीं कहा जा सकता, उसे साध्य-विषय (postulate) ही कहना होगा। हमने जो ज्ञातता को मानस या कालिक विषय कहा है, वह ज्ञेयता रूपी साध्य-विषय ही है। पर इस साध्य-विषय का ज्ञान होता है। कृतिज्ञान में आत्मा के स्वाधीन-कर्तृत्व आदि का जो प्रत्यय होता है, वह भी साध्य-विषय ही है, लेकिन यह प्रत्यय निश्चय तो होता है, ज्ञान नहीं होता। ज्ञेयता रूपी साध्यविषय में सिद्ध विषय के घटक प्रकार और (देश)-कालादि गर्भीभूत रहते हैं, इसलिए ये भी साध्यविषय हैं। सूत्रभूत काल और तद्‌गर्भीभूत प्रकार सूत्र-कालाकार-प्रकार के रूप में व्यक्त होता है; पर पूर्णकालाकार प्रकार्यमान रूप में, अर्थात् सौत्र अध्यवसाय के रूप में, व्यक्त होता है। सिद्ध-विषय-घटक सूत्रभूत पदार्थ-मात्र साध्य-विषय होता है। इन्द्रिय द्वारा प्राप्त और गृहीत विषय के साथ एकीभूत होकर ये साध्य-विषय सिद्ध-विषय में परिणत हो जाते हैं।

सूत्रकाल विषय की ज्ञातता ही है। यह अध्यवसाय कि ज्ञात विषय 'किसी भी काल में (अर्थात्, किसी भी कालिकनियमसंगत काल में) रह सकता है', और यह अध्यवसाय कि 'वह इस काल में है', और यह कि 'वह सर्व काल में है', ये तीन अध्यवसाय क्रमशः सम्भावना, अस्तिता और

अवश्यम्भाव, इन तीन ज्ञातता-प्रकारों के अनुरूप सौत्र-अध्यवसाय के नाम से जाने जा सकते हैं; और इस सौत्र अध्यवसाय के अंगस्वरूप सूत्रकाल की त्रिविध विषय-आकांक्षा को उसी तीन प्रकार के सूत्राकार का नाम देना चाहिये। हमें यह अध्यवसाय होता है कि 'ज्ञात विषय काल में ही रहता है, इसलिए किसी भी कालिक विषय का अन्य कालिक विषयों के साथ नित्य कालिक सम्बन्ध होता ही है'—यह अध्यवसाय ही कारणता रूपी प्रकारक सम्बन्ध के अनुरूप सौत्र अध्यवसाय है। उपादानकारणता, निमित्तकारणता और अन्योन्यकारणता रूपी प्रकार-त्रय के अनुरूप उपादान के साथ उसके विकार का नित्य सम्बन्ध होता है; विकारान्तर रूपी निमित्त के साथ विकार का नित्य सम्बन्ध होता है और उपादान-द्वय हों तो उनके साथ अन्योन्यकारणता का तद्गत विकार-घटित नित्य सम्बन्ध होता है—ये तीन नित्य कालिक सम्बन्ध हैं, जिनका स्वीकार करना युक्त है। इन तीन नितिय सम्बन्धों के आधार पर सौत्र-अध्यवसाय-त्रय और सूत्राकार-त्रय का निर्देश किया जा सकता है। कालिक-विषय का तदन्य-विषय जो शुद्ध काल है, उसके साथ होते सम्बन्ध को ज्ञातता सम्बन्ध की छाया कहा जा सकता है। किसी कालिकविषय का अन्य कालिकविषय के साथ सम्बन्ध कारणता सम्बन्ध की छाया है। ये दोनों कालिक सम्बन्ध कालिकविषय के अन्य कालिक विषय के साथ होते सम्बन्ध हैं। कालिक विषय काल और इन्द्रिय-प्राप्त विषयधर्म, इन दोनों के संवलित-होकर बनते विषय का नाम है। विषयापेक्ष काल के विषय-निरपेक्ष स्वगत सम्बन्ध को व्याप्यता-सम्बन्ध की कालिक छाया कहा जा सकता है। इसी तरह, काल-निरपेक्ष, अर्थात् केवल इन्द्रिय-प्राप्त विषयधर्म के कालापेक्ष स्वगत-सम्बन्ध को धर्मिता सम्बन्ध की कालिक छाया कहा जा सकता है। ये दोनों कालिकछायायुक्त स्वगत-सम्बन्ध भी कालिक-सम्बन्ध कहला सकते हैं।

अब प्रयोजन व्याप्यता और धर्मिता सम्बन्ध के छाया रूपी कालिक-सम्बन्ध की व्याख्या का है। कालिक विषय के दो परिमाण माने जा सकते हैं : काल की दृष्टि से; और इन्द्रिय-प्राप्त विषयधर्म की दृष्टि से। देशाकार कालाकार के गर्भीभूत रहता है, इसलिए यहाँ 'काल' शब्द से देश भी उपलक्षित है। 'एक विषय अपर विषय से बृहत्तर है', देशकाल की दृष्टि से इस ज्ञान में जो देशकाल घटित अतिशय का ज्ञान होता है, उसे विषय का व्यापक परिमाण या बहिःपरिमाण (extensive quantity) कहा जा

सकता है। ऐसे ही परिमाण की अपेक्षा से 'एक रूपवत् विषय अपर रूपवत् विषय से उज्ज्वलतर है', एतज्जातीय ज्ञान भी होता है; इस ज्ञान में रूपादि इन्द्रियप्राप्त विषयधर्म द्वारा घटित जिस अतिशय का ज्ञान होता है, उसे विषय का इयत्ता परिमाण या अन्त:परिमाण (intensive quantity) कहा जा सकता है। सच पूछें तो ऐसे आपेक्षिक अतिशय को परिमाण न कह कर परिमाण का परिमापक कहना उचित है। परिमाण एक विषयगत धर्म है, उसका प्रत्यक्ष तद्विषय के प्रत्यक्ष के सिवा किसी अन्य प्रत्यक्ष की अपेक्षा नहीं करता, लेकिन फिर भी उसका 'परिमाण क्या', इस ज्ञान के लिए, अर्थात् उसकी एतावत्ता के स्फुट ज्ञान के लिए, यह अपेक्षा रहती है। आपेक्षिक अतिशय ज्ञान के द्वारा एकविषयगत परिमाण की एतावत्ता का ज्ञान होता है।

बहि:परिमाण के एतावत्ता ज्ञान और अन्त:परिमाण के एतावत्ता ज्ञान में प्रभेद है। किसी विषय के बहि:परिमाण के प्रत्यक्ष के साथ अगर विषय के अंशित्व का भी प्रत्यक्ष हो तो उस अंशापेक्ष अतिशय के द्वारा वह परिमाण परिमापित होता है। विषयधर्म के अन्त:परिमाण के प्रत्यक्ष में वह धर्म अंशी के रूप में प्रत्यक्षगोचर नहीं हो सकता। उस प्रत्यक्ष में अगर उस धर्म का ज्ञान अल्पतर-परिमाण-युक्त विषयान्तर के समेत हो तो उसी परिमाण-सापेक्ष अतिशय द्वारा तद्धर्म-परिमाण का परिमापण होता है। पर बहि:परिमाण का अंशापेक्ष अतिशय तत्-परिमाण से अभिन्न होता है, लेकिन उस परिमाण का प्रत्यक्ष उस अतिशय के प्रत्यक्ष से भिन्न होता है। अन्त:परिमाण का अल्पतर-परिमाण-सापेक्ष अतिशय तत्-परिमाण से भिन्न होता है, लेकिन उस परिमाण का प्रत्यक्ष उस अतिशय के प्रत्यक्ष से अभिन्न होता है। अतएव, कहा जा सकता है कि विषय के बहि:परिमाण की एतावत्ता विषय की काल-व्याप्यता है, और विषयधर्म के अन्त:परिमाण की एतावत्ता विषय की काल-धर्मिता है। बहि:परिणाम का प्रत्यक्ष उसकी एतावत्ता के प्रत्यक्ष से भिन्न होता है, इसलिए उस एतावत्ता के बारे में कहा जा सकता है कि 'यह मानो विषय की कालधर्मिता है'—अर्थात् उसकी प्रतीति भाक्तधर्मिता के रूप में होती है। इसी तरह, विषय के अन्त:परिणाम की एतावत्ता उसकी भाक्त-व्याप्यता के रूप में प्रतीत होती है। काल-व्याप्यता का अर्थ है, विषय-व्यापी काल का सन्तति रूपी अतिशय क्रम और काल-धर्मिता का अर्थ है, काल-व्याप्त विषयधर्म का घनत्व रूपी अतिशय क्रम। कालिक-सन्तति रूपी अतिशय क्रम को संख्या कहा जा सकता है, और कालिक-

घनत्व रूपी अतिशय क्रम को इयत्ता का नाम दिया जा सकता है। बहि:परिमाण विषय का व्यापक या संख्यात्मक परिमाण होता है। अन्त:परिमाण वास्तव में विषय का परिमाण होता ही नहीं, वह विषय का इयत्ता-धर्मित्व होता है। विषय-धर्म की इयत्ता विषय का ही धर्म होती है : विषय होता ही इयत्ता-धर्मी है। परिमाण विषय का धर्म नहीं होता, वह विषय का अपने अंश से सम्बन्ध होता है। विषय का प्रत्यक्ष विषयधर्म के प्रत्यक्ष से अभिन्न होता है, लेकिन वह विषय-परिमाण के प्रत्यक्ष से भिन्न होता है। परिमाण की धर्म के रूप में प्रतीति और धर्म की परिमाण के रूप में प्रतीति औपचारिक प्रतीति मात्र होती है।

विषय के तथाकथित अन्त:परिमाण की एतावत्ता, अर्थात् विषय की इयत्ता, यह विषय का धर्मित्व है। पर बहि:परमाण की एतावत्ता विषय का धर्मित्व नहीं है, वह विषय की व्याप्यता है। काल के अल्पाधिक स्थायित्व से धर्म विषय का भेद नहीं होता। लेकिन किसी विषयधर्म के अल्पाधिक्य से विषय का धर्मित्व-भेद होता है। अल्पाधिक-काल-स्थायित्व का अर्थ है: अल्पाधिक काल-सन्तति द्वारा विषय की व्याप्यता। काल-सन्तति का परिमापण समपरिमाण कालांश की संख्या द्वारा होता है। किसी अंश की अपेक्षा से अंश-समष्टि का अतिशय भी समष्टि का अंश होता है। अतएव, कालसन्तति को कालांश विशेष की पुनरावृत्ति से घटित समष्टि कहा जा सकता है। संख्या समष्टि-घटित पुनरावृत्ति ही होती है। पर संख्या केवल काल-सन्तति की परिमाणक ही नहीं है, उसकी घटक भी है। विषय-क्रम के अतिशय की भी सन्तति के रूप में कल्पना की जा सकती है। अब, क्योंकि अन्त:परिमाण काल-सन्तति रूपी उपाधि द्वारा परिमापित होता है, इसलिए उसे भाक्त-सन्तति कहा जा सकता है। इस रूप में संख्या अन्त:परिमाण की परिमापण तो होती है, पर संख्या को अन्त:परिमाण की घटक नहीं कहा जा सकता। कल्पना की जा सकती है कि विषय की इयत्ता का परिमापन इयत्ता के अंश विशेष की पुनरावृत्ति द्वारा किया जाये। पर बहि:परिमाण के क्षेत्र में यह पुनरावृत्ति समपरिमाण अंश समूह की सन्निवेश-समष्टि होती है। अंशपरिमाण के क्षेत्र में भी ऐसी ही, अंश-समूह की समष्टि के रूप में कल्पित, पुनरावृत्ति की कल्पना तो की जा सकती है, पर 'यह सन्निवेश-जात है', यह कल्पना रूप नहीं लेती; कल्पना यही होती है कि 'यह संक्रमण-जन्य है या अन्त:प्रवेश-जन्य है'। बहि:परिमाण को हम अगर सन्निवेशात्मक कालसन्तति या व्यापक

कालसन्तति के रूप में देखें, तो अन्त:परिमाण को संक्रमणात्मक कालसन्तति के रूप में देखा जा सकता है। अन्त:परिमाण वस्तुत: इस अर्थ में संक्रमणात्मक कालसन्तति होता है कि वह क्रमवर्धिष्णु पदार्थ होता है। कालसन्तति उसकी परिमापणार्थ उपाधि होती है; इसीलिए उसे कालिक पदार्थ का नाम दिया जा सकता है। अन्त:परिमाण की परिमापक इयत्ता भी इसी अर्थ में कालिक पदार्थ है। संख्या बौद्ध-व्याप्यता-सम्बन्ध का सूत्रकालाकार होती है; और इयत्ता बौद्ध-धर्मिता-सम्बन्ध का सूत्रकालाकार होती है। किसी भी विषय में संख्यात्मक परिमाण का अध्यवसाय होता ही है, और उसमें परिमाण-कल्प्य इयत्ता का भी अध्यवसाय होता है—इन दो अध्यवसायों को सूत्राकार-द्वय के अनुरूप सौत्र अध्यवसाय का नाम दिया जा सकता है।

१४. अध्यवसाय-बुद्धि (Understanding) और उपपत्ति-बुद्धि (Reason)—सौत्र अध्यवसाय (Principle of Understanding) और काष्ठा-निश्चय (Idea of Reason)

कारणता-सम्बन्ध के साथ ज्ञान का सम्बन्ध ही ज्ञातता-सम्बन्ध है। कारणता की कालिक छाया नित्य कालिक सम्बन्ध है, और ज्ञान की कालिक छाया शुद्ध काल है। अतएव, ज्ञातता की कालिक छाया को 'नित्य-कालिक-सम्बन्ध के साथ काल का सम्बन्ध', इस रूप में समझना होगा। ज्ञातता के तीन प्रकार हैं; उनके अनुरूप काल के इस सम्बन्ध के भी तीन प्रकार हैं, अर्थात्, यह कहा जा सकता है कि 'कालिक सम्बन्ध तीन तरह से नित्य होता है'। 'क अगर काल में हो तो ख भी होगा ही', यह वाक्य नित्य-कालिक-सम्बन्ध को प्रकाशित करता वाक्य है। अब, हो सकता है कि इस वाक्य में यह सूचना न भी हो कि 'क काल में होगा ही'। लेकिन 'क हो या न हो, पर अगर क हो तो ख होगा ही', इत्याकारक तर्क वाक्य के तात्पर्य को सम्बन्ध की कालिक सम्भावना, अथवा नियम कहा जा सकता है। 'क इस रूप में ज्ञात है कि वह काल में है, अतएव ख भी काल में है, इस रूप में ज्ञात होगा'—यही इनके कालिक सम्बन्ध की कालिक अस्तिता या वर्तमानता है। यह पहले से ज्ञात हो कि क और ख दोनों काल में हैं तो 'क है इसीलिए ख है', यह कालिक अवश्यम्भावता ही कालिक अवश्यम्भाव

अथवा वर्तमानता का नियम है। नियम, वर्तमानता और वर्तमान विषय, कालिक कारणता सम्बन्ध की नित्यता को इन तीन प्रकारों से समझा जा सकता है।

प्रत्यभिज्ञेयत्व ही प्रकारक-सम्बन्ध का सम्बन्धत्व है। प्रत्यभिज्ञेयत्व जिस पदार्थ का अवश्यम्भूत लक्षण होता है, वह पदार्थ नित्य होता है, इसलिए प्रकारक-सम्बन्ध या प्रकार मात्र को नित्य कहा जा सकता है। नियम आदि कालिक नित्यता के रूप में उपलभ्य नित्य प्रकार ही ज्ञेय प्रकार है। अवश्यम्भाव को स्फुटतम ज्ञेय प्रकार कहा जा चुका है। अवश्यम्भाव ज्ञान का स्फुट रूप अनुमान है। अनुमान से वर्तमानता-नियम रूपी कालिक नित्यता का ज्ञान होता है। पर हो सकता है कि नियम मात्र के ज्ञान से सम्बन्ध की वर्तमानता का ज्ञान न भी हो, लेकिन जिस नियम की वर्तमानता का ज्ञान न हो वह नियम अवर्तमान नियम नहीं हो जाता, उसके बारे में कहा जा सकता है कि उसमें वर्तमानता की योग्यता बनी रहती है। हाँ, योग्यताहीन नियम की भी कल्पना की जा सकती है, पर फिर नित्यता कालिक नित्यता नहीं, कालातीत नित्यता होगी। अनुमान से जिस वर्तमान-नियम-रूपी कालिक नित्यता का ज्ञान होता है, उसके साथ ऐसी कालातीत नित्यता का भी एक प्रकार का निश्चय जागता है। अनुमिति का विषय अवश्यम्भाव रूपी ज्ञातता है। व्याप्तिज्ञान और पक्षधर्मता ज्ञान के समाहार से जो ज्ञान होता है उसका विषय है, व्याप्ति-विशिष्ट-पक्षधर्मता-रूपी ज्ञातता। अनुमिति रूपी ज्ञान में यह समाहारज्ञान गर्भीभूत रहता है। अनुमान-क्रिया के ज्ञान-द्वय के अन्तःसम्बन्ध के अनुरूप होती ज्ञातता-द्वय के अन्तःसम्बन्ध के अनुरूप ज्ञातता-द्वय के अन्तःसम्बन्ध का निश्चय होता है। ज्ञातता रूपी सम्बन्ध ज्ञात-विषय-निष्ठ होता है, इसलिए कहा जा सकता है कि इस ज्ञातता रूपी सम्बन्ध में भी ज्ञातता होती है, लेकिन ज्ञातता-सम्बन्ध-द्वय के अन्तःसम्बन्ध को ज्ञात-विषय-निष्ठ नहीं कहा जा सकता। अतएव उसमें ज्ञातता को स्वीकार नहीं किया जा सकता। पर उसके अलीक होने का भी प्रत्यय नहीं होता। अब, क्योंकि ज्ञातता-सम्बन्ध के सूत्रकालाकार की कल्पना की जा सकती है, इसलिए उसकी भी ज्ञातता स्वीकार्य हो जाती है, लेकिन मानना यही होगा कि क्योंकि ज्ञातता के अन्तःसम्बन्ध का कोई सूत्रकालाकार नहीं है, इसलिए ज्ञातता भी नहीं है। अब, उसका निश्चय स्वीकार करें तो उसकी नित्यता का भी स्वीकार हो जाता है, लेकिन यह नित्यता कालिक नित्यता नहीं, कालातीत नित्यता

होती है। ज्ञातता की नित्यता कालिक नित्यता होती है। अनुमान-क्रिया में ज्ञातता के अन्त:सम्बन्ध का जो प्रत्यय होता है, उसकी नित्यता कालातीत है, अर्थात्, वह वर्तमानता-योग्यता-विहीन नियम मात्र है। इसी अन्त:सम्बन्ध का नाम उपपत्ति है।

अनुमान में उपपत्ति का प्रत्यय अनुमिति के घटक के रूप में होता है। यों अनुमिति की घटक होने कारण उपपत्ति अनुमिति से अभिन्न होती है, पर वह अनुमिति से अतिरिक्त भी होती ही है—उसके लिए दोनों बातें कही जा सकती हैं। इन दो में से प्रथम रूप में उपपत्ति को ज्ञात अवश्यम्भाव कहना होगा। अवश्यम्भाव-ज्ञान ही सौत्र-अध्यवसाय का ज्ञान होता है, इसलिए ज्ञात-अवश्यम्भाव को सौत्र-अध्यवसाय कहा जा सकता है, और यों, अनुमितिगत उपपत्ति को सौत्र-अध्यवसाय मात्र के रूप में ही ग्रहण करना होगा। अनुमिति से अतिरिक्तभावेन प्रतीत उपपत्ति सौत्र-अध्यवसाय या कालापेक्ष अवश्यम्भाव नहीं होती। पर ऐसी उपपत्ति की ही कालातीत नित्यता स्वीकार की जा सकती है। अगर कालिक उपपत्ति को सौत्र-अध्यवसाय या अनुमिति कहें तो कालातीत उपपत्ति को सौत्र-अनुमिति कहना होगा। सौत्र-अध्यवसायात्मक बुद्धि ही अध्यवसायक या प्रकारक बुद्धि (Understanding) होती है। सौत्र-अनुमित्यात्मक बुद्धि को उपपत्ति-बुद्धि, युक्ति-बुद्धि या तर्क-बुद्धि (Reason) कहा जा सकता है।

एक ज्ञातता से किसी अन्य ज्ञातता की उपपत्ति होती है और उस ज्ञातता की भी किसी और ज्ञातता से उपपत्ति होती है—इस कारण से उपपन्न ज्ञातता की घटक उपपत्ति को अनादि-प्रवाहगत मानना होगा। यह ठीक है कि ज्ञातता की उपपत्ति सर्वत्र प्रकट नहीं होती, पर उपपत्ति-विहीन ज्ञातता का भी कोई अर्थ नहीं बनता। इसलिए कहा जा सकता है कि ज्ञातता मात्र ही अनादि-प्रवाह द्वारा घटित होती है। ज्ञातता स्थित या वर्तमान पदार्थ है। अनादि-प्रवाह इस स्थित पदार्थ में ही अन्त:प्राप्त या पर्यवसित होता है, इसलिए उसे भी एक प्रकार का स्थित पदार्थ कहा जा सकता है। किसी अनादि पर सान्त प्रवाह की स्थित-विषय के रूप कल्पना की जाये तो वह स्थित विषय निरतिशय या काष्ठाभूत विषय के रूप में प्रतीत होता है। इसलिए उपपत्ति-बुद्धि को काष्ठाबुद्धि का नाम दिया जा सकता है। किसी प्रकृत ज्ञातता से अन्य ज्ञातता की उपपत्ति,

उससे फिर किसी और ज्ञातता की उपपत्ति, ऐसी अनवस्था को अगर सादि पर अनन्त उपपत्ति प्रवाह कहें तो ऐसे प्रवाह की विषय-रूप में कल्पना नहीं की जा सकती। अनादि पर सान्त उपपत्ति प्रवाह रूपी निरतिशय विषय को ज्ञेय विषय तो नहीं कहा जा सकता, लेकिन उसे अलीक पदार्थ भी नहीं कहा जा सकता। जो विषय ज्ञेय न हो, पर अलीक भी न हो, ऐसा विषय ही ध्येय विषय होता है।

ऊपर हमने बुद्धि का प्रकारक या अध्यवसाय धर्म और अतिविषय-प्रत्यभिज्ञा रूपी धर्म, इन दो धर्मों का उल्लेख किया है। अध्यवसाय धर्म बुद्धि की क्रिया है। प्रत्यभिज्ञा का रूप ज्ञान है इसलिए वह क्रिया नहीं है, पर उसे इस अर्थ में क्रिया कहा जा सकता है कि वह क्रिया के गर्भीभूत होती है। इस अर्थ में उपपत्ति-बुद्धि अतिविषय-प्रत्यभिज्ञा ही है। विषय-ज्ञान के आत्मभूत जो अतिविषय-प्रत्यभिज्ञा होती है, और अनुमान-रूपी विषय-ज्ञान का घटक जो उपपत्ति-प्रत्यय होता है, ये दोनों ही विषय-ज्ञान के अतिरिक्त प्रत्यय हैं। हम पहले ही कह चुके हैं कि यह प्रत्यभिज्ञा विषय-ज्ञान में कृत्यात्मक आत्मज्ञान की छाया होती है। यह छायारूप क्रिया ही उपपत्ति-सम्बन्ध-प्रत्यायक क्रिया होती है। उपपत्ति की कालातीत नित्यता निरतिशय विषय के रूप में कल्पित होती है, यह कल्पना निष्प्रयोजन या निरर्थक नहीं होती। इसका प्रयोजन ध्यान है, ध्यान में ही इसकी सार्थकता है। प्रकारक बुद्धिक्रिया ज्ञान के प्रयोजन से परिच्छिन्न होती हो या सातिशय विषयों में प्रयुज्य होती हो, पर वह फिर भी अपरिच्छिन्न या निरतिशय विषय की नियत आकांक्षा रखती है। तभी ज्ञान-परीक्षा में यह प्रतीति उभर आती है कि यह आकांक्षा बुद्धि का स्वभाव है, या यह नियति ही है। धर्म बोध में बुद्धि की ज्ञापक और अज्ञापक क्रिया-मात्र के प्रयोजन का अनुभव होता है, इसलिए आकांक्षा रूपी अज्ञापक बुद्धिक्रिया का भी प्रयोजन स्वीकार्य हो जाता है। यह प्रयोजन धर्म-तन्त्र या कृत्यात्मक प्रयोजन होता है। कृति में विषयता या विषय की ज्ञातता की जो नित्य आकांक्षा बनी रहती है, धर्म बोध में उसी का विषय-ज्ञान-क्रिया के प्रयोजन के रूप में निश्चय होता है। अतएव, इस ज्ञातता के घटक उपपत्ति-प्रवाह रूपी निरतिशय विषय के प्रत्यय को धर्मप्रयोजित क्रिया कहा जा सकता है। धर्म-प्रयोजित होने के कारण यह क्रिया निश्चयात्मक होती है, कल्पना मात्र नहीं।

१५. आत्मा, जगत् और ईश्वर, इस काष्ठा-त्रय की उपपत्ति

ज्ञातता के ये तीन प्रकार हैं : सम्भावना, अस्तिता और अवश्यम्भाव। तीनों प्रकार अनुमित हो सकते हैं। क्योंकि अनुमिति अवश्यम्भाव-ज्ञान ही होती है, इसलिए इन तीनों प्रकारों की अनुमिति को सम्भावना, अस्तिता और अवश्यम्भाव का अवश्यम्भाव कहा जा सकता है। हम कह चुके हैं कि कारणता की ज्ञातता ही अवश्यम्भाव है। इसलिए इन तीनों प्रकार के अवश्यम्भाव या अनुमिति को कारणता की ज्ञातता के तीन प्रकार भी कहा जा सकता है। सम्भावना-अनुमिति को उपादान-कारणता की, अस्तिता-अनुमिति को निमित्त-कारणता की और अवश्यम्भाव-अनुमिति को अन्योन्य-कारणता की ज्ञातता कहना चाहिये। इन तीन कारणता-ज्ञातताओं के घटक तीन उपपत्ति-प्रवाह होते हैं, यह भी स्वीकार किया जा सकता है। एक एक प्रवाह का निश्चय एक एक निरतिशय विषय के रूप में होता है। उपादान-कारणता-ज्ञातता के घटक प्रवाह का निश्चय निरतिशय आत्मा के रूप में होता है, निमित्त-कारणता-ज्ञातता के घटक प्रवाह का निश्चय निरतिशय जगत् के रूप में और अन्योन्य-कारणता-ज्ञातता के घटक प्रवाह का निश्चय निरतिशय ईश्वर के रूप में होता है। आत्मा, जगत् और ईश्वर, ये तीन निरतिशय—या काष्ठाभूत—विषय अज्ञेय पर ध्येय पदार्थ हैं।

उपादानकारणता रूपी विधेयतासम्बन्ध ज्ञान में उपादान विशेष्य के रूप में और विशेषण विकार के रूप में ज्ञात होता है। यह उपादान इस विकार द्वारा विशिष्ट है। यह इस ज्ञान-जात ज्ञातता का आकार है। 'इस उपादान का भी उपादान है, और तदुपादान का भी उपादान है' ऐसे अनादि पर सान्त उपादान प्रवाह का हमें निश्चय होता है। इस प्रवाह को ज्ञातताभावेन विशेष्य-प्रवाह कहा जा सकता है। हर विशेष्य विशेष्यान्तर का विधेय होता है, इस विशेष्य-प्रवाह के काष्ठाभूत विशेष्य का नाम आत्मा है। जो विशेष्य शेषविशेष्यान्तर का विशेष्य नहीं है, अथवा यह कहें कि जो स्वशेष्य है, वही आत्मा है। 'ऐसे इस विकार का निमित्त अन्य विकार है, और उसका निमित्त कोई और अन्य विकार' इत्याकार अनादि पर सान्त निमित्त-प्रवाह का हमें निश्चय होता है। ज्ञातता के रूप में उपादान को विशेष्य कहें तो विकार को विशेषण कह सकते हैं। अतएव, निमित्त-प्रवाह को विशेषण-प्रवाह कहा जा सकता है। विशेषणी-भूत विकार का निमित्त विकार तद्-

विशेषण का व्याप्य विशेषण होता है। निमित्त-प्रवाह या विकार-प्रवाह ही जगत् रूपी स्थित-पदार्थ भावेन कल्पित होता है। आत्मा, जो ज्ञातता रूपी विशेष्यकाष्ठा है, उसकी अपेक्षा से इसे (जगत् को) अनात्मभूत विशेषणकाष्ठा कहना उचित होगा। अन्योन्यकारणता की ज्ञातता विशेषित-विशेष्य-भावेन प्रतीत होती है। दो उपादान अगर एक-दूसरे के विकार के निमित्त हों, तो उनमें अन्योन्य-कारणता सम्बन्ध होता है। इस सम्बन्ध में 'दोनों संवलित होकर एक ही संस्थान के घटक होते हैं' यह बात कही जा सकती है। इस संस्थान की ज्ञातता ही विशेषित-विशेष्यता है। संस्थान विशेष्य होता है और उसका प्रत्येक उपादान उसका अंग या विशेषण। 'यह संस्थान व्यापकतर संस्थान का अंग है, और तत्-संस्थान और अधिक व्यापकतर संस्थान का अंग है' संस्थान के या विशेषण-विशेष्य प्रवाह के अनादि पर सान्त प्रवाह का निश्चय इत्याकारक होता है। इस प्रवाह की काष्ठा जगत् रूपी विशेषण-काष्ठा और आत्मा रूपी विशेष्य-काष्ठा, इन दो के संवलन से बनी एक (अद्वय) विशेषित-विशेष्य काष्ठा है। निरतिशय वस्तु या वस्तुता की काष्ठा जगत् या अनात्म-काष्ठा रूपी देह-विशिष्ट आत्मा है। इस काष्ठा का नाम ही ईश्वर है।

सम्बन्ध के अनादि पर सान्त प्रवाह को स्थित पदार्थ के रूप में काष्ठा कह जा सकता है। काष्ठा सम्बन्ध भी है सम्बन्ध-विषय भी है, इसलिए उसे स्वसम्बन्ध या स्वसम्बद्ध पदार्थ कहना उचित होगा। ज्ञेय प्रकारों का विचार करते हुए हम विषय की व्याप्यता, धर्मिता, कारणता और ज्ञातता (या विषयता) रूपी सम्बन्ध-चतुष्टय का उल्लेख कर चुके हैं। ज्ञातता या विषयता को तदन्य सम्बन्ध-त्रय का सम्बन्ध कहा जा सकता है। स्वसम्बन्ध या स्वसम्बद्ध पदार्थ भी व्याप्यता सम्बन्ध-त्रय भावेन कल्पित होता है। आत्मा और जगत् एक-दूसरे से अन्य हैं, अतएव इनका अन्य के साथ ज्ञातता या विषयता रूपी सम्बन्ध कल्पित हो सकता है। पर काष्ठाभूत ईश्वर के अन्य पदार्थ की या उसके साथ सम्बन्ध की कल्पना नहीं की जा सकती। यह मानना होगा कि आत्मा और जगत् के चार प्रकार के सम्बन्ध कल्पनीय हैं, और ईश्वर के मात्र तीन प्रकार के सम्बन्धों की कल्पना हो सकती है। हम कह चुके हैं कि काष्ठा ध्येय पदार्थ है, ज्ञेय पदार्थ नहीं। इसके रूप हम यह भी कह चुके हैं कि ध्येय पदार्थ की ज्ञेय के रूप में कल्पना एक मौलिक भ्रम है। काण्ट का निर्देश है कि आत्मा और जगत् विषयक मौलिक भ्रम प्रत्येक में चार प्रकार का है; और ईश्वर विषयक मौलिक भ्रम के तीन प्रकार हैं।

काष्ठा मात्र की स्वव्याप्य, स्वधर्मी, और स्वकारण रूप में कल्पना की जा सकती है। आत्मा और जगत् की स्वविषयी या स्वविषय रूप में कल्पना भी सार्थक है, पर ईश्वर के विषय में ऐसी कल्पना का कोई अर्थ नहीं। आत्मा और जगत् के विषय में ऐसी कल्पना की जाये तो भ्रम हो सकता है कि 'यह ज्ञान है' पर ईश्वर के विषय में ऐसा नहीं होता। या यह कहा जा सकता है कि ईश्वर की स्वकारणता और स्वविषयता, दोनों का अर्थ एक ही है। ईश्वर रूपी काष्ठा आत्मा या जगत् की तरह केवल स्थित या परिनिष्ठित पदार्थ के रूप में कल्पित नहीं होती, वह इस रूप में भी कल्पित होती है कि वह अद्वितीय पदार्थ है। आत्मा और जगत् एक-दूसरे के अन्य तो हैं ही उनमें प्रत्येक के अनेक होने की भी कल्पना बाधित नहीं होती। यह ठीक है कि व्याप्यता सम्बन्ध की दृष्टि से आत्मा एक ही है—जैसे किसी ज्ञात विषय के सम्बन्ध को अन्य ज्ञात विषय की अपेक्षा से समझना होता है, आत्मा के एकत्व को उस तरह अन्य आत्मा की अपेक्षा से नहीं समझना होता—फिर भी आत्मा के प्रत्यय में अन्य की अपेक्षा के निषेध का बोध नहीं है। जगत् के बारे में भी यही बात कही जा सकती है, लेकिन आत्मा में अनेकत्व की जैसी देही-रूपों में प्रसक्ति है, जगत् में अनेकत्व की वैसी प्रसक्ति नहीं है। 'जगत् अनेक हैं या नहीं' यह प्रश्न स्वत: नहीं उठता, पर फिर भी अनेक जगत् की कल्पना असम्भव नहीं है। अब, आत्मा के एकत्व को जिस अर्थ में समझा जा सकता है, देश या काल का एकत्व भी उसी अर्थ में समझा जाना चाहिये—अर्थात् देश और काल के अनेकत्व का भी निषेध तत्-प्रत्यय-निष्ठ नहीं है। देशकाल रूपी मूल आकार प्रसिद्ध है। विषय का मूल प्रकार-ज्ञान जैसी उपपत्ति की आकांक्षा रखता है, देशकाल रूपी मूल आकार-ज्ञान वैसी उपपत्ति की आकांक्षा नहीं रखता—यह हम पहले ही कह आये हैं। लेकिन प्रकार की उपपत्ति के होने पर अकार की उपपत्ति का भी प्रसंग उठ खड़ा होता है। देशकाल या देशकालात्मक जगत् अनेक हो सकता है या नहीं, यह प्रश्न स्वत: न उठता हो, पर इस प्रसंग में उठ खड़ा होता है।

१६. व्याप्यता आदि सम्बन्ध से आत्मा और जगत् के चार भाव एवं ईश्वर के तीन भाव

व्याप्यता सम्बन्ध से आत्मा एक (अद्वय) है, धर्मिता सम्बन्ध से निरवयव

है, कारणता सम्बन्ध से द्रव्य है, और विषयता सम्बन्ध से देह–रूपी आत्मा से सम्बद्ध है, अर्थात् देही है—इन चार प्रकारों से यह ज्ञेय है, ऐसा हमें भ्रम होता है। जगत् व्याप्यता सम्बन्ध से ससीम अथवा असीम है, देशकाल–घटित धर्मिता सम्बन्ध से अविभाज्य अथवा विभाज्य अंशों द्वारा घटित है, कारणता सम्बन्ध से सनिमित्त अथवा निर्निमित्त प्रवाह है, और ज्ञातता सम्बन्ध से सोपपादक अथवा निरुपपादक उपपादक प्रवाह है—इन चार द्वन्द्व रूपों में वह ज्ञेय है, ऐसा भ्रम भी होता है। ईश्वर व्याप्यता सम्बन्ध से जगदात्मा है, धर्मिता सम्बन्ध से पूर्ण है, और कारणता सम्बन्ध से आत्मपूर्ण भावेन ज्ञेय है, ऐसा भी भ्रम होता है। विषयज्ञान में कारणता की ज्ञातता (या अवश्यम्भाव) की अपेक्षा से धर्मिता की ज्ञातता (या अस्तिता) है, और धर्मिता की ज्ञातता की अपेक्षा से व्याप्यता की ज्ञातता (या सम्भावना) है, ऐसा हम समझते तो हैं, लेकिन यहाँ यह भी मानना होगा कि धर्मिता व्याप्यता की अपेक्षा करती है, और कारणता धर्मिता की। धर्मिता का अर्थ ही है, 'धर्म द्वारा धर्मी की व्याप्यता' और कारणता का अर्थ है, 'धर्मी द्वारा ही धर्मी की व्याप्यता'। ज्ञातता या विषयता की काष्ठा का प्रत्यय उपपत्ति–प्रवाह के रूप में होता है, इसलिए इस प्रत्यय को समझना यों चाहिये कि इसमें काष्ठा की कारणता से धर्मिता है और धर्मिता से व्याप्यता। आत्मा और ईश्वर के सन्दर्भ में हम अगर कारणता–भाव से आरम्भ न करें तो हम इनके धर्मिता और व्याप्यता भाव को नहीं समझ सकते। इसलिए काण्ट ने इन काष्ठाओं के पहले तीन भावों को विपरीत–क्रम से देखा है। पर जगत् के सन्दर्भ में उन्होंने ऐसा नहीं किया है, इसका कारण क्या, इसके निर्देश की अब आवश्यकता है।

जगत् ज्ञेय और अनात्म नहीं है, पर उसकी कल्पना अनात्म–भाव से ही की जाती है। ईश्वर का अर्थ है, जगत्–विशेषित या जगत्–संवलित आत्मा। आत्मा को जगत् और ईश्वर से अलग करते हुए जिस काष्ठा को आत्मा कहा गया है उसका अर्थ है, विशेषण–वर्जित विशेष्य। अब, विशेष्य की तो विशेषण–हीन रूप में कल्पना की जा सकती है, पर विशेषण को विशेष्य के विशेषण रूप में ही समझा जा सकता है। विशेषण के प्रत्यय में विशेषण विशेष्य से भिन्न भी है और अभिन्न भी है, इन दोनों रूपों में उसका बोध होता है। अनात्म–विषय की अगर विशेष्य भावेन कल्पना करें, तो भी वह तदूर्ध्व विशेष्य के विशेषण भावेन ही कल्पित हो सकता है—इस भाव से अगर अनात्मभूत विशेषण–प्रवाह रूप जगत् को आत्मभूत विशेष्य का विशेषण

कहा जाये तो आत्मा और जगत् की कल्पना भेदाभेद भावेन करनी होगी। आत्मा कृत्यात्मक वस्तु है, अनात्मा उससे भिन्नाभिन्न है, इसीलिए अनात्मा को आभासात्मक वस्तु कहा गया है। तो, जगत् की व्याप्यता आदि की कल्पना दो तरह से करनी चाहिये : आत्म-भिन्न और आत्म-अभिन्न। जगत्-रूपी काष्ठा का प्रत्येक भाव ही द्वन्द्वात्मक है—उसके व्याप्यता आदि भाव-त्रय आत्म-अभिन्न रूपेण कारणता-धर्मिता-व्याप्यता, इस क्रम से, और आत्म-भिन्न रूपेण ज्ञेय विषय की तरह एतत्-विपरीत क्रम से, अर्थात् व्याप्यता-धर्मिता-कारणता, इस क्रम से निर्दिष्ट हो सकते हैं।

हमने ऊपर आत्मा और जगत् प्रत्येक की व्याप्यता आदि सम्बन्ध से चार भावों की, और ईश्वर के तीन भावों की बात की है। अब इसकी व्याख्या का प्रयोजन है। आत्मा की प्रथम कल्पना कारणता सम्बन्ध से की जाती है। इस सम्बन्ध से आत्मा को द्रव्य कहा गया है। यहाँ, इस सन्दर्भ में, द्रव्य का अर्थ है, 'स्वविशेष्य पदार्थ'। ज्ञात उपादान और विकार को ज्ञातता के हिसाब से विशेष्य और विशेषण कहा जा सकता है। जो उपादानकारण उपादानान्तर का विकार नहीं होता, वही चरम द्रव्य है; ज्ञातता के हिसाब से वह स्वविशेष्य पदार्थ है। जो विशेष्य किसी अन्य विशेष्य का विशेषण नहीं होता, ज्ञातता के अर्थ में उसकी कल्पना अपने ही विशेषण—या स्वविशेषण—के रूप में की जानी चाहिये। स्वविशेष्य आत्मा चरम द्रव्य का ही ज्ञातता-प्रकार है, अतएव कारणता सम्बन्ध से स्वविशेष्य आत्मा को द्रव्य कहा जा सकता है। द्रव्य के ही सावयवत्व और निरवयवत्व की कल्पना सम्भव है। अवयवी द्रव्य को तद्-अवयव का विकार नहीं कहा जा सकता; अवयव अवयवी से भिन्न तो होता है, पर उसे अवयवी का उपादान नहीं कहा जा सकता; अवयव को अवयवी का धर्म कहना ही उचित है। बात को और भी सूक्ष्म भाव से कहें तो कहा जा सकता है कि अवयव भी धर्मी है और अवयवी इस धर्मी का धर्मी है—अर्थात्, अवयव का धर्मित्व अवयवी का धर्म है। अवयवी को अवयव-विशिष्ट तो कहा जा सकता है, पर उसके विकार को उपादान-विशिष्ट नहीं कहा जा सकता। अवयवी इस विशेषक धर्म का धर्मी होता है। इस परिप्रेक्ष्य से अवयवी-भाव को निरवयव द्रव्य का धर्म भी कहा जा सकता है। निरवयव आत्मा का निरवयवत्व आत्मा का ही धर्मित्व होता है। निरवयव आत्मा को स्वव्याप्य अर्थ में 'एक' कहा जा सकता है। पर हम कह चुके हैं कि यह एकत्व अनेकत्व की अपेक्षा नहीं रखता। आत्मा स्वविशेष्य द्रव्य तो है, पर वह देह-रूप आत्मा द्वारा विशेष्य

भी है। यह अनात्म-विशेष्यता ही आत्मा की विषयता है।

व्याप्यता आदि सम्बन्ध से जगत् द्वन्द्व रूप में कल्पित होता है। जगत् अखण्ड देशकाल द्वारा व्याप्य है। ऊपर हम देश के परिमाण का विचार करते हुए उसे असंख्य अंश-सन्तति-घटित पदार्थ कह चुके हैं। यह भी कह चुके हैं कि ससीम देशाकार—या अंशी देश में—जिस सन्तति का पर्याप्त या पर्यवसित रूपेण प्रत्यक्ष होता है, वह तद्देशाकार की अन्त:सन्तति होती है। जिस अंशी देश की सन्तति का यों पर्यवसित रूपेण प्रत्यक्ष नहीं होता, वह सन्तति, अर्थात् बहि:सन्तति, अप्रत्यक्ष पदार्थ होती है, इसलिए उसका विचार पहले नहीं किया गया था। यह बहि:सन्तति वह अखण्ड देशकाल है जो कि जगत् का व्यापक है। जगत्-व्यापक देशकाल की, अथवा व्याप्य जगत् की, असीम या ससीम दोनों रूपों में कल्पना की जा सकती है। दोनों रूपों में ही जगत् असंख्य अंशसन्तति भावेन कल्पित होता है। विभाग क्रम से किसी भी अंशी को असंख्य अंशसन्तति-रूप कहा जा सकता है। हम कह चुके हैं कि अंशी द्रव्य का अंश या अवयव अंशी का धर्म होता है। जगत् रूपी अंशी द्रव्य को अगर अंश-सन्तति कहा जाये तो उसके चरम अंश या अवयव को धर्मिता सम्बन्ध से निरवय या सावयव, उभय भावेन ही कल्पित किया जा सकता है। पर कारणता सम्बन्ध से जगत् के विषय में इत्याकारक द्वन्द्व-भाव-निष्ठ कल्पना आवश्यक है कि वह निमित्त-प्रवाहात्मक होता हुआ अनादि या निमित्तहीन भी है और सादि या स्वनिमित्तापेक्ष भी है। निमित्त-प्रवाह के अतिरिक्त और कोई निमित्त नहीं होता, अथवा कह सकते हैं कि निमित्त स्वतन्त्र और स्वनिमित्त होता है—यह दोनों कोटियाँ ही अपरिहार्य हैं। इसी तरह यह कोटि-द्वन्द्व भी अवश्यकल्पनीय है कि ज्ञातता सम्बन्ध से उपपादक प्रवाहात्मक जगत् के अतिरिक्त या तत्-गर्भीभूत कोई आत्मसाधक उपपादक नहीं है, अथवा हैं।

'निमित्त से कार्य का होना' यह जो अनुस्यूति होती है, या कहिये, उपपादक के साथ उपपादित का जो सम्बन्ध है, क्या उसका भी कोई निमित्त या उपपादक होता है या नहीं होता—यह प्रश्न उठना अनिवार्य है। 'अंशी किसी बृहत्तर अंशी का घटक होता है' अथवा 'अंशी अंश में विभाज्य होता है' यह बात उपपत्ति की माँग नहीं करती, लेकिन इस बात से भी इनकार नहीं किया जा सकता कि उपपत्ति यहाँ सम्भव है। आकारक सम्बन्ध सन्निवेश होता है, और वह सन्निवेश भी आकार रूपेण प्रत्यक्ष-

गोचर होता है, इसलिए आकारक नियम उपपत्ति की आकांक्षा नहीं रखता। कारणता या ज्ञातता सम्बन्ध प्रत्यक्ष-योग्य नहीं होता इसलिए तत्-सम्बन्धापेक्ष नियम की कल्पना उपपत्ति-आकांक्षा के बिना नहीं की जा सकती। इसीलिए यह नहीं कहा जा सकता कि जगत् की व्याप्यता और धर्मिता सम्बन्ध से जिस द्वन्द्व-द्वय की कल्पना की जा सकती है, वह द्वन्द्व-युगल अवश्य-कल्पनीय है—तात्पर्य यह कि यहाँ द्वन्द्व की दोनों कोटियाँ ही अलीक भी हो सकती हैं। पर कारणता और ज्ञातता सम्बन्ध के सन्दर्भ में द्वन्द्व अवश्य-कल्प्य है, इसलिए द्वन्द्व की दोनों कोटियाँ ही यहाँ वास्तव हो सकती हैं। काष्ठा मात्र ही इस रूप में अवश्य-कल्प्य होती है कि 'यह मानो वास्तव है, इसकी मानो ज्ञेय रूप कल्पना हो सकती है, और नहीं भी हो सकती'। व्याप्यता और धर्मिता भावेन जगत् को यों कल्पित नहीं किया जा सकता कि 'यह मानो ज्ञेय है' इस सन्दर्भ में कल्पना यही हो सकती है कि 'यह मानो वास्तव है'। अवश्य-कल्प्य कल्पना का रूप यह होता है कि 'यह मानो ज्ञेय है'। जगत् कारणता और ज्ञातता भावेन अवश्य-कल्प्य है, इस बात से इनकार नहीं किया जा सकता। ईश्वर के सम्बन्ध में व्याप्यता आदि भाव-त्रय की कल्पना इस रूप में की जा सकती है कि 'ये मानो ज्ञेय हैं'। पर आत्मा केनापि भावेन इस रूप में कल्पित नहीं हो सकती कि 'यह मानो ज्ञेय विषय है'। हाँ, आत्मा की कृत्यात्मक ज्ञातता को स्वीकार किया जा सकता है। आत्मा की कल्पनात्मक ज्ञातता का कोई अर्थ नहीं।

जगत् के सम्बन्ध में कारणता आदि भावों की ज्ञेयता की कल्पना हो तो सकती है, पर यह भी सम्भव है कि यह कल्पना स्फुट न हो। ईश्वर के सम्बन्ध में व्याप्यता आदि भाव-त्रय की ज्ञेयता की कल्पना सदा स्फुट होती है। ईश्वर रूपी काष्ठा ज्ञेय या प्रमाण-गम्य रूप में कल्पित होती है। 'ईश्वर प्रमाण' और प्रमित ईश्वर' दोनों एक ही पदार्थ हैं। इश्वर की जगदात्मकता, पूर्णता और आत्मपूर्णता, ये तीनों भाव ईश्वर-साधक प्रमाण-त्रय से अभिन्न हैं। हम पहले ही ज्ञातता और वस्तुता के सम्बन्ध पर विचार करते हुए कह चुके हैं कि काण्ट के मत में ज्ञातता या ज्ञेय-विषयता वस्तुता की अपेक्षा करती है, पर वस्तुता ज्ञातता की अपेक्षा नहीं करती। वह आत्मविषय के रूप में कल्पित ही नहीं होती। कृत्यात्मक आत्मज्ञान में कृतिरूपी आत्मा का जो वस्तुता-प्रत्यय उभरता है, उसमें ज्ञेय-विषयता नहीं होती। जगत् कारणता भावेन 'यह वस्तु है' इस रूप में प्रतीत होता है, और उसकी इस वस्तुता की अपेक्षा से ही उसकी ज्ञेय-विषयता कल्पित

होती है। आत्मा और जगत् क्योंकि इस रूप में प्रतीत होते हैं कि 'ये वास्तव हैं' इसीलिए उनके बारे में यह प्रतीति भी होती है कि 'ये ज्ञेय हैं' पर उनका वस्तुता-प्रत्यय उनके ज्ञेयता-प्रत्यय की अपेक्षा नहीं करता। एकमात्र ईश्वर का प्रत्यय ऐसा है कि ईश्वर के ज्ञेयता-प्रत्यय से उसका वस्तुता-प्रत्यय उभरता है। ईश्वर की ज्ञेयता ही उसकी वस्तुता की उपपादक होती है—ईश्वर की अज्ञात वस्तुता का कोई अर्थ ही नहीं बनता। जगत् और ईश्वर दोनों ही ज्ञेय-विषय-वस्तु के रूप में कल्पित होते हैं। जगत् वस्तु है इसलिए ज्ञेयविषय भावेन कल्पित होता है, और ईश्वर ज्ञेयविषय है इसलिए वस्तु भावेन कल्पित होता है। ज्ञातता सम्बन्ध से जगत् जिस स्वोपपादक वस्तु की अपेक्षा रखता है, वह ईश्वर है—यह बात ठीक तो है, पर ईश्वर की वस्तुता उसकी अपनी ज्ञातता द्वारा उपपादित नहीं होती, जगत् की ज्ञातता द्वारा उपपादित होती है—इसलिए केवल जगत् मात्र का विचार करें तो यह प्रतीति नहीं होती कि 'यह ईश्वर है'।

ईश्वर के कारणता सम्बन्ध का अर्थ उपपादकता है। कहा जा सकता है कि ईश्वर की ज्ञातता उसकी वस्तुता की उपपादक-भावेन कारण या प्रयोजक है। ईश्वर की कल्पना ईश्वर को 'निरतिशय या चरम वस्तु भावेन ज्ञेय विषय' के रूप में कल्पित करती है। यह कल्पना कि 'चरमवस्तु भावेन ज्ञेयता ही ईश्वर की वस्तुता की उपपादक या कारण है' यह कल्पना मुख्य ईश्वर-प्रमाण रूपेण कल्पित होती है । आवश्यक नहीं कि किसी पदार्थ की ज्ञेय रूपेण प्रतीति से उसका वस्तु रूपेण निश्चय हो ही। लेकिन कोई पदार्थ अगर 'चरमवस्तु भावेन ज्ञेय' के रूप में प्रतीत हो तो 'यह चरम वस्तु है' यह निश्चय भी होता है। इस निश्चय की ज्ञान या प्रमाण के रूप में कल्पना भी अवश्यम्भावी है, पर यह कल्पना प्रमाण नहीं होती। काण्ट के मत में ईश्वर के तथाकथित प्रमाण का अर्थ इतना ही है कि ईश्वर की प्रमाणता अवश्यकल्प्य है। इस अर्थ में ईश्वर की चरम वस्तु के रूप में ज्ञेयता-रूपी कारण के आधार पर उसकी चरमवस्तुता के प्रतिपादन को ज्ञेयता-प्रयुक्त ईश्वर-प्रमाण (Ontological Proof) कहा जा सकता है। चरमवस्तुता पूर्णता है—'पूर्ण' के रूप में ज्ञेयता को पूर्ण वस्तु को आत्मा या स्वरूप कहा जा सकता है—अतएव, स्वरूप द्वारा उपपादित पूर्ण वस्तु, ईश्वर, को आत्मपूर्ण कहना उचित होगा। ज्ञात-विषय मात्र ही कार्य होता है, कार्य अपूर्ण-धर्मी होता है, पूर्ण-धर्मी की उपपत्ति अपूर्ण-धर्मी के पूरक के रूप में होती है—'ईश्वर ऐसा पूर्ण-धर्मी ही है', इत्याकारक ईश्वर-

प्रतिपादन को अपूर्णता-प्रयुक्त प्रमाण (Cosmological Proof) कहा जा सकता है। इस प्रमाण से यह निश्चय होता है कि 'ईश्वर पूर्ण है'। विषय-सम्भार का ज्ञान हो तो विषयों की अन्योन्य-कारणता या उनकी एक-संस्थान-वर्तिता का भी ज्ञान होता है। इस ज्ञान में उनकी परस्पर-संगति या उपाय-उपेय सम्बन्ध की प्रतीति होती है; किसी संस्थान की व्यापकतर संस्थान के साथ भी ऐसी ही संगति की प्रतीति होती है—और यों संगति रूपी वैचित्र्यमय पूर्णसंस्थानात्मक जगत् की कल्पना उदित होती है। पूर्ण जगत् विषय-भावेन कल्पित होता है, इसलिए उसकी कल्पना अपूर्ण की कल्पना है। इस अपूर्ण के पूरक की हम पूर्ण जगत् द्वारा व्याप्य जगदात्मा के रूप में कल्पना करते हैं। इस सन्दर्भ में व्याप्यता का अर्थ यह है कि 'पूर्ण जगत् जगदात्मा में गर्भीभूत है'। ईश्वर के ऐसे प्रतिपादन को जगत्-प्रयुक्त प्रमाण (Physico & theological Proof) का नाम दिया जा सकता है। पहले प्रमाण में ज्ञेयता, दूसरे में अपूर्णता और तीसरे में जगत्—ये ईश्वर की वस्तुता के प्रयोजक होते हैं।

१७. काष्ठा-त्रय की ध्येयता

आत्मा आदि काष्ठा-त्रय ध्येय पदार्थ हैं, ज्ञेय पदार्थ नहीं; पर आत्मा और जगत्, इनके व्याप्यता आदि भाव-चतुष्टय और ईश्वर के व्याप्यता आदि भाव-त्रय, इन एकादश पदार्थों को ध्येय वस्तु के मूल प्रकार-भेद के रूप में गृहीत किया जा सकता है। हम ऊपर श्रद्धा-ध्यान और आनन्द-ध्यान का उल्लेख कर आये हैं। काष्ठा-त्रय में हर काष्ठा इस द्विविध ध्यान का आलम्बन होती है। श्रद्धा-ध्यान की मुख्य आलम्बन है आत्मा, और आनन्द-ध्यान का मुख्य आलम्बन अनात्मा या विषय है। आत्मा के चार भावों में पहले तीन के ध्यान में ज्ञेय विषय की कोई कल्पना नहीं रहती। आत्मा के चौथे ध्यान, उसके देहित्व भाव में, देह रूपी ज्ञेय विषय की कल्पना रहती तो है, पर वह गौण होती है। जगत् के पहले दो भाव विषय के रूप में तो कल्पित होते हैं, पर ज्ञेय विषय के रूप में कल्पित नहीं होते। अब, क्योंकि कृत्यात्मक आत्मज्ञान विभु-परिमाण और पूर्णधर्मी जगत् का कृत्यात्मक ज्ञान होता है, इसलिए ऐसे जगत् के ध्यान को आत्मा के ध्यान के अन्तर्भुक्त कहा जा सकता है, यह हम पहले ही कह चुके हैं। इस ध्यान को मुख्य भावेन आत्मध्यान और गौण भावेन विषय-ध्यान कहना उचित होगा। जगत् के शेष दो भाव ज्ञेय-विषय-भावेन ही कल्पित होते हैं। ईश्वर आत्मपूर्ण-भावेन ज्ञेय

के रूप में कल्पित होता हुआ भी विषय के रूप में कल्पित नहीं होता। ईश्वर के इस भाव के ध्यान को आत्मालम्बन ध्यान का नाम देना चाहिये। ईश्वर की पूर्ण और जगदात्म-भावेन कल्पना में विषय की भी कल्पना रहती है। ईश्वर की पूर्ण-भावेन कल्पना में विषय की कल्पना गौण रहती है, पर जगदात्मभावेन ईश्वर की कल्पना में विषय-कल्पना मुख्य होती है। इसलिए पूर्ण कल्पना को मुख्यतः आत्मालम्बन ध्यान कहा जा सकता है और जगदात्म-कल्पना को मुख्यतः विषयालम्बन ध्यान।

जो श्रद्धा-ध्यान का ही आलम्बन होता है, अथवा मुख्यतः श्रद्धा-ध्यान का आलम्बन होता है, उसका धर्माभिमान वशतः ज्ञेय के रूप में भ्रम होता है। इसी तरह जो आनन्द-ध्यान का ही विषय होता है, अथवा मुख्यतः आनन्द-ध्यान का विषय होता है, उसका धर्मविलास-वशतः ज्ञेय के रूप में भ्रम होता है। काण्ट की निश्चय-परीक्षा का प्रयोजन ही इस भ्रम का निवारण है। यह भ्रम-निवारण धर्मबुद्धि की शुद्धि का आपादक होता है, इसलिए निश्चय-परीक्षा को धर्म-ध्यान या श्रद्धा-ध्यान भी कहा जा सकता है। यह श्रद्धा-ध्यान धर्मात्मक आत्मज्ञान का ही विस्तार अथवा विवर्त होता है, इसलिए निश्चय-परीक्षा को ज्ञान का नाम भी दिया जा सकता है।

(३) वेदना-परीक्षा

१. विधेय-विशेषणक और विधेय-विशेष्यक अध्यवसाय
(Determinative and Reflective Judgment)

काष्ठा मात्र के ध्यान में यह निश्चय होता है कि 'काष्ठक वस्तु है'। इस निश्चय का प्रकाश 'काष्ठा वास्तव है' ऐसे उद्देश्य-विधेयात्मक वाक्य में किया तो जा सकता है, पर इस वाक्य में विधेय उद्देश्य से भिन्न नहीं होता। काष्ठा-प्रत्यय वस्तुता-प्रत्यय-रहित नहीं होता। अतएव उक्त वाक्य को मात्र शाब्दिक दृष्टि से ही वाक्य कहा जा सकता है, आर्थिक दृष्टि से नहीं। काष्ठा के विषय में यह निश्चय भी होता है कि 'यह किसी परिच्छिन्न ज्ञेय वस्तु से सम्बद्ध है'। कहा जा सकता है कि ऐसे निश्चय में काष्ठा का गौण भावेन ध्यान होता है। 'यह विषय इस काष्ठा के अनुरूप है' इत्याकारक

निश्चयवाक्य के बारे में यह कहना युक्त होगा कि 'यहाँ उद्देश्य विधेय से भिन्न है' कारण यह कि विषयज्ञान में सर्वत्र काष्ठानुरूपी ज्ञान नहीं होता। काष्ठा के ऐसे गौण ध्यान को भाषा में उद्देश्यविधेयात्मक वाक्य द्वारा ही प्रकाशित किया जा सकता है। जो निश्चय वाक्य द्वारा अवश्य-प्रकाश्य होता है उसे व्यापक अर्थ में अध्यवसाय कहा जा सकता है। इसी तरह विषयज्ञानात्मक अध्यवसाय से भिन्न ध्यानात्मक अध्यवसाय का भी स्वीकार किया जा सकता है। ज्ञानात्मक अध्यवसाय में प्रकार-विधेय विशेष्य होता है और उद्देश्यविषय विशेषण होता है। 'यह विषय इस काष्ठा के अनुरूप है' इस वाक्य का अर्थ यह होता है कि 'यह काष्ठा मानो इस विषय में प्रकार या विशेषण है'। वस्तुतः यह प्रकार नहीं, विशेष्य-वस्तु होती है—उद्देश्यविषय रूपी उपाधि द्वारा विशेषित विशेष्य-वस्तु। विधेय-विशेषणक ज्ञानवाची वाक्य की अपेक्षा से ऐसे ध्यानवाची वाक्य को विधेय-विशेषक वाक्य कहना उचित होगा (Determinative and Reflective Judgment)। मुख की चन्द्र भावेन कल्पना में जैसे विधेय चन्द्र पदार्थ ही मुख्य होता है, मुख गौण होता है, वैसे ही ज्ञेय विषय की काष्ठा-भावेन कल्पना की जाये तो विधेय काष्ठा पदार्थ ही मुख्य होता है, विषय गौण होता है। भेद यहाँ यह है कि पहली कल्पना में निश्चय नहीं होता, पर दूसरी में होता है। दूसरी कल्पना को विधेय-विशेष्यक अध्यवसाय कहा जा सकता है।

२. आनन्दध्यानानुगत अध्यवसाय—रसात्मक और उपयोगितात्मक (Aesthetic and Teleological Judgment)

परिच्छिन्न विषय की काष्ठा रूपी आत्मा का गौण ध्यान श्रद्धाध्यान या आनन्दध्यान, दोनों प्रकार का हो सकता है। श्रद्धाध्यान में आत्मा आलम्बन होती है, और ऐसा निश्चय रूप लेता है कि आत्मा मानो परिच्छिन्न विषय है। आनन्दध्यान में विषय आलम्बन होता है, और निश्चय यह होता है कि परिच्छिन्न विषय मानो आत्मा है। काण्ट ने विधेय-विशेष्यक अध्यवसाय पर विचार की अवतारणा प्रधानतः आनन्दध्यान के प्रसंग में की है। ज्ञानात्मक अध्यवसाय का आलम्बन परिच्छिन्न विषय होता है—ऐसे उद्देश्य-विषय के प्रति प्रकारक्रिया-मूलक अतिविषय प्रत्यभिज्ञा रूपी आत्मा की विधेयता का प्रत्यय ही ज्ञानात्मक अध्यवसाय होता है। प्रभेद यहाँ यह है कि यहाँ

विधेय विषय का विशेषण होता है, नहीं तो इसके बारे में यह कहा जा सकेगा कि आनन्दध्यानात्मक अध्यवसाय इसका तुल्य प्रत्यय है। हमने विषयज्ञानात्मक अध्यवसाय के सूत्ररूप पर विचार करते हुए कहा है कि ज्ञातविषय का बहि:परिमाण भी होता है और अन्त:परिमाण भी होता है। साथ ही, अन्य ज्ञात विषय के साथ उसका नित्य कालिक सम्बन्ध भी होता है, और यह कालिक सम्बन्ध किसी रूपेण 'काल में' होता है : विषय के सम्बन्ध में ऐसा इन्द्रिय-निरपेक्ष ज्ञान हमें रहता है। लेकिन ज्ञात विषय का परिमाण कितना होना चाहिये, किसके साथ उसका कालिक सम्बन्ध बनता है—ऐसी बातों का निर्देश इस ज्ञान में नहीं होता, क्योंकि ये बातें इन्द्रिय-सापेक्ष हैं। एतत् रूपेण ज्ञात विषय की निखिल समष्टि का नाम जगत् है। यह ठीक है कि प्रकार सम्बन्ध से विषय मात्र का इन्द्रिय-निरपेक्ष ज्ञान होता है, पर समष्टि-भूत जगत् के सम्बन्ध में इन्द्रिय-सापेक्ष या इन्द्रिय-निरपेक्ष, किसी भी तरह का ज्ञान नहीं होता। जगत् ध्येय पदार्थ है। इसलिए जगत् का ज्ञान तो नहीं होता पर जगत् के सम्बन्ध में ध्यानात्मक अध्यवसाय के मूलसूत्र रूप का इन्द्रिय-निरपेक्ष निश्चय होता है—इस बात से इनकार नहीं किया जा सकता। ज्ञानात्मक अध्यवसाय का मूलसूत्र यह है कि 'विषय मात्र में प्रकारगर्भ प्रत्यभिज्ञा रूपी आत्मधर्म की छाया होती है'। और ध्यानात्मक अध्यवसाय का मूलसूत्र यह है कि 'विषय समष्टि या जगत् में स्वप्रकारक विशेष्य रूपी आत्मा की छाया है, अर्थात् जगत् मानो आत्मा की तरह ही अपने आप को प्रकारित करता है'। ज्ञान की दृष्टि से विषय-परिच्छेद अज्ञेय वस्तु में ज्ञात आत्मा द्वारा रचा गया आभासात्मक प्रकार है; और ध्यान की दृष्टि से विषय-परिच्छेद आत्मभूत जगत् का स्वरचित प्रकार है—जगत् रूपी स्वकारणक आत्मा का वास्तव व्यापार है।

ज्ञानात्मक अध्यवसाय के स्फुट और अस्फुट, ये भेद माने जा सकते हैं। अस्फुट अध्यवसाय में विषय गृहीत भावेन स्फुट होता है, पर प्रकारित भावेन अस्फुट होता है, अर्थात् उसका प्रकार क्या, यह ज्ञान नहीं होता, प्रकार क्या, यह जानने की आकांक्षा भर होती है। इसके विपरीत, स्फुट अध्यवसाय में विषय प्रकारित भावेन भी स्फुट होता है, अर्थात् यह निश्चय रहता है कि विषय अमुक प्रकार का है। आनन्दध्यानात्मक अध्यवसाय के भी स्फुट और अस्फुट, ये भेद किये जा सकते हैं। यह प्रतीति कि ध्यान का आलम्बन जो विषय-परिच्छेद या आकार है, वह आत्मभूत जगत् का स्वरचित या स्वाभिप्रेत प्रकार या व्यापार है—यह प्रतीति स्फुट भी हो

सकती है, अस्फुट भी। अस्फुट प्रतीति में आकार के विषय में, 'इसका प्रकार क्या' इस आकांक्षा का या प्रकार के इंगित मात्र का प्रकाश होता है। ऐसे इंगित रूपी प्रकाश को परिच्छिन्न विषय में जागती रस-स्फूर्ति कहा जा सकता है। यह जगत् रूपी आत्मा का अभिप्राय क्या, इस बात की उपलब्धि नहीं होती, या आकृत के प्रकाश की भी उपलब्धि नहीं होती, पर यह ऐसा वेदनात्मक (भावनात्मक) निश्चय होता है कि 'यह किसी अनिर्दिष्ट अभिप्राय का प्रकाश है'। ऐसे अस्फुट प्रकाश की अनुभूति दो तरह से होती है : क्योंकि अनिर्दिष्ट अभिप्राय कहीं कल्पनीय प्रतीत होता है, तो कहीं अकल्पनीय या कल्पनातीत प्रतीत होता है। पहली प्रतीति में विषय में जागती रस-स्फूर्ति को शोभा या सौन्दर्य के नाम से जाना जा सकता है, दूसरी में होती रस-स्फूर्ति को 'महाभाव' कहना चाहिये। विषय की शोभा और महाभाव, एतत् रूपी अस्फुट प्रकाश के निश्चय को रसात्मक अध्यवसाय (aesthetic judgment) का नाम दिया जा सकता है। शोभा और महाभाव, दोनों की अनुभूति आनन्द है। शोभा की अनुभूति आनन्द मात्र है; महाभाव की अनुभूति दुःखाश्रित आनन्द है। अनिर्दिष्ट जगदभिप्राय की कल्पनीय भावेन प्रतीति कौतूहल विशेष होती है—यह कौतूहल एक आभिमानिक क्रिया है जो शोभा रूपी रस-स्फूर्ति के अनुकूल है। जगदभिप्राय की कल्पनातीत भावेन प्रतीति में कौतूहल रूपी अभिमान के निरोध का बोध होता है। यह बोध एक अप्राकृत दुःख विशेष होता है। पर विरोधी भावेन भी यह दुःख महाभाव रूपी रस-स्फूर्ति का आनुकूल्य ही साधता है।

किसी विषय में जगदभिप्राय की स्फुट प्रतीति का अर्थ-लेता अभिप्राय क्या है, इसका निश्चय अस्फुट प्रतीति के इत्याकारक अध्यवसाय-वाक्य में प्रकाशित किया जाता है : 'यह विषय सुन्दर या महत् है'। पर, इसके विपरीत, 'यह विषय अमुक अभिप्राय के लिए उपयोगी है' ऐसा वाक्य स्फुट-प्रतीति-प्रकारक अध्यवसाय-वाक्य होता है। ऐसी स्फुट-प्रतीति को उपयोगिता अध्यवसाय (teleological judgment) कहा जा सकता है। रसात्मक अध्यवसाय को ऐसे अध्यवसाय का अस्फुट रूप कहा जा सकता है—क्योंकि किसी विषय की आनन्दमय प्रतीति आत्मभूत जगत् के अभिप्राय-उपयोगित्व की वेदना (भावना) मात्र होती है। स्फुट उपयोगिता-निश्चय भी आनन्द-वेदना ही होता है। पर इस वेदना में बुद्धिक्रिया या प्रकार-कल्पना गर्भीभूत रहती है। आनन्द-ध्यानात्मक अध्यवसाय में

जगदभिप्राय ही विषय का ध्येय प्रकार होता है। पर उपयोगिता-निश्चय में उसका विषय-प्रकार रूपेण बोध बना रहता है। रस-निश्चय में ऐसा बोध नहीं रहता। उपयोगिता-निश्चय दो प्रकार का होता है। पहले प्रकार में प्रकृत विषय जिस जगदभिप्रेतार्थ का उपयोगी होता है, वह अभिप्राय विषय से अतिरिक्त या विषय-बाह्य अर्थ के रूप में कल्पित होता है; दूसरे प्रकार में अभिप्राय तद्-विषय के ही अतिशय या प्रेयश रूप आन्तर अर्थ या प्रयोजन के रूप में कल्पित होता है। यह आन्तर प्रयोजन आत्मभूत जगत् का अभिप्रेतार्थ ही है, ऐसा कहा जा सकता है। लेकिन प्रकृत विषय के सन्दर्भ में यह प्रयोजन बाह्य प्रयोजन भी हो सकता है, आन्तर भी हो सकता है। जो विषय प्राणवत् होता है वह जगदभिप्राय का उपयोगी होता है, यह बात उस विषय के ही आन्तर प्रयोजन या प्रेयश के रूप में कल्पित होती है। इससे इस कल्पना को भी अवकाश मिलता है कि 'सारा जगत् ही प्राणवत् पदार्थ है'। एतत् रूपेण कल्पित जगत् को पूर्वोक्त तृतीय ईश्वर प्रमाण के प्रयोजक के रूप में गृहीत किया जा सकता है।

३. श्रद्धाध्यानानुगत अध्यवसाय—धर्माध्यवसाय (Moral Judgment)

'यह विषय सुन्दर या महत् है; इस विषय का अमुक बाह्य या आन्तर प्रयोजन है'—इत्याकारक निश्चय को आनन्द-ध्यानात्मक निश्चय कहा जा सकता है। यह अध्यवसाय ज्ञान नहीं होता, ज्ञानेतर निश्चय होता है। श्रद्धाध्यानात्मक अध्यवसाय का वाक्याकार यह है : 'इस सन्दर्भ में यह कर्म कर्तव्य है, या श्रेय है'। हम पहले ही कह चुके हैं कि स्वाधीन कृति विषय की अपेक्षा रखती है। विधि और आत्मा का स्वातन्त्र्य एक ही कृत्यात्मक ज्ञान में ज्ञेय होता है, अतएव विधि भी विषय की अपेक्षा रखती है। कर्म का सन्दर्भ विषय होता है, सन्दर्भ-विशेष में विहित कर्म-विशेष भी विषय होता है। विधि इस कर्म-विशेष रूपी विषय की सापेक्ष होती है। 'यह कर्म कर्तव्य है' इस प्रत्यय में 'यह कर्म' विषय है, कर्तव्यता या विधि को इसका श्रेय—रूप प्रकार कहा जा सकता है, और यों इस प्रत्यय को श्रद्धात्मक या धर्मात्मक ध्यान के अनुगत अध्यवसाय का नाम दिया जा सकता है। यह स्वीकार करना आवश्यक है कि आनन्दात्मक अध्यवसाय से इस अध्यवसाय में विशेष अन्तर है। यह ठीक है कि दोनों अध्यवसाय

विधेय-विशेष्यक हैं, पर आनन्दध्यानानुगत अध्यवसाय में ध्यान का आलम्बन उद्देश्य-रूपी 'यह विषय' होता है, जब कि श्रद्धाध्यानुगत अध्यवसाय में उद्देश्य-रूपी 'यह कर्म' ध्यान का आलम्बन नहीं होता। आनन्दध्यान में विषय ही आलम्बन होता है, पर श्रद्धाध्यान में आलम्बन आत्मा होती है। श्रद्धाध्यानात्मक अध्यवसाय में विधेय रूपी श्रेय या विधि स्वतन्त्र आत्मा से अभिन्न होती है। अतएव विधेय रूपी विशेष्य ही ध्यान का आलम्बन होता है। आत्मा या विधि के ध्यान में ही उसकी विषयाकांक्षा का निश्चय होता है। विधि के पालन में ही विहित कर्म-विशेष रूपी विषय का अनुसन्धानात्मक ध्यान प्रवर्तित होता है। धर्म की प्रवर्तना में, 'इस सन्दर्भ में मेरा धर्म क्या है' ऐसी जिस जिज्ञासा का उद्रेक होता है, वह जिज्ञासा ही यहाँ ध्यानात्मक विषयाकांक्षा होती है। धर्मध्यान में इस प्रज्ञा का उदय होता है कि 'यह कर्म ही मेरा धर्म है' और यह निश्चय होता है कि यह प्रज्ञा ही उक्त आकांक्षा या जिज्ञासा को तृप्त करेगी। यह निश्चय कि 'यह कर्म धर्म है या श्रेय है' यह निश्चय ही यह है कि 'एतत् कर्म रूपी यह परिच्छिन्न विषय जिज्ञासा रूपी आत्माकांक्षा को पूर्ण कर रहा है'। पर आनन्दात्मक अध्यवसाय में आत्मभूत जगदभिप्राय रूपी जो विधेय विशेष्य होता है उसके बारे में यह नहीं कहा जा सकता कि वह किसी परिच्छिन्न विषय की आकांक्षा रखता है। अपरिच्छिन्न विषय भी अभिप्रेत हो सकता है, यहाँ तक कि यह भी सम्भव है कि अभिप्रेत पदार्थ विषय ही नहीं हो। अतएव इस (आनन्दध्यानात्मक) अध्यवसाय में, 'उद्देश्य विषय विधेय आत्मा की आकांक्षा को पूरा कर रहा है' ऐसा निश्चय नहीं होता। जो विषय आत्मा द्वारा अनाकांक्षित हो, उस विषय में आत्मा की स्फूर्ति का जागना, अर्थात् आत्मा की अहेतुक स्फूर्ति ही आनन्द-स्फूर्ति है।

श्रद्धाध्यानात्मक अध्यवसाय आनन्दध्यानात्मक अध्यवसाय की तरह ज्ञानेतर निश्चय नहीं होता। उसे ज्ञान ही कहना चाहिये, पर, हाँ, यह ज्ञान विषय-ज्ञान नहीं होता, यह कृत्यात्मक आत्मज्ञान का ही विस्तार होता है। अध्यवसाय मात्र का रूप यह है : 'यह विषय प्रकार है'। उद्देश्य-विषय सर्वत्र ही गृहीत अथवा इन्द्रिय-प्राप्तव्य विषय होता है, और प्रकार विधेय होता है, जो कि ग्रहण-निरपेक्ष आत्मक्रिया घटित आत्माभास होता है। आनन्दध्यानात्मक अध्यवसाय में विषयगत आत्माभास अहेतुक होता है। इसके विपरीत, ज्ञानात्मक अध्यवसाय में वह सहेतुक होता है—आत्मक्रिया में जो विषयाकांक्षा होती है वह जब गृहीत विषय द्वारा पूर्ण होती है, तभी

ज्ञान होता है, अतएव इस आकांक्षा को ही इस सन्दर्भ में हेतु का नाम दिया जा सकता है। इस सन्दर्भ में 'विषयाकांक्षा' और 'आकांक्षित विषय' ये दोनों एकार्थक हैं। विषयज्ञानात्मक अध्यवसाय के सन्दर्भ में इस आकांक्षा का नाम सूत्रकाल' है। आत्मज्ञान-भूत श्रद्धाध्यानात्मक अध्यवसाय में इस आकांक्षा को 'सूत्र-जगत् का नाम दिया जा सकता है। धर्म-प्रवर्तना में इस जगत् के अन्तर्गत यह अवश्यम्भावी जिज्ञासा उठती है कि किस कर्म को करना मेरा धर्म है?'—इस जिज्ञासा को जगत् रूपी धर्मक्षेत्र की सौष्ठवाकांक्षा कहा जा सकता है। 'एतत् क्षेत्रोचित कर्म में ही इस क्षेत्र का—अर्थात् आत्मभूत जगत् का—सौष्ठव या कल्याण है' इस निश्चय-कल्पना की अपेक्षा से रूप लेते कल्याण-मूर्ति रूपी सुष्ठु जगत् की आकांक्षा को सूत्र-जगत् का नाम दिया जा सकता है। ज्ञानात्मक और आनन्दात्मक, दोनों अध्यवसायों में ही 'आत्मा की विषयाकांक्षा पूरी हो रही है' ऐसा विधान-निश्चय जागता है, अतएव दोनों को ही ज्ञान का नाम देना उचित होगा। पर दोनों में प्रभेद यह है कि पहले अध्यवसाय में आकांक्षित सूत्रकाल प्रकार क्रियात्मक आत्मा से अभिन्न होता है, जब कि दूसरे अध्यवसाय में आकांक्षित सूत्रजगत् स्वतन्त्र विधि-पालक आत्मा से भिन्न होता है। काण्ट के मत में काल आत्मा की ग्रहण क्रिया है; यह क्रिया आत्मा का ही रूप-विशेष है, पर काल आत्मभिन्न विषय है, इसलिए उसका ज्ञान भर होता है। पर काष्ठाभूत जगत् को काष्ठाभूत आत्मा की क्रिया या रूप-विशेष नहीं कहा जा सकता—उसका प्रत्यय 'यह आत्मा से भिन्न है' इस रूप में ही होता है। अतएव, सूत्रजगत् को आत्मा द्वारा ज्ञेय सूत्राकार नहीं कहा जा सकता, उसे आत्मा का ध्येय प्रतीक ही कहना उचित होगा। कल्याणमय जगत् का धर्म या स्वतन्त्र आत्मा के प्रतीक के रूप में ध्यान करने पर जो जगत्-निष्ठ कर्मविशेष रूपी विषय रूप लेता है, उस विषय में हमें आत्माभास का ज्ञान होता है, यह ज्ञान ही श्रद्धाध्यानात्मक अध्यवसाय है।

(४) निश्चय संग्रह

गृहीत विषय के बुद्धिगोचर प्रकार-निश्चय को अब तक हमने अध्यवसाय का नाम दिया है। विषय का ग्रहण प्रकार-निश्चय से पूर्व होता है, इस अर्थ में वह उद्देश्य-विषय होता है और उसका निश्चय प्रकार-निश्चय से

भिन्न होता है और अध्यवसाय को इन दोनों निश्चयों का संयोजक कहा जा सकता है। पर यह सम्भव है कि विज्ञान-भूत अध्यवसाय संयोजक न भी हो। 'मनुष्य मरणशील है' इस अध्यवसाय में उद्देश्य-निश्चय से विधेय-निश्चय भिन्न है, इसलिए अध्यवसाय यहाँ संयोजक का काम करता है। पर 'मनुष्य जीव-विशेष है' इस अध्यवसाय में उद्देश्य 'मनुष्य' का निश्चय विधेयभूत 'जीवत्व' के निश्चय के अन्तर्भुक्त होता है, इसलिए अध्यवसाय को यहाँ संयोजक नहीं कहा जा सकता, उसे विश्लेषक कहना होगा। विषयज्ञान रूपी अध्यवसाय को हमने विधेय-विशेषणक कहा है। ऐसा अध्यवसाय अगर विश्लेषक हो तो भी होता विधेय-विशेषणक ही है। उक्त वाक्य में उद्देश्य मनुष्य व्यक्ति है और उसका विधेय जीवत्व विशेषण है। पर अगर मनुष्य-जाति को उद्देश्य कहें तो विधेय जीवत्व-जाति को मनुष्य-जाति का विशेष्य कहना होगा। दोनों जातियाँ ही मनुष्य-व्यक्ति की विशेषण हैं, लेकिन 'मनुष्यत्व' इस विशेषण की अपेक्षा से 'जीवत्व' यह विशेषण विशेष्य ठहरता है। 'मनुष्य जीव-विशेष है' इस विश्लेषक अध्यवसाय में उद्देश्य मनुष्य-व्यक्ति ही है, लेकिन क्योंकि मनुष्यत्व जाति का निश्चय मनुष्य व्यक्ति के निश्चय से अभिन्न होता है, इसलिए मनुष्यत्व को भी यहाँ उद्देश्य कहा जा सकता है। और इसलिए उक्त विश्लेषक अध्यवसाय को मुख्यत: विधेय-विशेषणक और गौणत: विधेय-विशेष्यक कहा जा सकता है। ज्ञानात्मक संयोजक अध्यवसाय में उद्देश्य और विधेय अर्थों का सम्बन्ध समझना हो तो दोनों अर्थों के बीच सेतुभूत रूपेण सूत्राकार या सूत्र-प्रतीक की कल्पना आवश्यक है। विश्लेषक अध्यवसाय के सन्दर्भ में ऐसी सेतु-कल्पना का कोई प्रयोजन नहीं होता। उस सन्दर्भ में यह कहना उचित होगा कि यहाँ उद्देश्य प्रत्यय स्वत:सिद्ध है।

हम ऊपर जिस सौत्र-अध्यवसाय का उल्लेख कर आये हैं, वह अध्यवसाय विज्ञानात्मक संयोजक अध्यवसाय होता है। 'ज्ञेय विषय का कोई परिमाण होगा ही' इस सौत्र अध्यवसाय में परिमाणत्व प्रत्यय विषयता प्रत्यय के अन्तर्भुक्त नहीं कहा जा सकता। फिर भी विषय के प्रति 'परिमाणत्व' की विधेयता को स्वत:सिद्ध ही कहना होगा, क्योंकि इस विधेयता-ज्ञान के लिए ऐन्द्रिय या इन्द्रिय-प्राप्ति-सापेक्ष ज्ञान का प्रयोजन नहीं होता। ऐसे अध्यवसाय को स्वत:सिद्ध संयोजक अध्यवसाय का नाम दिया जा सकता है। दो सन्निविष्ट आकारों का एक बृहत्तर आकार के रूप में प्रत्यय भी ऐसा ही संयोजक स्वत:सिद्ध अध्यवसाय होता है। पर स्वत:सिद्ध होने पर

भी ऐसे अध्यवसाय में उद्देश्य और विधेय का अर्थ समझना हो तो सूत्रकाल रूपी सेतु की कल्पना आवश्यक होती है। 'मनुष्य जीव-विशेष है' इस विश्लेषक अध्यवसाय में मनुष्य-व्यक्ति के साथ जीवत्व का सम्बन्ध कालिक सम्बन्ध है, पर मनुष्यत्व और जीवत्व का सम्बन्ध कालिक भावेन ज्ञेय नहीं है। अतएव, कहा जा सकता है कि यहाँ सूत्रकाल-कल्पना की भी आवश्यकता नहीं है। उक्त विश्लेषक ज्ञानात्मक अध्यवसाय स्वतःसिद्ध होता है, और एक भाव से उसका ग्रहण विधेय-विशेष्यक रूपेण किया जा सकता है—यह बात हम कह आये हैं। ध्यानात्मक अध्यवसाय मात्र ही संयोजक, स्वतःसिद्ध और विधेय-विशेष्यक अध्यवसाय होता है। आनन्दध्यानात्मक अध्यवसाय ज्ञानेतर निश्चय मात्र होता है। अतएव, संयोजक होते हुए भी उसमें संयोग-विधायक सेतु-कल्पना नहीं होती। श्रद्धाध्यानात्मक अध्यवसाय विषय-ज्ञान का अध्यवसाय तो नहीं होता, पर उसे आत्मज्ञान कहा जा सकता है। आत्मज्ञानात्मक संयोजक अध्यवसाय में सूत्र-जगत् रूपी प्रतीक संयोग-विधायक सेतु के रूप में कल्पित होता है। कृति-स्वरूप आत्मा का ज्ञान ही होता है, अध्यवसाय नहीं होता। आत्मज्ञानात्मक अध्यवसाय में कृत्यात्मक आत्मा का विषय के साथ सम्बन्ध का ज्ञान होता है, लेकिन यह सम्बन्ध-ज्ञान विषय-ज्ञान नहीं होता, आत्मज्ञान का ही विस्तार होता है। काष्ठाभूत आत्मा, जगत् और ईश्वर, इनका ध्यान-निश्चय नहीं होता, न ज्ञान होता है, और न ध्यानात्मक अध्यवसाय होता है। निश्चय-परीक्षा भी श्रद्धात्मक अध्यवसाय और कृत्यात्मक आत्मज्ञान का विस्तार ही होती है। लेकिन यह विस्तार संयोजक अध्यवसाय नहीं होता। वह उक्त आत्मज्ञान का विश्लेषण भर होता है।